CARL NAGAITIS & PHILIP MANTLE

SANS CONSENTEMENT

Enquête et témoignages sur les enlèvements extraterrestres au Royaume-Uni

LES DOCUMENTS DE *L'INEXPLIQUÉ*

Éditions de Sèvres

Éditions de Sèvres
31 B rue de Sèvres – 92100 Boulogne-Billancourt
www.science-et-inexplique.fr
Impression : ISIPRINT
Traduit de l'anglais par Sophie Montigiani
ISBN : 978-2-9591243-1-0
Dépôt légal : Mai 2024

Avant-propos de **Nicolas Montigiani**
(Rédacteur en chef du magazine *Inexpliqué*)

SANS CONSENTEMENT

Enquête et témoignages sur les enlèvements extraterrestres au Royaume-Uni

Nouvelle édition révisée et enrichie

Avant-propos de Nicolas Montigiani

(Rédacteur en chef du magazine *Inexpliqué*)

Au cœur d'un univers où le mystère et la réalité se confondent, se trouve une œuvre qui redéfinit les contours de l'inexpliqué et nous confronte à nos peurs les plus profondes : *Sans consentement*. Carl Nagaitis et Philip Mantle, à travers leur étude méticuleuse sur les enlèvements extraterrestres[1] au Royaume-Uni, nous invitent à un voyage au-delà des frontières de la réalité dans un domaine où les témoignages bouleversent non seulement notre compréhension du monde, mais introduisent également une dimension terrifiante à notre existence.

Cet ouvrage, fruit d'une recherche exhaustive et d'un engagement indéfectible envers la vérité, transcende le simple récit d'événements extraordinaires. Il devient une exploration profonde de la condition humaine, confrontée à l'incroyable et à l'effroi. Les auteurs, avec une sensibilité aiguë et un respect absolu pour les expériences relatées, parcourent un paysage émotionnel complexe où l'angoisse et l'émerveillement se côtoient. Leur démarche, équilibrant le scepticisme et l'ouverture d'esprit, sert de guide à travers des récits qui, malgré leur nature parfois terrifiante, sont abordés avec une honnêteté et une rigueur sans faille.

Cette enquête magistrale se distingue par sa profondeur analytique et son habileté à immerger le lecteur dans une réflexion sur des phénomènes qui, tout en déstabilisant, forcent à remettre en question nos certitudes. Via une prose fluide et convaincante, Nagaitis et Mantle engagent un dialogue avec l'obscurité de l'inconnu, incitant à une exploration courageuse de ces territoires chargés d'ombre avec curiosité et esprit critique.

Le livre se révèle être bien plus qu'une compilation d'histoires sur des enlèvements par des entités non-humaines : il est une ode à l'insatiable quête de compréhension humaine, une exploration de notre désir de déchiffrer les mystères d'un cosmos vaste et, à bien des égards, intimidant. Les auteurs, tout en n'apportant pas de réponse définitive, offrent une solide structure pour s'interroger, douter et finalement, évoluer au contact de l'incompréhensible.

1 « *Alien abduction* » en anglais.

L'ouvrage, riche en narrations qui évoquent à la fois la crainte et la fascination, n'impose aucune conclusion, mais offre une invitation à construire sa propre interprétation du réel. Ce n'est pas seulement un appel à la réflexion, mais aussi un défi à accepter l'immensité de notre ignorance et à embrasser, avec un mélange d'humilité et de curiosité, les vastes étendues qui nous entourent.

En définitive, *Sans consentement* enrichit le débat sur le phénomène des *abductions*[2], non seulement en ajoutant une couche de complexité à notre perception de ces événements, mais également en nous invitant à contempler l'inconnu. Il s'agit d'une contribution inestimable à notre exploration collective du phénomène ovni, une pierre angulaire pour quiconque s'intéresse non seulement aux mystères de l'Univers, mais aussi à la nature même de la peur et de la fascination qu'ils inspirent.

— ✵ —

2 Le terme « *abduction* » qui signifie « enlèvement » en anglais est, de nos jours, communément utilisé pour évoquer un enlèvement par des extraterrestres.

Prologue de Carl Nagaitis

Décembre 2001 : John Fraser (nom d'emprunt), cadre dans une compagnie aérienne, sait que les nerfs des agents de sécurité sont encore à vif une douzaine de semaines après l'attentat contre les tours jumelles de Manhattan, qui a ébranlé le monde. Mais lorsqu'il déclenche l'alarme du détecteur de métaux d'un aéroport italien où il doit embarquer pour un vol retour, il est le plus choqué.

Après une carrière de globe-trotter au sein de l'aviation civile et militaire, personne ne connaît mieux que lui les exigences des règles de sécurité des vols internationaux. Il connaît parfaitement les procédures et a, de ce fait, soigneusement placé chaque objet métallique en sa possession dans le détecteur avant de le franchir. Comment diable l'alarme peut-elle bien se déclencher dans ces conditions ?

Légèrement gêné par l'attention non désirée qu'il attire maintenant, l'homme de 41 ans vérifie ses poches, enlève sa veste et franchit une nouvelle fois le sas. Ni une ni deux, les alarmes sonnent immédiatement, provoquant un nouveau regain d'activité parmi le petit groupe de préposés. De nouveau fouillé, il est invité à vérifier ses poches à la recherche de pièces de monnaie ou tout autre morceau de métal susceptible de provoquer une alerte, avant de refranchir le portique.

« J'étais là, dans mes vêtements, sans rien de métallique sur moi, après avoir déclenché l'alarme du détecteur de métaux au moins quatre fois, lorsqu'un agent de sécurité s'est approché avec un détecteur manuel », se souvient-il. *« Il a fait passer son appareil le long de mes bras, de ma jambe droite de mon torse. Lorsqu'il est arrivé à mon genou gauche, le buzzer s'est emballé ! »*

Les agents de sécurité de l'aéroport, convaincus que l'Anglais ne représente aucune menace terroriste, supposent que l'alarme s'est déclenchée à cause d'une broche métallique implantée lors d'une intervention chirurgicale. Mais pour sa part, John est persuadé que cette alerte dans un aéroport surveillé, au lendemain du pire attentat terroriste de l'histoire du monde moderne, est l'œuvre de formes de vie extraterrestres qui l'ont enlevé et ont laissé « quelque chose » dans son corps quelques années plus tôt.

Lorsque le rapport sur l'expérience de Frazer a atterri sur mon bureau, j'ai appelé mon co-auteur Philip Mantle pour discuter de la publication d'une version mise à jour de *Sans consentement*, la première étude complète sur les phénomènes d'enlèvement au Royaume-Uni (publiée à l'origine en 1994).

Lorsque nous avons commencé les interviews pour concevoir ce livre, il y a près de trente ans, les enlèvements par des extraterrestres étaient inconnus de l'immense majorité de la population. Puis la série télévisée à succès *The X-Files* est arrivée, ainsi que de nombreuses autres séries, films et téléfilms américains, ce qui a conduit de nombreuses personnes à se pencher sur le sujet avec un intérêt nouveau. Cette nouvelle vague s'est traduite par un plus grand nombre de publications à son sujet. De nouvelles personnes sont entrées dans le débat et les thèmes de l'ufologie[3] et des enlèvements ont été plus largement débattus qu'auparavant.

Dans la Grande-Bretagne du XXIe siècle, rares sont les personnes qui n'ont jamais entendu le terme *abduction* étant donné que les rapports affluent régulièrement de tout le pays. C'est le cas de l'affaire des West Midlands que je viens de consulter. Il s'agit du récit d'une femme au foyer de trente-cinq ans qui rapporte une visite extraterrestre à son domicile. Elle y présente un couteau de poche, qu'elle a vraisemblablement utilisé pour se défendre et qui selon elle, aurait été endommagé par une étrange « tige de lumière ». Des événements extraordinaires sont régulièrement rapportés par des gens ordinaires. L'objectif de *Sans consentement* est de répertorier le plus grand nombre possible de cas significatifs, de les combiner avec une multitude d'informations provenant de diverses sources et de laisser au lecteur le soin de décider. Je suis persuadé que nos lecteurs ont trouvé cette approche utile. L'expérience de John Fraser dans un aéroport italien m'a fait prendre conscience du fait que les enlèvements sont un phénomène qui hante autant le 21e siècle que le précédent. Une édition actualisée – aujourd'hui traduite en français sous le titre *Sans consentement* – m'a donc semblé très appropriée.

— ✵ —

3 L'ufologie de l'acronyme UFO – Unknown Flying Object, OVNI en français – est l'étude du phénomène ovni.

Prologue de Philip Mantle

Les choses ont bien changé depuis la publication de la version originale de ce livre... Les personnes enlevées par des ovnis hésitent toujours à se manifester pour diverses raisons, mais pas autant qu'avant. Certaines, bien entendu, demandent à ce que leur vrai nom ne soit en aucun cas utilisé ou publié, et nous respectons toujours leur choix.

Car si l'étude du phénomène des *abductions* extraterrestres est certes toujours stigmatisée, c'est aujourd'hui de moins en moins le cas. Malheureusement, le courant scientifique dominant n'est toujours pas acquis à l'étude de ce sujet particulier. Mais les scientifiques « lucides » sont toujours impliqués – comme ils l'ont d'ailleurs toujours été. Malgré les critiques et les railleries des sceptiques, le sujet n'est en effet pas près de disparaître... Aussi, les cas disponibles pour étude sont beaucoup plus nombreux et, heureusement, le nombre de témoins prêts à témoigner (malgré l'opprobre qui les entoure) ne cesse d'augmenter. Nous avons donc choisi d'ajouter à ce livre plusieurs cas supplémentaires qui n'étaient pas disponibles auparavant. Nous n'en avons pas ajouté énormément, non, plutôt une petite variété qui nous l'espérons, montrera une fois de plus que, quelles que soient la nature et l'origine du phénomène, certaines personnes font toujours des « rencontres » (comme cela pourrait à tous nous arriver). Il s'agit de citoyens ordinaires qui vaquent à leurs occupations quotidiennes lorsque ces événements inexplicables se produisent. Et ils sont aussi déconcertés et perplexes que les témoins précédents. Espérons donc que notre humble contribution puisse aider à comprendre ce qui se cache derrière les récits d'enlèvements et de *missing time*[4].

— ✵ —

4 Pouvant aller de quelques minutes à quelques jours, le phénomène de « temps manquant » est une forme d'amnésie souvent associée aux enlèvements extraterrestres et à certaines observations d'ovnis. Les victimes ne remarquent pas immédiatement que quelque chose d'anormal leur est arrivé et ne s'en aperçoivent souvent qu'en regardant l'heure, ou en essayant de reconstituer la chronologie de leur témoignage. Les souvenirs des événements qui ont eu lieu durant ce « temps manquant » reviennent également aux témoins durant leurs rêves ou sous hypnose.

CHAPITRE I
Enlèvements, l'énigme

Abduction : « Emmener secrètement ». « Enlever ». « Enlever sans consentement ». Les définitions du dictionnaire font froid dans le dos... Le simple mot « enlèvement » est synonyme d'un incident désagréable avec lequel nous vivons presque quotidiennement en consultant la presse. Il s'agit le plus souvent d'enlèvements d'enfants, d'enlèvements par des terroristes, d'enlèvements perpétrés par des « fous », que ce soit à des fins politiques, financières ou sexuelles. Rien que le mot suffit à faire naître la peur dans l'esprit de la plupart des gens ordinaires.

Pourtant, aujourd'hui, ce mot a acquis une signification quelque peu différente et la plupart des gens savent désormais qu'il désigne un autre phénomène effrayant vécu par un nombre toujours plus large d'individus : l'enlèvement par des êtres d'outre-monde (en l'occurrence des *extraterrestres*).

Les victimes, et elles sont nombreuses, disent avoir été mystérieusement transportées dans un lieu étrange et inconnu, peut-être un vaisseau spatial, où elles ont subi une série d'examens que l'on suppose être de nature médicale. Certaines « victimes » – ou *abductés*, pour utiliser le terme approprié – sont capables de décrire ces événements dans leurs moindres détails, tandis que d'autres semblent enfouir cette expérience dans les profondeurs de leur esprit. Pour eux, les détails de l'enlèvement ne seront accessibles que par le biais de l'hypnose.

La majorité des personnes enlevées ne sont souvent conscientes que du fait qu'elles ont « perdu du temps ». Elles arrivent chez elles beaucoup plus tard que prévu, leur dernier souvenir étant d'avoir quitté leur travail et de n'avoir aucune idée de l'endroit où elles se trouvaient ou ce qu'elles faisaient dans l'intervalle. En résumé, elles ont « disparu » de la surface de la Terre sans le moindre souvenir de ces minutes ou heures manquantes.

D'autres rapportent de possibles enlèvements nocturnes – bien trop *réels* pour être des cauchemars – sous la forme de visites d'êtres inconnus ou de rencontres avec des vaisseaux spatiaux fantastiques. Lorsque l'amnésie empêche de se souvenir de ces expériences, la régression hypnotique peut fournir la clé à l'enquêteur qui aura alors l'opportunité d'atteindre le « trésor ». Mais quelle est la vérité qui se cache derrière cette étrange « maladie » ? S'agit-il d'une réalité, d'une fiction, d'une « ultime frontière » ou d'une fuite en avant ?

Nous le savons parfaitement grâce à nos recherches : ce phénomène existe depuis des milliers d'années et les dieux, les lutins, les fantômes et les fées ont tous été incriminés lorsqu'il s'agissait de mythologie ancienne... Alors depuis quand s'est-il transformé pour que les extraterrestres entrent dans la danse ?

Tout a commencé le 24 juin 1947 lorsqu'un pilote privé américain, Kenneth Arnold, a décrit à des journalistes les neuf objets volants non identifiés (ovnis) qu'il avait vus survoler le mont Rainier, dans l'État de Washington. Il a déclaré qu'ils avaient frôlé l'horizon comme des « soucoupes ricochant sur l'eau ». En fait, ce n'est pas Arnold qui a utilisé le terme « soucoupes volantes », mais un journaliste qui rapportait son observation. Et ces appareils ont donné naissance à l'ufologie, l'étude des ovnis. Au début des années 1960, l'intérêt pour ce phénomène s'est généralisé et le nombre d'ufologues – les hommes et les femmes qui étudient ce sujet – a augmenté rapidement, particulièrement aux États-Unis. Le lien (possible) entre les enlèvements et les ovnis s'est fait lorsque Betty et Barney Hill, un jeune couple d'Américains, ont rapporté avoir vu un engin bizarre avant de disparaître tandis qu'ils revenaient en voiture du Canada pour rejoindre leur domicile, dans le New Hampshire.

L'incident a eu lieu en 1961, après quoi Betty et Barney ont fait de terribles cauchemars. Ils ont cherché une aide médicale et ont été présentés à un psychiatre, qui a décidé d'utiliser la régression hypnotique pour découvrir ce qui les dérangeait à ce point.

Sous hypnose, ils ont raconté une histoire incroyable d'enlèvement par des extraterrestres, ce qui les a stupéfiés (ainsi que leur médecin). Ils ont décrit cet épisode dans les moindres détails : rencontre avec des extraterrestres, visite d'un vaisseau spatial et examen médical. Bien que réticent, le psychiatre a autorisé le couple à publier son histoire en 1964. Il n'était pas convaincu que leur perception des événements était exacte, mais Betty et Barney étaient déterminés à rendre leur histoire publique.

Ils ont ensuite découvert que leur expérience n'était pas la seule du genre... À peu près à la même époque, un Italien et un Sud-Américain ont raconté avoir été victimes de la même chose.

Les événements mystérieux du passé sont ainsi devenus des enlèvements par des extraterrestres, se muant en un phénomène contemporain. Et à ce jour, ils sont de plus en plus nombreux à être signalés. Qu'a fait l'« establishment » ? Il a relégué tout cela dans la poubelle du monde crépusculaire, au même titre que les fées, les fantômes et les vampires...

Le fait que ce que l'on nomme « la frange lunatique de l'ufologie » soit impliquée ne fait qu'entacher davantage la crédibilité des enlèvements aux yeux des cyniques. Sauf que les *vrais* chercheurs sont habitués à ce genre de réaction. En réponse, ils ont rassemblé un nombre impressionnant de statistiques pour étayer leurs arguments en faveur de l'examen d'un sujet qu'ils voient comme une facette minoritaire, mais *hautement significative* du phénomène.

Depuis 1947, date à laquelle le terme « soucoupe volante » est apparu, plus de quarante millions d'observations d'ovnis ont été enregistrées. Plus de trente crashs de ces objets ont été signalés et les rapports d'enlèvements se comptent par dizaines de milliers.

La question d'importance est : que se passe-t-il ? Des chercheurs, ufologues ou non, tentent de le découvrir. Si une grande majorité des rapports d'enlèvement provient d'Amérique, où l'ufologie est une « industrie » en nette progression, le phénomène est connu dans le reste du monde, de Rio à Rotterdam, de Moscou à Memphis. Des personnes font état d'enlèvements depuis les terres gelées du nord de la Scandinavie jusqu'aux points chauds et humides du bassin amazonien... En bref, le monde dans son ensemble est concerné.

Mais qu'entend-on exactement par l'expression « enlèvement extraterrestre » ? Quelle série d'événements un individu doit-il vivre avant que l'on puisse dire qu'il en a été victime ?

La diversité des scénarios est pratiquement infinie, mais à partir de l'étude exhaustive de plusieurs centaines de rapports issus des quatre coins de la planète, les ufologues admettent aujourd'hui que chaque personne ravie passe par une série d'étapes bien distinctes. Le scénario d'enlèvement « classique » se déroule ainsi : le ou les témoins – ou « expérienceur(s) », terme désignant toute personne ayant fait l'expérience d'une rencontre avec un objet volant inconnu ou ses occupants – se trouve (nt) dans un endroit isolé ou normalement fréquenté (mais subitement désert) et aperçoi (ven) t un ovni. L'observation peut être précédée d'un bruit anormal, souvent un bourdonnement, de lumières étranges, parfois des deux.

Si le témoin se trouve dans un véhicule, il peut constater un dysfonctionnement du moteur et de ses systèmes électriques. C'est à ce moment-là qu'il va voir des signes d'activité extraterrestre ou rencontrer un être qui va alors l'« escorter » dans le vaisseau. Ce dernier peut utiliser des encouragements, des incitations télépathiques ou même recourir à la force pour parvenir à ses fins (des expérienceurs se souviennent d'avoir été transportés dans l'appareil par des moyens qui leur échappent, avant de rencontrer des extraterrestres lorsqu'ils étaient à bord).

L'étape suivante se présente la plupart du temps sous la forme d'un examen médical au cours duquel des instruments ou des équipements étranges et apparemment perfectionnés sont utilisés. Cet examen est suivi d'une forme de communication avec les extraterrestres (il est intéressant de noter qu'une grande partie des personnes enlevées affirment que la communication n'est pas verbale, mais télépathique). S'ensuit une visite de l'appareil, certains abductés affirmant avoir visité des salles de contrôle ou des salles des machines. Plus rarement, un voyage dans un « autre monde » ou un « environnement étrange » est mentionné. Parfois, le « dialogue » entre le témoin et son ravisseur est basé sur des questions ou des avertissements qui concernent l'avenir avec la promesse d'une visite ultérieure. Le témoin quitte ensuite le vaisseau ou perd conscience et se retrouve à son point de départ. Il peut même assister au décollage.

Les *abductés* ne vivent pas toujours l'ensemble des événements décrits ci-dessus, mais tous en connaissent au moins un ou plusieurs. Après leur retour, ils peuvent aussi souffrir d'amnésie totale ou partielle, qui se manifeste par un *missing time*. En fait, l'amnésie liée à l'enlèvement varie considérablement. Il est rare que les témoins se souviennent de l'intégralité de leur enlèvement sans une forme d'assistance, par exemple l'hypnose. Certains peuvent avoir tout oublié et n'être conscients que du *missing time*. S'ils sont suffisamment curieux, ils peuvent demander l'aide d'un hypnotiseur qui peut faire régresser leur mémoire jusqu'au point de « revivre » les événements une seconde fois (la valeur de cette approche et ses dangers inhérents seront débattus plus loin). D'autres *abductés*, qui ne se souviennent absolument pas de leur enlèvement, peuvent souffrir de rêves bizarres qui contiennent des bribes de leur expérience. Comme dans le cas des époux Hill, les cauchemars récurrents peuvent les amener à consulter un médecin pour tenter de résoudre le problème. Si leur médecin leur propose l'hypnose, le choc est souvent brutal.

Un certain nombre de personnes dont les souvenirs d'enlèvement ont été effacés par une amnésie totale peuvent développer des « flashbacks » ou des images mentales d'événements étranges. Ces images, combinées à d'autres provenant de rêves détaillés, peuvent se mettre en place comme les pièces d'un puzzle, avec ou sans l'utilisation de l'hypnose.

Il n'est donc pas nécessaire d'avoir observé un ovni ou un extraterrestre pour être vu comme un *abducté.* C'est l'aspect le plus effrayant de cette énigme...

En théorie, il n'y a pas de limite au nombre d'individus qui pourraient avoir été enlevés sans leur consentement. Un magazine américain a récemment provoqué une panique lorsqu'un de ses journalistes a poussé cet argument à l'extrême : si vous trouvez, sur votre corps, des marques ou des cicatrices inexplicables, vous êtes peut-être la victime d'un enlèvement. Comme il fallait s'y attendre, la rédaction a été inondée d'appels de personnes angoissées qui avaient découvert sur leur corps des marques jamais remarquées auparavant. En Grande-Bretagne, la pertinence de cette théorie a été rapidement démolie par le test du « genou noueux ». Lors d'une conférence sur les ovnis, les organisateurs ont demandé à tous les participants de regarder leur jambe gauche et de lever la main s'ils trouvaient une marque ou une cicatrice qu'ils ne pouvaient expliquer. Le taux de « réussite » : 100 %.

L'objectif de cet exercice était de montrer qu'il n'y avait pas de place pour les affirmations farfelues et les généralisations à l'emporte-pièce si l'on voulait que l'ufologie moderne soit un jour prise au sérieux. Nous le répétons : que faut-il donc penser du phénomène des *abductions* ? S'agit-il simplement d'un élément de la culture ovni ou d'un phénomène à part entière ? Les ufologues (sérieux) affirment, et nous sommes d'accord que le phénomène est *réel.* Il y a en effet simplement trop de cas impliquant des personnes saines d'esprit, sobres, décentes, honnêtes et surtout ordinaires, pour que l'on puisse l'écarter d'emblée.

La question de savoir si la cause, ou les causes, de leur(s) expérience(s) vien (nen) t de l'espace extérieur ou intérieur est un sujet de recherche et de débat. Mais le fait est qu'un nombre croissant de personnes pensent qu'elles ont été arrachées à leur environnement familier, ne serait-ce que temporairement, et qu'elles ont découvert quelque chose de si étrange, de si anormal, que leur vision de la vie a littéralement changée. Ceux qui ne considèrent pas leur expérience comme un « mauvais rêve » ou une « crise de folie passagère » saisissent parfois la théorie de l'enlèvement par des extraterrestres à bras-le-corps parce qu'elle a le mérite de leur offrir une explication à ce qui semble... inexplicable. Comme nous l'avons mentionné précédemment, les enlèvements n'ont pas soudainement coïncidé avec l'apparition du terme « soucoupe volante », en 1947. Il y a des siècles que les gens signalent des enlèvements mystérieux.

À l'époque, nous l'avons dit, les ravisseurs étaient décrits comme des fées, des lutins ou des sorcières, voire des dieux, dont certains aimaient s'amuser avec les mortels. Les ovnis étaient décrits comme des « tapis magiques », des « châteaux volants » et même des « chars des dieux », comme l'a souligné l'auteur Erich von Däniken. Les histoires de héros transportés dans les cieux, où ils étaient confrontés à une myriade de choses magiques et merveilleuses, abondent dans la littérature ancienne.

Le célèbre astronome américain Carl Sagan (1934-1996) a par exemple découvert un conte folklorique, datant de 1645, qui illustre bien ce phénomène : Anne Jeffries, une adolescente des Cornouailles (sud-ouest de l'Angleterre), fut découverte gisant sur le sol, complètement groggy. Remise de ses émotions, elle raconta avoir été attaquée par des petits êtres, conduite jusqu'à un château dans les airs, « séduite », puis ramenée près de chez elle. Elle appelait ces êtres des fées. L'année suivante, elle fut arrêtée pour sorcellerie...

On peut supposer qu'au sortir du Moyen Âge, une personne confrontée à un ovni n'aurait pas trouvé les mots adéquats pour le décrire. Une machine défiant la pesanteur était un concept inconnu à cette époque lointaine. Alors, pourquoi ne pas l'appeler un « château volant » ? Quoi qu'il en soit, nous le répétons, certaines descriptions des « ravisseurs » ne sont pas sans rappeler les gobelins et les elfes qui pullulent dans les livres anciens. Mais il ne faut pas se voiler la face : les faits archaïques ne peuvent faire l'objet d'aucune enquête, car même s'il est facile d'établir des comparaisons avec les enlèvements modernes, ils ne sont rien d'autre que de la mythologie et du folklore. Aujourd'hui, nous ne pouvons plus blâmer les fées et les lutins, raison pour laquelle le concept d'extraterrestres devient pertinent.

Si les ufologues ont énoncé plusieurs théories pour tenter de résoudre le mystère, phénomène physique, psychologique ou relevant de l'hystérie, certains d'entre eux reconnaissent (en privé) qu'il y a très peu de chances qu'il soit dû à la visite d'extraterrestres. Mais ils gardent l'esprit ouvert. D'autres trouvent l'explication si convaincante qu'ils sont persuadés qu'elle est la clé de l'énigme. Une école de pensée soutient pour sa part que nous sommes visités depuis l'aube des temps par des formes de vie exogènes qui nous observent et nous guident aux moments opportuns de l'Histoire. Si cette vision d'un groupe d'extraterrestres philanthropes jouant le rôle de gardiens de la race humaine est séduisante, voire même scientifiquement valable (des indices qui semblent l'appuyer existent parmi les cas britanniques que nous présentons dans ce livre), on se demande bien pourquoi ils auraient parcouru d'énormes distances interstellaires pour surveiller les habitants d'une planète aussi insignifiante que la nôtre... Qu'ont-ils à y gagner ? La question reste sans réponse. Dernière hypothèse : nos visiteurs viennent ici pour des raisons très égoïstes. Si l'on en croit l'artiste new-yorkais et ufologue de renommée mondiale Budd Hopkins, aujourd'hui décédé, qui a vivement défendu ce point de vue, les extraterrestres enlèveraient des humains pour récolter du matériel génétique destiné à se reproduire. Nous laisserons bien entendu cette théorie à l'appréciation de chacun non sans ajouter que Hopkins – et d'autres – ont relevé plusieurs aspects qui semblent l'étayer. De nombreux *abductés* ont en effet noté que les ravisseurs avaient un vif intérêt pour leurs organes sexuels et reproducteurs lorsqu'ils subissaient des examens médicaux à bord de l'ovni. Certains affirment même avoir eu des relations sexuelles avec eux.

Si l'on ajoute à cela les dires selon lesquels des ovules humains auraient été prélevés sur certaines *abductées*, ainsi que les rapports faisant état de grossesses mystérieusement avortées (ce qui laisse supposer le prélèvement de fœtus minuscules), on obtient l'un des scénarios les plus sinistres que l'on puisse imaginer. Et les témoignages que vous lirez plus loin alimentent encore davantage le débat. Ce n'est pas tout. De nombreux rapports américains et britanniques précisent que des chevaux et des bovins ont mystérieusement subi l'ablation de leurs organes reproducteurs. Les chercheurs qui se sont penchés sur ces cas affirment que les « mutilations » ont été réalisées à l'aide d'instruments chirurgicaux utilisant le laser en raison de l'effet cautérisant retrouvé sur les tissus des animaux. De quoi renforcer l'idée d'un prélèvement génétique effectué par « quelqu'un ». Les visiteurs ? C'est une possibilité sauf qu'il est extrêmement difficile de rassembler des preuves solides, les enquêtes étant le plus souvent menées par des amateurs. Heureusement, dans les pays anglo-saxons, nous avons la chance d'avoir des enquêteurs respectés et expérimentés qui se basent sur des faits et non de la fiction. Qu'il s'agisse d'observations d'ovnis ou d'allégations d'enlèvements par des extraterrestres, ils sont généralement enclins à rejeter une affaire plutôt qu'à la valider si elle ne résiste pas à une enquête rigoureuse. Un certain nombre de cas sont ainsi rejetés en raison d'une possible « contamination », un terme qui signifie simplement que l'expérience a pu être inspirée par la masse d'informations facilement disponible aujourd'hui sous forme de littérature, de films et d'émissions de télévision. N'oublions pas Internet. Par conséquent, si le potentiel *abducté* connaît – c'est un exemple – le livre de Whitley Strieber intitulé *Communion* ou l'un des nombreux autres livres sur le sujet et le nombre croissant de films sur le thème des enlèvements, il est probable qu'il utilisera une terminologie déjà connue donc… suspecte. S'il décrit l'extraterrestre « classique » de Strieber, mince, avec les yeux en amande, le nez pincé et le teint gris, comment savoir s'il s'agit d'une description de ce qu'il a vraiment vu ou de ce qu'il *pense* avoir vu ? L'appareil métallique qu'il va décrire fait-il partie d'une expérience réelle ou imaginée à partir d'une image ou d'une description d'ovni tirée d'un livre ou d'un écran de télévision ? Peu importe la bonne foi de l'*abducté*, peu importe la précision des descriptions des événements, l'enquêteur sérieux doit absolument décider si les preuves, les signes physiques et tout autre facteur compensent suffisamment le niveau de contamination.

Comme pour les observations d'ovnis, le nombre de personnes qui s'estiment victimes d'un rapt anormal est beaucoup plus important aux États-Unis qu'au Royaume-Uni. Cela n'est pas seulement dû au fait que la population américaine est beaucoup plus importante, non. C'est davantage lié au caractère de la nation. En tant que nation relativement nouvelle, l'Amérique est disposée à accepter l'inhabituel, accueillir la nouveauté et faire preuve d'une plus grande ouverture d'esprit à l'égard de concepts ou d'idées étranges. Après tout, comme nous l'avons déjà souligné, c'est un Américain qui a utilisé pour la première fois le terme « soucoupe volante » ! En Amérique, les témoins sont beaucoup plus disposés à parler ouvertement de leur(s) expérience(s) qu'en Grande-Bretagne. Ils ont un public pour ça, un public désireux de lire des histoires extraordinaires dans les pages des nombreux magazines sur les objets volants non identifiés que l'on trouve à travers le pays. Pour cette population, qui a connu (voir vécu) la course à l'espace, les vaisseaux spatiaux sont une réalité. Les soucoupes volantes ne sont peut-être que l'étape suivante… En fait, certains des astronautes héroïques de leur célèbre agence spatiale, la Nasa, ont donné un coup de pouce personnel à la cause ufologique. L'un des rapports les plus intéressants est celui de l'astronaute commandant la mission *Gemini IV*, James A. McDivitt, en juin 1965. En orbite à 150 km au-dessus de la Terre, il a vu un objet en forme de cylindre doté de « bras en saillie » qui était apparemment en vol libre au-dessus de l'océan Pacifique. Voyageant à une altitude plus élevée, l'ovni suivait une trajectoire parallèle à celle de la capsule américaine, et semblait s'en rapprocher rapidement. McDivitt et son copilote Edward H. White se sont préparés à prendre des mesures d'évitement, mais l'intrus s'est évaporé d'un coup. McDivitt a pris une photo et a filmé l'objet avant sa disparition. Version officielle : il s'agissait du satellite non habité *Pegasus*. Sauf que *Pegasus* se trouvait à plus de 2000 km de *Gemini IV*... L'énigme reste entière. L'astronaute Edgar D. Mitchell, sixième homme à avoir marché sur la Lune (Apollo 14), déclarait en 1974 : *« Je suis totalement convaincu que certaines observations d'ovnis sont réelles. La question n'est pas de savoir d'où ils viennent, mais quelle est leur véritable nature » ?* Ce ne sont là que deux exemples parmi la trentaine d'observations d'appareils inconnus rapportées par divers astronautes. Elles sont devenues si fréquentes que la Nasa leur a donné un nom de code : *Bogeys*.

Et ce qui devait arriver arriva : de prétendus *abductés* se sont révélés par milliers pour raconter leur histoire ou écrire un livre. Ce qui s'explique en grande partie par la puissance du dollar... Nous avons vu précédemment que l'ufologie américaine était devenue une sorte d'industrie en pleine croissance et qu'un « bon cas » d'enlèvement pouvait permettre à certaines personnes de tirer profit de l'intérêt du grand public. Des contrats lucratifs pour des livres et des films, ainsi que des apparitions à la radio et à la télévision, offrent un statut de célébrité – temporaire – à de nombreux individus. Et s'il y a une chose que les États-Uniens aiment beaucoup, c'est justement la célébrité. L'une des réussites hollywoodiennes en matière d'enlèvement a été *Fire In The Sky*, un succès au box-office dès sa sortie au cinéma.

Le film relate l'histoire d'un bûcheron américain, Travis Walton, victime d'une *abduction* en 1975. Tandis que sa mystérieuse absence déclenchait une vaste chasse policière, Walton passait par les étapes classiques de l'enlèvement par des extraterrestres. La police a interrogé ses collègues de travail, craignant que toute l'histoire ne cache un acte criminel. Mais le bûcheron est arrivé juste à temps – pour éviter toute procédure judiciaire – avec dans sa poche une histoire hors du commun qu'il a couchée sur le papier. Le best-seller était assuré. Lorsque les grands pontes des studios hollywoodiens l'ont rencontré pour un éventuel projet de film, ils ont déclaré qu'ils avaient été impressionnés par sa sincérité. Ils n'ont donc pas hésité à transformer son récit pour en faire une œuvre cinématographique. Venu en Grande-Bretagne pour la promotion de son film, Walton a déclaré qu'il avait trouvé des gens impatients d'entendre son histoire et qu'il était reconnaissant de l'aide qu'il avait reçue de la part des enquêteurs sur les ovnis. Il ne s'est jamais plaint du mépris et des moqueries que de nombreux *abductés* britanniques prétendent endurer. Paradoxalement, l'ouverture d'esprit américaine à l'égard des ovnis et du phénomène des *abductions* a suscité une réaction des sceptiques britanniques encore plus prononcée. *« Il n'y a que les Yankees pour croire à ces sornettes »*, a-t-on pu entendre. *« Les soucoupes volantes et les monstres martiens aux yeux d'insecte ne sont vus que par les fous et les cinglés ».* Vous avouerez qu'avec de telles réflexions, il serait difficile de blâmer les *abductés* britanniques qui souhaitent garder le silence, ce qui explique pourquoi nous avons beaucoup moins de cas répertoriés qu'aux États-Unis. Chez nous, les enquêteurs se doutent qu'il y a bien plus de victimes d'enlèvements que celles reconnues de manière « officielle », parce qu'elles sont sans aucun doute réticentes à admettre leurs expériences – et encore moins à en parler. Comme l'a récemment déclaré l'une d'entre elles : *« Pour moi, devenir un* abducté *a été comme contracter une maladie socialement embarrassante ».* Pour quelle raison ? Parce qu'il a fait savoir qu'il croyait que ses ravisseurs n'étaient pas de ce monde.

Homme intelligent, loin d'être un « cinglé », il est parvenu à la sobre conclusion – à la suite d'étranges événements qu'il a vécus plusieurs années auparavant – qu'il a été enlevé par des extraterrestres qui se sont rendus sur cette Terre à bord d'un vaisseau spatial. Il n'a aucune idée de la raison pour laquelle ils l'ont emmené, ni du motif pour lequel ils l'ont examiné, ni de l'endroit d'où ils sont venus. À la suite de son expérience, il a éliminé toutes les explications « rationnelles » et s'est contenté de la seule théorie qui semblait tenir la route. Pour la poignée de personnes à qui il s'est confié au fil des ans, son histoire représente les élucubrations d'un « fou », d'un membre de la frange lunatique de l'ufologie avec des soucoupes volantes dans le cerveau. Méprisé et tourné en dérision par ses « amis », il a rapidement réalisé que le silence était sa meilleure protection dans un monde de moqueries. Aujourd'hui, il est monsieur « Normal », monsieur « Classe Moyenne », marié, poursuivant une carrière sûre et raisonnable. Désormais, il niera avoir eu connaissance du phénomène, sauf dans les très rares occasions où il rencontrera une autre personne abductée, et encore...

La réserve dont font preuve les Britanniques n'est pas totalement négative en ce qui concerne les ufologues et les chercheurs de toute nature. Effectivement, le fait que les victimes présumées d'enlèvements risquent d'être ridiculisées lorsqu'elles évoquent au grand jour leur expérience dissuade les excentriques qui cherchent à attirer l'attention. Ceux qui osent évoquer leur expérience montrent qu'ils sont déterminés à aller au fond d'un sujet qui a eu un impact sur leur vie. Ils sont prêts à risquer les quolibets au profit de la recherche. En somme, les *abductés* britanniques ont beaucoup à perdre et peu à gagner en parlant publiquement.

Contrairement à leurs frères et sœurs américains, ils ne deviendront pas des célébrités temporaires et ne recevront pas un gros chèque d'un producteur hollywoodien.

Pour les besoins de ce livre, nous avons persuadé des *abductés* de raconter leur histoire dans la toute première publication traitant uniquement de cas d'enlèvements britanniques. Certains nous ont autorisés à utiliser leur vrai nom, d'autres ont choisi d'utiliser des pseudonymes pour des raisons évidentes. Certains s'expriment pour la première fois et d'autres sont prêts à révéler des aspects de leur affaire dont ils n'ont jamais parlé auparavant. Chacun des cas suivants a fait l'objet d'une enquête et de recherches par Philip Mantle, ancien directeur des enquêtes de la *British UFO Research Association* (BUFORA), qui existe toujours, ou par des enquêteurs accrédités par elle et d'autres groupes de recherche associés. Nous avons reconstitué les événements tels qu'ils nous ont été relatés en détail ou à partir des centaines de pages de données provenant des dossiers de la BUFORA. Les transcriptions de dizaines d'entretiens enregistrés et de séances d'hypnose ont été vérifiées et recoupées afin d'obtenir le compte-rendu le plus précis possible. Chacune des personnes enlevées a sa propre théorie sur ce qu'elle a vécu, sur les extraterrestres et sur les ovnis. Elles ont pu ici l'exprimer librement.

Nous savons à quel point il peut être frustrant de lire des récits de phénomènes étranges lorsque les seuls cas disponibles pour les illustrer sont distants de milliers de kilomètres. Les récits d'enlèvements en provenance des États-Unis – et d'ailleurs dans le monde – sont légion, mais leur éloignement nous empêche parfois d'appréhender correctement le sujet.

Dans ce livre sans aucun précédent, nous exposons des cas britanniques regroupant des personnes ordinaires qui ont vécu des choses extraordinaires. Il s'agit de personnes auxquelles nous pouvons nous identifier, des personnes comme nous, comme vous, vivant dans des quartiers normaux, avec des emplois normaux et des intérêts normaux. Ce sont de *vraies* personnes pour qui l'histoire vécue est tout aussi *réelle*. Nous avons ici fait le choix d'adopter une position neutre. Les enlèvements par des extraterrestres relèvent-ils de la réalité ou de la fiction ? Vous déciderez…

— ✵ —

CHAPITRE II

Rencontres rapprochées du 4e type

Selon la classification initialement proposée en 1972 par l'astronome et ufologue américain J. Allen Hynek, les observations d'ovnis sont constituées de plusieurs catégories qui vont crescendo. Ainsi, les rencontres rapprochées du 1er type (RR1) sont essentiellement des observations faites à moins de 150 m. Les rencontres rapprochées du 2e type (RR2) sont des événements au cours desquels l'objet laisse une trace sur l'environnement, comme des brûlures au sol ou une zone de végétation aplatie indiquant où il s'est posé. Les rencontres rapprochées du 3e type (RR3), popularisées par le film de Steven Spielberg du même nom (*Close Encounters of the Third Kind*, 1977), impliquent la présence d'entités qui ne semblent pas de ce monde. Les rencontres rapprochées du 4e type (RR4), qui font l'objet de ce livre, se soldent par un enlèvement. Ce sont à vrai dire les manifestations les plus rares du phénomène, spectaculaires et difficiles à étudier, car la question de la crédibilité du témoin est pour ainsi dire cruciale.

C'est pourquoi l'enquêteur confronté à un prétendu enlèvement se concentrera d'abord sur ce dernier. Est-il sain d'esprit ? A-t-il des problèmes d'alcool ou de drogue ? Un passé stable ? L'état de santé général doit également être établi, car une prise de médicaments, pour n'importe quelle raison que ce soit, pourrait induire des effets secondaires, comme des hallucinations par exemple. L'examen physique et mental prépare le terrain pour la suite de l'enquête. Le témoin est-il à l'abri de toute crise émotionnelle personnelle ? Est-il en quête de publicité, excité par le fait de voir son nom imprimé sur un journal ? Veut-il gagner rapidement de l'argent ? Nous savons malheureusement que certaines personnes inventent des histoires pour attirer l'attention... Souvent, elles sont victimes de problèmes personnels et la création d'un scénario imaginaire est une sorte d'appel à l'aide. Il se peut aussi qu'elles aient simplement besoin d'aide, que quelqu'un s'intéresse à elles, passe du temps avec elles. D'autres personnes créeront une rencontre pour attirer l'attention du public. La « célébrité » dont elles jouiront grâce à la publicité sera minime, mais pour certaines, suffisamment motivante pour s'y adonner. D'autres croiront – à tort – qu'elles peuvent vendre leurs récits à des journaux, aussi bizarres soient-ils. Tous les cas de figure sont possibles. Et un chercheur digne de ce nom en est conscient.

Le véritable travail commence par un entretien auquel il faut consacrer beaucoup de temps. L'enquêteur fait revivre au témoin son expérience étape par étape en recherchant des détails qui pourraient sembler insignifiants. Tout au long de ce processus, il sera très attentif au langage corporel, au ton de la voix et aux manières du témoin. Ces éléments peuvent en effet en dire long sur le caractère d'une personne. Le fait de discuter dans l'environnement familial pourra également fournir des informations utiles. Ainsi, lorsque les indices physiques font cruellement défaut, lorsque les preuves (comme c'est souvent le cas) sont très minces, l'enquêteur peut peser les faits et porter un jugement équilibré sur l'affaire. Comme le disait récemment un chercheur expérimenté : *«Après avoir passé beaucoup de temps avec un témoin, vous pouvez avoir une réaction instinctive. Vous pouvez savoir s'il dit la vérité ou parfois, s'il ne la dit pas».*

Une fois l'entrevue achevée, presque toujours enregistrée devant une personne neutre, l'enquêteur va passer la déclaration du prétendu *abducté* à la loupe. L'ovni a-t-il laissé une quelconque marque physique sur l'environnement? Ses occupants présumés ont-ils laissé une quelconque marque physique sur son corps? A-t-il eu l'occasion de prendre des photos de ce qu'il a vu ou des personnages qu'il a vus? Jusqu'à présent, nous ne connaissions pas de cas où les témoins étaient dotés d'un appareil photo. Pourtant, un individu dont vous lirez la mésaventure dans les pages suivantes a réussi à prendre un cliché d'un prétendu visiteur extraterrestre.

Nous ne vous cacherons pas qu'il est pratiquement impossible de prouver la véracité d'un cas d'enlèvement à l'heure actuelle. En tant qu'ancien directeur des enquêtes de la BUFORA, Philip Mantle est parfaitement conscient que fournir des preuves concluantes d'une rencontre rapprochée du 4e type reviendrait à prouver définitivement l'existence des ovnis et des extraterrestres. Mais personne n'y est encore jamais parvenu... Toutefois, un enquêteur peut présenter un dossier solide lorsque les propos d'un témoin s'avèrent de bonne qualité. S'il s'agit d'un individu honnête et sain d'esprit, et si l'on peut démontrer qu'il n'a rien à gagner – et certaines fois beaucoup à perdre – à parler de son expérience, il devient alors un sérieux candidat pour une étude. Les quatre cas que nous allons maintenant mettre en lumière ne sont pas dissemblables des autres rapports d'enlèvement et s'appuient tous sur la déposition des témoins. Les victimes présumées étaient seules lorsqu'elles ont vécu leur rencontre et il n'y a aucune preuve matérielle à l'appui de leurs affirmations. Cependant, les enquêteurs ont été impressionnés par la sincérité de ces quatre personnes que rien ne distingue du reste de la population, et dont aucune ne recherchait la lumière des projecteurs. Aucune n'avait quelque chose à gagner en racontant son histoire et au moins l'une d'entre elles a souffert de séquelles troublantes – en l'occurrence des cauchemars – dans les mois qui ont suivi sa rencontre. Pour faciliter la lecture, chaque récit commence par le nom de la personne enlevée, la date de l'expérience et le lieu de la rencontre.

Elsie Oakensen
22 novembre 1978
Church Stowe, Northamptonshire

Elsie Oakensen enroule son manteau autour d'elle alors qu'elle quitte son bureau au centre de formation des enseignants de Daventry vers 17 h 15 en cette froide soirée d'hiver. Cette femme de 50 ans, mère de famille et travailleuse, sent les doigts glacés du vent du nord-est lui piquer le visage alors qu'elle s'arrête pour acheter un journal avant de se rendre à sa voiture. Elle remarque qu'un feu latéral de son véhicule ne fonctionne pas et décide donc de parcourir les quelque 12 km qui la séparent de son domicile en conduisant avec ses feux de croisement. Extrêmement prudente, madame Oakensen n'est pas du genre à prendre des risques, surtout lorsque la lumière décline rapidement. Elle emprunte si souvent le trajet entre son bureau et son domicile du village de Church Stowe qu'elle pourrait le faire les yeux bandés. Mais en tant qu'épouse d'un inspecteur en chef de la police, elle sait qu'il ne faut pas plaisanter en matière de sécurité routière.

Le voyage se déroule sans incident jusqu'à ce qu'elle rejoigne l'autoroute A5, normalement très fréquentée, à environ 3 km de sa destination. Alors qu'elle s'y engage, elle est témoin d'une scène qu'elle n'oubliera jamais. Devant elle, à une trentaine de mètres au-dessus de la surface lisse et goudronnée de la route, se trouve un objet si étrange, si peu naturel, qu'elle a du mal à trouver les mots pour le décrire. Il s'agit d'un objet gris, en forme d'haltère, avec une brillante lumière rouge à l'intérieur de la sphère de gauche et une verte dans celle de droite. Il ne bouge pas, il flotte simplement. Au vu de la largeur de la route, Elsie estime que cette étrange « chose » doit mesurer au moins 15 m de long. « *J'étais absolument fascinée* », confiera-t-elle plus tard. « *Mais j'ai continué à rouler comme si de rien n'était»*. Prise d'un mélange de curiosité et d'effroi, elle saisit résolument le volant et roule vers l'objet bizarre. *« J'ai dû continuer pour pouvoir prendre mon virage habituel à droite sur l'A5, vers Stowe Hill. Je me souviens avoir d'abord pensé qu'il s'agissait d'une sorte d'avion et qu'il allait passer au-dessus de ma tête et s'écraser derrière moi. Mais il est resté en l'air. Après avoir quitté l'autoroute, j'ai regardé en arrière et j'ai pensé qu'il avait déjà disparu, mais ce n'était pas le cas. Il était toujours là, avec ses lumières»*. La rencontre est si fascinante qu'Elsie ne se souvient pas avoir vu d'autres véhicules sur le tronçon de l'A5, une chose très inhabituelle puisqu'à cette heure-ci, normalement, de nombreuses personnes rentrent chez elles après leur travail.

L'obscurité continue de se refermer sur le véhicule alors qu'elle entame la dernière étape de son parcours. *« Comme c'est étrange, mais de quoi s'agit-il ? »* pense-t-elle alors qu'elle s'engage sur la route de campagne étroite et sinueuse. Elle tourne ensuite à droite à un carrefour situé en périphérie de Church Stowe. Une fois le virage passé, elle change de vitesse pour accélérer, mais curieusement, la voiture semble ralentir.

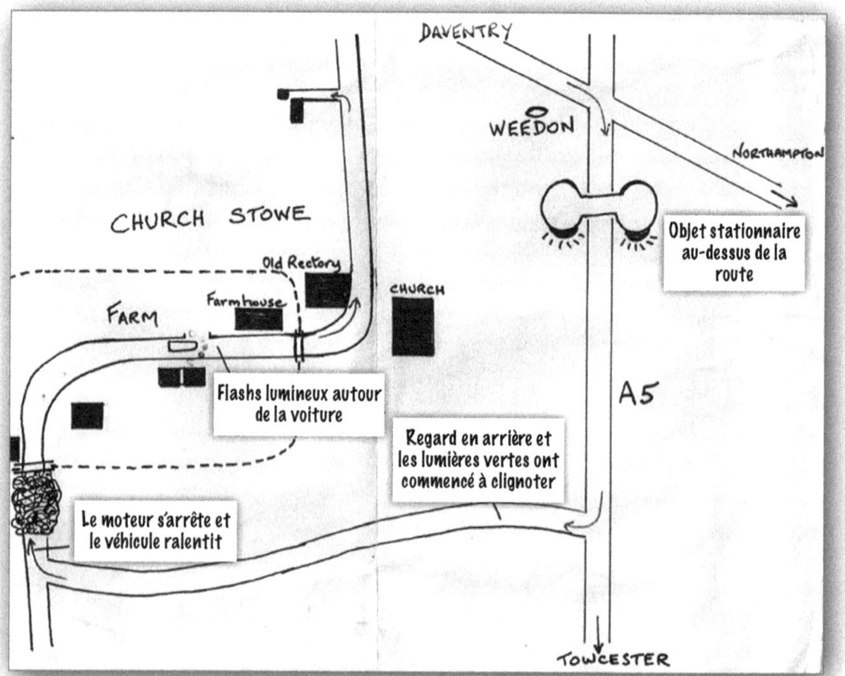

↑ Croquis de la scène tiré du dossier d'Elsie.

↑ Elsie Oakensen en 1994

Oubliant momentanément l'objet mystérieux, elle vérifie qu'elle a bien appuyé à fond sur l'accélérateur, ce qui est le cas. Le moteur semble enfin répondre, mais au bout d'une rangée d'arbres, à l'entrée d'une ferme située à la périphérie du village, il s'éteint. Elsie se retrouve dans l'obscurité et le silence. Tourner la clé de contact ne sert à rien, la voiture semble... morte. Elsie regarde par la fenêtre. Le noir est total. En approchant son visage de la vitre pour pouvoir regarder à l'extérieur, elle pense apercevoir les lumières qui brillent normalement dans les maisons et les fermes qu'elle sait si proches. Mais elle ne voit rien. Elle ne peut même pas distinguer les formes des bâtiments familiers devant lesquels elle passe tous les jours. *« Je ne sais pas pourquoi, mais je n'ai pas eu peur »*, avouera-t-elle par la suite. Mais c'était avant que les événements ne prennent une tournure encore plus dramatique...

Soudain, un cercle brillant de lumière blanche apparaît pour éclairer la route du côté passager. *« Puis, aussi subitement qu'il s'était allumé, il s'est éteint et je me suis retrouvée dans l'obscurité »*, se souvient Elsie. Quelques secondes plus tard, d'autres cercles, d'environ un mètre de diamètre, surgissent à l'avant de la voiture, puis à l'arrière et enfin de chaque côté. Déchirant l'obscurité totale, ils s'allument, s'éteignent, puis s'allument à nouveau comme dans une chorégraphie bien orchestrée. Ils semblent

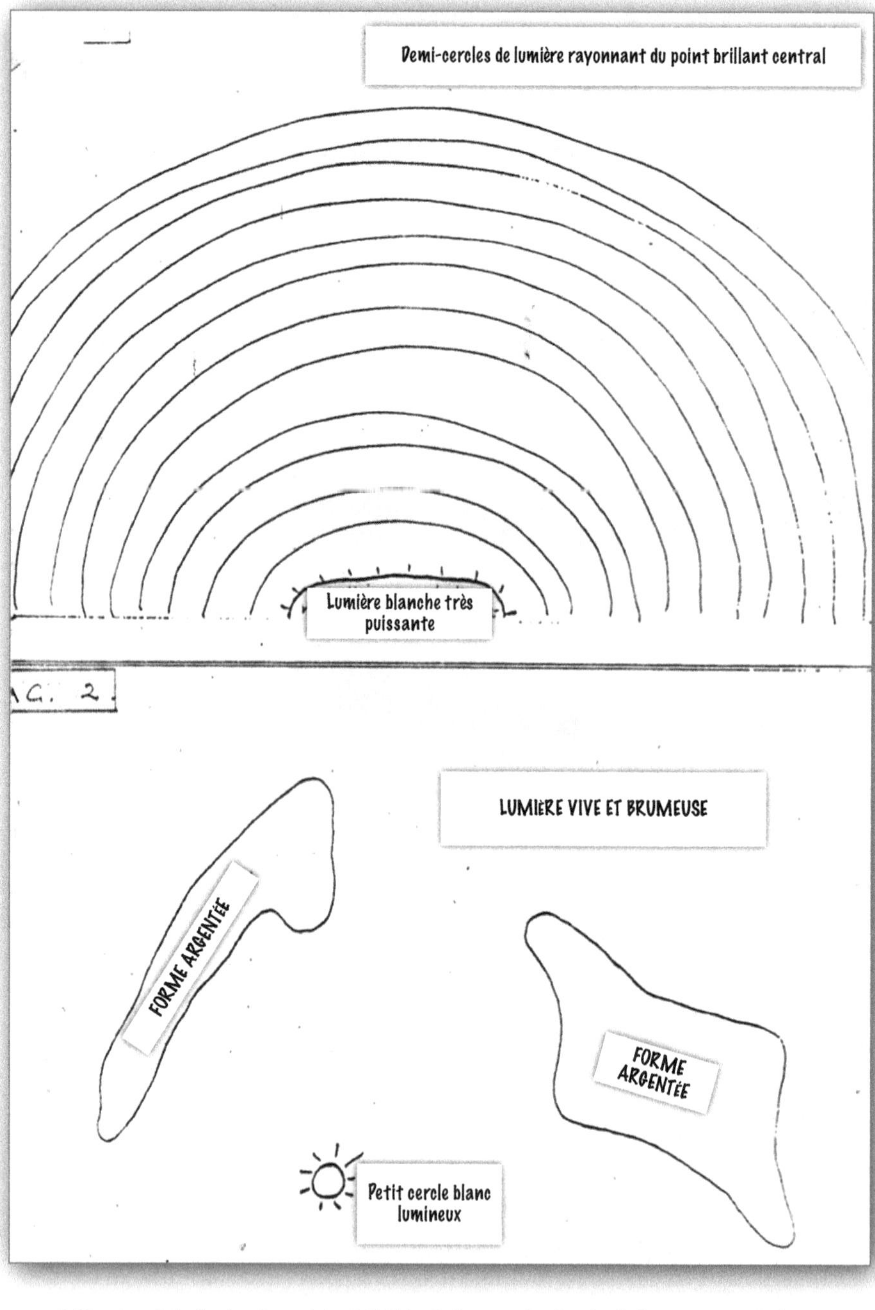

↑ Dessins tirés du dossier original d'Elsie Oakensen. Le dessin du haut montre la lueur qu'elle a vue et celui du bas les deux formes floues lumineuses.

chercher quelque chose ou… quelqu'un. *« Oui, ils cherchaient. On aurait dit qu'ils fouillaient l'obscurité. J'aurais appelé cela des projecteurs, mais je me souviens avoir réalisé qu'ils ne pouvaient pas en être, car il n'y avait pas de faisceaux ».*

Bizarrement, Elsie se retrouve 30 m plus loin sur la route. Le moteur tourne, elle est au volant et conduit tout à fait normalement. Sa tête tourne. Il y a quelques instants, n'était-elle pas bloquée dans une voiture défectueuse entourée de ténèbres ? Elle reprend le contrôle de la situation, mais elle n'a aucune idée de ce qui s'est passé dans l'intervalle.

Comme pour se rassurer, elle regarde autour d'elle et aperçoit les formes de l'église locale et d'autres bâtiments qui se découpent sur la ligne d'horizon. *« Je suis presque rentrée, ce n'est plus très loin ».* En se garant, Elsie remarque que son feu latéral cassé fonctionne à nouveau. Elle jette un coup d'œil à sa maison et voit que les lumières de la cuisine sont allumées. Ce qui signifie que son mari John est à la maison et qu'il prépare le repas du soir. Elsie range la voiture dans le garage puis regarde sa montre. Elle est stupéfaite. Son trajet habituel de quinze minutes a duré une demi-heure alors que sa voiture ne s'est arrêtée que quelques instants.

« J'ai dit à John, je vais juste monter à l'étage pour regarder par la fenêtre, puis je te dirai quelque chose que tu ne croiras pas. » Depuis la fenêtre de la chambre, Elsie aperçoit une lumière jaune clignotante à la même position où elle a vu l'objet en forme d'haltère. *« Je suis descendue et j'ai raconté à John exactement ce qui s'était passé. Il n'a pas dit un mot. Il s'est contenté de servir le repas. Quand je lui ai raconté mon histoire, je n'ai pas mentionné le mot ovni. Je ne pense pas avoir jamais entendu ce mot. »*

Ce soir-là, à 19 heures précises, elle ressent une curieuse sensation au niveau de sa tête. C'est comme une pression qui s'étend depuis son front jusqu'à l'arrière de son crâne. Cette étrange sensation dure environ une minute puis disparaît complètement. Elle se souvient avoir éprouvé la même chose à l'heure du déjeuner, un peu plus tôt dans la journée.

L'intrigante expérience d'Elsie Oakensen se serait arrêtée là si un jeune homme à son bureau, au Centre de Formation des Enseignants de Daventry, n'avait pas réagi le lendemain. Il a entendu la jeune femme en toucher deux mots à ses collègues lors d'une pause-café. *« On dirait un ovni »*, dit-il, ce qui fait se redresser Elsie, perplexe. *« Un objet volant non identifié, vous savez les soucoupes volantes ».* Il se lance dans une brève explication du phénomène. À cet instant, l'histoire d'Elsie est sur le point de devenir un événement du genre « commérage de bureau ». Sauf que le mystère de sa disparition en est à des années-lumière. Il attire rapidement l'attention d'un journaliste du quotidien *Northampton Chronicle and Echo* qui interviewe la jeune femme. Rédigé sur plusieurs colonnes, l'article disponible dans l'édition du vendredi 24 novembre rapporte d'autres incidents du même genre survenus dans la région cette semaine-là. Une femme de Northampton aurait notamment observé une « fenêtre dans le ciel » nimbée de lumières vertes clignotantes. S'agissait-il du même engin ?

Les enquêteurs de la BUFORA interviennent dès lors pour prendre des notes détaillées sur ce qu'on appelle désormais « l'Affaire Oakensen ». Impatiente d'en savoir plus sur ce qui lui est arrivé, la coopération d'Elsie est totale. Accepterait-elle d'être hypnotisée ? Nous lui expliquons que cette méthode pourrait la ramener à la soirée fatidique pour « revivre » l'incident, en particulier la période où elle a perdu la notion du temps. Sa réponse est : *« Bien entendu »*. Un hypnothérapeute qualifié procède donc à une régression pour raviver les souvenirs de ces moments angoissants passés dans la voiture. La séance, qui a eu lieu neuf mois après la rencontre (en août 1979), est enregistrée.

Elsie : *« Le moteur a calé. J'ai chaud. Une pression s'exerce tout autour de mon crâne, comme à l'heure du déjeuner. J'ai de plus en plus chaud et je commence à transpirer. La pression me fait mal... Elle me fait mal à la tête. Une lumière brillante m'éblouit, une lumière d'un blanc très pur. Des cercles de lumière rayonnent à mesure qu'elle se rapproche. Je ne vois pas le sommet... Mon corps devient plus chaud... La douleur dans ma tête est intense. J'ai l'impression d'être assise, je ne sens plus mes jambes, mes bras tremblent. J'ai très peur. Les demi-cercles de lumière semblent se transformer en un seul qui s'éloigne manifestement de moi. Il y a toujours de la lumière, mais elle est brumeuse et, à travers cette brume, deux formes se matérialisent. La première est une forme longue et fine qui apparaît sur la gauche, puis s'évapore. La seconde, rectangulaire, apparaît à droite, se dissipe, puis les deux reviennent ensemble. Elles brillent à travers la brume. Une lueur argentée entoure les deux formes grises aux contours arrondis et lisses, un peu comme des fantômes. La lumière éclaire maintenant un petit cercle au loin. J'ai de plus en plus chaud, mes bras tremblent davantage et j'ai terriblement mal à la tête. Je suis terrifiée ! »*.

À ce stade, le malaise et la détresse d'Elsie sont tels que l'hypnothérapeute la sort immédiatement de sa transe. Les enquêteurs sont déçus : la régression n'a pas révélé des détails plus clairs sur l'événement. Mais l'absence de descriptions plus précises n'exclut pas la possibilité d'un enlèvement par des extraterrestres. L'observation de l'ovni, les lumières,

ELSIE'S UFO CONFIRMED

'I saw spacecraft too'

UFO spotters: Elsie and Georgina

EXCLUSIVE

by Paul Green

AN ALIEN spacecraft really DID fly over the Daventry area 18 years ago!

Georgina Laurie of Flore has broken nearly two decades of silence to confirm she saw the UFO which Elsie Oakensen of Church Stowe has always insisted abducted her.

And now the *Daventry Express* is challenging anyone else who saw something strange that night on November 22, 1978, to come forward and tell the truth.

During Elsie's famous incident, she drove under a silent 100ft long object hovering above the A5 near where she lives. She arrived home 15 minutes later than normal, and believes she was abducted.

Elsie always knew that Georgina had seen the craft – but respected her wish *not* to be identified. Georgina said: "My husband had his own business at the time and was worried that people would think I was a crank, and wouldn't use his firm. But I don't care what people think now."

She was travelling on a back road between Preston Capes and Woodford Halse at 7.15pm – two hours after Elsie saw the craft.

"As I started to come out of a T-junction there was a white light shining down in the trees," Georgina recalled.

"The car started to play up and I changed it into second gear. The thing moved across the road. There was a red light and a green light, which were both static. Then it just went."

She said her three passengers at the time later forgot the sighting, and she has now lost contact with them.

"It was silent and made me feel funny. It must have been fairly big because of how far apart the lights were," said Georgina.

Both women will be appearing on the television programme Strange But True in the autumn to tell their stories.

Elsie has written a book about the abduction One Step Beyond which is on sale at Daventry Bookshop. She said: "Talking to Georgina was just like listening to myself, so many things were similar. I never thought I would find anyone else that would say they saw it. I knew other people had seen something, but they didn't want to talk about it."

● Did you see anything that night? Ring Paul Green in confidence on 01327 703383.

● Comment – page 6.

LIBRARY FIND ADDRESS

22.11.78

DAVENTRY EXPRESS

opinion

YOU might believe that all this talk about alien abductions is a load of old nonsense (see our front page story). But for Elsie Oakensen, it is deadly serious stuff.

For the past 18 years, she has had people laughing at her behind her back because she has been brave enough to stand up and be counted. Remember, this all happened in the days before The X-Files television programme made it acceptable to talk about unexplained phenomena.

Now Georgina Laurie has decided to go public with her version of what happened that night in November 1978. She hasn't just made it up, because Elsie has known about her for years.

There must be other people still around today who saw some of the strange things that happened that night.

In the Daventry Weekly Express of November 24, 1978, founding editor Walter Green (no relation!) wrote a story about a mysterious giant triangular shape which was seen over Long Buckby.

That happened three days before Elsie and Georgina's sightings... could all the sightings be the same craft?

Perhaps we will never know, but if you saw anything slightly strange that night, pick up the phone and give us a call – because the truth is out there!

Paul Green

↑ Le cas d'Elsie Oakensen dans les médias

↓ Elsie Oakensen s'adressant à une classe d'étudiants

le mauvais fonctionnement de sa voiture et le *missing time* font de cet épisode un candidat solide pour obtenir le statut de rencontre du 4e type. La jeune femme et sa voiture ont-elles été emmenées dans un ovni ? Des *abductés* américains ont exactement vécu la même situation... Reste que si l'on ne comble pas le *missing time*, la vérité n'émergera jamais. Que pense Elsie de son expérience ? « *Je crois que j'ai été sélectionnée, scannée et rejetée* ». Sélectionnée par qui ? Scannée pour quoi ? Rejetée comment ? Elsie, aujourd'hui à la retraite, déclare : « *Je ne peux pas l'expliquer, mais ça m'a considérablement ouvert l'esprit et donné l'envie de m'intéresser à ce sujet* ».

Alfred Burtoo
12 août 1983
Aldershot, Hampshire

Le cas suivant a été examiné en premier lieu par Omar Fowler, du *Surrey Investigation Group on Aerial Phenomena* (SIGAP).

Après une soirée de pêche sur les rives du canal Basingstoke, près de Nort Town, un certain Alfred Burtoo, âgé de 77 ans à l'époque, écrit au journal local pour demander si quelqu'un a vu comme lui une étrange lumière dans le ciel à 1 h 15 le matin du 12 août 1983 sans plus de précision. Un journaliste le rappelle et écoute le témoignage du pêcheur qui évoque alors un ovni. Prévenu dans la foulée, Fowler contacte le témoin en vue d'une interview. Voici ce qu'il lui déclare le 10 septembre 1983 :
« *Au journal télévisé de 13 heures du 11 août 1983, le temps allait être beau et la lune n'avait que quatre ou cinq jours, ce que je considère comme des conditions idéales pour la pêche. J'ai alors demandé à ma femme d'aller me chercher un pain pour confectionner des appâts. J'ai préparé tout mon matériel et je suis parti. Sur le chemin du canal, je me suis arrêté sur la route pour mettre le chien en laisse lorsque j'ai entendu des pas derrière moi. Il s'agissait d'un policier. Nous avons discuté... Après un court moment, il est reparti et j'ai rejoint les berges. Une fois sur place, j'ai défait mon matériel et planté une canne dans le sol. J'y ai attaché le chien. J'ai ensuite commencé à déballer ma boîte de petit matériel puis j'ai entendu le "gong" de la caserne Buller toute proche. Il était une heure du matin. J'ai tout préparé pour l'aube, car c'est le meilleur moment pour avoir du poisson. Je me suis assis sur ma boîte à pêche, observant l'eau pour détecter tout mouvement. J'ai décidé de prendre une tasse de thé. Je versais la boisson lorsque soudain, j'ai vu une lumière apparaître au sud. J'ai posé ma tasse et me suis relevé pour l'observer. Elle s'est*

← Omar Fowler, ufologue, enquêteur sur le cas d'Alfred Burtoo

approchée du pont de chemin de fer et j'ai pensé : “Elle ne va quand même pas atterrir sur le pont !” *J'ai tout de suite deviné qu'il ne s'agissait pas d'un avion ou d'un hélicoptère, car l'engin était à moins de 100 m du sol. Puis il s'est finalement posé plus loin, sur le chemin de halage et la lumière brillante qui l'éclairait s'est éteinte. Je suis resté là à l'observer et j'ai vu deux « formes » marcher vers moi. Le chien grognait. Il n'a pas voulu s'arrêter jusqu'à ce que je le lui ordonne. Les deux « formes » s'approchaient de moi, mesurant au jugé un peu plus de 1,20 m, vêtues d'une* « combinaison » *vert pâle, d'un casque et d'une visière. Je suis resté planté là à les regarder, et elles me regardaient en retour. Puis l'individu de droite m'a fait signe de les suivre. Curieux, je me suis exécuté. Lorsque nous sommes arrivés à une cinquantaine de mètres du pont, un appareil se trouvait sur le chemin de halage, s'étendant sur 3 à 4,5 m au-dessus de l'eau et autant au-dessus de la berge. Il y avait des marches. Elles étaient en retrait par rapport au chemin et nous avons dû marcher sur l'herbe pour les monter. Une fois à l'intérieur, l'une de ces “formes” a traversé un couloir de forme hexagonale, l'autre est resté près de la porte. Je me tenais à sa droite. Soudain, une voix s'est fait entendre, dans un anglais approximatif :* “Placez-vous sous la lumière ambrée” ».

↑ Dessin d'artiste de la rencontre d'Alfred Burtoo

— Avez-vous réellement entendu cette voix ? interroge Omar Fowler.

— Oui, je l'ai vraiment entendue dire : *« Placez-vous sous la lumière ambrée »*. Au centre, il y avait une sorte de colonne d'une circonférence d'environ 1,20 m. Au début, je ne voyais pas de lumière ambrée, mais en me déplaçant sur le côté, j'ai pu la voir sur le mur. Je me suis approché, je me suis placé dessous et la voix qui m'avait prié de venir à cet endroit m'a demandé : *« Quel est votre âge ? »* J'ai répondu que j'aurais 78 ans à mon prochain anniversaire. Après une courte pause, la voix a ajouté : *« Tournez-vous »*. Et je me suis tourné vers le mur. Après environ cinq minutes, elle m'a dit : *« Vous pouvez partir, vous êtes trop vieux et trop infirme pour nous satisfaire »*. Cette colonne, qui se trouvait au milieu du sol, était munie d'une poignée en forme de Z, comme celle d'un puits. Une « forme » se tenait debout de chaque côté. Elles étaient différentes des deux autres. J'ai supposé que ces deux « formes » étaient là, prêtes à actionner le mécanisme qui la faisait fonctionner, mais ce n'est là qu'une supposition de ma part. J'ai regardé autour de moi et lorsqu'on m'a donné l'ordre de partir, je suis immédiatement descendu. Me tenant aux rampes de l'escalier, j'ai senti deux joints, ce qui m'a donné l'impression qu'il était télescopique et se repliait d'une certaine manière. Quoi qu'il en soit, je suis descendu et je me suis trouvé à environ 20 ou 30 m des marches, puis je me suis retourné et j'ai observé l'engin. Il avait une tourelle au sommet, un peu comme un bol inversé, ressemblant à un capuchon comme celui que l'on trouve au sommet d'une cheminée. Elle tournait dans le sens inverse des aiguilles d'une montre. Je suis retourné jusqu'à l'endroit où se trouvaient mon chien et mon équipement, et la première chose que j'ai faite a été de saisir ma tasse et de boire mon thé froid. En continuant à regarder la scène, j'ai vu la chose s'élever à environ 100 m et filer vers le sud-ouest au-dessus du cimetière militaire. Je l'ai vu passer au-dessus de Tongham (à 800 m au sud-est d'Aldershot) et au-dessus de Hog-Back (à 4 km au loin).

— Vous semblez très calme et serein à propos de cet événement.

— En fait, j'étais plus curieux qu'autre chose. À mon âge, près de 78 ans, qu'avais-je à craindre ? Je ne peux mourir qu'une fois ! J'avais lu des choses sur les ovnis, mais je n'y croyais absolument pas. Maintenant,

↑ Alfred Burtoo sur les lieux de sa rencontre

j'y crois. Voir c'est croire! Je me fiche éperdument de savoir qui y croit ou non, mais je suis bel et bien rentré à l'intérieur de cette « machine ». À mon retour, j'en ai parlé à ma femme et à un ami. Jusqu'alors, je pensais que les ovnis étaient des foutaises. Je n'avais pas peur, j'étais juste curieux et je voulais voir ce qui se passerait. S'ils avaient décollé avec moi, cela aurait simplement été ma destinée. La même chose que de sortir dans la rue et de se faire renverser.

— Reprenons depuis le début, lorsque les êtres se sont approchés de vous...

— J'ai eu un choc, car ils portaient une combinaison verte qui n'avait ni boutons ni fermeture éclair, ni quoi que ce soit d'autre. Ils étaient moulés dedans. Ils portaient des casques de couleur verte et la visière sur le devant semblait noircie, comme du verre fumé. On ne pouvait pas voir leur visage. Je n'ai pas remarqué leurs mains. Peut-être portaient-ils des gants...

— Avaient-ils une ceinture?

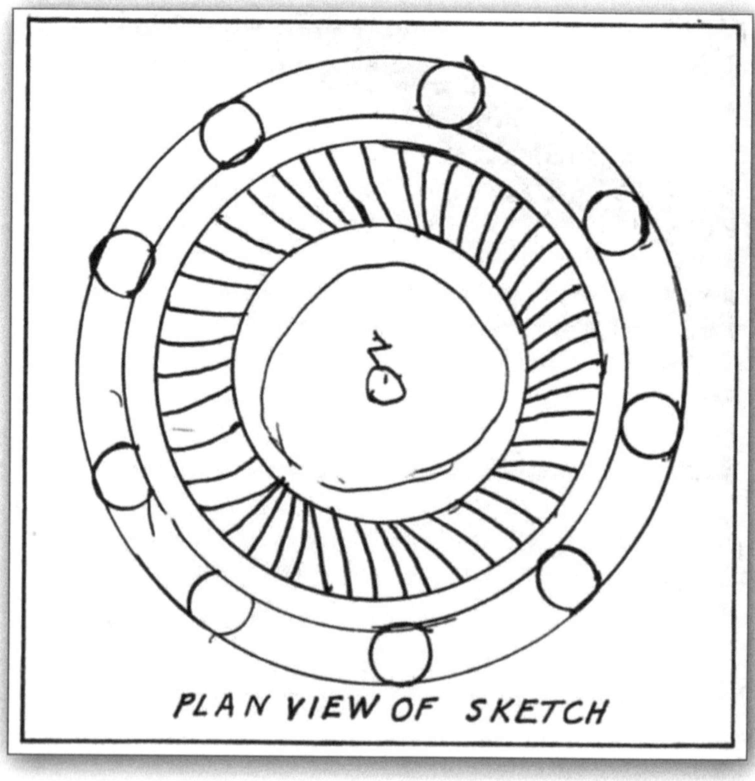

← ↑ Croquis d'Alfred Burtoo

— Non, pas de ceinture, pas de bouton, pas de torche ni d'ustensile à la main, rien…

— Les marches du vaisseau, était-ce une sorte d'échelle ?

— Juste un large escalier, avec une rampe des deux côtés.

— Les deux personnages sont-ils entrés dans l'engin ?

— L'un est entré devant moi puisqu'il avait marché devant moi le long du chemin tandis que l'autre se tenait derrière moi. Le premier a traversé ce que j'appellerais le couloir, pour entrer dans ce qui ressemblait à une pièce de l'autre côté, et l'autre est resté près de la porte tandis que je me tenais à sa droite.

— Quel type d'éclairage y avait-il à l'intérieur de l'objet ?

— Il y avait une faible lumière et tout était sombre.

— Venait-elle du plafond ?

— Non, et c'est ça qui est drôle. Je n'ai rien vu de tel, mais il y avait bien un éclairage. Peut-être se situait-il autour de l'arête du plafond ?

Top UFO Expert Confirms Man's Astounding Claim:

I Was Taken Aboard an Alien Spacecraft and Examined Like a Bug

A 77-year-old man says he was taken aboard a spacecraft by four-foot-tall aliens wearing green suits and helmets — and a top UFO expert who has lectured to British government leaders says his astounding story is true.

Recalling his terrifying abduction, Alfred Burtoo of Aldershot, England, revealed that the strange squat creatures examined him under an amber spotlight, then told him: "You can go. You are too old and infirm for our purposes."

Burtoo said the phenomenal encounter with otherworldly beings occurred early in the morning last August 12, as he was fishing in a canal.

"I spotted a light in the sky coming toward me," he recalled. "I thought: 'It can't be an airplane, because it's only 300 feet off the ground. I wonder if it's a helicopter?'

"It landed behind some bushes, which blocked my view. Then I saw two shapes emerge from the bushes.

"They were about four feet high and dressed from head to foot in pale green coveralls. They had helmets of the same color, with their visors blacked out. I stood frozen to the spot in terror.

" 'It must be a terrible dream,' I told [redacted] raised his [redacted] em. [redacted] em. It [redacted] aft . . .

[redacted] p into the air and shot away [redacted] t tremendous speed," Bur- [redacted] oo recounted.

Timothy Good, who has lectured on UFOs before a top British government commission probing UFO reports, told The ENQUIRER.

"I am convinced this man is telling the truth."

Good, who has also lectured on UFOs at universities throughout England, said he interviewed Burtoo more than 12 times over several months and subjected him to a battery of questions. Burtoo always told the same story, exact in every detail. Good also investigated Burtoo's background.

"There is no doubt in my mind that he was taken aboard an alien craft," concluded Good, who's also an author and consultant to the British Broadcasting Corp.

Omar Fowler, chairman of the Surrey Investigation Group on Aerial Phenomena, which includes pilots and scientists among its members, added: "This is really an exciting case. I believe it to be genuine."

— JOHN COLLINS

GREEN-SUITED aliens drew Alfred Burtoo into their craft and examined him.

ENCOUNTER with aliens terrified Alfred Burtoo.

July 17, 1984 | Page 14 NATIONAL ENQUIRER

↑ L'affaire Alfred Burtoo dans les médias

L'intérieur du vaisseau était sombre, mais l'extérieur ressemblait à de l'aluminium poli. Lorsque j'ai marché sur le sol, je n'ai pas entendu mes propres pas, j'ai donc eu l'impression qu'il y avait une sorte de tissu par terre. La hauteur du plafond n'était que de 1,50 m environ et j'ai dû me baisser pour entrer. Je mesure 1,66 m. « Eux » étaient plus petits que moi. Celui qui a construit cette chose a fait du bon travail : il n'y avait pas d'écrous, de boulons, de joints ou de soudures. Je pense que j'y suis resté une bonne demi-heure. J'ai dû attendre un moment avec cet être qui se tenait à côté de moi.

— Vous avez donc eu l'opportunité de bien observer autour de vous.

— Oui. Je n'étais pas effrayé. J'étais juste curieux. J'ai passé de nombreuses années en plein air et j'ai affronté beaucoup de choses au Canada ; j'ai tué un ours, des serpents à sonnettes, des loups ; je ne pense pas avoir peur de quoi que ce soit.

Albert Burtoo était un homme simple qui s'adonnait à un passe-temps que des millions d'autres personnes pratiquent quotidiennement au Royaume-Uni : il allait à la pêche. Albert était loin de se douter que ce jour-là, il serait la prise et non le poisson...

David Thomas (pseudonyme)
8 février 1985
Pwllheli, nord-ouest du Pays de Galles

David Thomas connaît sur le bout des doigts le trajet de 7 km qui mène à son village par la route de Pwllheli. Peu importe qu'il soit 3 heures du matin et qu'il fasse nuit noire, la lumière des étoiles est tout ce dont il a besoin pour rentrer chez lui à pied. Il est simplement reconnaissant que les fortes chutes de neige, qui viennent de s'abattre sur une grande partie de la Grande-Bretagne, n'aient pas touché la charmante péninsule de Llŷn où la mer d'Irlande aide à tempérer les pires excès de l'hiver. Le jeune homme de 19 ans, serein, vient de profiter d'une bonne soirée dansante avec ses amis. Après une vingtaine de minutes de route, il est convaincu que la musique résonne encore dans ses oreilles. Il s'arrête et secoue la tête avant de mieux écouter. C'est le silence, un silence inquiétant dépourvu des habituels sons nocturnes. Il n'y a pas de vent, juste ce bourdonnement… On dirait le bruit sourd d'un générateur électrique, mais David connaît assez bien cette zone pour savoir qu'il n'y en a pas un seul en activité à des kilomètres à la ronde. Il jette un coup d'œil dans l'obscurité, en direction d'un champ d'où il semble émaner. Tournant la tête dans un sens, puis dans l'autre, il essaie d'en déterminer la source. Peine perdue. Il va devoir quitter le chemin pour examiner les environs. Au fur et à mesure qu'il avance dans le champ, le seul bruit qui vient interrompre ce bourdonnement est celui de ses pieds qui crissent sur l'herbe couverte de gelée.

Le bruit devient de plus en plus fort et distinct. Ses yeux scrutent l'horizon sombre à la recherche d'un indice. C'est alors qu'il voit une « grande chose noire et terne » qui plane à environ un mètre au-dessus du centre du champ. Elle obscurcit la lumière des étoiles. S'approchant, David ouvre bien ses yeux pour discerner ce qui se trouve en face de lui. Il estime que l'objet, en forme de dôme ou de disque, mesure environ 8 m de diamètre et 6 m de haut. Des antennes (ou des stabilisateurs) dépassent de chaque côté et il y a une trappe en forme de pont-levis et des fenêtres au sommet. Il ne voit pas d'éclairage distinct, mais l'engin semble être entouré d'une lueur fluorescente.

Debout dans le froid et l'obscurité, observant cet étrange appareil flottant au-dessus du sol, David est soudain attiré par un mouvement sur sa droite. En regardant dans cette direction, il voit un groupe de petits humanoïdes qui se dirigent vers lui. Son instinct le pousse à fuir, mais

↑ David Thomas sur le site de sa rencontre

lorsqu'il se retourne pour le faire, il est trop tard, une créature étrange lui barre le chemin. Figé, il sent une main agripper son bras qui le propulse vers l'ovni.

« *Ils me parlaient, mais pas comme une personne qui parle* », se souviendra-t-il plus tard. « *C'était comme s'ils étaient dans ma tête. Ils me disaient :* "Tu vas bien, tu vas bien !" ».

David est transporté plus loin, ses pieds ne semblant pas toucher le sol. Il ne sait pas exactement comment il entre dans l'objet, mais il se retrouve dans une grande pièce vide où ses ravisseurs le laissent seul. Pendant qu'il attend, son esprit passe en revue les détails qu'il a pu recueillir sur ses ravisseurs. Ils sont de forme humanoïde et portent des casques octogonaux. Il y a deux faibles lumières à l'endroit où leurs yeux devraient se trouver. Leurs combinaisons sont grises avec des ceintures munies de sangles dorées qui ressemblent à des bretelles. Des bottes et des gants noirs complètent leur tenue. En les observant au moment où il approchait du vaisseau, une chose l'avait frappé. Ces créatures ressemblaient aux robots qu'il avait souvent vus dans les films de science-fiction hollywoodiens des années 1950. Peut-être est-ce la façon dont ils bougeaient leurs bras et leurs jambes, de manière rapide et guindée. David estime qu'il reste seul dans la pièce pendant une quinzaine de minutes. Il est convaincu que ses ravisseurs l'observent, qu'il s'agisse d'une supposition de sa part ou d'une information de nature télépathique, il n'en est pas certain.

Pendant son expérience, il entend constamment des voix dans sa tête. Pour des raisons qu'il ne s'explique toujours pas, il n'est pas envahi par la peur à bord du vaisseau bien qu'il en sera terrorisé plus tard. Il est ensuite conduit dans ce qu'il compare à une « salle de contrôle ». Trois ou quatre « écrans de télévision » sont visibles avec l'un d'entre eux accroché sur un mur. Il pense que les êtres veulent qu'il sache que c'est une phase destinée à l'habituer à un changement d'heure (des informations télépathiques semblent le corroborer). David s'aperçoit alors que l'engin décolle.

« Mais il n'y avait aucune sensation de mouvement », dira-t-il. *« J'étais simplement là, à regarder un écran qui montrait des planètes qui défilaient, Jupiter,*

↓ Croquis d'artiste de la rencontre avec Davis Thomas

↑ Dessin d'artiste de la rencontre avec Davis Thomas

Saturne, jusqu'au-delà de Pluton où l'appareil s'est amarré à un vaisseau-mère».

Une fois à bord, David se voit emmené dans une sorte de pièce « médicale ». Alors qu'il est allongé sur la seule et unique table d'examen, l'un de ses ravisseurs sort un long instrument pointu. Un instrument qui est sûrement à l'origine des marques de brûlures qu'il découvrira sur son corps le lendemain.

« Sur le moment, je n'ai pas eu l'impression d'être brûlé. Je n'ai pas réalisé que c'était ce qu'ils faisaient». Un autre aspect de l'examen le trouble : *« Ils m'ont ausculté de fond en comble, mais ils ont semblé s'attarder sur mes parties intimes pendant un moment. Je ne sais pas s'ils essayaient de déterminer si j'étais un homme ou une femme».*

Des sondes son placées sur sa tête, sa poitrine et autour de son cou. Il se souviendra que son rythme cardiaque a accéléré puis ralenti, comme si ses ravisseurs le lui avaient ordonné. Il se souviendra également d'une étrange demande télépathique. Leur donnerait-il la permission d'ôter ses yeux ? Ce qu'il refuse net. David est convaincu d'entendre les extraterrestres lui dire au cours d'une autre conversation télépathique qu'ils viennent d'une planète située au-delà de la constellation de la Lyre, qu'ils respirent de l'oxygène et qu'ils n'aiment pas l'atmosphère polluée de la Terre. Ils disposent d'une base temporaire au Groenland et ont été contraints de détruire un certain nombre d'autres stations qui existaient sur la lune pour éviter d'être découverts par les sondes terrestres. Ils lui expliquent ensuite que l'étude de notre planète est conduite sur une base de non-ingérence.

David dira aux enquêteurs qu'il a été interrogé sur les États-Unis et la Nasa et qu'il se souvient d'avoir appris que les extraterrestres avaient capturé un vaisseau spatial *Voyager* pour l'analyser. Leur verdict : *« Très primitif »*.

David ne sait pas exactement à quel moment il est ramené à l'ovni depuis le vaisseau-mère, mais il est conscient qu'il rentre chez lui. Il se retrouve, soudain, seul, dans ce champ du nord du Pays de Galles. Son dernier souvenir est celui de l'ovni disparaissant dans le ciel nocturne. Il se souvient d'avoir été pris de vertiges après avoir quitté l'engin, puis d'avoir eu l'impression de flotter, ce qu'il suppose être dû au fait d'avoir respiré une atmosphère plus riche en oxygène. Le jeune homme est repéré par une patrouille de police. L'officier arrête son véhicule et l'interroge, lui demande s'il a bu de l'alcool ou pris de la drogue. Satisfait qu'il n'ait pas enfreint la loi, le policier le ramène chez lui. Il le dépose à 5 heures 30 du matin. Son trajet qui aurait dû ne lui prendre qu'une heure et quinze minutes à pieds, en a duré le double malgré la course du policier. Il a pourtant l'impression d'être resté avec ces individus étranges pendant des heures. Une fois rentré à son domicile, il est saisi d'une intense terreur, peut-être une réaction différée de la traumatisante rencontre.

Bien qu'il soit maintenant en sécurité dans le giron de sa famille, il est encore en état de choc. Après avoir entendu son récit, sa mère décide de chercher de l'aide pour tenter de découvrir exactement ce qui lui est arrivé afin de combler son *missing time*. Deux jours plus tard, ils trouvent le numéro de téléphone de *Contact International*, le seul groupe d'enquête sur les ovnis disponible. Oui, *Contact* est intéressé par l'affaire et les joindrait bientôt. Sept jours plus tard, inquiète des violents cauchemars que fait son fils, elle prend le taureau par les cornes. Le 17 février 1985, à une heure du matin, elle fait monter son fils dans la voiture familiale pour le long trajet jusqu'au siège du groupe, dans l'Oxfordshire. Arrivés à destination, ils attendent que le jour se lève avant de trouver un enquêteur. Pâle, échevelé, tremblant de peur dans les bras de sa mère, David raconte son histoire à contrecœur, refusant catégoriquement d'en parler à la police ou aux médias. C'est un garçon ordinaire, brillant, éloquent,

↑ Philip Mantle et David Thomas

peu enclin à la fantaisie et n'ayant rien à gagner à inventer une telle histoire. Il ne montre pas d'intérêt particulier pour les ovnis et ne semble pas avoir été contaminé par la littérature sur les enlèvements. Il est stable et ne cherche pas à attirer l'attention sur lui. Mais il est envahi par la peur. Il faudra plusieurs séances avec les enquêteurs pour déterminer la raison de l'effroi qui menace d'assombrir la vie de ce jeune homme. Lors d'un entretien, David leur narre la conversation télépathique qu'il a eue avec ses ravisseurs et qui l'a plongé dans l'effroi. Les ravisseurs lui ont dit clairement qu'ils reviendraient sur terre un jour dans le futur et qu'ils le chercheraient. *«Nous te reverrons»*. David d'ajouter : *«Ils m'ont choisi, ils m'ont donné des instructions et ils vont revenir»*. L'horreur se lit sur son visage. Les enquêteurs soulignent qu'il est très peu probable qu'une seconde rencontre se produise et précisent toute l'ambiguïté des mots utilisés par les «extraterrestres». Peut-être s'agit-il simplement d'une façon de dire adieu...

Il est impossible d'apaiser le jeune homme et de violents cauchemars continuent de le tourmenter. Sa famille s'est habituée à ce qu'il se réveille la nuit avec des sueurs froides et des cris à glacer le sang. Sa détresse est telle que sa mère prend sur elle de contacter un psychologue qui entreprend une hypnothérapie. Après de nombreuses séances, il finit par surmonter son enlèvement. Il devait continuer sa vie de la façon la plus normale possible. Il ne pouvait pas avoir peur jusqu'à la fin de ses jours. Aujourd'hui, David est heureux et a tourné la page sur son expérience au point qu'il refuse catégoriquement d'en parler en public.

Mais il n'en pense pas moins et garde pour lui son opinion sur les ovnis et les enlèvements. Bien entendu, il ne peut nier que l'expérience l'a changé, comme il l'a confié un jour aux enquêteurs. Qu'a-t-il appris de sa rencontre ? *« Nous, les humains, sommes censés être grands, n'est-ce pas ? Mais nous sommes juste très petits. Insignifiants. Et pourquoi nous, les humains, voulons détruire tout ce qui est bon dans notre monde ? Cela fait réfléchir »*. Autrefois adolescent mélomane et sans emploi, il est aujourd'hui un fervent militant de la cause écologique. Il a également développé un talent pour l'écriture spontanée de chansons et de poèmes. L'un de ses premiers, rédigé peu de temps après sa rencontre, s'intitule *L'atome*...

Graham Allen
17 juin 1979
Newbury, Berkshire

Le peintre et décorateur Graham Allen n'avait que 20 ans lorsqu'il a expérimenté ce qu'il est aujourd'hui convaincu d'être une rencontre rapprochée du 4ᵉ type. À l'époque, Graham résidait dans le Staffordshire et sa fiancée, Charlotte – devenue aujourd'hui sa femme – vivait à Maidenhead, dans le Berkshire.

Ce week-end-là, Graham travaille à Birmingham, ce qui signifie que le trajet pour rejoindre Maidenhead est un peu plus court que d'habitude. Le soleil a tapé toute la journée et lorsqu'il monte dans sa voiture, l'intérieur est étouffant. Il baisse la vitre pour respirer un peu d'air frais et se met en route vers 16 h 30 pour parcourir un itinéraire qu'il connaît bien, qu'il a déjà emprunté maintes fois et qu'il espère sans encombre. Le soleil brille, il fait très chaud et il y a peu de circulation. Des conditions parfaites pour aller passer le week-end avec la femme qu'il aime. Roulant avec un fond musical, il progresse rapidement dans

Stratford-upon-Avon malgré le trafic touristique, avant de s'engager sur le périphérique d'Oxford vers le sud, en rase campagne. 17 h 45. L'autoradio commence à grésiller avant de s'éteindre subitement. *« Ça va revenir dans une minute »*, pense-t-il. Mais il n'en est rien. Déterminé à écouter le morceau qu'il apprécie, il garde une main sur le volant et se penche maladroitement à gauche, les doigts cherchant à tâtons les boutons qui lui permettraient de régler le poste. Rien à faire. Il a beau faire ce qu'il peut, la radio reste muette. Pendant quelques secondes, il quitte la route des yeux pour déceler une panne. Les voyants étant allumés, il ne repère aucun problème. Mais les haut-parleurs sont toujours hors service. Dépité, il lève les yeux vers le ciel. Changement de temps radical : le soleil a disparu, le ciel est presque noir et il pleut à verse. Incrédule, il met ses essuie-glaces pour dégager les trombes d'eau et continue sa route à allure réduite avec un sentiment de malaise croissant. Mais que se passe-t-il ? Pour une raison inconnue, il ne semble pas reconnaître ce qui est pourtant une route très familière. Les points de repère qu'il croise, les bâtiments, les églises, les cottages, rien ne lui dit quoi que ce soit. Tandis qu'il avance, il scrute l'horizon à la recherche d'un indice qui lui permettrait de savoir à quelle distance se trouve l'embranchement qu'il doit prendre. Soudain, sa pire crainte se confirme : un panneau de signalisation mentionne Newbury 5 km. Comment a-t-il bien pu manquer la route de Maidenhead qu'il connaît par cœur ? C'est indiqué et il l'aurait vu venir. Furieux contre lui-même, il tourne à l'entrée d'une ferme. Puis... le trou noir. Graham reprend connaissance, assis dans sa voiture, à l'entrée de cette ferme, le moteur tournant avec la radio qui fonctionne très bien. Sauf que la voiture est maintenant face à la route. Désabusé, il se dit que la seule chose à faire est de revenir sur ses pas pour aller dans la bonne direction. L'horloge du véhicule indique 18 h 35. L'embranchement qu'il a manqué ne doit pas être très loin. Du moins le pense-t-il. Il tombe une nouvelle fois des nues : 25 km ! Comment est-ce possible ? Il arrive donc chez sa fiancée à 19 h 15 au lieu de 18 h 15.

« Charlotte est venue vers moi en courant. Mais je ne pouvais pas sortir de la voiture. Mes jambes étaient comme des blocs et ne bougeaient pas. Elles tremblaient. J'avais froid et j'étais moite. Charlotte a trouvé ça hilarant. Elle m'a aidée à sortir en riant aux éclats et je lui ai dit : "Tu ne vas pas le croire"*. Je lui ai ensuite raconté toute l'histoire autour d'une tasse de thé ».*

Au cours des mois suivants, le sommeil de Graham est régulièrement interrompu par d'étranges flashbacks d'incidents qu'il n'arrive pas à

↑ Graham Allen

situer. Des choses dont il semble savoir qu'elles lui sont arrivées, mais dont il ne garde aucun souvenir. Il s'efforce d'oublier ces « mauvais rêves », comme il les appelle. Jusqu'à Noël 1987, lorsque la rencontre du 17 juin 1979 revient le hanter avec force. Le couple vit maintenant à Rugeley (Staffordshire), avec leurs quatre enfants. Ce soir-là, ils se couchent à l'heure habituelle, mais Graham est soudain réveillé à 3 heures du matin.

« Je me trouvais de nouveau dans ma voiture. Soudain, elle a été prise dans une lumière dorée. La voiture était à l'arrêt et je pouvais entendre un faible bourdonnement tout autour. Puis j'ai vu un homme avec un chien de l'autre côté de la route et c'est là que j'ai commencé à paniquer. J'ai crié et appelé cet homme à l'aide. Le bourdonnement s'est intensifié et la lumière s'est mise à briller de façon plus intense tandis que mon véhicule, lentement mais sûrement, commençait à léviter ».

Il ouvre lentement les yeux. Trois silhouettes non humaines le regardent. De grands yeux, la peau lisse, ces êtres qu'il n'a pas vraiment pu décrire en détail semblent lui faire « quelque chose ». Soudain, il se réveille pour se retrouver dans son lit, toujours avec ce bourdonnement qui réveille toute sa famille.

Le témoin sera ensuite interrogé par des ufologues qui pencheront en faveur d'une rencontre rapprochée du 4e type. Il leur fournira des dessins des êtres qu'il a vus dans son « rêve » et, ayant développé un grand intérêt pour le sujet, sera heureux de coopérer avec les chercheurs.

Aujourd'hui acquis à la théorie de l'enlèvement par des extraterrestres, l'homme a vécu d'étranges événements à la suite de son expérience. Il affirme avoir reçu à plusieurs reprises des messages télépathiques de diverses natures, y compris des informations sur la construction d'appareils « antigravité ». À l'époque, en 1979, rien n'indiquait qu'il aurait pu être contaminé par de la littérature sur les ovnis ou d'autres sujets connexes. Le sujet était alors complètement nouveau pour lui. Aujourd'hui, son intérêt pour l'ufologie est tel qu'il entretient régulièrement le contact avec d'autres *abductés* pour échanger des informations. Une histoire incroyable, un témoin crédible. À vous de juger.

CHAPITRE III
L'enquête

L'intervention de lumières bizarres, de souvenirs de créatures qui ne seraient pas de ce monde et d'un *missing time* suffisent-ils vraiment à mettre en évidence une rencontre rapprochée du 4e type ? Même lorsque la crédibilité du témoin est irréprochable, de tels récits ne pourraient-ils pas être la conséquence d'une sorte d'état mental temporaire ? La pression ressentie par Elsie Oakensen autour de sa tête, à titre d'exemple, serait-elle un indice ? Y a-t-il une explication physiologique aux événements qu'elle pense avoir vécus ? La douleur était-elle le symptôme de quelque chose qui se passait à l'intérieur de sa tête plutôt que dans l'espace ? N'a-t-elle pas elle-même privilégié une explication de nature spirituelle ? David Thomas était un jeune garçon qui avait passé une bonne soirée avec ses amis. Peut-être a-t-il glissé dans l'obscurité sur cette route solitaire et verglacée et s'est violemment cogné la tête, raison pour laquelle il a fait un rêve désagréable. Quant à l'absence de Graham Allen, elle pourrait simplement s'expliquer par le fait qu'il s'est perdu au cours d'un orage d'été d'une force exceptionnelle. Le rêve survenu sept ans plus tard est-il vraiment si important ? Un individu cynique/sceptique pourrait dire que son intérêt croissant pour l'ufologie aurait des chances d'en être à l'origine… Bien sûr, il est possible de trouver des failles dans chaque histoire. Mais un enquêteur expérimenté se serait posé les mêmes questions que le cynique/sceptique. Et y aurait répondu de manière satisfaisante avant de poursuivre son enquête.

Non, rien ne prouve que les fortes pressions d'Elsie Oakensen aient été symptomatiques d'une quelconque maladie. Et que dire des quatre femmes du Women's Institute qui ont aperçu un objet similaire ?

Non, David Thomas n'est pas tombé et ne s'est pas fracturé la tête. Il ne porte aucune marque ou cicatrice, à l'exception d'une petite brûlure sur le bras gauche. Ses cauchemars récurrents, qui l'ont ensuite tourmenté indiquaient certainement une expérience traumatisante.

Oui, Graham Allen est certain que son *missing time* était autre chose qu'un simple « égarement ». Il connaissait trop bien la route. Et il pense que l'expérience vécue sept ans plus tard est significative. Sa femme et ses enfants n'ont-ils pas été réveillés par un étrange bourdonnement ?

Au moindre doute, l'enquêteur expérimenté demandera aux témoins de se soumettre à l'hypnose pour en avoir le cœur net. La régression hypnotique est un outil privilégié en possession des ufologues depuis l'affaire Betty et Barney Hill. Albert Burtoo se souvenait de tout et n'a pas eu besoin d'hypnose. On sait aujourd'hui que les témoignages obtenus *via* cette pratique ne peuvent pas être truqués et qu'ils constituent un élément de preuve supplémentaire extrêmement précieux.

Cependant, en 1977, avec l'aide du médecin William McCall, le professeur de littérature anglaise à l'Université d'État de Californie Alvin Lawson a mis en place une expérience pour tester la fiabilité de ces témoignages. Il a d'abord réuni un groupe de personnes qui prétendaient avoir vécu une véritable expérience d'enlèvement par un ovni, les a fait régresser sous hypnose et leur a demandé de faire un compte-rendu de leur expérience. Parallèlement, il a réuni un deuxième groupe à qui il a donné les grandes lignes de ce qu'impliquait un enlèvement, puis d'inventer une histoire. Ce deuxième groupe a ensuite été soumis à une régression hypnotique. Étonnamment, la plupart des détails donnés par les «*abductés* imaginaires» correspondaient aux détails des rapports réels et suggéraient – à tout le moins – que ceux qui souhaitaient simuler de tels événements sous hypnose avaient la capacité de le faire... En outre, les récits des «faux» enlevés étaient intéressants, car ils apportaient un grand nombre d'informations qui n'avaient pas été fournies par les examinateurs. L'expérience de Lawson a été critiquée au motif que dans les années 1970, en Californie, peu de personnes n'avaient pas connaissance du dossier ovni. Si cela est exact, il en va de même pour ceux qui prétendent avoir vécu une véritable expérience d'enlèvement. La principale différence entre les souvenirs des authentiques victimes et ceux des victimes d'enlèvements fictifs réside dans leur réaction émotionnelle. Les vrais *abductés* ont fait preuve d'une grande émotion lorsqu'ils évoquaient leurs souvenirs, tandis que les *abductés* imaginaires ont raconté leur histoire comme s'ils décrivaient une émission de télévision. Toutefois, selon les chercheurs, cela indiquerait simplement que ceux qui affirment avoir vécu une expérience authentique croient aussi sincèrement qu'elle s'est produite et sont donc potentiellement effrayés par elle, alors que ceux qui affirment ne pas l'avoir vécue n'ont aucune raison d'avoir peur.

Toujours est-il que la croyance d'un individu ne reflète pas nécessairement la réalité de l'expérience. D'autres études ont également jeté un doute considérable sur la fiabilité des récits donnés par des sujets en transe hypnotique. L'hypnose peut être un outil dangereux entre de mauvaises mains et, si elle est utilisée sur le mauvais sujet, elle faussera les résultats. Pour cette raison, et en raison des doutes sur la validité des témoignages recueillis dans le cadre de cette procédure, la BUFORA a imposé un moratoire sur les régressions hypnotiques il y a plusieurs années, et cette interdiction est toujours en vigueur aujourd'hui.

L'expérience a montré qu'il n'était pas toujours facile de persuader les témoins ou les personnes susceptibles d'avoir été enlevées de se soumettre à une épreuve que certains considèrent comme pénible et, lorsqu'ils le font, les résultats peuvent être décevants.

Mais dans le cas d'une certaine « Christine Smith », les résultats ont été stupéfiants.

Christine Smith (pseudonyme)
4 mars 1982
Skipton, North Yorkshire

Il est environ 22 h 15 dans la nuit du jeudi 4 mars 1982 lorsque le monde logique et rationnel auquel Christine Smith s'est habituée vole en éclat. Cette femme d'affaires de 36 ans, mère de deux enfants, vient de passer une journée agréable avec sa mère dans la station balnéaire de Morecambe (Lancashire) et rentre chez elle en voiture à Skipton, dans le Yorkshire du Nord, sans se douter que les événements étranges qui vont se produire l'obligeront malgré elle à revoir sa conception de la vie et de l'Univers. Seule dans sa voiture, à l'exception de son chien de berger qui dort sur le plancher du côté passager avant, Christine conduit sur les routes tranquilles de la campagne anglaise à une vitesse constante de 80 km/h. La nuit est froide et claire, la Lune scintille dans un ciel constellé d'étoiles. Tandis que sa voiture roule sur l'A65, dernière étape d'un trajet qu'elle a effectué à maintes reprises, son esprit est occupé par les diverses tâches ménagères à accomplir avant de pouvoir enfin se coucher en prévision de la journée de travail du lendemain. Approchant de Coniston Cutting, non loin de Skipton, où la route traverse une colline bordée d'abrupts talus de part et d'autre de la chaussée, elle croise une seule voiture. Les conducteurs qui traversent l'endroit savent bien que depuis Coniston Cutting, on peut voir les nombreux phares des véhicules sur une distance considérable dans les deux sens. Mais ce soir-là, à ce moment-là, Christine a la bizarre impression qu'elle est seule. Du coin de l'œil, elle aperçoit alors une douce lueur blanche qui vient de l'arrière. Elle se retourne. Deux lumières la suivent.

Elle écarte immédiatement l'idée qu'il s'agit des phares d'un camion qui l'a rattrapée d'une manière ou d'une autre. Ils sont trop hauts et de la mauvaise couleur. Quoi qu'il en soit, ils ne semblent pas déranger le chien qui continue à dormir, ignorant le sentiment de malaise croissant de sa maîtresse. *« Reprends-toi, ma fille »,* se dit-elle, résolue à se concentrer sur sa conduite car il ne lui reste plus qu'une poignée de kilomètres à parcourir. Lorsque la voiture sort de la zone de talus, le soulagement de Christine fait place à la terreur. Le faisceau illumine maintenant toute la route. Un cercle de lumière de plus 5 m de diamètre « tombe » dans un champ proche puis vient se positionner sur la route, encerclant la voiture d'une ceinture d'énergie lumineuse.

« J'ai soudain eu très froid. Je savais que ce n'était pas normal, car le chauffage de la voiture était allumé », racontera-t-elle plus tard.

Le silence est pesant, un silence souvent rapporté par les témoins de rencontres extraordinaires. Il s'agit d'une absence « artificielle » de son, à l'exception de celui du moteur qui semble tourner à un régime beaucoup plus élevé qu'il ne le devrait.

Christine puise dans toutes ses ressources pour continuer son parcours, se concentrer, tout en sachant que ces satanées lumières la poursuivent encore. Pendant ce qui lui paraît une éternité, elle réfrène l'envie de freiner, de crier et d'enfouir la tête dans ses mains. C'est l'apparition soudaine des phares d'un gros camion au loin qui la ramène à la réalité. Le mystérieux faisceau s'est éteint et ses poursuivants rouges et bleus ont disparu. Elle rassemble les dernières forces qui lui restent pour achever son voyage et la peur commence à s'estomper lorsque son véhicule longe les bâtiments et les points de repère familiers de la banlieue de Skipton. Son domicile n'est plus très loin maintenant. Lorsqu'elle se gare devant sa maison, elle ressent un immense soulagement, mais elle se sent mentalement et physiquement épuisée par cette épreuve. Un sentiment d'épuisement total qu'elle gardera pendant une semaine, ce qui témoigne de l'effet traumatisant du voyage en question.

Gerry, son mari, jusqu'ici inquiet, ressent également du soulagement en laissant entrer sa femme. Il est maintenant plus de 23 heures, soit une heure et trente-cinq minutes après que celle-ci a quitté le domicile de sa mère. Le trajet, qui dure normalement une heure, n'a pas été entravé par la circulation et, après avoir constaté l'état dans lequel elle se trouve, il est impatient d'entendre son histoire.

Il va la croire sans difficulté : Christine, femme d'affaires intelligente, est visiblement ébranlée par son expérience. Elle n'est sûrement pas une obsédée des ovnis et n'a jamais été encline à inventer des histoires fantastiques. Le lendemain, une éruption cutanée apparaît sur son dos et sa poitrine. La nouvelle de cet événement peu commun est répercutée à un ami associé à la recherche sur les ovnis. Il contacte immédiatement Christine qui accepte de raconter son histoire, à condition qu'elle ne soit pas rendue publique et que son identité demeure confidentielle. L'enquêteur prend note de chaque détail.

La version des faits ne variera jamais, et, au fil du temps, l'ufologue se persuadera qu'il a affaire à une rencontre du 4e type. Les lumières, le mauvais fonctionnement de la voiture et le *Missing time* l'indiquent... Une séance d'hypnose est la prochaine étape évidente. La victime acceptant de s'y prêter, elle se déroule le 4 mai 1982.

Après avoir été mise en condition, de nouveaux éléments commenceront à émerger. Le récit de Christine soulignera non seulement l'exactitude de ses souvenirs conscients, mais mettra également en lumière des aspects soit oubliés soit enfouis au plus profond de son esprit. L'hypnose révélera par exemple un semblant de « conversation » avec une créature d'outre-espace.

Le thérapeute commence la séance par plonger Christine dans un état de conscience altéré pour l'inviter à ramener son esprit dans la voiture lors de cette fameuse nuit. Elle décrit alors en détail l'apparition des lumières doublée de quelques détails nouveaux et intéressants.

— Vous entendez quelque chose ? demande l'hypnotiseur.

— Un doux bourdonnement, répond Christine.

— Comment vous sentez-vous ? enchaîne-t-il.

— J'ai très froid.

— Comment vous sentez-vous ? demande l'hypnotiseur, une nouvelle fois.

— Je me sens très fatiguée, j'ai envie de dormir, répond-elle, la tête basculant sur le côté comme si elle s'endormait.

— Comment vous sentez-vous ? insiste-t-il.

— Je sens quelque chose de doux et de moelleux sur mes chevilles et mes pieds.

— Cela vous fait-il mal ?

— Non, c'est plutôt agréable. J'ai une sensation de picotement qui remonte le long de mes jambes jusqu'aux genoux.

Est-elle toujours dans la voiture à cet instant ? Elle répond qu'elle ne sait pas, elle ne sait pas où elle se trouve, ni si elle est assise ou couchée. Mais elle entend ce qui ressemble à une forte respiration et elle a une sorte de voile devant ses yeux.

— Serait-ce un bandeau ? demande l'hypnotiseur.

— C'est possible, il y a une lumière brillante qui traverse le voile. Elle tourne en rond.

Christine commence à basculer le haut de son corps, comme pour suivre le rythme d'une lumière en mouvement. Peut-elle encore sentir l'étrange chose duveteuse sur ses jambes ? *« Oui, cela semble maintenir mes jambes au sol. J'ai toujours très froid, à l'exception de mes jambes. Elles sont chaudes ».* Christine ne répond pas aux questions suivantes, mais tend soudain les bras devant elle, pliés au niveau du coude. Interrogée sur ce qu'elle fait, elle répond : *« Je ne peux pas les bouger. Quelque chose les retient. Je sens que quelque chose touche mon corps... J'entends des bourdonnements tout autour de moi ».*

La première séance s'arrête là. Une pause de plusieurs jours est octroyée pour se préparer à une seconde qui interviendra le 20 mai 1982.

Elle est à nouveau soumise à une régression hypnotique jusqu'au moment où elle repère les lumières, et, une fois de plus, de nouvelles informations apparaissent. Christine se rappelle avoir senti quelque chose dans le bas de son dos pendant qu'elle était encore dans la voiture. Elle s'écrie : *« Enlevez-moi ça, j'ai mal »,* sans savoir à qui elle s'adresse. Soudain, les « lumières tournantes » réapparaissent. En mettant ses mains sur la tête, elle dit : *« J'ai chaud aux joues, j'ai mal à la tête. Mes joues sont chaudes, mes mains sont chaudes. Quoi que ce soit, c'est au-dessus de la voiture... »*

L'humeur de Christine change soudainement et elle se met à fredonner, puis à rire. Ses mains commencent à picoter. *« C'est drôle, c'est une drôle de sensation qui m'envahit ».* Elle se plaint ensuite d'une étrange sensation dans la tête, une sensation de pression. *« C'est un carré là »,* dit-elle en indiquant un point situé entre ses deux yeux. Puis son attention revient sur ses mains qu'elle brandit devant elle comme si elle cherchait quelque chose.

— Qu'est-ce que vous voyez ? demande le praticien.

— Je ne sais pas, il fait très sombre.

Puis elle révèle qu'elle est allongée, qu'elle sent quelque chose de chaud près d'elle :

— Ils veulent des informations.

— Quels genres d'informations ?

— Ils peuvent avoir tout ce qu'ils veulent.
Christine éclate de rire.
— Ils trouvent ça drôle.
— Ils ont le sens de l'humour, alors ?
— Oh oui ! Mais ils ne nous font pas confiance, ajoute-t-elle.
L'enquêteur enchaîne par des questions précises :
— D'où viennent-ils ?
— D'une galaxie lointaine.
— Où vivent-ils ?
— Zircon, quelque chose comme ça.
— Vont-ils se montrer ?
— Ils disent qu'ils veulent être comme des amis...
— Vous êtes importante pour eux ?
— Oui, oui, oui. Oh oui.
— Parce que vous êtes une femme ?
— Ça aide...
— Pourquoi ?
— Nous pouvons mieux communiquer.
Christine de décrire ensuite les nombreux moyens de communication des *Aliens*[5], leur avance technologique, leur façon de nous protéger :
— Ce sont juste des gardiens, ils sont bons.
— Depuis combien de temps viennent-ils ici ?
— Des siècles.
— Sont-ils nos dieux ?
— Nous les appelons ainsi.
— Vraiment ?
— Depuis des temps immémoriaux, nous leur donnons de nombreux noms.
— Lesquels ?
— Zeus, c'est le prénom d'Akaber.
Christine ajoute alors que les « Gardiens », faute d'un meilleur nom, ont visité la Terre pour nous offrir leur aide. Elle dit qu'ils peuvent apporter leur aide grâce à des « pouvoirs spéciaux ».
— À qui rendent-ils des comptes ?
— Une force plus grande qu'eux.
— Dieu ?
— Nous l'appelons ainsi.

---

5 *Alien*, *Aliens* au pluriel, est un terme anglais qui signifie « étranger ». Il est communément utilisé en ufologie pour désigner les extraterrestres.

Pendant le reste de cette séance de quatre heures, Christine évoquera les forces du bien et du mal ainsi que d'une vague menace pour la planète. Épuisée, elle sortira de son état second en acceptant de revenir une troisième fois.

La dernière séance commence de la même manière que les précédentes lorsque soudain, Christine se redresse, la tête haute. Surpris, l'enquêteur interroge :

— Est-ce que nous parlons à Christine ?

— Oui, mais Zeus vous entend.

— Demandez-lui comment il voyage depuis sa lointaine galaxie.

— Par un faisceau de lumière.

— Voyage-t-il en machine ?

— Sur de longues distances.

— À quelle vitesse va cette machine ?

— Aussi vite qu'il le souhaite.

— Est-ce douloureux ?

— Non, c'est... très lourd.

— Avez-vous peur ?

— Non.

— Est-ce que Zircon est vraiment le nom de sa planète ?

— Nous ne la connaissons pas.

— Demandez-lui si la vie s'arrête à la mort.

— Non.

— Si Zeus est un Dieu, devons-nous le vénérer ?

— Non.

— Pouvez-vous citer d'autres de ces dieux ?

— Il y en a beaucoup, ils sont une puissance globale.

— Si Zeus a un nom, les autres dieux doivent aussi en porter un ?

— Narcias est celui qui me vient.

L'enquêteur recevra un choc lorsqu'il demandera à la jeune femme des informations sur les extraterrestres qui se sont manifestés à d'autres victimes :

La réponse est presque véhémente :

— Ils ne sont pas de ce monde. Ils sont maléfiques, maléfiques, maléfiques.

Lorsqu'il lui demande une preuve, Christine répond :

— En temps voulu.

— Parlons-nous à une entité ou à plusieurs ?

— Vous parlez à Zeus.

Bilan de l'opération : un témoin fiable et crédible, une série d'événements bizarres et une série de réponses intrigantes.

Les événements survenus lors de ce trajet nocturne solitaire, les lumières étranges et la poursuite sont déjà assez étranges en soi. Si l'on ajoute à cela un *missing time*, cette affaire présente – encore – toutes les caractéristiques (similaires) d'un enlèvement. La régression hypnotique débouche sur une étonnante séance de questions-réponses avec un extraterrestre appelé « Zeus ». Rare aperçu de la vérité ou histoire digne des goules et des gobelins ? Malgré quelques réserves, des chercheurs sérieux affirment que ce cas comporte des détails intéressants, non sans souligner la grande probité du témoin. Il serait tentant de suspecter une contamination au vu de la façon dont Christine qualifie ces êtres : des « divinités miraculeuses » (comme Erich von Däniken dans son *Chariots des Dieux*). Bien que la réponse soit visiblement négative, il n'est pas exempt qu'elle soit un jour tombée sur un film ou une émission télévisée qui développait cette théorie. La question reste en suspens.

CHAPITRE IV
Reconnaissance officielle

Lorsqu'on se concentre sur les histoires d'enlèvements par des extraterrestres au Royaume-Uni, voire les milliers de cas recensés dans le monde, il semble absolument incroyable qu'il n'y ait pas eu d'enquête sérieuse et concertée à l'échelle mondiale. *Car il s'agit d'enlèvements d'êtres humains*, des individus « comme tout le monde » qui déclarent avoir été « extraits » de leur quotidien pour être examinés par des êtres capables de les soumettre entièrement. Même si l'on ne tient pas compte des rapports qui proviennent de pays du tiers monde ou de régions éloignées, où le sujet sera considéré comme annexe dans une société qui a du mal à se nourrir, il y a suffisamment de cas ailleurs pour justifier la mise en place d'une véritable étude scientifique. Sauf que même en Amérique, les organisations ufologiques soutenues par des personnages importants et pour la plupart fortunés ne réussissent pas à s'imposer au niveau gouvernemental.

Nous en voulons pour preuve qu'en 1994, les Britanniques ont montré leur vrai visage en rejetant avec force une proposition de l'Europe qui estimait indispensable qu'un tel programme voie le jour.

Ce cynisme est incroyable ! Pourtant, les enlèvements sont bien plus sérieux que l'observation de « simples » lumières dans le ciel... Il s'agit d'un arrachement de personnes à leur environnement familial, parfois en usant de la force. Nombre de ces personnes sont atteintes psychologiquement sinon physiquement, et il reste à savoir si les raisons qui sous-tendent ces événements sont sinistres ou non. Un gouvernement est tenu d'agir lorsque ses citoyens sont maltraités. Si ce gouvernement ne reconnaît pas un problème, rien ne sera fait. Et effectivement, il ne se passe rien. Nous venons pourtant de montrer que les témoins sont crédibles. Ils n'ont rien à gagner et beaucoup à perdre en s'exposant ainsi. Mais les preuves directes – ou indirectes – ne sont apparemment pas suffisantes. La raison principale de cette réticence générale est peut-être la suivante : il manque le *sceau de l'autorité*.

Si l'on déniche un cas avec un témoin crédible qui contient des preuves physiques d'une tentative d'enlèvement et surtout, dans lequel la police est intervenue, on pourrait s'attendre à un certain nombre de changements en la matière. Du moins en théorie. Ce n'est, hélas, toujours pas le cas, comme l'a appris un certain Robert Taylor à ses dépens.

Robert Taylor
9 novembre 1979
Livingston, Écosse

Robert Taylor, contremaître forestier, avait 61 ans lorsqu'il a été à deux doigts d'être victime d'une rencontre rapprochée du 4e type. Seule une combinaison de son entêtement écossais – et de la chance – lui a permis de prétendre au titre de « celui qui s'en est sorti ». Son témoignage a été si crédible et sa description des faits si détaillée que les autorités ont décidé de conduire une enquête approfondie. Bien que l'affaire ne soit pas entrée dans les annales de la police sous le nom d'« agression par un ovni mortel », l'enquête a fourni une avalanche de preuves d'observateurs indépendants. En fait, 15 ans après les faits, la rencontre est devenue si populaire qu'un mémorial a été érigé sur le site. Il s'agit, en Grande-Bretagne, de la seule commémoration officielle d'un événement lié aux ovnis. Mais Robert (aujourd'hui malheureusement décédé) n'a jamais eu besoin de cela pour se souvenir de ce matin fatidique du 9 novembre 1979.

↑ Robert Taylor sur les lieux de sa rencontre

↑ Image d'artiste de la rencontre de Robert Taylor

Pour ce père de cinq enfants, c'est une journée de travail comme les autres au sein du service forestier de la Livingston New Town Development Corporation. Il vient de prendre son petit-déjeuner dans la maison qu'il partage avec sa femme Mary à Deans, juste à l'extérieur de Livingston, lorsqu'il monte dans son pick-up pour le court trajet qui doit le mener à l'inspection de quelques plantations forestières à Dechmont Wood, près de l'autoroute M8 qui relie Glasgow à Édimbourg. Homme ponctuel, Robert quitte son domicile peu après 10 heures et se met en route, sachant qu'il doit effectuer la dernière partie de son trajet à pied (la piste est impraticable pour les véhicules). À 10 h 15, il laisse donc son camion sur le bas-côté. Avec son chien, il traverse la forêt pour parcourir une distance d'environ 300 m et arrive dans le secteur de Bonny Scotland, qu'il connaît comme sa poche. Mais il n'est pas du tout préparé à ce qui l'attend dans une clairière qui s'ouvre devant lui : un objet gris en forme de dôme d'environ 10 m de hauteur. L'étrange masse, silencieuse, mais inquiétante, le fait s'arrêter dans sa course. Hypnotisé, Robert remarque que la surface de l'objet semble passer du translucide au gris terne, avec une texture semblable à du papier abrasif. Pour une raison ou une autre, il se demande si cette machine bizarre n'essaie pas de se camoufler.

De ce qu'il décrira plus tard comme une sorte de « bride » ceinturant l'ovni, sort à intervalle régulier des protubérances semblables à des antennes avec ce qui pourrait être des rotors au sommet. Il essaie d'en comprendre le sens. Plusieurs ouvertures rondes, comme des hublots, sont visibles. C'est lorsqu'il les observe que les « mines marines » font leur apparition. C'est ainsi que Robert décrira les deux objets qui se dirigent maintenant vers lui. Sphériques et dotées d'au moins six pointes (ou « pattes »), elles se déplacent rapidement avec un bruit de succion ou d'éclatement lorsque chacune d'elles touche le sol. De mêmes couleur et texture que l'ovni principal, Robert estime qu'elles mesurent un peu moins d'un mètre de diamètre. En quelques secondes, les « mines » se postent de part et d'autre du forestier stupéfait, chacune avec une pointe attachée au tissu de son pantalon. Immédiatement, Robert se sent tiré vers l'objet principal. Il leur résiste, ne compte pas s'enfuir, mais tente de tenir tête à « ces maudits envahisseurs ». Les sphères augmentent régulièrement leur force d'attraction, à tel point que Robert sent ses bottes traîner sur le sol alors qu'il lutte pour garder ses distances. Une odeur nauséabonde, âcre, qu'il a remarquée dès que les sphères se sont approchées, semble maintenant envahir ses narines. L'intensité de la puanteur

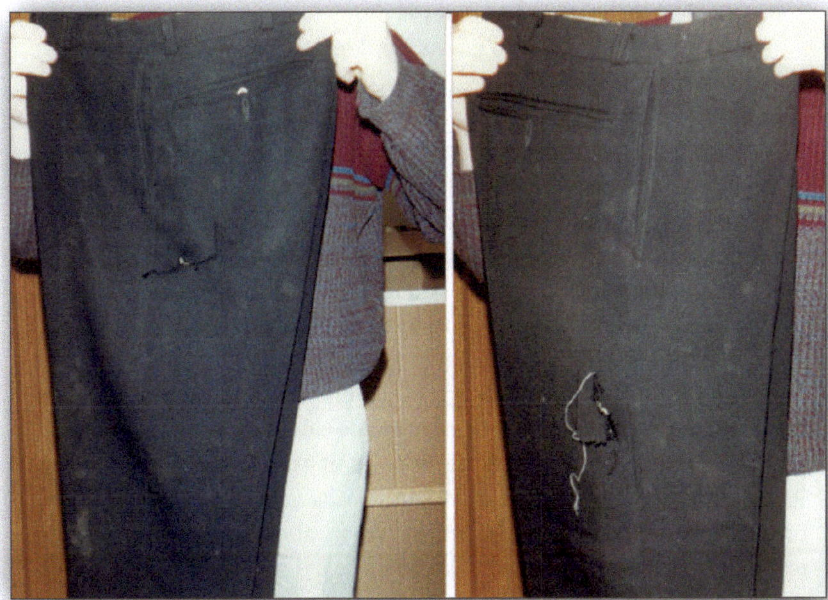

↑ Robert Taylor montrant les dégâts que son pantalon a subis

augmente au fur et à mesure qu'il se débat avec les « ravisseurs ». Des vapeurs invisibles et étouffantes le submergent alors qu'il mobilise toutes ses forces pour résister à l'attraction incessante. Une pression étrange s'installe sous son menton et il se souvient d'une sensation de brûlure au même endroit. Luttant pour respirer, épuisé par son combat, Robert perd connaissance et s'écroule dans l'herbe humide.

« L'instant d'après, j'ai entendu un sifflement et mon chien courait autour de moi en aboyant bruyamment », dira-t-il. *« Mais je ne sais pas si c'était avant que je m'évanouisse ou après. Lorsque j'ai repris mes esprits, il n'y avait plus rien. L'ovni avait disparu. J'étais extrêmement faible et instable. Je me suis traîné jusqu'à mon véhicule en rampant, en titubant ».*

Une fois arrivé à son pick-up, Robert se dirige immédiatement vers sa radio pour signaler l'incident au QG. Mais il est incapable de parler...

Après être monté – non sans effort – sur le siège conducteur de son camion, il s'efforce de coordonner les mouvements de ses mains et de ses jambes pour conduire. Après plusieurs tentatives, il réussit à démarrer le véhicule et à rejoindre la piste forestière sur quelques mètres avant de finalement s'embourber. Il rentre chez lui dérouté, confus, retrouvant peu à peu ses forces et sa voix. Mary, sa femme, le voit arriver par la fenêtre de la cuisine. Elle remarque qu'il a le visage sale et que ses vêtements sont abîmés. Elle court à sa rencontre, inquiète.

— Que s'est-il passé ? As-tu eu un accident ?

— Non, j'ai été attaqué.

— Par des hommes ?

— Non, un vaisseau spatial.

Elle lui dit que ça n'existe pas, qu'elle va appeler le médecin. Robert l'en empêche, demandant plutôt de lui faire couler un bain. Il veut se débarrasser de cette odeur épouvantable qui colle à ses vêtements. Mary ne sent rien, mais remarque son pantalon déchiré de chaque côté, près des poches. Pâle, vidé, épuisé, il a des écorchures sur sa jambe gauche et sous le menton. Mary téléphone au directeur de la Livingston New Town Development Corporation, Malcolm Drummond, pour l'informer de la situation, de l'objet en forme de dôme, des deux « toupies ». Drummond l'écoute sans interruption. Il sait que ce « vieux Robert » est un homme peu loquace, pas du genre à exagérer. Il prend la situation en main. À son retour de Dechmont Wood, il déclare que malgré un examen superficiel des lieux, il n'a rien décelé d'anormal. Robert insiste pour y retourner avec lui pour voir si l'objet a laissé des traces sur le sol. C'est le cas... Des marques et des trous profonds de 5 cm, légèrement

↓ →
Empreintes trouvées sur le lieu de la rencontre de Robert Taylor

inclinés dans le sol, suggèrent qu'un objet lourd s'est bien posé à cet endroit. Drummond est forcé de le reconnaître.

La police de Livingstone diligente immédiatement une enquête. Dans son rapport sur l'incident, l'officier William Douglas décrira ces marques en détail. *« Celles qui étaient au centre, de taille régulière, étaient identiques à celles d'un tracteur à chenilles. J'ai effectué un large balayage de la zone pour voir s'il y en avait d'autres, mais je n'ai rien trouvé. Elles étaient entourées par des trous de 9 cm de diamètre sur 9 cm de profondeur. Je n'ai pas trouvé d'explication rationnelle. »* En cherchant des traces d'une éventuelle grue mobile, Douglas imagine qu'elle a dû être soulevée sur place. Mais un engin de plusieurs tonnes aurait, selon son estimation, certainement laissé d'autres marques en s'éloignant… Son rapport de conclure : *« Malgré des recherches approfondies, il n'y a aucune piste sur la nature de ce qui aurait pu laisser des traces sur le sol à cet endroit. Monsieur Taylor est un membre respecté de la communauté et est décrit comme une personne consciencieuse et digne de confiance, peu encline à inventer une histoire extravagante. L'enquête de la police s'est appuyée sur un rapport du laboratoire de police scientifique, où les vêtements de Robert ont été testés. Rien de significatif n'a été trouvé sauf que les déchirures au niveau des hanches de son pantalon, et dans une zone correspondante de son caleçon, sont compatibles avec le fait que le tissu a été tiré vers le haut pendant que le pantalon était porté ».*

Les titres des articles parus dans les journaux concernant l'expérience de Robert Taylor ont été, pour la plupart, du genre *Un ouvrier forestier rencontre un extraterrestre*, typiques d'une presse qui ne sait pas trop comment aborder ce genre d'histoire. Un sceptique tentera d'expliquer l'incident comme une rencontre avec de la foudre en boule. Mais il est vraiment peu probable que Robert ait confondu ce phénomène naturel avec l'objet qu'il a si minutieusement décrit.

Les enquêteurs de la BUFORA ont fait état d'observations intéressantes dans la même région et à peu près au même moment que la rencontre que nous venons d'évoquer. La veille, Peter Caldwell, 35 ans, employé d'une usine située non loin du village écossais d'Uphall, observait un objet rond et terne se déplacer d'ouest en est dans le ciel. Derrière lui se trouvait une grande tache rouge *« comme si l'air était en feu »*. Le même soir, le facteur James Forsyth observait deux lumières blanches passer à toute vitesse au-dessus de lui. Elles se sont rapprochées l'une de l'autre avant de passer une nouvelle fois tandis que l'homme promenait son chien dans un parc du quartier de Craigmillar, à Édimbourg. À 9 h 30 le lendemain, une femme signalait un éclat brillant *« sans ailes ni queue »* qui fonçait vers l'ouest, précisément en direction de Livingston. Non loin de là, Barbara Gerrard voyait trois lumières orange-rose déchirer l'atmosphère. Violet Connor, 35 ans, de Bathgate, en observait une autre au-dessus d'Armadale, toujours à proximité de Livingston.

La rencontre de Robert Taylor a vivement déconcerté la police, les médecins, sa femme et surtout… lui-même. Elle suscite toujours un vif intérêt/débat parmi les ufologues : les occupants de l'ovni voulaient-ils l'enlever ? L'homme en est persuadé. Est-il certain qu'il s'agissait d'un objet volant non identifié ? La police n'a trouvé aucune explication alternative. Y a-t-il eu d'autres observations étranges dans la région autour du 9 novembre 1979 ? Nous venons de les citer. Jusqu'à sa mort, en 2007, Robert aura eu la chance de raconter son expérience sans subir de moqueries. Ce qui est rare. En fait, il est devenu une sorte de célébrité dans sa région à tel point que le conseil municipal a voté en faveur d'une stèle – ornée d'une plaque – qui commémore et « officialise » son étonnante rencontre. Érigée en mai 1992, elle est le fruit d'une collaboration entre la *Livingston Development Corporation* et le *Strange Phenomena Investigations* (SPI), groupe écossais de recherche sur le phénomène ovni.

↑ Une autre image d'artiste de la rencontre de Robert Taylor

Les pages 66 à 70 présentent le rapport de police complet sur la rencontre de Robert Taylor

APPENDIX 2

L615/79

LOTHIAN AND BORDERS POLICE

FORENSIC SCIENCE LABORATORY

Case of assault by unidentified object

We hereby certify that on 12th November 1979 in the Forensic Science Laboratory, Edinburgh, we received from Detective Constable Wark of 'F' Division the following items for examination.

The result of our examinations are as follows:

Trousers - worn by Mr Taylor.

The trousers were examined and found to be heavy black cloth trousers with matching belt. There were mud stains on the front of the legs of the trousers above the knees and white powder was found at the bottoms of the legs and around the hip and waist region. On further examination the white powder was found to be similar to maize starch.

A tear was found at each hip. The tear on the left side consisted of a horizontal tear 3" long with connecting vertical tears 1" long and a ½" long. The tear on the right consisted of a horizontal tear 1" long with two connecting vertical tears each 2" long.

Both of the tears were consistent with the material having been pulled up while the trousers were being worn.

Pullover - worn by Mr Taylor.

The pullover was examined and found to be a pale green knitted jumper with extensive mud smears on the front.

Jumper - worn by Mr Taylor.

The jumper was examined when nothing of significance was found.

2.

Pants - worn by Mr Taylor.

The pants were examined and found to be white 'long johns' with an 'S' shaped tear at the left hip in a corresponding position with the tear at the left side of the trousers.

The tear in the pants is consistent with having been made at the same time as the one in the trousers.

Vest - worn by Mr Taylor.

The vest was examined when nothing of significance

Socks - worn by Mr Taylor.

The socks were examined when nothing of significan

B.Sc., M.Sc.,
Forensic Scientist

J.L. Hendry
B.Sc., M.Sc.,
Forensic Scientist

22nd November 1979

L615/79

LESTER KNIBB (27), Forensic Scientist, Lothian and Borders Police, Edinburgh, states:-

I have the qualifications of Bachelor of Science (University of London) and Master of Science (Strathclyde University).

SHOWN

R[illegible]UCTION Joint Report dated 22nd November 1979.

This is a true report and relates to the examination by the witness Hendry and I of the items received by us from Detective Constable Wark of 'F' Division on 12th November 1979.

...red to in our report.

...), Forensic Scientist, Lothian and Borders Police, Edinburgh, states:-

...of Bachelor of Science (Aberdeen University) and ...niversity).

...nt of the witness Lester Knibb in full.

EXAMINATION REQUEST FORM

L615/79.

TO Lab

CRIME REPORT REF. NO. ________ I.B. REF. NO. ________ DATE ________

DIVISION ________ STATION HOLDING CRIME REPORT ________

CRIME AND DATE UFO 9/11/79

LOCUS Dechmont Hill, Woodlands Park, Livingston

DESCRIPTION OF ARTICLE(S)

Trousers
Pullover
Long Pants
Vest
Socks
} all worn by Mr Taylor

REQUEST

PERSON(S) SUSPECTED (RELEVANT IDENTIFICATION NOS. AND DATES OF BIRTH TO BE INCLUDED)

HANDED IN BY ________ RECEIVED BY [illegible] DATE 12.11.79.

OFFICER-IN-CHARGE OF CASE

RESULT

APPENDIX 3.

WILLIAM DOUGLAS, Police Constable 'F' 29, Lothian and Borders Police, stationed at Livingston.

States:-

I am 36 years of age and have completed 6 years Police service.

About 2.00 p.m. on Friday, 9th November, 1979, I was on duty at Livingston Police Station when I was instructed to attend an incident at Woodlands Park, Deans, Livingston.

I was informed that a Robert Taylor, a forestry worker with the Livingston Development Corporation Estates Department, had alleged being attacked by alien beings from a space craft in the fo
Woodlands Park.

On arrival at Woodlands Park, myself and other of
into the forest and shown the location by Mr. Drummond
Development Corporation Estates Department. Mr. Drum
the incident, but he had been shown the locus by Mr. T

The location was a clearing in the trees on the no
Hill and approximately 200 yards south of the M.8 moto
(Map ref. 703 035 on Sheet 65, O.S. map for Falkirk a
The clearing was approximately 50 yards x 30 yards wi
leading off north towards Dechmont Law, south towards
towards Woodlands Park. Mr.Drummond indicated some ma
which were located on the northern side of the clearin
was alleged to have stood.

The central marks were similar to that of a caterpi
were uniform in size. They indicated that an object o
stood there but there was nothing to show that it had
towed away. I made a wide sweep of the area checking f
which might suggest a mobile crane but I found nothing
this area is very soft due to the recent rain and any
for some time.

The central marks were surrounded by holes approxim
diameter and the same in depth. Each hole had a 'toe'
sod, in some cases as much as 4". There appeared to be
explanation for these marks.

I took measurements of the locus from which I prepar
I was present when Detective Constable Wark of the Ident
took photographs of the locus.

The area was fenced off by the Livingston Developme
Estates Department.

In company with Detective Inspector Macdonald and Det
Dickson about 6.00 p.m. same date, I called at the Livin
Corporation Estates Department and examined the motor veh
Mr. Taylor had been using that morning. There was nothi
that he had been involved in an accident and there was no
which might give off fumes likely to cause hallucination.

About 7.00 p.m. on Sunday, 11th November, 1979 in com
Acting Detective Constable MacDonald of Broxburn, I calle
Drive, Deans, Livingston, and interviewed Mr. Robert Tayl
statement regar
he was wearing
Wark to be take

Mr. Taylor
on his left thi
have suffered n

APPENDIX 4

JOHN WARK. Bathgate

JOHN WARK. Detective Constable, Bathgate.

states:-

I am 34 years of age and have completed 15 years Police Service.

On Friday, 9th November, 1979, I attended at Dechmont Woods, Livingston, where a Unidentified Flying Object had been sighted. On arriving at the locus Detective Inspector McDonald pointed out marks that had been made on the ground. This area of ground had been fenced off, and measuered (sic) approximately 19 feet by 25 feet.

The marks consisted of two tracks, each measuring 10 feet by 1 foot wide. tracks were 7 feet apart. Each track was circled by 20 holes in the ground measuring 3½ins in diameter and 4ins in depth. These holes went into the ground at an angle. I took measurements and photographs of the marks on the ground.

Later at Bathgate Police Station, I prepared a

PRODUCTION No. sketch plan

of the marks on the ground at Dechmont Woods, Livingston.

The sketch plan is attached to the report.

APPENDIX 5

ROBERT DAVID TAYLOR, 61 years, born 25.7.1918 at Bonshead near Pitlochry, Foreman Forrester (sic), 4 Broomieknowe Drive, Deans, West Lothian.

States.

I am a foreman Forrester(sic) employed by Livingston Development Corporation.

On Friday 9th November, 1979, I started work at 7.45 a.m. at Rosebank Nurseries and my first job was to take a caravan and squad to a wood near Bellsquarry. I returned to the Nursery and filled in some time sheets for the previous day. I filled up my vehicle, a 'Bedford' pick up, with petrol, then went home for my breakfast. I left my home about 10.10 a.m. and drove to Woodlands Park and onto Dechmont Woods where I parked the vehicle at the first clearing. I then walked to the second wood and walked down the 'ride' to a part where it meets the transverse 'ride'. At this point there is a clearing measuring about 75 x 50 yards. It is covered in grass. This would be about 10.30 a.m.

As I cleared the trees and entered the clearing I saw this object in front of me. I can describe this object as follows. It was about 30 feet high, but not as high as the trees. It was grey in colour although I got the impression that the top of the dome shape changed from grey to translucent continually. The top of the object was dome shaped and had a flange around the middle on which were situated were(sic) several antenna(sic) with objects similar to rotors on the top. There were also several round porthole type apertures on the dome shape above the flange. I do not know what the bottom of the object was like.

As I stood and watched the object I saw two smaller objects appear from underneath it and come shooting over towards me at a fast rate of speed. These objects were shaped like sea mines with about 6 legs attached thereto. These spheres rolled towards me from one leg to another and they both arrived at my side. At this time I was aware of a strong pungent smell which was overpowering. Although I was lapsing into subconscious (sic) I was aware of being grabbed on either side of my legs at the top of my thighs. I also felt pressure under my chin and a burning sensation on my chin. I fell forward but was not conscious of being dragged forward. The next thing I knew was a whooshing sound and my dog, which had been running in the trees barking. I do not know if this happened before I lost consciousness or after I came round. When I did come round there was nothing there although I felt extremely week (sic) and unsteady on my feet. I dragged myself up and half crawled, half staggered to my vehicle.

On reaching my vehicle I tried to use the radio but could not speak. I tried to drive the vehicle bot(but) could not coordinate my actions and as a result of my attempts I got the vehicle bogged down. I then walked home in a dazed condition and when I got to my house I spoke to my wife about the smell and she ran a bath for me and I had a bath. My wife then telephoned my boss, Mr.Drummond, and he came to the house to see me. I asked him to go to the locus and he did. My doctor, Dr. Adams was summoned and he attended at the house and examined me. I was found to be suffering from a graze on the top of my left thigh. While the Dr. was there my boss returned and told me that there was nothing to be seen at the locus. However with the Dr.'s permission I went to the locus with Mr.Drummond and showed him where the machine was. On the ground I could see several marks where it had been.

Dr. Adams then suggested that I go to Bangour Hospital for a check up and and Xray which I agreed to do. However when I got to the hospital I had to wai about two hours and eventually got fed up waiting. I left without being examined after signing a discharge form.

Later that day I left my home and travelled to Keswick to visit my daughter on a prearranged visit.

As a result of being grabbed at locus my trousers were torn on both sides at
... torn but on the left side only.

APPENDIX 6

C.I.D., LIVINGSTON

7th January 80

Incident at Dechmont Woods, Livingston, West Lothian, on Friday, 9th November, 1979.

Robert John Taylor, 61 years, born 25.7.1918 is employed by Livingston Development Corporation as a foreman forester, operating from the depot at Rosebank, Livingston.

On Friday, 9th November, 1979, at 7.45 a.m., Mr.Taylor commenced work at 'Rosebank', Livingston, and attended to some routine tasks. He thereafter went home to 4 Broomieknowe Drive, Deans, Livingston, for breakfast. About 10.10 a.m. he left home to continue work and he drove the Bedford pick-up truck to the west side of Dechmont Woods, Livingston, where he parked it on a pathway there. It was his intention to carry out a routine inspection of the woods and the surrounding fences and gates.

He walked, with his dog, through the wooded area in a north-easterly
direction for a distance of about ¼ a mile and on reaching a large clearing
of some 25 yards x 25 yards, approximately 600 yards n
which is in a fairly isolated position, he states he s
object on the ground in front of him. He describes th
being about 30 feet high, grey in colour changing to t
with a flange around the middle on which there were si
with objects similar to rotors on top. It had several
apertures on the dome shape above the flange.

As Mr.Taylor stood and watched this object he all
objects appeared from underneath it and approached hi
a fast rate of speed. He describes these objects as
mines with approximately 6 legs attached thereto. T
on either side of Mr.Taylor, and he was aware of a st
was overpowering. He states that as he was lapsing i
he was aware of being seized on either side of his le
and of feeling pressure under his chin with a burning
Mr. Taylor then recollects falling forward, hearing
an object was taking off and his dog barking. When h
felt extremely weak and unsteady on his feet. He ha
to his vehicle and on reaching it, he endeavoured to
his office, but found himself unable to speak. He c
actions and in an attempt to reverse his vehicle it
became bogged down in the soft earth.

Mr. Taylor thereafter walked home, a distance o
there about 11.15 a.m. His wife, Mary Stevenson or
she speaks to (sic) his face and clothes being dirty
exhausted looking. When she asked him what had happ
he had been attacked by a "spaceship thing", made
intimated that he required to have a bath. Mrs.Tay
from her husband on his clothing but she observed t
torn on the outside of both legs just below the sid
to his wife the object he had seen as being like a
smaller objects which had attacked him as being rou

Malcolm Kenneth Drummond (58), Landscape Forest
South, Livingston, who is in charge of Mr. Taylor,
and learning of the incident went to the locus. H
Mr. Drummond arranged for the Bedford pick up truck
driving, to be uplifted and he thereafter returned
was undamaged.

do

---

who was complaining of a headache. The only visible injuries found were a graze to his left thigh and a graze under his chin which was barely visible. Dr. Adams found no signs of head injury or brain compression and his temperature and blood pressure were normal. However as a precautionary measure, Dr. Adams decided to send Mr. Taylor to Bangour General Hospital, Uphall, for head X-ray and an interview with a psychiatrist.

Before going to hospital,however, Mr. Taylor insisted on returning to the locus with Mr. Drummond. Both men returned to the clearing at locus and there found marks on the ground which appeared to be fresh and could not be accounted for.

Following this both men returned home. Mr. Taylor was conveyed to Bangour General Hospital for examination, while Mr. Drummond notified the Police at Livingston of the matter. Mr.Taylor, after being taken to Bangour General Hospital signed himself out before examination, having waited approximately 2 hours without being seen by a Doctor.

About 2.00 p.m., same date, Detective Inspector MacDonald, with other officers visited the locus. The weather at this time was dry but it was extremely cold.

The grass within the woodland clearing was fairly long. Within the central area of the grass were two tracks which appeared to have been made by a track-laying vehicle. However, no marks were found leading to or from the tracks. The tracks were 10 feet long, 1 foot wide and seven feet apart. The tracks appeared to be reasonably fresh but rain water was lying on them which suggested that the marks had not been made that morning. Surrounding the tracks and running between the tracks were a number of small holes. These holes, which were all similar and appeared fresh, went into the ground at a slight angle for a depth of about 3 inches and they were wide enough to admit the breadth of four fingers.

The clothing worn by Mr.Taylor at the time of the incident has been examined by Lester Knibb and Jennifer Hendry of the Forensic Science Laboratory, Force Headquarters, but nothing of significance was found other than the tears previously mentioned with a corresponding tear on the left leg of his underpants.

formation has been gained which could
ground at locus.

community and is described as a
not likely to invent such a story.
years ago he suffered from meningitis
ing to his doctor of severe headaches,
urgh, for examination. Nothing was
ys. After 5 days after this reported
Adams. He was found to be well, but
by a neurologist.

APPENDIX 7.

GORDON JAMES HARVEY ADAMS, MB, Ch.B., The Health Centre, Blackburn, West Lothian.

States.

About midday on Friday 9th November, 1979, I was called to the dwelling house at 4 Broomieknowe Drive, Deans, West Lothian, to see one of our patients by the name of Robert Taylor. I entered the house and saw Mr. Taylor seated on the sofa. He was dressed and in a clean and tidy state. He said to me that I would not believe his story. I asked him what had happened and he said that he had been working in the woods when he saw a large object like a spinning top, and, while he had been watching it two round objects came out of the object and grabbed his legs. He then said he had a sensation of a smell and collapsed.

He said he was suffering from a headache and a graze to his left leg. He also had a slight graze under his chin which was hardly visible. I examined him for signs of a head injury or brain compression but could find none. His temperature was O.K. as was his blood pressure, heart and lungs.

I decided to send him to Bangour General Hospital for a head X-ray and an interview with a psychiatrist. It is my intention to go and see him again within the next few days before forming any opinions of him.

Earlier this year I had him admitted to City Hospital, Edinburgh, after he complained of severe headaches. I thought at the time it may have been a return of the meningitis he suffered previously but he was released a week later after various tests had been carried out. I had not seen him since that occasion.

According to our records about 14 years ago Taylor suffered from Meningitis and was treated in hospital for this complaint.

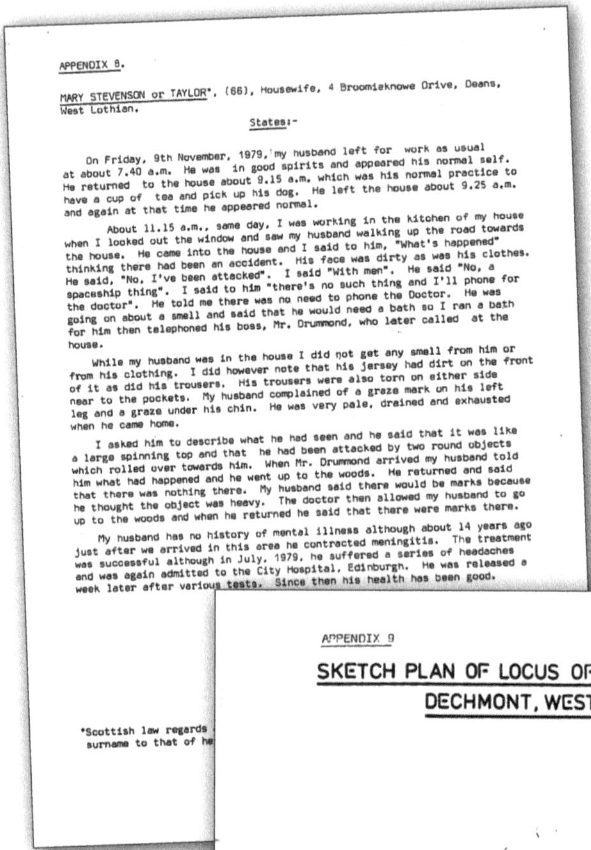

APPENDIX 8.

MARY STEVENSON or TAYLOR*, (66), Housewife, 4 Broomieknowe Drive, Deans, West Lothian.

States:-

On Friday, 9th November, 1979, my husband left for work as usual at about 7.40 a.m. He was in good spirits and appeared his normal self. He returned to the house about 9.15 a.m. which was his normal practice to have a cup of tea and pick up his dog. He left the house about 9.25 a.m. and again at that time he appeared normal.

About 11.15 a.m., same day, I was working in the kitchen of my house when I looked out the window and saw my husband walking up the road towards the house. He came into the house and I said to him, "What's happened" thinking there had been an accident. His face was dirty as was his clothes. He said, "No, I've been attacked". I said "With men". He said "No, a spaceship thing". I said to him "there's no such thing and I'll phone for the doctor". He told me there was no need to phone the Doctor. He was going on about a smell and said that he would need a bath so I ran a bath for him then telephoned his boss, Mr. Drummond, who later called at the house.

While my husband was in the house I did not get any smell from him or from his clothing. I did however note that his jersey had dirt on the front of it as did his trousers. His trousers were also torn on either side near to the pockets. My husband complained of a graze mark on his left leg and a graze under his chin. He was very pale, drained and exhausted when he came home.

I asked him to describe what he had seen and he said that it was like a large spinning top and that he had been attacked by two round objects which rolled over towards him. When Mr. Drummond arrived my husband told him what had happened and he went up to the woods. He returned and said that there was nothing there. My husband said there would be marks because he thought the object was heavy. The doctor then allowed my husband to go up to the woods and when he returned he said that there were marks there.

My husband has no history of mental illness although about 14 years ago just after we arrived in this area he contracted meningitis. The treatment was successful although in July, 1979, he suffered a series of headaches and was again admitted to the City Hospital, Edinburgh. He was released a week later after various tests. Since then his health has been good.

*Scottish law regards

surname to that of he

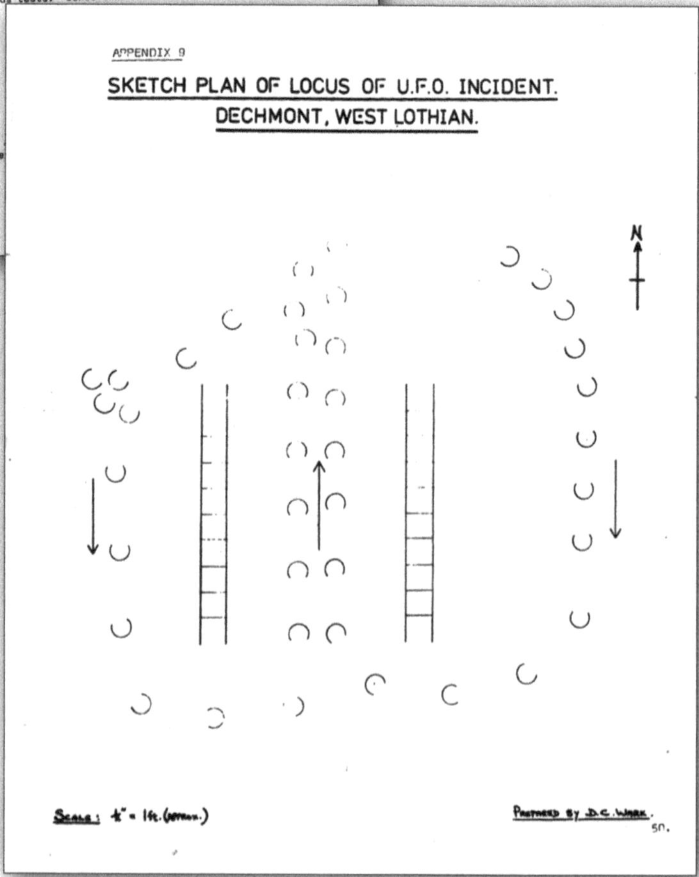

↑ Philip Mantle, Robert Taylor et David Kelly

↓ Plaque sur le lieu de la rencontre avec Robert Taylor

CHAPITRE V
Enlèvements multiples

Certes, la grande majorité des enlèvements proviennent de témoignages d'individus qui ont vécu des événements étranges sans aucun témoin. Mais des couples et même des groupes entiers connaissent la même chose. Du point de vue de l'enquêteur, l'avantage tombe sous le sens. Il interrogera les protagonistes séparément de sorte que leur récit pourra être comparé avec les autres pour voir s'il se distingue et dans quelle mesure. Bien entendu, les souvenirs et les perceptions diffèrent souvent d'une personne à l'autre, mais le nombre engendre souvent la qualité, la crédibilité. Lorsque deux personnes – ou plus – affirment avoir été abductées, l'enquêteur dispose de deux points de référence – ou plus – pour apprécier l'authenticité de leur rapport.

Quelle que soit la qualité du témoin isolé, le détracteur pourra toujours faire valoir que, sans support physique, son récit est par nature subjectif. N'a-t-il pas été victime d'une déficience mentale temporaire sous forme d'hallucination ? Comment savoir s'il n'a pas tout inventé pour le plaisir, un pari ou pour se forger un alibi ? Par exemple : *« Non, mon amour, je n'ai pas passé la nuit au pub, j'ai été enlevé par des extraterrestres... »* Peu de femmes croiraient à cette histoire, mais tout est envisageable et une pauvre âme pourrait estimer que le jeu en vaut la chandelle. Quoi qu'il en soit, c'est indéniable, les rapports d'enlèvement impliquant une seule personne sont subjectifs. Nous ne pouvons pas avoir de certitude absolue, savoir si elle dit la vérité. Les rapports multiples sont une autre affaire. Bien sûr, deux personnes – ou plus – peuvent parfaitement mettre au point une histoire pour les mêmes raisons que celles évoquées ci-dessus, mais il est assez probable que l'on découvre la triche. Comme plus d'une personne est impliquée, les récits doivent être d'une objectivité sans failles et, à moins d'opter pour une hallucination collective, plus crédibles aussi. La plupart de ces cas d'enlèvements multiples présumés proviennent, comme souvent, des États-Unis. Mais ici, en Grande-Bretagne, nous en avons deux parmi les plus connus et les mieux documentés.

Le premier est connu sous le nom d'« *Aveley Case* ». Les victimes présumées étaient membres d'une famille de cinq personnes (John et Sue

Day, leurs trois jeunes enfants). Leur expérience déconcerte encore les experts. Le second cas porte le nom d'«*A70 Case*» et concerne l'enlèvement de Colin Wright et Garry Wood alors qu'ils empruntaient une autoroute isolée, en Écosse.

Famille Day
27 octobre 1974
Aveley, Essex

Un rapide coup d'œil autour de la voiture pour s'assurer que tout le monde est bien assis et ceinturé suffit à John Day pour savoir qu'ils sont prêts pour leur voyage. Il met le contact de son break Opel Vauxhall et commence à s'éloigner tandis que sa femme, Sue, se penche par la fenêtre passager pour dire au revoir à ses parents et à sa sœur. John a hâte de prendre la route. Il est 21 h 50 et le programme de la BBC qu'il veut regarder commence dans environ une demi-heure. Si la circulation n'est pas trop mauvaise, le trajet jusqu'à Aveley se fera en vingt minutes, ce qui leur laisse juste le temps de coucher les enfants et de faire chauffer la bouilloire avant de s'installer devant la télévision. «*Chut*», roucoule Sue en se penchant maladroitement pour s'occuper de deux de ses trois

↑ M. et Mme Day dans leur maison de l'Essex en 1974

enfants qui s'endorment déjà sur la banquette arrière. Karen, onze ans, et Stuart, sept ans, sont épuisés par leur journée à Harold Hill. La famille n'a fait le voyage que pour accueillir la sœur de Sue, Anne, qui revient d'un voyage d'une semaine en Belgique. Mais celle-ci est arrivée avec quatre heures de retard et John a maudit sa malchance comme seuls les habitants de l'est de Londres savent le faire. Au moins, il aura le plaisir de voir cette émission qu'il attend avec impatience, dit-il à sa femme en se penchant pour allumer la radio. John sait que Kevin, âgé de dix ans, se tient derrière lui, éveillé. *« Il n'y a pas beaucoup de circulation ce soir, n'est-ce pas, chérie ? »*, dit-il en jetant un coup d'œil à sa femme qui contemple silencieusement cette douce et belle nuit claire.

À environ un kilomètre de Hornchurch, alors qu'ils se dirigent vers le sud en empruntant un tronçon de route bordé de maisons mitoyennes et de champs entrecoupés de haies, Kevin demande : *« C'est quoi cette lumière ? »* En suivant le bras tendu du jeune garçon, John et Sue l'aperçoivent immédiatement. Juste au-dessus des maisons, sur leur gauche, il y a une forme ovale pulsante, comme une énorme étoile. Elle ne semble pas se trouver à plus de cinquante mètres. *« Regarde, ça bouge »*, dit Kevin. *« Oui, on dirait qu'elle s'arrête et redémarre en permanence »*, répondit son père. Sue demande à son mari s'il peut s'agir d'un hélicoptère, mais il lui fait remarquer que si tel était le cas, ils pourraient entendre le bruit des pales et du moteur. Et puis un hélicoptère ne se déplacerait pas du tout comme ça. Quelques secondes plus tard, la présence de l'ovni est masquée par un petit bois. Lorsqu'il réapparaît, il se déplace toujours dans la même direction puis, brusquement, change de cap pour s'approcher dangereusement de la route. Il frôle l'Opel à toute vitesse. Surpris, John freine des deux pieds et approche sa tête du pare-brise pour tenter de le localiser. Mais de hauts buissons l'en empêchent. La route suit maintenant une pente, en direction du village d'Aveley Road. Au bout d'un kilomètre, la voiture passe devant une gravière et des bungalows avant d'aborder un nouveau virage.

John vérifie sa vitesse, 50 km/h, il n'est donc pas nécessaire de rétrograder avant de négocier le prochain virage. Soudain, un sentiment de panique s'empare de lui. Quelque chose ne va pas. Sue regarde son mari : la peur est lisible dans ses yeux. Le moteur s'arrête, le silence règne. Pourtant ils avancent toujours, la radio marche normalement, mais ils n'entendent plus le bruit du moteur. À la sortie du virage, la voiture plonge dans un brouillard semblable à un gaz de couleur verte. Cette « vapeur tourbillonnante » semble provenir d'un dense taillis.

↑ John Day photographié en 1994

Soudain, l'autoradio se met à grésiller bruyamment et lorsque John remarque de la fumée s'échapper de l'appareil, il arrache le paquet de fils qui se trouvent derrière. Toutes les lumières du véhicule s'éteignent et il se met à trembler violemment tandis que des « doigts de vapeur » explorent la carrosserie à la recherche d'un moyen de pénétrer dans l'habitacle. Les fenêtres bien fermées, John continue sa route ou du moins, appuie toujours sur l'accélérateur sous le regard de Sue et du petit Kevin qui s'agrippe aux épaules de son père. Karen et Stuart dorment paisiblement. John et Sue ne notent aucune sensation de mouvement pendant ces secondes effrayantes. Ils se souviendront que la voiture était devenue beaucoup plus froide, comme si le brouillard « pompait » la chaleur.

Tous deux remarquent ensuite le silence total et une curieuse sensation de picotement. Après une secousse, pareille au franchissement d'un dos d'âne, l'Opel ne montre plus aucune faiblesse. Le brouillard a disparu (John estime être resté à l'intérieur sur une distance d'environ 800 m). Il a l'impression d'être seul au monde lorsque Sue se redresse et demande en criant : *« Tout le monde est là ? »* Le froid a disparu, la voiture fonctionne normalement et les lumières intérieures sont allumées, mais les fils de la radio pendent toujours, déconnectés, derrière le tableau de bord. Nerveux et effrayés, ils parlent à voix basse de cette péripétie jusqu'à ce qu'ils rejoignent leur maison. Pendant que Sue met les enfants au lit, John s'occupe de recâbler l'autoradio, puis vérifie que les lumières fonctionnent toujours. Sue le rejoint, l'air perplexe. Elle lui demande : *« John, quelle heure penses-tu qu'il est ? »* Il réplique : *« Environ 10 h 20 ? »*. Il est une heure du matin... John se maudit d'avoir raté son émission de télévision tandis que Sue téléphone à l'horloge parlante pour vérifier l'heure.

Trois heures ont « disparu » de leur vie et ils n'ont pas la moindre idée de la raison de cette absence. Le lendemain, ils se sentent extrêmement fatigués et John décide de ne pas se rendre au travail. L'épuisement mis à part, ils ne semblent pas souffrir d'autres effets indésirables. Cependant, quelques semaines plus tard, à l'approche de Noël, John va faire une dépression nerveuse sans aucune raison apparente. Âgé d'à peine 32 ans, il est contraint d'abandonner son travail de menuisier et reste sans emploi jusqu'en septembre de l'année suivante, date à laquelle il entame une nouvelle carrière en s'occupant de personnes souffrant de handicap mental. Sa femme et lui n'ont aucunement oublié cette nuit du 27 octobre 1974, mais ils ne contactent aucune organisation pour enquêter sur l'incident, parce qu'ils n'en connaissent aucune et que de toute façon, ils ont beaucoup d'autres choses à faire. Mais ils ne peuvent s'empêcher de remarquer à quel point leur vie n'est plus du tout la même depuis lors. Suite à sa dépression, John a davantage confiance en lui, il est désormais enclin à écrire des poèmes spontanés et aspire à se diriger dans l'enseignement des arts et métiers. Sue gagne en assurance et s'inscrit dans un établissement d'enseignement supérieur pour poursuivre ses études. Kevin, le seul des trois enfants qui ne dormait pas pendant toute la durée du voyage, connaît lui aussi un remarquable changement. Alors que son école avait noté un retard en lecture, il s'améliore soudainement pour atteindre un niveau nettement supérieur à celui de l'année en cours. Et puis toute la famille devient végétarienne, s'intéresse aux questions écologiques et John arrête de fumer.

Près de trois ans après la « rencontre », John remarque un article sur les ovnis dans le journal local. Il décide de contacter le groupe de recherche qui y est mentionné et de parler de l'étrange objet qu'ils ont vu. L'enquêteur Andy Collins entre en scène en août 1977, demandant au couple de décrire leurs souvenirs. Bien que John et Sue les résument d'une façon assez détaillée, Andy souhaite plus d'indices pour expliquer les trois heures manquantes. Après les avoir interrogés sur les rêves bizarres et les flashbacks qu'ils ont tous deux vécus entre-temps, l'enquêteur est persuadé qu'une mine d'informations est encore enfouie

↑ Dessin d'artiste de la voiture de la famille Day entrant dans le brouillard vert

dans leur subconscient. Il leur demande alors d'envisager l'hypnose. Le couple ignorait totalement qu'elle pouvait être utilisée à cette fin. John, désireux de faire toute la lumière sur son expérience, accepte immédiatement de coopérer, Sue est plus réticente. En revanche, tous sont d'accord pour dire que Kevin est trop jeune. L'hypnothérapeute Leonard Wilder accepte de diriger trois séances de régression hypnotique bien qu'il n'ait, à cette époque, qu'une faible connaissance des rencontres du 4e type. Lors de la première, le Dr Wilder confirme que John est un bon sujet. La masse d'informations issues des trois régressions, combinée aux données d'entretiens « normaux », donne l'occasion à Andy de reconstituer un récit remarquable des événements survenus alors qu'ils étaient à l'intérieur du « gaz vert » : Un pilier de lumière traverse la route et « engloutit » la voiture. Puis il y a une ascension, comme si quelque chose la tirait vers le haut. John perd connaissance, mais Sue a la tête projetée en arrière et a conscience que Kevin tombe sur le siège arrière.

John se retrouve soudain sur un « balcon » avec une balustrade devant lui. Il regarde une voiture bleue qui se trouve apparemment à un niveau inférieur. À l'intérieur, il voit un homme et une femme inconscients. À l'arrière se trouvent d'autres corps qui sont indistincts. Se voit-il avec sa propre famille ? Impossible, sa voiture est blanche, pas bleue...

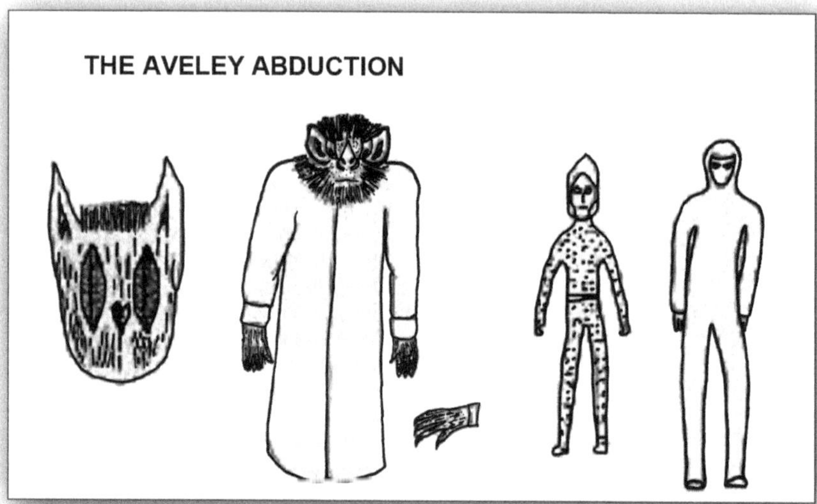

↑ Dessins des êtres rencontrés par la famille Day. Tous proviennent du dossier original.

La « vision » disparaît. Sue et Kevin sont maintenant auprès de lui, ainsi qu'un être de grande taille d'environ 2,10 m qui se tient légèrement en retrait. À sa droite, John voit le « puits d'air » grâce auquel, il en est certain, il a eu accès à ce niveau. Il s'agit d'un cylindre lumineux qui s'étire depuis le balcon jusqu'au sol sur lequel se dessine une forme hexagonale. Accompagné de l'entité, il se dirige vers un « mur ». John sent soudain qu'il monte. Un trou apparaît dans le mur qu'il traverse pour entrer dans une pièce où trône une sorte de table d'examen. L'être de grande taille le touche sur l'épaule, et il se retrouve dans l'obscurité.

Sue, de son côté, se souvient également d'être emmenée du balcon vers un mur nu qui s'ouvre de la même manière pour révéler l'entrée d'une pièce. Deux petits êtres l'attendent. Une grande entité s'approche ensuite et prend Kevin par la main. Contrariée qu'il semble vouloir séparer une mère et son fils, Sue resserre sa prise sur les épaules du jeune garçon. Silencieusement, l'entité attire l'enfant vers elle, puis le guide sans un mot vers une autre pièce.

John ne reprend connaissance qu'une fois allongé sur la table avec l'impression d'être scanné par une « barre » qui passe sur son corps. Il ressent des picotements et une étrange chaleur dans la zone couverte par l'appareil. Cinq personnages se tiennent autour de la table. À droite, trois entités de grande taille. À gauche, deux êtres, plus petits – environ

1,20 m – laids, vêtus des blouses blanches. Il voit l'un des plus petits, qu'il surnomme l'« examinateur », appliquer au-dessus de sa peau un objet semblable à un stylo d'une longueur d'environ 20 cm. Il émet une lumière et provoque une sensation de chaleur sans toutefois toucher son corps. John examine attentivement la créature. La robe blanche qu'elle porte tombe mollement sur le sol. Les manches sont longues et amples. Elle n'a pas de cou et semble légèrement voûtée. Sa tête et ses mains sont recouvertes de poils touffus, ses yeux sont grands, bridés et de forme triangulaire. Elle a un nez ou un « bec » brun clair, une fente en guise de bouche et des oreilles pointues, rejetées vers l'arrière. Des serres – ou ongles longs – dépassent des quatre doigts de ses très grandes mains. Elle marche maladroitement et émet parfois des gazouillis gutturaux. Les examinateurs semblent presque vénérer les grandes entités qui les toisent de près d'un mètre. Ces dernières portent une cagoule et une combinaison sans couture, d'une seule pièce, faites d'un matériau métallique de type lurex. Elles ont deux grands yeux de couleur crème avec des iris roses, pas de nez ou de bouche visibles. John peut clairement voir leurs mains, dont chacune est munie de trois doigts recouverts d'une peau très pâle, presque translucide.

Incapable de bouger pendant l'examen, John a le sentiment qu'ils ont terminé et demande s'il peut enfin se lever. *« Restez assis un moment »*. Alors qu'il balance ses jambes dans le vide, redressé sur la table, il réalise que la réponse n'a pas été prononcée, mais qu'elle lui est parvenue par télépathie.

Maintenant, il a une meilleure vue de la pièce dans laquelle il se trouve. D'environ 6 m sur 4, de forme ovale, elle ne présente aucun coin ni arrête. Il se sent comme dans une bulle. Hormis la table et les deux lampes qui la surplombent, elle est vide. John se retrouve habillé d'un vêtement d'une seule pièce semblable à ceux portés par les entités de grande taille. Plus à l'aise, il interroge ses geôliers :

— Que faites-vous lorsque vous êtes à l'extérieur du vaisseau ?

— Nous utilisons une visière.

John voit l'une des trois entités brandir un objet hémisphérique auquel sont attachés deux bandeaux. Cela lui rappelle la visière d'un soudeur. Le plus grand des êtres, celui qui semble communiquer, dit :

— Nous trouvons cela malheureux parce que nous voyons à travers vos yeux dans la plupart des cas. Mais il arrive que nous n'en trouvions pas d'appropriés, alors nous utilisons la visière pour changer votre lumière afin qu'elle corresponde à nos nerfs optiques.

Encouragé par la réponse à sa première question, John en pose une seconde :

— Pourquoi n'y a-t-il pas de couleurs sur votre vaisseau ?

— Pour vous, il n'y en a pas, mais pour nous c'est le cas. Notre vision nous permet d'interpréter différemment la lumière. Les conditions, ici, sont contrôlées en notre faveur et c'est pourquoi vous voyez ce que vous voyez.

John demande alors à visiter l'engin spatial. À sa grande surprise, trois êtres de grande taille s'avancent immédiatement pour le guider vers un mur où un trou apparaît. D'une hauteur de 2,10 m sur 90 cm environ, il se referme une fois franchi. Ils se retrouvent dans un tunnel de liaison qui les mène dans une pièce de taille similaire à celle de la chambre d'examen. Il y a des canapés et une table sur laquelle se trouvent des boîtes. John a l'impression qu'elle sert à se détendre. Puis ils s'engagent à nouveau dans un tunnel et passent à la pièce suivante. Il n'y a aucun doute sur sa fonction. Malgré l'étrangeté du design de l'équipement, John pense immédiatement à un « laboratoire ».

— Nous utilisons cette zone pour la recherche, dit la voix dans sa tête, comme pour confirmer ses soupçons.

— Vous avez des microscopes ? s'entend-il demander.

Une grande entité le conduit alors vers une sorte de console centrale sur laquelle se trouvent des panneaux carrés translucides. Il place une fiole de verre remplie de liquide sur l'un des panneaux, passe ses mains au-dessus de l'appareil et un autre panneau carré glisse sur le dessus de la fiole. Une lueur bleutée remplit l'espace entre les panneaux. Un hologramme agrandi de la fiole apparaît au centre de la console. Les angles et les grossissements changent au fur et à mesure que l'entité effectue des ajustements en touchant le panneau.

— Cet appareil remplit la même fonction qu'un microscope, mais celui-ci est nettement supérieur.

John et ses guides sortent du « laboratoire » pour emprunter un autre tunnel de connexion qui les mène dans ce qu'on lui dit être une salle de repos où quatre divans légèrement ondulés sont suspendus l'un au-dessus de l'autre. On lui explique qu'ils sont destinés aux périodes de sommeil ainsi qu'aux voyages dans l'espace lointain pour lesquels chaque canapé est équipé de sa propre « mini-atmosphère ». Il traverse de nouveau le couloir puis une autre pièce avant de se retrouver dans un tube, « happé » vers le plafond et franchit une large ouverture. Il comprend immédiatement qu'il arrive dans la salle de contrôle de l'appareil.

↑ Endroit sur la route où la famille Day a rencontré le brouillard vert

Quatre individus de grande taille sont assis devant une unité en forme de croissant recouverte par une vitre sur laquelle ils passent leurs mains. Ils pilotent visiblement le vaisseau. John est ensuite conduit vers un canapé sur lequel il s'allonge. Un objet en forme de parabole est placé à quelques centimètres au-dessus de sa tête et il voit des images projetées sur le mur qui lui fait face. Il s'agit de séquences courtes et nettes, des cartes et des diagrammes, qui défilent devant ses yeux à un rythme si rapide qu'il n'arrive pas à toutes les assimiler.

— Cela va trop vite ! crie John.

— Ne t'inquiète pas, répond la voix dans sa tête. Tout est mémorisé par ton esprit.

Des cartes stellaires, des coupes transversales du vaisseau, des images du Système solaire défilent devant lui. Le nom « Phobos » revient sans cesse (il découvrira plus tard qu'il s'agit de la plus petite des deux lunes de la planète Mars).

Une fois l'étrange spectacle terminé, les entités accompagnent John dans une partie plus sombre de la salle de contrôle où on lui demande de regarder dans une certaine direction. Instantanément, un hologramme apparaît devant lui. Il s'agit d'une planète ; une planète extraterrestre.

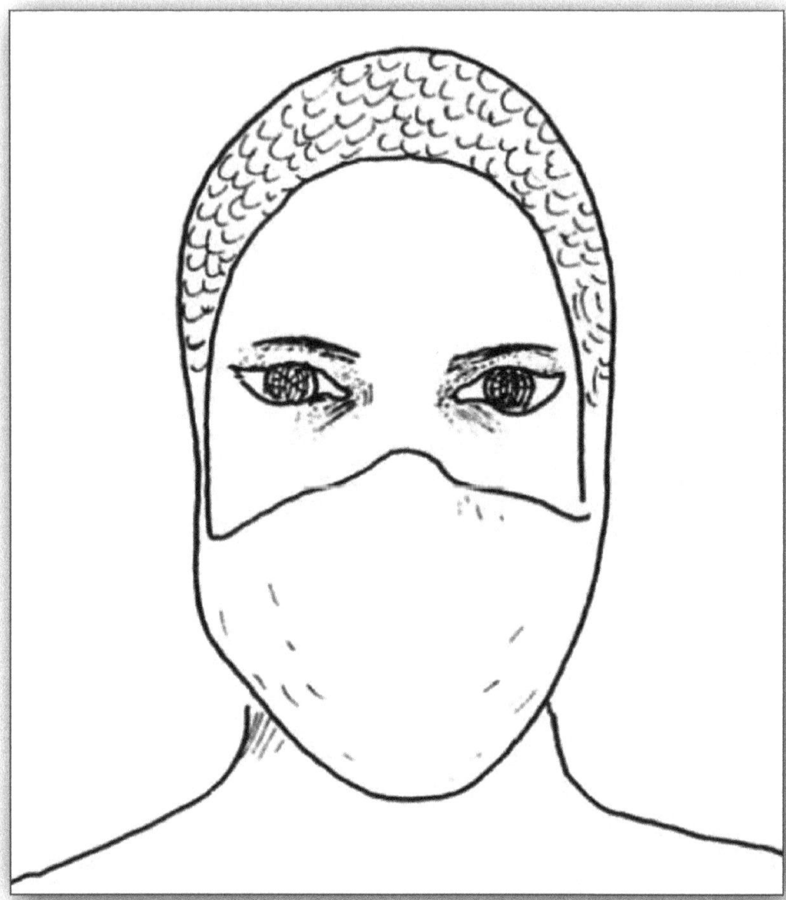

↑ Dessin d'une entité extrait du dossier original de l'enlèvement de la famille Day

Plus elle se rapproche, plus elle semble étrange, pourtant John peut distinguer des formes métalliques, semblables à des cônes, qui s'élèvent du sol en formation bizarre. Une ville sans doute. Au loin, il aperçoit des montagnes. Des bandes de couleur constellent le ciel. L'atmosphère semble dense.

— C'est à cela que ressemblait notre planète dans ses dernières années, entend-il. Ruinée par la pollution et les phénomènes naturels...

Une silhouette vêtue d'une robe à capuchon se tient à côté de l'hologramme avec dans ses mains un objet rond qui brille d'une lueur rouge et jaune. On lui demande de le toucher, ce qu'il fait. Lorsque son doigt entre en contact avec cet objet, une étrange sensation de picotement lui parcourt le bras. Envahi par le sentiment d'avoir eu l'honneur d'être admis dans le plus sacré des sanctuaires, il essaie de comprendre ce que ses hôtes essaient de lui dire.

— Il est temps de partir, lui dit la voix. Nous nous reverrons.

D'un coup, John se retrouve au volant de sa voiture en marche.

Après avoir vu son mari disparaître, et après sa séparation forcée d'avec Kevin, Sue est remplie d'un sentiment de terreur. La salle d'examen dans laquelle elle est conduite comporte deux tables : une légèrement concave et l'autre plate. Derrière elles est disposé un ensemble d'instruments, de câbles et de boîtes diverses. Effrayée, se débattant avec force, elle est placée sur l'une des tables. On lui passe des sangles sur les bras et les jambes. Elle est prisonnière. Affolée, elle regarde autour d'elle et aperçoit deux des « affreuses » créatures, dont la description correspondra exactement à celles qui ont examiné John. Se mettant immédiatement à l'œuvre, elles passent sur tout le corps de la jeune femme, des pieds jusqu'à la tête, un instrument lumineux en forme de stylo. Les examinateurs apprécient ce travail, lui semble-t-il, en entendant les sons bourdonnants, presque chantants, émanant du duo…

Continuant sa vaine lutte, Sue voit l'une des grandes entités s'approcher d'elle. L'examinateur le plus proche se met immédiatement de côté pour laisser la place à son « supérieur ». Une voix résonne dans sa tête :

— Nous ne pouvons rien faire tant que tu es dans cet état.

L'entité baisse les yeux et pose le majeur de sa main droite sur le front de Sue, les deux doigts extérieurs sur ses yeux. Elle s'évanouit. À son réveil, elle est détachée, mais ne peut toujours pas faire un mouvement. Lorsqu'une des grandes entités s'approche de nouveau, elle a le sentiment de pouvoir enfin quitter la pièce.

Tandis qu'elle ne se souvient pas d'avoir porté de vêtements durant l'examen, maintenant qu'elle descend de la table, elle s'aperçoit qu'elle est vêtue d'une longue robe avec une capuche ajustée semblable à celle des extraterrestres. Les manches amples sont resserrées aux poignets et le matériau, bien qu'opaque, ressemble à de la cellophane froissée. Comme John, Sue a l'opportunité de visiter l'ovni. Première chose qu'elle remarque : tous les murs sont recouverts d'une structure en nid d'abeille. À un moment donné, elle se souviendra avoir vu John, lui aussi dans une combinaison, se déplacer dans la direction opposée, accompagné comme elle de deux entités. Pourtant ni l'un ni l'autre ne se considèrent, trop absorbés par les merveilles qui les entourent.

Sue arrive ensuite dans la salle de contrôle. Comme son mari, elle devine immédiatement sa fonction d'après la disposition des lieux et le niveau d'activité qui y règne. L'une des entités de grande taille, assise sur une chaise, pivote pour lui faire face et lui prend la main. Tout en l'aidant à se hisser à son niveau, il prononce la phrase suivante :

— Ce n'est pas si mal, n'est-ce pas ?

Elle sait qu'il communique par télépathie. Toujours mal à l'aise, elle prend place dans un siège moulé puis sent qu'elle flotte. Un plateau sur lequel reposent une douzaine de disques roses semblables à des *peppermint creams*[6] lui est présenté. Il s'agit manifestement d'une sorte de nourriture. *« Je ne vais pas en prendre, ils pourraient contenir une sorte de drogue »*, pense-t-elle. Ils retirent immédiatement le plateau. Les êtres ont dû lire dans ses pensées ou ressentir sa crainte.

L'entité qui est assise – que Sue considère immédiatement comme le chef – regarde l'un de ses congénères. Elle croit comprendre que ce dernier vient de recevoir un ordre. L'être commence alors à bouger lentement ses mains, ses doigts, traçant d'étranges formes dans l'air. Immédiatement, la pièce est remplie de sons étranges semblables à ceux d'une harpe. D'une manière ou d'une autre, Sue sait que cette douce mélodie qui flotte dans l'air a pour but de la relaxer. Mais la peur est tenace et l'inquiétude pour son mari et ses enfants ne la quitte pas. Le chef semble comprendre.

— Vos enfants sont en sécurité. Vous leur accordez de l'importance. Nous ne nous reproduisons pas, nous n'avons pas d'enfants. Nous vivons à travers vous, vous êtes nos enfants.

Sue se sent maintenant détendue. Le message est rassurant et la musique semble faire son effet. Elle regarde à nouveau l'extraterrestre dont les mains dansent dans les airs :

— Tout le monde a un talent, dit le chef. Lui est musicien. C'est son talent.

Lorsque la musique s'arrête, Sue est conduite vers un autre siège, plus proche des commandes. En pointant du doigt un ensemble de carrés, on lui explique la procédure à suivre. Touche celui-ci et l'engin fera cela, touche celui-là et il s'inclinera. Le chef se tourne vers elle :

— Voulez-vous voir où vous vivez ?

Elle acquiesce avec enthousiasme. Un écran rectangulaire se matérialise

6 Les *peppermint creams* sont des confiseries traditionnelles britanniques parfumées à la menthe poivrée.

↑ Extrait du dossier original, dessin de Sue (réalisé avec l'aide de John) représentant l'« examinateur » ou une entité de plus petite taille. Elle se rappelle qu'on lui a dit : *« ne soit pas effrayée, elle a plus peur de toi que tu ne l'es d'elle. »*

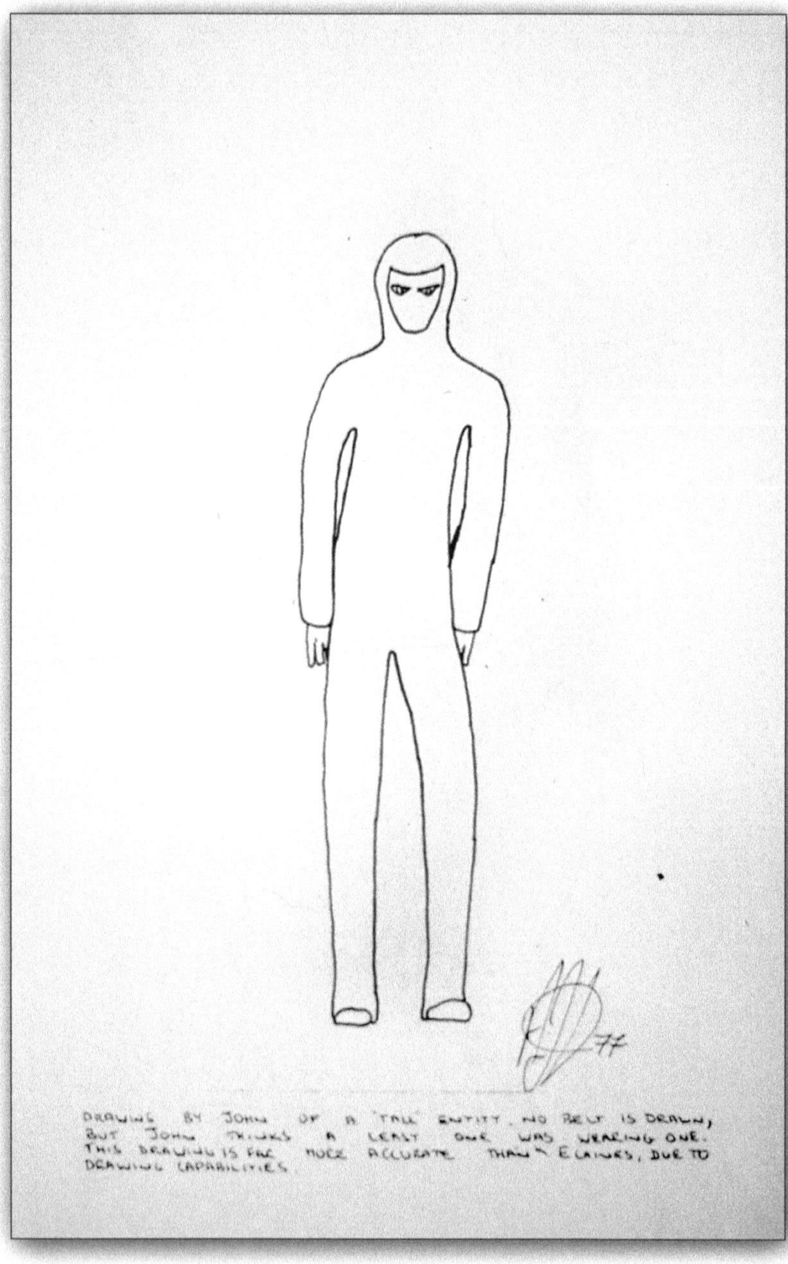

↑ Dessin de John Day (extrait du dossier original) représentant une entité de grande taille. Bien qu'il n'ait pas dessiné de ceinture, il pense qu'au moins une des entités en portait. Ce dessin de John est plus précis que ceux de son épouse, car il sait un peu mieux dessiner.

à sa droite. La scène montre un amas d'étoiles. L'entité pointe du doigt un minuscule point lumineux dans le coin inférieur droit. Il dit :

— Voici l'endroit où vous vivez.

L'étoile grossit jusqu'à ce qu'il devienne évident qu'il s'agit du Soleil. La planète Terre apparaît alors, de plus en plus proche, jusqu'à ce que l'Europe puis la Grande-Bretagne remplissent l'écran. L'estuaire de la Tamise apparaît alors, ainsi que des routes, des rues et des lampadaires. C'est Aveley, dans l'Essex. Sue peut voir sa maison, il n'y a aucun doute à ce sujet. L'écran s'éteint d'un coup. Stupéfaite par ce qu'elle vient de voir, elle est prise d'un violent mal du pays.

Que les images diffusées soient réelles ou non, Sue s'interroge sur John et les enfants. Où sont-ils ? Sont-ils en sécurité ? Le chef affirme que c'est le cas, mais elle veut ses enfants maintenant, elle a besoin d'eux. L'une des grandes entités l'interrompt dans ses pensées et la conduit dans une zone plus sombre de la salle de contrôle, où il lui indique qu'elle doit s'allonger face à un écran au-dessus de sa tête. Comme c'est le cas pour John, elle voit une série d'images à grande vitesse accompagnées de sons. Ces images ressemblent à de vieilles actualités cinématographiques et à des documentaires télévisés. *« C'était comme si l'on m'injectait le contenu d'une encyclopédie d'un seul coup »*, dira-t-elle plus tard. Contrairement à son mari, elle ne se souviendra clairement que d'un seul élément d'information transmis par l'étrange spectacle audiovisuel : une carte de notre système solaire qui la déconcerte. Elle reconnaît le Soleil, Saturne et ses anneaux, ainsi que l'énorme Jupiter. Elle compte les planètes qui entourent notre étoile, puis les compte à nouveau. Il n'y a aucun doute, onze mondes tournent autour de l'étoile au lieu des neuf connus. L'écran devenant vide, une entité l'aide à se lever du canapé et la conduit silencieusement le long d'une pente.

John et Kevin se tiennent maintenant devant elle lorsqu'un hologramme se matérialise. Elle voit la scène à laquelle John a été confronté, la planète d'origine des extraterrestres, et elle se souvient distinctement qu'une sorte d'explication se forge dans son esprit :

— Ceci est la graine de la vie, notre passé et votre avenir, toute notre existence.

— Acceptez ceci de notre part pour vous-même, vos enfants et vos semblables.

Et tandis que John et Kevin contemplent l'entité tenant l'objet rond et brillant, Sue reçoit l'ordre : *« Touche la sphère, touche la sphère »* envahissant son cerveau. John et Kevin s'avancent déjà vers l'orbe. Leurs mains entrent en contact avec la forme lumineuse.

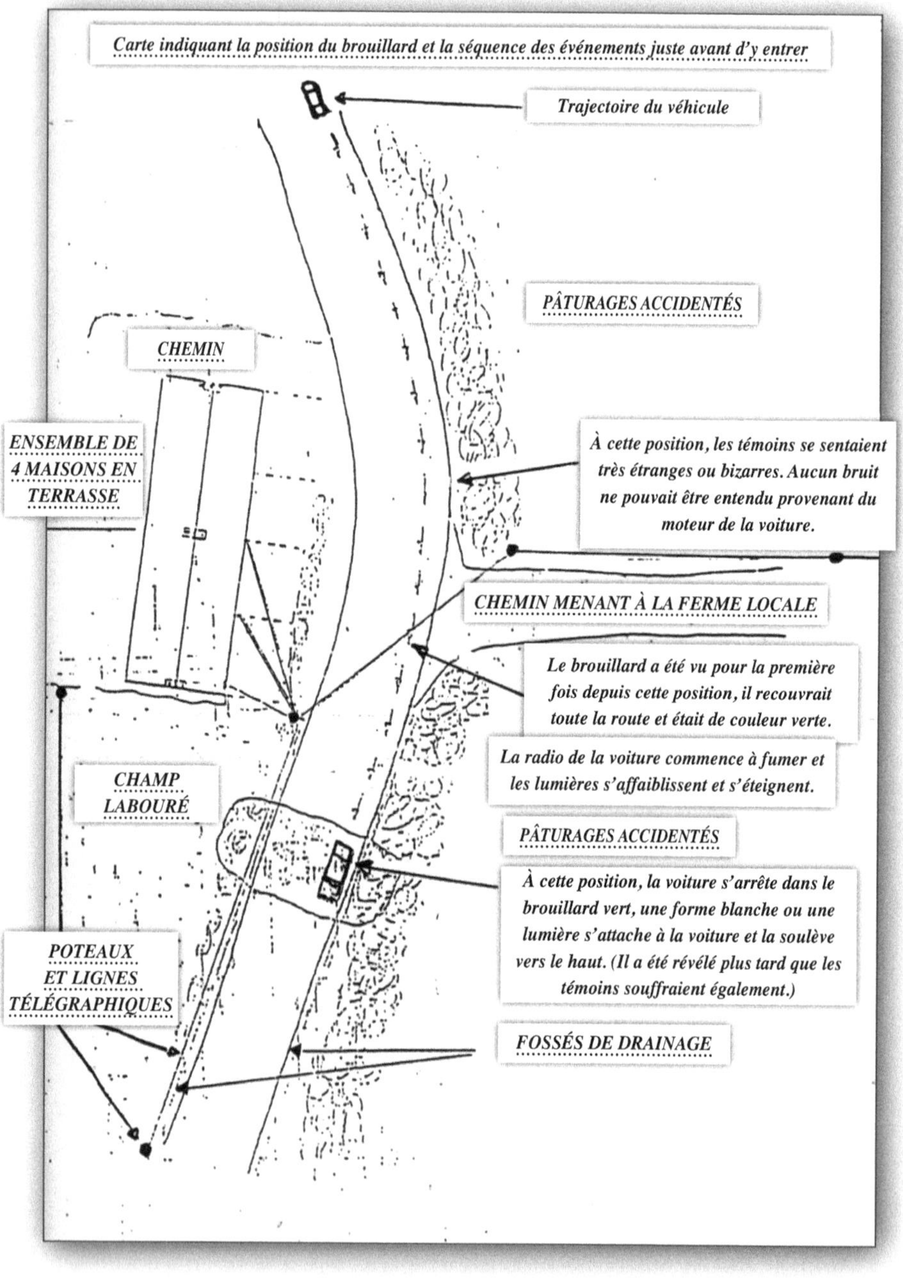

↑ Carte du dossier original montrant la séquence des événements de la rencontre de la famille Day

Lentement, Sue s'avance à son tour et fait face à l'entité qui tient l'objet. L'envie irrésistible d'entrer en contact avec celui-ci l'envahit et, centimètre par centimètre, elle lève son bras droit, le tend vers l'avant jusqu'à ce qu'elle le touche. Aucune sensation, mais tandis qu'elle se détourne de l'hologramme, des mots se forment dans son cerveau :

— Il est temps de partir, mais on se reverra.

En un clin d'œil, l'environnement de Sue change radicalement. Il est maintenant flou et brumeux. Elle est en train de s'habiller.

— Tu t'es habillé, John ? demande-t-elle.

— Donne un coup de main à Kevin, ajoute-t-elle.

John répond que Kevin est déjà habillé.

— Nous ferions mieux de nous dépêcher, dit Sue en buvant une grande gorgée d'une sorte de récipient qui s'apparente à un verre.

Lorsqu'elle le pose, la scène change à nouveau. Elle se tient maintenant au côté du chef sur une passerelle qui surplombe la voiture familiale, six pieds plus bas. Des marches mènent au véhicule. Celui-ci est positionné sur une rampe en pente raide, face à un mur en forme de fer à cheval. Le musicien prénommé « Cérès » les rejoint et s'adresse maintenant au leader en l'appelant « Lyra ». Des adieux sont échangés.

En regardant vers le bas, elle voit John monter dans la voiture, dans laquelle les enfants sont déjà installés, puis lentement le véhicule commence à se dématérialiser. Toute la zone devient très lumineuse alors que la voiture donne l'impression de traverser silencieusement le mur jusqu'à disparaître complètement. Inquiète, Sue regarde le chef d'un air triste.

— Ne vous inquiétez pas, vous allez rentrer chez vous, lui dit-il.

Lorsqu'elle regarde en bas, elle voit la Vauxhall Victor blanche qui roule sur le chemin de campagne près des bois. Elle se souviendra être montée sans effort dans la voiture en marche et avoir refermé la portière derrière elle.

L'habitacle est éclairé. Soudain une secousse...

— Tout le monde est là ?

Le *« oui, bien sûr »* rassurant de John étouffe le sentiment de panique qui menaçait de l'envahir.

Le livre *Close Encounter of the Fourth Kind* de John et Sue Day est probablement l'un des documents les plus complets sur un tel cas au Royaume-Uni. Leur récit, qui a fait l'objet d'une enquête approfondie, reste inchangé à ce jour. L'un des aspects les plus inhabituels de cette affaire est le volume d'informations glanées auprès de leurs ravisseurs, dont une grande partie est omise dans le récit ci-dessus, car ce n'est que bien plus tard que John et Sue se sont rendu compte de la quantité de données qu'ils avaient assimilées. Ils ne savent pas si ces informations leur ont été transmises par télépathie ou par d'autres moyens.

Une grande partie des informations a été fournie volontairement par John alors qu'il était en transe hypnotique. D'autres détails oubliés par l'un ou l'autre ressurgiront spontanément bien plus tard. John soutient que les mystérieuses entités ont affirmé que l'humanité n'était qu'un fragment de notre évolution. D'après ses dires, notre planète aurait été, depuis des millénaires, le théâtre d'interventions par des gardiens venus d'ailleurs. Cet « ensemencement », comme il l'appelle, ne se limiterait pas à des hybridations physiques. Ces visiteurs, dotés de capacités à remodeler nos esprits et nos corps, auraient œuvré pour élever notre conscience et notre intelligence. John, dans ses récits, évoque ces « Observateurs » – terme qu'il leur attribue – comme ayant établi de nombreux contacts sur Terre, interagissant discrètement (mais de manière significative) avec notre espèce.

Ils pourraient vivre pour une durée indéfinie, en changeant seulement d'« hôte » lorsque leur « coquille » cesse de fonctionner. Ils ont également prétendu être les « Dieux » de la mythologie grecque, qu'à cette époque, ils s'impliquaient davantage dans les affaires de notre planète. Mais qu'ils avaient découvert que cela entraînait la stagnation de la société humaine. Ils avaient dès lors grandement réduit leur niveau d'implication. Le développement humain ralentissait lorsqu'il était privé du contrôle de son propre destin. *« Ils se sont retirés malgré leur crainte que nous puissions évoluer vers une forme de vie très violente et destructrice »,* affirme John.

Cette masse d'informations provient-elle réellement d'êtres extraterrestres qui ont enlevé la famille Day à moins de 30 km de la City de Londres ? Ou s'agit-il d'un cas d'hystérie collective ? La contamination n'entre pas en ligne de compte. Les connaissances des Day sur le sujet étaient minimes. Le couple n'a pas cherché la publicité ou la notoriété. Il a uniquement contacté des ufologues dans une tentative désespérée d'en savoir plus sur son expérience. Les Day n'avaient absolument rien à gagner à « sortir du placard ». Ils ont même fourni des dessins et des diagrammes détaillés de ce qu'ils pensaient avoir vu. L'enquêteur Andy Collins a été impressionné par la famille. Notamment par la façon dont John, un Cockney de la classe ouvrière de l'Est londonien, avait pu s'exprimer de manière articulée et sans interruption sur les sujets les plus complexes pendant vingt minutes.

« J'ai simplement mis la cassette en marche et je l'ai laissé parler », raconte Andy, qui a ensuite pu retranscrire son récit par écrit, mot pour mot, le langage étant toujours clair et de bonne qualité. Pourtant, s'il demandait à John, un homme peu instruit, de répéter certains aspects du texte qu'il avait dicté, il n'y parvenait pas. À une occasion, lorsqu'on lui a dit qu'il avait parlé avec une certaine autorité pendant quinze ou vingt minutes sur un sujet particulier, John n'a pas pu le croire. *« C'était comme si quelqu'un avait mis en marche une cassette à l'intérieur de lui »*, se souvient Andy.

Est-ce que celui qui a mis cette cassette en marche l'a également programmée avec l'histoire d'enlèvement qu'il a racontée ? Les cyniques pourraient trouver un peu difficile à avaler l'évolution du récit mêlant la mythologie grecque et les *Aliens*. Ils pourraient aussi se demander pourquoi cette famille a mis tant de temps à réaliser le trésor d'informations qui leur avait été légué par leurs ravisseurs.

Garry Wood et Colin Wright
17 août 1992
A70 près du réservoir de Harperrig, District de Lothian, Écosse

Il est un peu plus de 23 h 30, le 17 août 1992, lorsque Garry Wood et son ami Colin Wright quittent la ville d'Édimbourg pour effectuer un trajet d'une demi-heure sur l'autoroute A70 afin de livrer un système satellite à un ami à Tarbrax, dans le West Lothian.

Discutant de leur journée, ils ne tardent pas à sortir de la ville pour s'engager sur le tronçon qui serpente à travers la campagne. Colin jette un coup d'œil au compteur de vitesse alors que leur Vauxhall approche du réservoir de Harperrig. Il indique 65 km/h. Alors que le véhicule dépasse l'immense étendue d'eau et commence à négocier le virage suivant, quelque chose devant lui attire son attention.

« Qu'est-ce que c'est que ça...? » aboie-t-il. Garry résiste à l'envie de freiner en essayant d'analyser l'énorme objet en forme de disque à deux niveaux qui plane à environ 6 m au-dessus de la route devant eux. L'ovni est bien trop grand pour être un quelconque avion ou hélicoptère connu. Quoi qu'il en soit, ils s'en approchent rapidement. Aucune mesure d'évitement étant possible, Garry appuie sur l'accélérateur et prie pour qu'ils puissent passer sous l'objet sans se blesser. Crispé, les yeux fixés sur la route, il se sert de son coude droit pour verrouiller la portière de façon instinctive. À côté de lui, Colin reste muet, son regard figé droit devant.

↑ Garry Wood sur les lieux de sa rencontre sur l'A70 en Écosse.

Alors qu'ils s'approchent de l'objet en suspension, Garry note son étonnante noirceur et son éclat inhabituel. Il est d'une texture qu'il n'a jamais vue auparavant. Sans fenêtre ni structure extérieure, l'objet s'étend sur toute la largeur de la route. Alors que quelques centaines de mètres seulement les séparent, l'intrus se met soudain à émettre ce que Garry et Colin décrieront comme un « brouillard argenté scintillant », semblable à « un téléviseur mal réglé » offrant non pas une image, mais un chaos de lignes floues et scintillantes.

Au moment où leur voiture pénètre dans ce « brouillard », une obscurité totale engloutit les occupants. Ils sont soudain dépourvus de toute capacité à se voir, à s'entendre ou même à discerner leur environnement, prisonniers d'un néant obscur. Quelques instants plus tard, ils se retrouvent à nouveau dans leur voiture, la vue rétablie, tandis que le véhicule est secoué de tremblements violents. Colin réalise alors que Garry, pris de panique, conduit le véhicule à une allure vertigineuse dans une tentative désespérée d'échapper à cet enfer à tel point que dans sa course folle il se retrouve momentanément du mauvais côté de la route. Garry parvient enfin à s'éloigner de cette zone étrange, et les deux amis poursuivent leur chemin en silence.

À son arrivée à Tarbrax, Colin, habituellement soucieux en matière de sécurité, constate avec surprise que sa ceinture de sécurité est détachée. L'a-t-il défaite pendant l'étrange épisode dans le brouillard ? Les deux hommes, bien que perturbés, décident tout de même de livrer le système satellite. Cependant, lorsqu'ils frappent à la porte de la maison de leur ami, ils n'obtiennent pas de réponse dans un premier temps. Après insistance, l'homme finit par ouvrir la porte en leur faisant remarquer un retard d'une heure et demie. Colin et son compagnon sont stupéfaits : le trajet n'a duré qu'une trentaine de minutes. Où est passée cette heure manquante ? Plus tard dans la nuit, ils retourneront à Édimbourg, mais en suivant un autre itinéraire.

Dans les jours et les semaines qui suivent, les deux hommes tentent d'oublier les événements de cette nuit-là. Les souvenirs de Colin commencent à s'estomper, tandis que Garry fait des rêves étranges. Il ressent également une immense fatigue, souffre de troubles du sommeil et est pris de violents maux de tête. À tel point qu'il finit par consulter un médecin qui lui prescrit un scanner. Un examen qui ne révélera rien d'anormal.

Suite à des échanges houleux avec son entourage concernant l'étrange apparition sur l'A70, Garry se lance dans ses propres recherches à la bibliothèque locale. Il dévore tous les livres qu'il peut trouver sur les ovnis et les enlèvements, cherchant désespérément des réponses aux questions qui le hantent depuis cette nuit fatidique. Bien qu'une explication concrète fasse défaut, Garry et Colin, pour la première fois depuis leur effroyable aventure, notent des similitudes troublantes entre leur propre observation et d'autres témoignages bien documentés d'objets volants non identifiés. En outre, certains aspects de leur expérience laissent entrevoir un mystère plus profond. Les recherches de Garry ayant révélé le nom d'un chercheur réputé, Malcolm Robinson, de l'organisation *Strange Phenomena Investigations* (SPI), il décide de l'appeler pour savoir s'ils pourraient bénéficier d'une aide quelconque.

« *Je n'oublierai jamais la nuit où Garry Wood m'a téléphoné* », se souviendra Malcolm Robinson. « *J'ai écouté attentivement son étrange histoire et j'ai tout de suite su que quelque chose de très étrange était arrivé aux deux hommes.* » L'enquêteur s'arrange pour que Garry et Colin viennent chez lui à Alloa, où il les interroge longuement.

«J'étais convaincu qu'il s'agissait d'individus honnêtes et décents qui avaient souffert et souffraient encore, dans une certaine mesure, de leur expérience. Mais il était également très clair pour moi que "quelque chose d'autre" s'était produit cette nuit-là et j'étais déterminé à les aider à trouver les réponses à ce mystère».

Malcolm discute avec Garry et Colin de la possibilité d'utiliser l'hypnothérapie pour établir, une fois pour toutes, ce qui s'est exactement passé pendant l'heure manquante de cette nuit fatidique. Il explique la controverse entourant l'utilisation de cette technique, mais les deux hommes, déterminés à percer le mystère, sont prêts à essayer tous les moyens à leur disposition.

L'hypnothérapeute Helen Walters qui a toute la confiance de l'enquêteur est contactée. Elle accepte de mener une séance exploratoire avec les deux protagonistes et une date est fixée. Ils réagiront très différemment à cette première séance, la première d'une longue série. En effet, l'expérience sera très émouvante pour Garry (qui ira jusqu'à fondre en larmes). En revanche, Colin restera calme, ne bougeant qu'occasionnellement la tête et le corps.

Les semaines suivantes, Garry et Colin rendent visite à Helen à plusieurs reprises. Chaque séance fournit des données supplémentaires précieuses qui permettent à l'enquêteur de reconstituer le récit des événements qui se sont déroulés pendant le *missing time*. L'expérience qu'ils revivent sous hypnose se révèle être une rencontre bien plus étrange que ce qu'ils auraient pu imaginer. Malgré la tentative de Garry de franchir à toute allure la zone où leur est apparu l'ovni en suspension, les deux hommes se rappelle maintenant – sous hypnose – que leur voiture s'est bien arrêtée sur la route à cet endroit.

Trois «petites entités» sont apparues et ont ouvert les portières. Colin se souvient d'avoir vu Garry être placé sur une sorte de civière qui semblait planer silencieusement au-dessus du sol. Garry, de son côté, se rappelle avoir ressenti une forte douleur à l'abdomen à ce moment-là et d'avoir aperçu une autre entité, tapie derrière une partie de l'engin.

Les êtres conduisent Colin à l'intérieur de l'ovni *via* une rampe puis, dedans, longent un couloir sinueux jusqu'à une pièce circulaire complètement vide à l'exception d'un siège étrangement incurvée. Colin est déshabillé et placé sur le siège. Bien que ses souvenirs soient flous à ce stade, il est convaincu que ses ravisseurs ont procédé à une forme d'examen clinique ou médical.

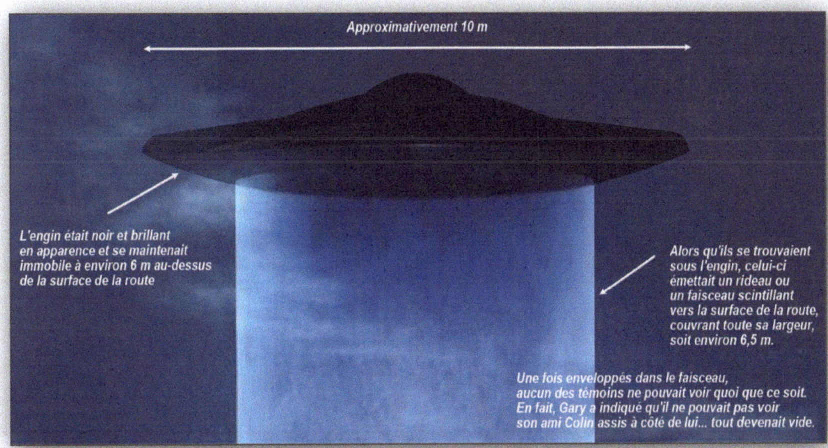

↑ Vue d'artiste de l'ovni vu au-dessus de l'A70

Garry se souvient pour sa part avoir été emmené dans une pièce similaire où se trouve une table sur laquelle il est installé totalement nu. Les entités lui communiquent, apparemment par télépathie, qu'il ne lui sera fait aucun mal, ce qui ne le rassure guère, bien au contraire. Il est terrifié. Incapable de bouger, il voit une flaque de liquide sombre apparaître soudainement sur le sol de la pièce. Quelques secondes plus tard, un objet cylindrique s'élève à sa droite. D'une longueur de 1 m environ et d'un diamètre de 45 cm, l'objet tourne lentement dans les airs en produisant un son pareil à un moteur. Puis un volet s'ouvre lentement. Au même moment, le liquide sombre au sol commence à vibrer laissant émerger un petit être d'apparence frêle, presque squelettique qui ressemble à un « Gris »[7]. C'est lui qui contrôle visiblement l'objet cylindrique.

Garry révélera plus tard qu'il a cru apercevoir d'autres créatures dans la pénombre. Ce qu'elles étaient et pourquoi elles étaient là reste énigmatique. Toujours paralysé, il réalise qu'un appareil noir en forme de lentille flotte au centre de la pièce vide. Mesurant environ 1,5 m sur 75 cm, l'objet se tord et tourne comme s'il essayait de se replier sur lui-même, tandis qu'un étrange bruit de sifflement en émane. Subitement, son attention pour l'objet est détournée par l'apparition d'un bras gris, fin et translucide avec de très longs doigts.

7 « Petits Gris » ou « Gris », *Greys* en anglais : noms donnés communément aux extraterrestres de petite taille, à la peau grise, et dotés de grands yeux, souvent décrits lors d'enlèvements.

↑ Extrait du dossier original de l'affaire. Colin Wright a écrit à côté du dessin de la pièce : *« Il y avait un Alien de grande taille à l'entrée et 3 Aliens qui me regardaient depuis l'extérieur de la cage, de plus, chaque cage que je voyais contenait d'autres personnes nues, mais je ne pouvais pas les voir clairement parce que la chambre était givrée. »*

Cet événement sera si soudain qu'il le fera sortir de son état hypnotique et mettra fin à une séance. D'autres révéleront des détails encore plus étranges… Notamment la présence de deux petites créatures debout au pied de la table sur laquelle il est allongé nu. L'une d'elles tient un objet brillant en forme de diamant qui pulse une lumière orange. La créature se met à la déplacer sur le corps de Garry ce qui provoque chez lui un sentiment violent de peur, de frustration et de colère envers ses ravisseurs. Cependant, ces émotions font place à de la stupéfaction lorsqu'il aperçoit, sur sa gauche, une autre victime comme lui. C'est une jeune femme – nue, elle aussi – assise sur le sol, les genoux remontés jusqu'au menton et les bras serrés autour de ses jambes. Elle semble pleurer doucement et frissonne dans l'atmosphère froide de la pièce. Puis, la femme tourne très lentement la tête vers Garry, ses cheveux blonds encadrant un visage plein de désespoir. Les larmes qui coulent le long de ses joues en témoignent. Cet instant est bref avant qu'elle ne se détourne silencieusement, mais si intense et si poignant qu'il restera définitivement gravé dans sa mémoire. S'il devait un jour revoir cette jeune femme, il la reconnaîtrait sans aucun doute.

Quoi qu'il en soit, tous les souvenirs conscients de Garry concernant les événements à l'intérieur de l'ovni ont été effacés de son esprit lorsqu'il s'est retrouvé de nouveau au volant de sa voiture. Des souvenirs exhumés grâce aux séances d'hypnoses.

Les Gris, présents dans la majorité des rapports d'enlèvement, sont habituellement décrits comme mesurant 1,20 m ce qui n'est pas le cas ici. Tout en conservant l'apparence lisse, grise et stéréotypée, Garry a estimé leur taille à 1,80 m environ. Il a également affirmé qu'en plus d'avoir observé ces Gris, il a vu de petits êtres bruns, avec une peau plissée, qui masquaient une partie de leur visage. Un l'a particulièrement effrayé sans qu'il ne sache réellement pourquoi, car celui-ci ne lui a visiblement jamais fait de mal.

De son côté, Colin Wright va faire un récit sous hypnose qui révèle des différences frappantes (malgré un début similaire).

Après avoir vu son ami se faire « brancarder » dans le vaisseau par un groupe d'entités extraterrestres, puis avoir été escorté dans une pièce circulaire, déshabillé et allongé sur la chaise incurvée décrite plus haut, ses ravisseurs procèdent à une sorte d'examen médical, du moins le croit-il fermement, sans toutefois se remémorer le moindre détail. Même sous hypnose. Par contre, il se rappelle parfaitement qu'à cet instant il a extrêmement froid et qu'il voit l'un de ces petits êtres s'approcher de lui. Colin demande pourquoi ils le veulent. La réponse le stupéfie : *« C'est Garry que nous voulons »*, répond l'entité avant de quitter la pièce.

Il reste un moment à grelotter dans le froid jusqu'à ce qu'un autre être entre dans la pièce et le touche au visage avant de repartir. Ce contact, glacial, lui donne l'impression qu'il a affaire à une créature à sang froid. Seul, une fois de plus, il entend des bruits étranges venant apparemment d'une pièce située derrière lui qu'il ne peut voir. Il ne saurait décrire ces sons qu'il n'a jamais entendus auparavant.

Sans transition, Colin se retrouve enfermé dans une grande cage en verre ou en plexiglas. Toujours nu, il était maintenu par des sangles aux poignets et aux chevilles. Il n'a vraiment aucune chance de pouvoir s'échapper, car seule sa tête peut bouger. Et lorsqu'il la relève pour observer au-delà des parois transparentes de sa cellule, il constate qu'il n'est pas le seul dans cette situation. Des cellules identiques à la sienne, chacune contenant un homme ou une femme sont visibles à perte de vue tout autour de lui. Tels des nuages de vapeur qui s'échappent d'une chambre froide, un étrange brouillard blanc commence à s'élever

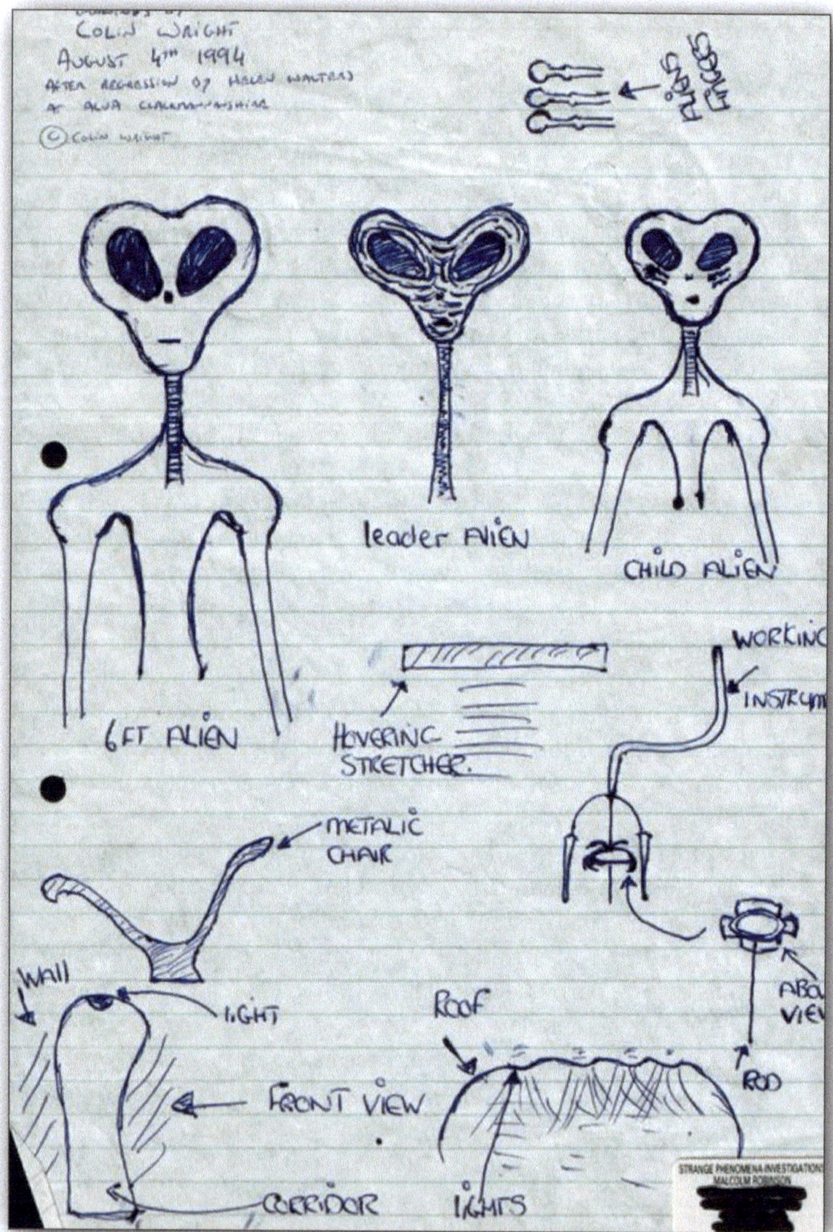

↑ Dessins réalisés par Colin Wright, extrait du dossier original, représentant un Alien de 1,80 m à gauche, le chef au centre et un jeune Alien à droite. Autour d'eux la description de l'environnement et des instruments utilisés durant l'abduction.

autour de sa cage provoquant chez lui une sorte de malaise. Malaise qui se transforme en terreur lorsqu'il voit les parois geler progressivement.

Essaient-ils de le faire mourir de froid ? Comme s'il réagissait à son angoisse croissante, le phénomène s'arrête soudainement et, tandis que les parois s'éclaircissent de nouveau, Colin voit un appareil étrange s'élever et flotter devant lui à la hauteur de ses yeux. L'appareil, composé d'une longue tige reliée à un objet de forme triangulaire, avec deux lumières rouges à l'avant, tourne sans bruit puis redescend hors de vue.

Le souvenir suivant le replace d'un coup dans la voiture aux côtés de Garry qui, les mains crispées sur le volant, les éloigne à vive allure de l'ovni.

Comme de nombreuses personnes enlevées, Garry rapportera un certain nombre d'incidents ultérieurs à cet événement qui lui donneront des raisons de s'inquiéter. De nouvelles rencontres avec des extraterrestres ou un symptôme post-traumatique ?

Le premier incident a lieu deux ans après l'événement de l'A70. Garry se souvient de s'être réveillé dans sa chambre à coucher en découvrant un Gris debout au pied de son lit. Malgré des tentatives désespérées pour réveiller sa femme, elle reste inerte et inconsciente. Le souvenir des événements terrifiants de 1992 fait monter en lui une soudaine colère. Comment osent-ils envahir sa maison ? Il rejette les couvertures et se précipite pour affronter la petite créature.

Garry racontera plus tard à Malcolm qu'il est convaincu d'avoir aperçu une expression de surprise sur son visage. Mais que cela ne l'a pas arrêté : il lui donne le coup de poing le plus fort qu'il ait jamais donné. L'être est projeté à l'autre bout de la pièce et se retrouve affalé sur le sol. Mais il se remet presque immédiatement sur ses pieds. Le Gris focalise son regard sur son assaillant humain puis fonce tête baissée sur lui. C'est à ce moment-là que Garry perd connaissance.

Trois ans plus tard, Garry est à nouveau impliqué dans un événement étrange. Alors qu'il roule dans la campagne avec ses deux fils âgés de huit ans, le véhicule est soudainement et inexplicablement envahi par une lumière blanche, intense. *« C'était comme une fusée éclairante au magnésium »*, dira-t-il plus tard. L'événement ne dure que quelques secondes, mais il laisse le père perplexe et ses deux fils effrayés. Aujourd'hui, Garry a toujours l'impression qu'ils sont... là.

L'hypnothérapeute Helen Walters estime que les deux hommes sont totalement sincères et de ce fait, elle est convaincue qu'ils disent la vérité. En septembre 1994, elle est citée dans le journal *Scotsman* : *« Il semble y avoir peu de doutes sur le fait qu'ils ont vu un ovni. La question est de savoir lequel. Il est indéniable que sous hypnose, ils semblent se souvenir d'avoir rencontré des extraterrestres.»* Effectivement, la question est de savoir s'il s'agit de souvenirs ou de leur imagination…

Un autre hypnothérapeute, le Dr Prem Misra (Glasgow), a pratiqué une nouvelle hypnose régressive sur Garry Wood pour un documentaire télévisé de la BBC, intitulé *Cracking Stories*. Le Dr Misra n'a aucun doute sur le fait que Garry Wood croit sincèrement avoir eu une rencontre rapprochée et lui a conseillé d'apprendre l'autohypnose pour l'aider à apaiser ses craintes. Il convient de noter que le récit que Garry a fait sous hypnose avec le Dr Misra est exactement le même qu'avec Helen Walters. Il n'y a eu aucune déformation de l'histoire originale, aucun ajout, juste les souvenirs directs d'un homme qui a vécu quelque chose d'inhabituel.

CHAPITRE VI
La rencontre ultime

Les chercheurs qui soutiennent depuis longtemps que les expériences de rencontres rapprochées sont totalement subjectives et dues à un processus psychologique ou physiologique quelconque ont peu de chance de s'émouvoir, même face à de multiples observations d'enlèvements. Leur point de vue est valable, en particulier dans le cas de rapports individuels. Et les psychologues peuvent toujours trouver des raisons psychologiques à des événements multiples...

Les causes rationnelles possibles de ces événements sont nombreuses et reposent en grande partie sur des hallucinations. Peu importe donc la crédibilité du témoin, la précision du récit ou la réalité de l'expérience. Le courant de pensée qui privilégie une approche psychologique de l'ufologie ne remettra pas en cause la véracité du témoignage ni sa réalité. Elle remettra en cause sa *perception de la réalité*. Il s'agit d'une philosophie du « pile je gagne, face tu perds », basée sur l'idée préconçue que les soucoupes volantes et les extraterrestres n'existent tout simplement pas.

Si l'*abducté* présumé n'est pas un imposteur, c'est que quelque chose ne tourne pas rond dans le cerveau. Plaignez donc le pauvre enquêteur qui s'appuie sur une seule personne enlevée. Tout son dossier repose sur le récit d'un seul individu. Une séance d'hypnose peut venir en renfort, mais même cette preuve n'est pas considérée comme sacro-sainte et il s'estimerait heureux de trouver des indices supplémentaires. Des marques sur le sol pour étayer l'affirmation d'un atterrissage d'ovni, des marques sur le corps de la personne enlevée pour étayer l'affirmation de tests physiques et médicaux et un témoin au caractère et à la crédibilité irréprochables constitueraient un dossier en béton en termes ufologiques.

Cependant, dans le monde réel, rien de ce qui précède ne constitue une preuve suffisante de l'existence d'ovni, d'extraterrestres ou d'enlèvements. Soyons réalistes, n'importe quel manipulateur peut inventer une histoire, falsifier des preuves et réaliser une magnifique performance sous hypnose s'il le souhaite vraiment. Alors, comment un enquêteur peut-il obtenir des preuves suffisantes pour étayer la rencontre rapprochée qu'il étudie ? Aucun enquêteur n'est susceptible d'obtenir suffisamment de preuves pour satisfaire tous les cyniques. Ils doivent simplement vivre dans l'espoir que la prochaine affaire sera la bonne.

Peter Hough, président de la *Manchester UFO Research Association* (MUFORA), était convaincu d'avoir trouvé l'« affaire parfaite » quelques années auparavant. Le dossier qui avait atterri entre ses mains réunissait tous les éléments nécessaires : un ancien officier de la police métropolitaine, un ovni, une entité extraterrestre observée, un cas évident de *missing time* et une photographie. Oui, une photographie d'un extraterrestre, un « petit homme vert », prise par un ancien policier.

Peter n'en croyait pas ses yeux lorsque le témoin, après avoir été interrogé pendant des heures, a accepté de se soumettre à une régression hypnotique pour tenter d'en savoir plus sur sa rencontre particulière. Séance couronnée de succès. Cette rencontre rapprochée du quatrième type est devenue un classique qui tiendra toujours une place dans les livres qui abordent le sujet.

Les célèbres enquêteurs Arthur Tomlinson et Jenny Randles ont également été impliqués dans cette affaire, qui est désormais présentée comme « l'ultime rencontre ». Le témoin avait refusé toute publicité, car il souhaitait réintégrer les forces de police, cependant il avait accepté de remettre les preuves photographiques pour qu'elles soient analysées par des experts. Il était le témoin parfait, intelligent, coopératif et non désireux de tirer un quelconque profit financier de son expérience. C'était certainement le cas qui allait éveiller le monde à la réalité des enlèvements extraterrestres !

Malheureusement, le « grand méchant monde » n'a pas sourcillé lorsque l'histoire a été publiée. La photo n'avait pas été truquée, mais l'extraterrestre qu'on y voyait pouvait être un mannequin. Le policier a raconté son histoire, mais personne n'a voulu l'écouter. Pour l'enquêteur Peter Hough, ce fut un véritable… procès. Quel sera votre verdict ?

Philip Spencer (pseudonyme)
1er décembre 1987
Ilkley Moor, West Yorkshire

Le soleil n'est pas encore levé tandis que l'ancien agent de police Philip Spencer quitte son domicile, traversant la morne lande d'Ilkley en cette sombre matinée d'hiver. Un rapide coup d'œil à sa montre lui indique qu'il est 7 h 15. Il vérifie sa boussole et son appareil photo avant de se mettre en route vers East Morton, le village où réside son beau-père.

Homme méthodique, Philip a déjà décidé de son itinéraire à travers cette célèbre lande du Yorkshire. Plutôt que d'emprunter la route touristique partant d'East Morton, il opte pour une alternative plus courte, mais ardue, en escaladant une colline escarpée. Bien qu'il ait parcouru ce trajet de 8 km à de nombreuses reprises, il porte toujours sa boussole. Il sait qu'il est facile de se désorienter sur cette lande froide et brumeuse où même le marcheur le plus aguerri peut s'égarer lorsque le temps change. Quand il pleut à verse, comme c'est souvent le cas, on ne parvient pas à voir sa main devant son visage. Et, au cœur de l'hiver, une chute de neige soudaine et abondante peut transformer la lande en un désert blanc, effaçant tous les repères à perte de vue. Pourtant, rien n'est plus spectaculaire que la vue sur Ilkley depuis les hauteurs de la lande. Si le temps s'éclaircit, Spencer pense pouvoir prendre quelques belles photos de la ville avec son vieil appareil rangé dans sa poche.

Un vent violent commence à souffler au moment où l'homme entreprend d'escalader la colline escarpée et couverte d'herbe. Il sent encore le froid mordant à travers son équipement de randonnée robuste. Il progresse bien, malgré le soin qu'il porte à éviter les trous de lapin et les plaques de lichen glissant. Lorsque la colline commence à s'aplanir, il aperçoit un sentier longeant une rangée d'arbres. En se dirigeant vers ce chemin au sol plus ferme, il entend un bourdonnement venant d'en haut. Il lève les yeux vers le ciel sombre et suppose qu'il s'agit d'un avion caché derrière l'épaisse masse nuageuse. Il s'arrête puis se retourne. Là, à une trentaine de mètres, dans un grand creux au sommet de la colline, il voit ce qu'il décrira plus tard comme une « petite créature verte ». *« Hé! »*, hurle-t-il alors que la créature s'enfuit dans la bruyère.

De forme vaguement humanoïde, avec une tête, deux jambes et deux longs bras, « la chose » s'arrête lorsqu'elle est à une cinquantaine de mètres, se retourne et fait un signe de la main. Avec un sang-froid instinctif, Philip fouille dans sa poche, extrait son appareil photo, le porte à hauteur d'œil et déclenche l'obturateur. Puis, remettant l'appareil dans sa poche, il saute le long du talus et se lance à sa poursuite. *« Je ne sais pas pourquoi »*, dira-t-il plus tard, *« mais je l'ai poursuivie. »* Il ne fait que trébucher sur le terrain accidenté, mais lorsqu'elle aperçoit son poursuivant, la créature contourne un énorme affleurement et disparaît.

S'aidant de ses mains pour garder l'équilibre, Philip se fraye un chemin précaire autour de l'affleurement aussi rapidement qu'il le peut. Essoufflé et en sueur malgré le froid, il contourne la masse rocheuse et se retrouve dans un creux encore plus profond sur le flanc de la colline. La vue qui s'offre à lui manque de le faire dévaler la pente. Là repose une « chose » étrange difficile à décrire. L'ancien policier, plutôt terre à terre, voit ce qui ressemble à deux soucoupes argentées géantes, plaquées l'une sur l'autre. La partie supérieure est rehaussée en son centre d'une sorte de cube qui s'enfonce lentement dans l'objet. Philip est incapable d'évaluer sa taille depuis son poste d'observation, mais le bourdonnement qu'il a entendu plus tôt est de nouveau audible et augmente progressivement en intensité. Alors que le son atteint un niveau presque assourdissant, l'objet s'élève brusquement et disparaît dans les nuages. Secoué et confus, Philip décide d'écourter son voyage et quitte la lande en direction d'Ilkley.

Son désarroi s'accentue alors qu'il entre dans la ville bourdonnante d'activité. Les boutiques sont ouvertes, les piétons animent les trottoirs, et la circulation s'intensifie sur des routes qui, à cette heure, se trouvent normalement calmes. Levant les yeux vers l'horloge de l'hôtel de ville, il s'arrête net. Pas d'erreur : l'horloge affiche 10 heures du matin. Pourtant, selon lui, il ne devrait être que 8 h 15. Il ne s'est écoulé, en théorie, qu'une heure depuis son départ de chez lui. *« Est-ce que je deviens fou ? »*, pense-t-il tandis qu'il retrace mentalement son parcours du matin depuis son domicile.

Policier de formation, Philip a un sens de l'observation plutôt aiguisé. Estimer le temps, les distances, les vitesses fait partie de son quotidien. Alors comment peut-il se tromper d'une heure trois quarts ? Puis il se rappelle soudain qu'il a photographié son étrange rencontre. À Keighley, ville voisine, un magasin développe les photos en une heure. Il saute dans un bus puis marche en direction de la boutique tout en photographiant pour finir la pellicule. *« Quel gaspillage ! »*, songera-t-il plus tard. Une fois le rouleau déposé, il flâne en ville pour tuer le temps. Son esprit explore encore et encore son parcours sur la lande, cherchant vainement une explication rationnelle à ce *missing time. « Et si la photo ne montre rien ? »,* redoute-t-il. Il n'y aurait, dans ce cas, aucune preuve tangible qu'un quelconque événement anormal serait survenu dans la lande… Et signifierait peut-être qu'il sombrait réellement dans la folie.

Revenant au magasin, il récupère avec anxiété les tirages et se dirige aussitôt dans la rue. Il ouvre fébrilement le paquet puis fouille désespérément dans son contenu la photo qui prouverait qu'il n'était pas fou. Elle y est. La qualité laisse à désirer, mais il n'y a aucun doute possible : son appareil a capturé ce que ses yeux ont vu. Ce soir-là, chez lui, Philip repasse en boucle les événements de la journée : sa marche habituelle vers la lande, l'ascension laborieuse de la colline, et cette rencontre avec l'étrange entité verte. D'un vert plus intense que le décor herbeux environnant. Malgré la

↑ White Wells sur Ilkley Moor. Cet itinéraire vous conduit à l'endroit où la photo d'entité d'Ilkley a été prise par Philip Spencer.

faible luminosité, c'est une certitude. Il l'a bien vue. De savoir pourquoi il l'a poursuivie, est une autre question. Sans doute une impulsion, semblable à celle d'un chasseur en quête de sa proie. Il a agi sans réfléchir.

Heureusement, il avait pensé à prendre cette photo juste avant. Sans cette image floue et colorée, il douterait sérieusement de sa santé mentale aujourd'hui. Cette nuit-là, dans son lit, Philip se retourne sans cesse. Les images de la créature verte et de l'étrange vaisseau le tiennent éveillé. Les questions affluent dans son esprit : quelle était réellement cette chose ? D'où venait-elle ? Était-elle entrée dans cette soucoupe volante ? Comment celle-ci avait-elle pu s'élever si rapidement dans le ciel ?

Au petit matin, après une nuit agitée, il prend son petit déjeuner avec la conviction qu'il n'est pas fou. Il n'a pas imaginé ces événements. Il a bel et bien été témoin de quelque chose de très inhabituel sur Ilkley Moor. Si cela s'était produit de nos jours, il aurait pu simplement consulter Internet et rechercher une agence ou une organisation susceptible de l'aider, mais

↑ Le site exact de la lande d'Ilkley où Philip Spencer a pris sa photo controversée

à son époque, la seule ressource disponible est la bibliothèque locale. Il avait eu vent d'histoires d'ovni et autres absurdités, son histoire devrait par conséquent intéresser quelqu'un.

La lettre qu'il écrit atterrit sur le bureau de Jenny Randles, ufologue réputée et auteur de best-sellers. Elle relate son histoire de manière très factuelle, ne mentionnant toutefois que brièvement la photographie. Mais elle souligne que la boussole qu'il portait sur lui ce jour-là est désormais totalement inutile, car défectueuse depuis. En raison de ses anciens liens avec les forces de police et de son désir de réintégrer le service, Philip est très soucieux d'éviter toute publicité susceptible d'affecter ses chances d'endosser à nouveau l'uniforme. Ainsi, au lieu d'indiquer son adresse, la lettre affiche uniquement un numéro de boîte postale à Bristol, la ville où vivent ses parents.

Jenny sollicite la MUFORA qui reçoit cette affaire avec prudence. L'association a reçu de nombreuses lettres au fil des ans contenant les affirmations les plus stupéfiantes, dont la plupart ne pouvant être étayées par des preuves. On l'encourage à répondre au courrier et à demander plus de détails. Pendant ce temps, Philip regrette sa démarche anonyme. Il voulait juste signaler l'affaire à des personnes compétentes en la matière pour déclencher rapidement une enquête. Il a désespérément besoin que quelqu'un d'autre confirme qu'il n'est pas fou et qu'il ne souffre pas d'hallucinations. Il a également besoin de savoir si d'autres personnes ont vécu des événements troublants similaires. Même sa femme Susan a du mal à concilier son histoire avec son tempérament habituellement rationnel. Tout cela est trop fantastique pour être vrai et c'est ce que tout le monde pensera même s'il n'en laisse rien paraître. L'étrangeté de son expérience est frustrante pour lui, un homme habitué à affronter les problèmes et à les résoudre.

Impatient, il décide, à la fin du mois de décembre de téléphoner à un autre spécialiste qui étudie les ovnis depuis trente ans, Arthur Tomlinson, dont le nom avait émergé lors de ses recherches à la bibliothèque. Accompagné de Steve Balon, passionné de soucoupes volantes, Arthur, qui est aussi une figure de proue de la MUFORA, se rend immédiatement à Ilkley pour rencontrer Philip et le suivre sur la lande en parcourant le même itinéraire pour étudier le site. Philip n'hésite pas à remettre le tirage photographique et les négatifs pour qu'ils soient testés. En fait, il est réconforté par l'enthousiasme qu'ont manifesté Arthur et Steve. Ils l'ont écouté avec intérêt et ont relevé des similitudes entre ce qu'il a vu et d'autres incidents. Ils n'ont aucunement mis en doute sa santé mentale, ce qui est pour le moins rassurant.

Dans les jours qui suivent, Arthur prend contact avec Peter Hough, président de l'association. Il lui fait remarquer qu'en plus de la photo, Philip dispose d'un autre élément de preuve : sa boussole. Arthur avait étudié l'instrument et constaté une inversion de sa polarité, celui-ci pointant le sud au lieu du nord. Peter accepte de se joindre à Philip, Arthur et Steve pour une nouvelle expédition sur le site le 3 janvier 1988. Avant de partir pour la lande, le groupe se retrouve chez Philip, où Peter exprime sa déception quant à la qualité de la photo. Elle est granuleuse et manque de détails. Mais, il reconnaît que l'entité semble avoir un long corps, des jambes courtes et des protubérances sur le côté de la tête qui pourrait être de grandes oreilles. Les bras sont minces et longs. Celui de gauche encore plus, car apparemment, il repose sur le sol.

Philip raconte à nouveau son histoire. Elle n'a en rien changé depuis la première fois qu'il l'a racontée. Néanmoins, l'enquêteur Peter Hough n'est pas satisfait de son attitude compte tenu de la nature traumatisante d'un tel incident. Il a l'impression que Philip traite toute l'affaire avec un certain amusement. A-t-il tout inventé ? A-t-il construit un mannequin pour le poser sur la lande pour le photographier ?

Il décide de faire part de ces réflexions au témoin pour tester sa réaction. S'il n'émet pas de réserves maintenant, quelqu'un d'autre le fera lorsque l'histoire sera rendue publique. Philip réagit instantanément. Il dit calmement « *Je ne suis pas particulièrement intéressé par ce que pensent les autres. Je sais ce que j'ai vu et si les gens ne me croient pas, c'est leur affaire. Je n'ai rien à gagner à faire cela (truquer la photo). Je n'en vois pas l'intérêt, j'ai mieux à faire de mon temps* ». Les enquêteurs savent en effet que Philip a beaucoup à perdre en racontant son histoire. Les forces de police hésiteraient à recruter un officier ayant aperçu des soucoupes volantes, et d'autant plus s'il s'agit d'un canular. Alors que les quatre hommes se dirigent vers le site, les nuages d'orage tourbillonnants et les vents mordants du pays des *Hauts de Hurlevent* ajoutent une touche d'ironie. Il est étrange que ce paysage morne, qui a donné naissance à un tel classique de la littérature, soit également à l'origine d'un tout nouveau chapitre de l'histoire de l'ufologie.

Après vingt minutes de marche depuis leur voiture, les quatre hommes atteignent l'endroit où Philip a pris sa photo. La distance entre l'appareil et l'endroit approximatif où la petite silhouette se tenait est de 12 m. Le terrain est à peu près tel que Philip l'a décrit. Il n'y a aucune marque dans le creux où il a vu l'objet étrange ni aucun autre indice sur le site. Les hommes prennent le chemin du retour, car une forte tempête s'annonce imminente. L'enquête se concentre désormais sur la photographie. L'examen de l'appareil photo, un 35 mm de marque Dixons *Prinz Mastermatic*, révèle qu'il s'agit d'un modèle léger, construit en grande partie en plastique, avec un objectif de 45 mm. Le posemètre interne ne fonctionne plus depuis des années. Selon Philip, l'appareil est préréglé pour des conditions de faible luminosité et, avec le film 400 ASA utilisé, il aurait dû prendre une bonne photo qui aurait dû être légèrement surexposée plutôt que sous-exposée.

Les enquêteurs décèlent une autre anomalie sur la photo. Bien que Philip ait estimé l'avoir prise vers 7 h 45, le ciel au-dessus de l'horizon sur la photo est clair alors qu'il aurait dû faire nuit à cette heure-là, le 1er décembre. Les tests approfondis effectués sur la photo par des photographes indépendants, des experts et la société Kodak au Royaume-Uni ont abouti à des résultats décevants et peu concluants. Tous s'accordent à dire que la photo n'est pas celle d'un photographe professionnel et que le film n'a pas été modifié après le développement. La créature, quelle qu'elle soit, était bien présente sur le site au moment où elle a été photographiée.

Entre-temps, l'Institut des sciences et technologies de l'université de Manchester consacre une partie de son important savoir-faire technique au mystère de la boussole et de son inversion de polarité. « *C'est un problème*

↑ L'endroit sur la lande d'Ilkley où Philip Spencer a été enlevé

↑ Photo de l'entité d'Ilkley prise par Philip Spencer

fascinant», déclare le chercheur qui, à ce stade, n'a aucune explication sur ce qui avait bien pu la provoquer. Mais après quelques jours de tests en laboratoire, l'Université rend ses conclusions : oui, il est possible d'inverser la polarité d'une boussole sans équipement coûteux ni complexe. Il suffit de prendre un morceau de fil électrique, de l'enrouler autour, de le brancher sur le réseau électrique et d'y faire passer le courant. *«L'opération s'accompagne d'une forte détonation et de quelques fusibles grillés»*, déclare l'expert, *«mais c'est possible, bien qu'avec un certain risque pour la vie, l'intégrité physique et les biens.»* Philip Spencer aurait-il su comment réaliser une telle chose ?

Le vendredi 15 janvier 1988, un Philip anxieux téléphone à l'enquêteur Peter Hough : *«Que savez-vous des deux hommes du ministère de la Défense qui viennent de venir me voir»*, demande l'homme habituellement calme. *«Ils m'ont montré leur carte d'identité avec leur nom et m'ont dit qu'ils voulaient m'interroger sur mon expérience avec les ovnis.»* Peter assure que le dossier est resté entièrement confidentiel et qu'aucune information n'a été transmise à qui que ce soit, y compris au ministère de la Défense (MoD).

Philip se souvient que les hommes en costume d'affaires se sont présentés comme David Jefferson et M. Davies. Qu'à contrecœur, il leur a donné un bref aperçu de son expérience sans toutefois mentionner la photographie. Mais les deux hommes l'ont particulièrement interrogé sur de potentielles preuves photographiques et, lorsqu'il a admis avoir pris un cliché, ils ont demandé à l'examiner. Philip a rétorqué qu'elle se trouvait chez un ami et les deux hommes sont partis.

« Je crains que la situation ne devienne incontrôlable », déclare Philip à Peter. *« Et si les médias s'emparent de l'histoire ? Et si ma photo est perdue ? Je n'aurai plus aucune preuve de ce qui s'est passé »*. Peter tente de rassurer Philip et écrit immédiatement au ministère de la Défense au sujet de la visite présumée. Il ne recevra jamais de réponse. Le lendemain, Peter reçoit un nouvel appel de Philip. À propos, cette fois, d'un journal national qui souhaite l'interroger sur son affaire. L'ancien policier refusait catégoriquement toute publicité.

Dans l'optique de rompre toute coopération, Philip exige la restitution de la photo et de sa boussole. Les efforts pour retrouver le journaliste échouent, mais rien ne fuite dans la presse. Après d'importantes tergiversations, Philip finit par accepter que l'enquête se poursuive. Sa réaction conforte les enquêteurs dans l'idée que Philip n'a pas monté de canular. Il n'en a aucun intérêt : Il ne veut ni vendre son histoire ni sa photo. Il tient à son anonymat et est déterminé à reprendre sa carrière de policier. Lorsque les résultats des tests effectués sur la photographie et la boussole tombent, Philip est aussi déçu que les enquêteurs. Il avait espéré que les examens scientifiques auraient permis de découvrir quelque chose qui aurait éclairci le *missing time*, ou aurait aidé à expliquer la créature verte et l'objet ressemblant à une soucoupe.

Le sujet de l'hypnose est abordé. Les enquêteurs pensent que Philip serait un bon sujet et expliquent qu'il s'agit d'un processus par lequel le témoin est ramené à l'époque de l'incident dans l'espoir qu'il puisse se souvenir des événements qui se sont produits au cours de cette période manquante. Philip accepte de s'y soumettre ; après tout, il n'a rien à perdre. Le 6 mars 1988, le Dr Jim Singleton, un psychologue consultant qui ne s'intéresse pas particulièrement à l'ufologie, rencontre Philip et accepte de le faire régresser sous hypnose. Le docteur insiste pour qu'aucun des enquêteurs ne soit présent pendant la séance, mais il accepte qu'un témoin indépendant l'assiste pour faire fonctionner les magnétophones. Une fois en état de transe, le praticien demande à Philip de revenir en arrière et de revivre les événements de cette sombre matinée de décembre.

Le récit suivant est tiré d'une retranscription textuelle des enregistrements effectués pendant la séance d'hypnose. Les mots utilisés sont ceux de Philip Spencer : *« Je marche le long de la lande. Il y a beaucoup de vent et de nuages. Je m'approche des arbres. Je vois ce petit quelque chose, je ne pourrais dire ce que c'est, mais il est vert. Il se dirige vers moi. Je ne peux pas bouger. Je suis coincé. Il vient toujours vers moi. Je ne peux toujours pas bouger... Je suis coincé et tout est devenu flou. Je... je flotte dans les airs. Je veux descendre. Et cette chose verte marche devant moi et je n'aime pas ça. Je ne peux toujours pas bouger. Cette chose verte est devant moi. Oh mon Dieu... je veux descendre».*

Après une longue pause, Philippe reprend. Sa respiration est beaucoup plus rapide qu'auparavant. *«Il y a une... il y a une grosse soucoupe argentée, et il y a une porte dedans. Je ne veux pas entrer là-dedans... Tout est devenu noir maintenant.»*

— Vous dites que c'est devenu noir ? demande le Dr Singleton.

— Mmmm. Je ne vois rien, comme si j'étais endormi. Je n'entends rien... Maintenant, il y a une lumière vive, je ne vois pas d'où elle vient. Je suis dans une drôle de pièce. J'entends une voix qui me dit de ne pas avoir peur. Je n'ai plus peur. Je vois toujours cette chose verte, mais elle ne me fait plus peur maintenant... On me met sur une table. Je peux bouger si je veux, mais je n'ai pas peur. Il y a une sorte de poutre au-dessus de moi avec une lumière à l'intérieur. Comme un tube fluorescent. Elle survole mes pieds. J'entends à nouveau cette voix qui me répète *«nous n'avons pas l'intention de vous faire du mal, vous ne devez pas avoir peur.»* Je ressens une sensation de chaleur lorsqu'elle passe au-dessus de moi. Elle survole mon ventre, en direction de ma tête. Je ferme les yeux, pour éviter qu'elle me fasse mal aux yeux. Elle est partie... Il y a quelque chose... Mon nez, je ressens comme une gêne...

Sur ces mots, Philippe fronce le nez.

— Ça y est, c'est fini. Je suis debout maintenant, sans savoir comment je me suis redressé. Je vois une porte. Une de ces créatures vertes me fait signe de venir avec elle. Je n'ai vraiment pas envie d'y aller. Je préfère rester ici. Je n'ai pas peur ici.

Après une longue pause, Philippe poursuit :

— Je me dirige vers la porte. Il y a toujours une lumière vive. Je ne vois pas d'où elle vient. Il y a de la lumière tout autour. J'aimerais savoir où se trouve la source. C'est juste lumineux, c'est juste de la lumière. Je marche dans un couloir. Il y a un trou dans le couloir pour que je puisse passer à travers. Je suis dans une grande pièce, une grande pièce ronde, je suis sur une plateforme surélevée, contre le mur. Mon appareil photo et ma boussole s'éloignent de moi, en direction d'une sphère. C'est difficile de les faire redescendre et cette boule se déplace, avec des choses autour d'elle. Elle a l'air bizarre. Il y a des blocs dessus. L'être dit que

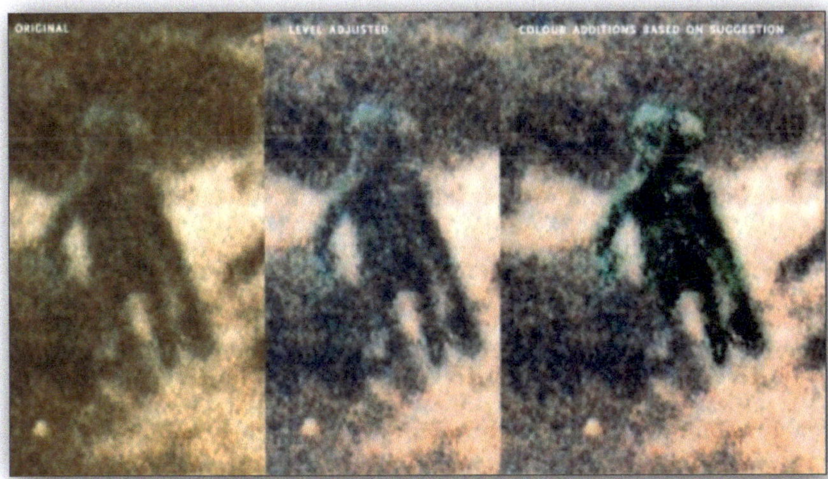

↑ Gros plans de la photo de l'entité d'Ilkley avec réglage des niveaux sur celui du milieu et un ajout de couleur sur l'entité selon la description du témoin sur celui de droite.

nous ne pouvons pas rester ici plus longtemps. Il veut que nous sortions à nouveau. Le trou dans le mur s'est refermé. C'est devenu étrange. Il répète que je n'ai rien à craindre, mais j'aimerais rentrer chez moi. Il a de si grandes mains…

Philip marque une nouvelle longue pause. Le Dr Singleton l'interroge :

— Que se passe-t-il maintenant ?

— Je suis de nouveau dans un couloir. Il fait encore très clair. J'aimerais savoir d'où vient la lumière, et il y a une autre porte. Je passe la porte : c'est une pièce vide. Deux de ces créatures vertes m'accompagnent. Il y a une image sur le mur. Elle se met en mouvement. Je me demande comment ils obtiennent ces images.

Invité à s'expliquer, Philip répond :

— Je regarde les images sur le mur.

— Des images sur le mur ? insiste le psychologue.

— Les créatures semblent préoccupées par les dégâts qu'elles causent. Les images changent maintenant, il y a une autre image, un autre film. Il me pose une question. Il mc dit : « *Comprcncz-vous ?* » Je réponds par l'affirmative. Il est temps de partir. Tout devient noir. Je marche à côté de quelques arbres. Il y a du mouvement. Je vois quelque chose, une créature verte. Je l'interpelle. Elle se retourne. Je ne sais pas ce que c'est. Je vais la photographier.

Philip décrit ensuite sa rencontre avec l'objet en forme de soucoupe avant son retour à Ilkley. Toujours sous hypnose, il décrit la créature comme mesurant environ 1,20 m (l'examen détaillé de la photographie indique que sa taille se situe entre 1,20 m et 1,35 m). Il la dépeint avec de grandes oreilles pointues, de grands yeux sombres, pas de nez et une bouche minuscule. Ses mains sont très grandes, avec trois gros doigts ressemblant à de « grosses saucisses ». Ses pieds sont en forme de « V » avec deux gros doigts ressemblant à des orteils et elle semble avoir des difficultés à marcher. *« Elle traîne les pieds plutôt que de marcher »*, explique Philip. Des deux films qu'il a vus à bord de l'engin, Philip déclare que le premier montrait des scènes de destruction et de famine. Mais il refuse de parler du second en précisant qu'il n'est pas censé parler de cet autre film à qui que ce soit.

La description des événements faite par Philip correspond aux éléments classiques d'une expérience d'enlèvement. Petites créatures, promontoire au centre d'une pièce, examen physique, éclairage sans source évidente et avertissements écologiques recoupent la plupart des récits provenant du monde entier. Mais Philip était-il vraiment sous hypnose ? *« Certainement »*, répond le Dr Singleton. *« Pour simuler cet état de manière convaincante, Philip aurait dû étudier des heures de séances filmées. Il aurait ensuite fallu qu'il soit un très bon comédien. Il a raconté l'incident comme s'il s'était réellement produit. Il a décrit les choses comme quelqu'un qui se remémore un événement passé. Comme n'importe quel autre sujet sans rapport avec les ovnis. »*

Cependant, le médecin ajoute : *« Des études expérimentales suggèrent que les gens peuvent modifier ou faire varier leurs souvenirs. Il est donc évident qu'il n'y a aucune certitude que ce dont on se souvient sous hypnose est réel à 100 %. Cependant, je pense avoir aidé Philip à retrouver des souvenirs qui étaient enfouis plus profondément dans son esprit. Pourquoi ces souvenirs y étaient-ils cachés ? Dans le cadre de mon travail clinique, lorsque les gens vivent des expériences inhabituelles, traumatisantes ou effrayantes, l'esprit se protège en les enfonçant dans le subconscient. L'hypnose semble abaisser le seuil de cette barrière »*. Philip a pu conserver un souvenir conscient de son récit hypnotique. Lorsqu'on lui demande, après la séance, à quel point il s'en souvient, il répond : *« C'est très clair. Je n'ai aucune difficulté à me souvenir de ce que j'ai vu »*. Grâce à l'hypnose, il apparaît clairement que Philip a pris sa photo à la fin de son expérience et non au tout début. Ce récit explique le *missing time* et la clarté du ciel sur la photo.

Interrogé sur l'évocation, dans son récit, d'une observation de la vue à travers une fenêtre, Philip explique : *« C'était une perspective semblable à celle qu'ont les astronautes en mission spatiale. Je pouvais voir la Terre. C'était très beau.* »

Quelques semaines après l'expérience d'hypnose, Peter Hough recroise Philip. Celui-ci a depuis demandé à réintégrer les forces de police et a recueilli une lettre de recommandation d'un officier en service qui fait état de son caractère bon et honnête.

Depuis, Philip est resté en contact avec les enquêteurs et leur a transmis encore d'autres détails qui ont refait surface. Une fois que la barrière mentale des abductés a été brisée par l'hypnose, il n'est pas rare que des précisions supplémentaires reviennent en mémoire ultérieurement. Philip se souviendra : « *Les créatures semblaient faire partie d'une équipe. Elles n'agissaient pas comme des individus, mais plutôt comme des abeilles, comme si elles accomplissaient une tâche pour laquelle elles avaient été programmées. J'ai eu un sentiment d'empathie à leur égard. Je ne pense pas qu'elles feraient du mal à qui que ce soit. Rétrospectivement, j'irais même jusqu'à dire que je les aimais bien* ».

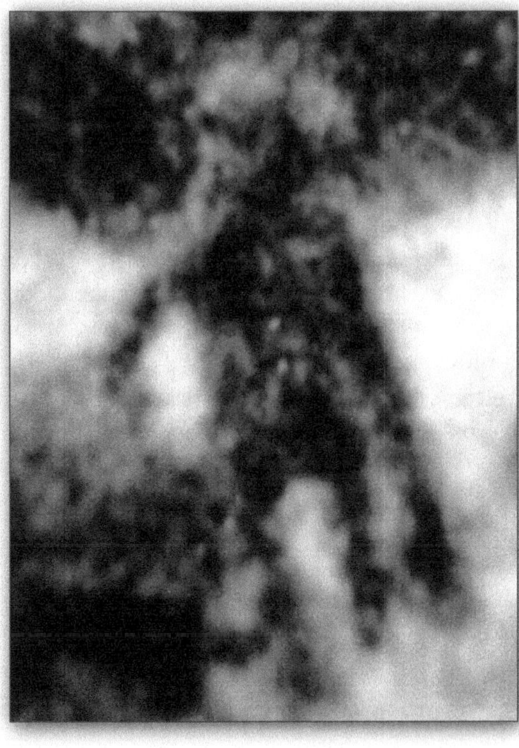

↑ Gros plan de la créature photographiée par Philip

CHAPITRE VII
Enlèvements probables

L'un des plus gros dossiers du bureau des enquêteurs sur les ovnis concerne les enlèvements « probables », c'est-à-dire les cas qui ne contiennent pas assez de détails pour être classés dans la catégorie des rencontres rapprochées du quatrième type, mais dont les facteurs semblent aller dans la bonne direction. Ils sont à mille lieues des cas décrits de manière détaillée que nous avons examinés jusqu'à présent. Les témoins, ou du moins certains d'entre eux, sont parfaitement crédibles, mais leurs souvenirs sont parfois confus et peu clairs. *« Peut-être que j'ai rêvé »*, disent certains afin d'expliquer les images et les événements fantastiques qu'ils ont gardés en mémoire. Il est souvent plus facile de considérer ces souvenirs difficiles comme des cauchemars que d'essayer d'en retracer l'origine. La mémoire de certaines personnes ne retient qu'un bref aperçu des événements, comme si leur cerveau « censurait l'impossible ».

Le fait d'être hanté par ces flashbacks pousse certains abductés à chercher de l'aide auprès de divers thérapeutes. Ils semblent savoir instinctivement que quelque chose d'étrange leur est arrivé, mais ils n'arrivent pas à le formuler. Ceux qui décrivent leur rencontre avec une clarté parfaite, puis disent avoir une vague notion de *missing time*, peuvent ou non avoir vécu une expérience d'enlèvement. Certains ne veulent tout simplement pas plonger dans leur esprit pour y chercher des souvenirs, qui ont sans doute été enfermés pour de bonnes raisons. Dans ces cas, il n'y a aucun moyen de savoir s'ils ont été retirés de leur maison ou de leur environnement familier, s'ils ont subi les examens rapportés par d'autres, ou s'ils sont entrés en contact avec des êtres venus d'ailleurs. Néanmoins, leurs expériences méritent d'être consignées.

George et Amanda Phillips (pseudonymes)
30 août 1982
Cleveland, Tyne and Wear

Pour George et Amanda Phillips, la soirée se déroule comme d'habitude. Ils couchent leur fille Sarah, puis passent quelques heures devant la télévision avant de se décider à aller au lit. Toutefois, cette routine bascule dans le drame à précisément 1 h 20 du matin. Amanda, l'œil sur l'horloge, est prise d'angoisses en entendant le cri strident de son bébé fendre l'air. *« Ce cri n'est pas normal »*, assure-t-elle à George. Ils bondissent hors du lit pour rejoindre leur enfant de dix mois.

Cela ressemble à un cri d'effroi ou de souffrance. George pénètre le premier dans la chambre de sa petite fille et la prend dans ses bras. Amanda le suit de près. Après avoir vérifié que son enfant est physiquement indemne, elle la prend à son tour dans ses bras, soulagée. C'est alors que tous deux tournent simultanément la tête vers la fenêtre. Une lumière vive, aveuglante, irradie la pièce depuis « quelque chose » dans le jardin à l'arrière de la maison. En s'approchant de la fenêtre, George croit distinguer un objet posé sur les fondations qu'il a construites pour un abri de jardin. *« Je pouvais voir quelque chose sur la dalle que j'avais réalisée pour l'abri »*, se souviendra George plus tard. *« C'était de forme ovale. Et il y avait quelqu'un ou quelque chose à côté. »* Stupéfait, il incite Amanda à jeter un œil, puis se dirige vers le palier. Son instinct le fait regarder par-dessus la rampe vers le bas de l'escalier. Deux petites silhouettes montent les marches. *« Je ne me souviens de rien après ça »*, avouera George lors d'une interview avec un enquêteur sur les ovnis quelques années plus tard dans sa maison jumelée à Redcar, Cleveland. L'ouvrier de l'usine I.C.I. semblera véritablement perplexe par l'ensemble de l'incident. *« C'est tellement étrange, je ne me souviens même pas de m'être réveillé le lendemain matin. La première chose dont je me souviens, c'est d'avoir ouvert la porte de la cuisine et d'avoir dit à Amanda :* “J'ai fait un drôle de rêve cette nuit”. *Elle m'a répondu :* “Moi aussi, j'ai fait un drôle de rêve”. *Puis nous avons tous les deux, plus ou moins en même temps, dit :* “à propos d'une sorte d'extraterrestre”. *Je lui ai demandé d'où elle l'avait vu et à ce moment-là, Amanda a dit :* “Oh mon Dieu”, *comme si le fait de s'en souvenir l'effrayait. Puis elle a ajouté :* “De la fenêtre de Sarah” ».

Le couple monte dans la chambre de l'enfant pour chercher des indices, mais ne trouve qu'une tache humide sur le sol, près du lit de bébé. *« Nous étions presque sûrs que c'était de l'urine, mais ça ne pouvait pas être celle de Sarah parce qu'elle portait encore des couches. Nous avons supposé que l'un de nous avait dû “s'oublier” cette nuit-là à cause de la peur ».*

Interrogés par un ufologue, George et Amanda réalisent que leurs « rêves » se terminent différemment. Tous deux se souviennent distinctement d'avoir été réveillés par les cris de leur bébé et d'avoir vu la lumière éclatante à la fenêtre. Sous l'insistance de l'enquêteur, George se remémore l'objet dans le jardin comme étant petit et ovale, entouré d'un anneau de lumières. Il décrit ce qui pourrait être trois pieds d'atterrissage et des structures semblables à des antennes. Mais ses souvenirs s'arrêtent net au moment où il quitte la chambre de l'enfant pour observer, depuis le palier, deux créatures montant les escaliers. Amanda reprend le récit à ce stade. Elle raconte avoir suivi George hors de la chambre. Mais une fois sur le palier, il avait complètement disparu. En regardant en bas des escaliers, elle aperçoit à son tour deux créatures. Amanda les décrit comme petites, presque de taille enfantine, à la peau pâle, sans cheveux ni nez, et sans vêtements discernables.

George et Amanda acceptent de se soumettre à l'hypnose pour découvrir la vérité sur cet étrange épisode. Mais c'est le récit d'Amanda qui suggère une possible *abduction*. Plongée dans une transe hypnotique, elle est ramenée aux instants précédant le réveil de son bébé. Les cris de Sarah sont la première chose dont elle se souvient, puis les lumières et ensuite le fait de suivre George sur le palier. Elle raconte : « *J'ai Sarah dans les bras et je sors sur le palier derrière George, mais il n'est pas là. Je ne sais pas où il est. Je crie* "George", *mais il ne répond pas. Ensuite, il y a un bruit, quelqu'un en bas. Il y a quelque chose sur les marches de l'escalier. Horrible... Je ne sais pas ce que c'est. C'est petit avec une peau étrange. C'est comme un enfant, pâle, petit, très petit. Visage long, très pâle, pas de cheveux et je ne vois pas d'oreilles ni ne peux distinguer de nez. Il est juste là, immobile sur les escaliers. J'en vois un derrière, pâle. J'en vois deux.* »

— Êtes-vous toujours sur le palier ? demande l'hypnotiseur.

— Les escaliers apparaissent, répond-elle.

— Alors, vous descendez les escaliers, ajoute-t-il.

— Je ne peux plus les voir, je ne les vois plus.

Amanda dit alors qu'elle a l'impression de sortir de la maison. Malgré des questions supplémentaires, Amanda ne peut pas dire où elle se trouve. Elle n'a aucune idée de son emplacement.

— Où êtes-vous maintenant ? demande l'hypnotiseur.

— Dehors, dit Amanda.

— Êtes-vous heureuse là ?

— Non.

— Comment vous sentez-vous ?

— Effrayée.

— De quoi ?

— Je ne sais pas où est George.

— Êtes-vous toujours à l'extérieur de la maison ?

— Je ne sais pas.

'Alien landing' baffles experts on UFOs

By NIGEL BURTON

BAFFLED UFO experts are holding a conference to discuss claims by a North-East couple that they were visited by alien creatures.

The Independent UFO Network (IUN) says it is no closer to uncovering the truth about allegations of a flying saucer landing in Redcar, Cleveland, despite a lengthy investigation.

It has convened a conference at the University of Northumbria, in Newcastle next month to discuss the unusual incident and other UFO sightings in the North-East.

Leading researcher Gloria Dixon has interviewed the Cleveland couple. She said the pair, who wish to remain anonymous, "definitely experienced something highly unusual.

"They were absolutely terrified and the husband became quite ill shortly afterwards. We cannot offer a logical explanation."

Experts even used hypnosis to try and discover what happened to the family who say they witnessed a strange craft land on their concrete carport.

While they were in a trance the couple gave more details of a visitation by strange child-like creatures, with pale skin and no facial features.

The creatures came into the family's house and examined their baby – then left in the strange oval craft.

Investigators say their testimony makes the Redcar case one of the most sensational ever reported in the UK.

Mrs Dixon said: "Nearly 95pc of all recorded sightings turn out to have a perfectly reasonable explanation. This one doesn't."

Leading researchers plan to discuss the Redcar landing at a North-East UFO seminar at the University of Northumbria, on Saturday, March 6, from 1pm to 5pm.

The conference has been thrown open to members of the public. Investigators hope people who believe they may have seen a UFO will come forward during the day.

IUN spokesman Philip Mantle said: "It has been said that the North of England has had more UFO sightings than the rest of the country put together.

"Certainly since 1947, when the term 'flying saucer' was coined, barely a week goes by without someone, somewhere in the north of England seeing a UFO."

NORTHERN ECHO – FEB 11 1993

↑ L'affaire impliquant George et Amanda Phillips fait la une des journaux locaux en 1993.

— Et Sarah, où est-elle ?
— Je ne sais pas.
— Que pouvez-vous voir ?
— Rien. Il n'y a... rien.
— Quelle est la luminosité ?
— Assez sombre. Je ne suis pas sûre parce que je ne peux rien voir.
— Rêvez-vous ?
— Non, je ne rêve pas.
— Où êtes-vous maintenant ?
— De retour dans le lit.

Amanda se souvient alors s'être réveillée avec son mari et avoir discuté de leurs rêves.

Curieusement, malgré son récit détaillé des lumières provenant de la fenêtre de la chambre et des créatures, la version de George sous hypnose ne donne absolument aucune indication d'une quelconque activité inhabituelle. Il décrit s'être levé du lit après avoir été réveillé par les cris de sa fille. En regardant par la fenêtre, il a cru voir un mouvement dans le jardin et est allé voir ce qui se passait, mais il n'a rien vu et est retourné se coucher. George et Amanda Phillips, bien que perturbés par les événements de cette nuit-là, n'ont pas cherché immédiatement d'explications. Ils ne connaissaient pas le phénomène ovni et ne s'y intéressaient pas particulièrement. Ils n'ont pas eu de séquelles qui auraient pu être attribuées aux lumières ou aux créatures ni de rêves récurrents ni de flashbacks. Cependant, George est tombé malade deux mois après l'incident, souffrant d'une maladie rare du sang.

« C'est une maladie dans laquelle les cellules sanguines sont attaquées par le système immunitaire », explique George. *« J'ai été hospitalisé pendant*

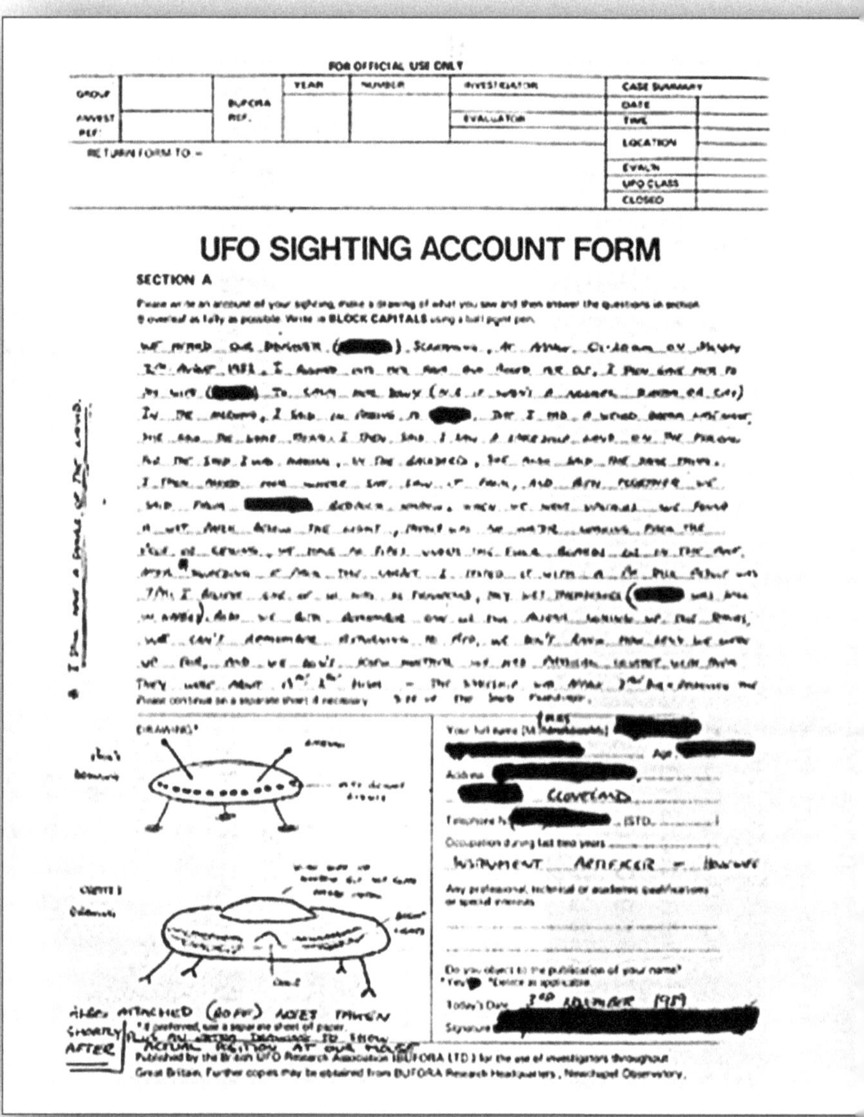

FOR OFFICIAL USE ONLY

GROUP		BUFORA REF.	YEAR	NUMBER	INVESTIGATOR
INVEST REF.					EVALUATOR

CASE SUMMARY
DATE
TIME
LOCATION
EVAL'N
UFO CLASS
CLOSED

RETURN FORM TO –

UFO SIGHTING ACCOUNT FORM

SECTION A

Please write an account of your sighting, make a drawing of what you saw and then answer the questions in section B overleaf as fully as possible. Write in BLOCK CAPITALS using a ball point pen.

Please continue on a separate sheet if necessary.

DRAWING*

Your full name (Mr/Mrs/Miss/Ms) [redacted]

Age [redacted]

Address [redacted]

CLEVELAND

Telephone No [redacted] (STD)

Occupation during last two years

INSTRUMENT ARTIFICER

Any professional, technical or academic qualifications or special interests

Do you object to the publication of your name? *Yes/No *Delete as applicable

Today's Date

Signature [redacted]

*If preferred, use a separate sheet of paper.

Published by the British UFO Research Association (BUFORA LTD) for the use of investigators throughout Great Britain. Further copies may be obtained from BUFORA Research Headquarters, Newchapel Observatory.

↑ Formulaire déclaratif de la rencontre, extrait du dossier original

environ trois mois, je ne pouvais plus marcher, mes reins étaient infectés ou quelque chose comme ça. Quoi qu'il en soit, ils m'ont traité avec des stéroïdes et tout est rentré dans l'ordre. Les médecins ont dit que c'était une maladie qui touchait une personne sur 100 000, à peu de chose près. Je ne sais pas si cela a un rapport avec cette nuit-là.»

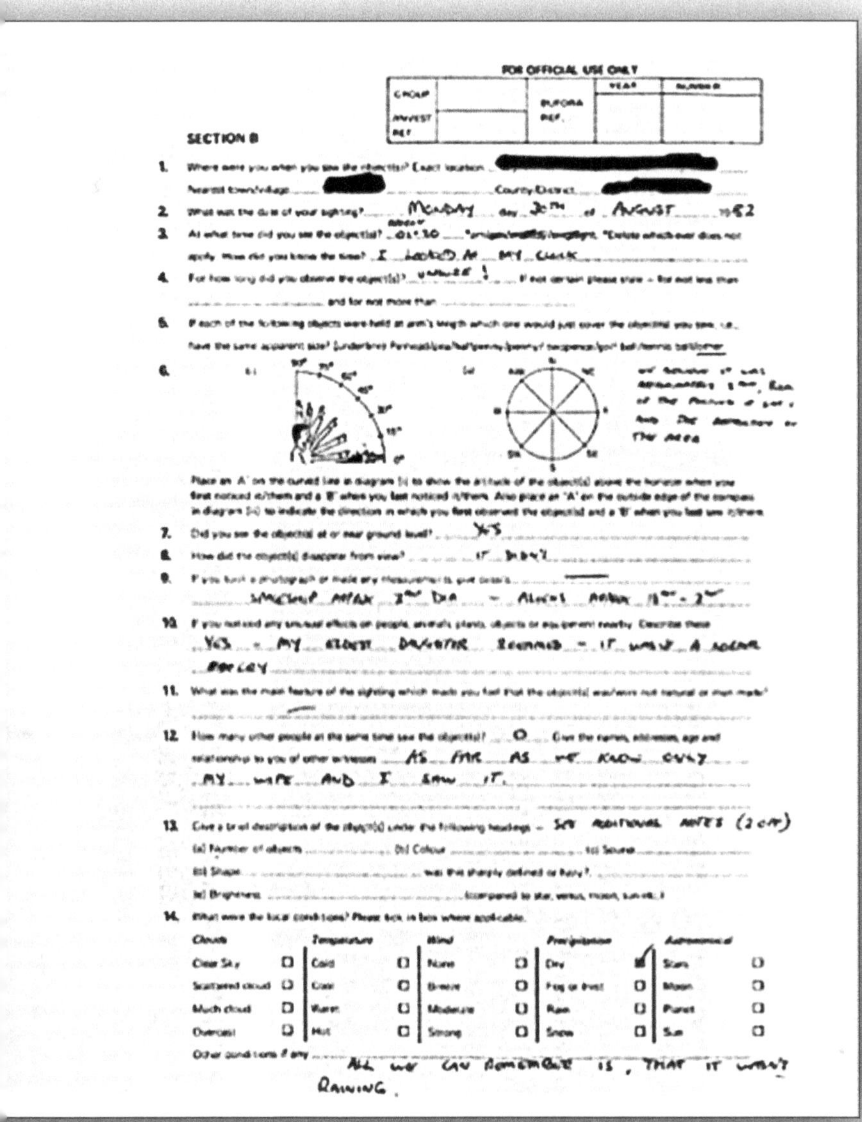

Ce n'est que quelque temps plus tard que le couple a été mis en contact avec un groupe de recherche sur les ovnis. Ils étaient intrigués par ce qui ressemblait à une disparition, d'où la régression hypnotique. Les Phillips sont juste des personnes ordinaires qui ont vécu une nuit d'événements extraordinaires.

Bien que les enquêteurs qui ont étudié le cas n'aient jamais pu le prouver, ils ont déclaré qu'il s'agissait bel et bien d'un enlèvement. La sensation d'Amanda lorsqu'elle a quitté la maison, puis le sentiment de peur et l'incapacité à décrire ce qui l'entourait ont soulevé la question suivante : où était-elle ? Avait-elle été chassée de chez elle par les visiteurs, les étranges créatures qu'elle et George avaient vues dans l'escalier ? George avait l'impression d'être retourné se coucher après les étranges lumières. Amanda, seule sur le palier, n'avait aucune idée de l'endroit où son mari était allé. Et elle n'avait non plus aucune idée de l'endroit où était son bébé. Ces minutes terrifiantes et solitaires, entourées de « rien », pourraient-elles faire d'elle une candidate au phénomène des abductions, ou juste un autre cas pour le dossier des enlèvements probables ?

Richard Sykes
1er septembre 1979
Autoroute A1 près de Darlington, Cleveland

Richard Sykes est musicien professionnel et a l'habitude de faire de longs trajets pour se rendre à ses concerts. Le 1er septembre 1979, après une représentation à Darlington, il prend la route de son domicile qui se situe à Sowerby Bridge, dans le Yorkshire de l'Ouest. Il est environ une heure du matin lorsqu'il voit que plusieurs voitures devant lui ralentissent et que leurs feux de freinage s'allument. En regardant dans son rétroviseur, il voit que les véhicules derrière lui ralentissent également et que leurs conducteurs regardent sur leur droite.

M. Sykes suit alors le mouvement. À sa grande stupéfaction, il aperçoit par la fenêtre droite un objet semblable à une fusée se déplacer lentement au-dessus d'une maison mitoyenne. Cette fusée est plus longue que l'habitation, mais pas aussi grande. Des flammes sortent de l'arrière de l'objet. Cette vision ne dure que quelques secondes. Il tourne la tête pour regarder la route, tout comme les deux autres conducteurs devant lui.

À partir de ce moment, M. Sykes ne se souvient plus de rien ; son esprit devient totalement vide. Il n'a aucun souvenir de son trajet de retour. Il se réveille le lendemain matin en ayant tout oublié de la nuit précédente. Cependant, en lisant un article dans l'un des journaux dominicaux sur une observation d'ovni près de Darlington, ses souvenirs reviennent. Malgré cela, il est incapable de se remémorer tout ce qui suit l'observation de cette « fusée » malgré ses efforts.

La ville où habite M. Sykes est proche de Halifax. Le groupe de recherche sur les ovnis, le *Independent UFO Network* (IUN, qui n'existe plus aujourd'hui), a justement un enquêteur du nom d'Andrew Walmsley basé dans cette ville. Mais il ne s'entretiendra avec Richard Sykes que dix ans plus tard, le 2 février 1989. Voici la retranscription de l'interview :

— Très bien, Richard. Pourriez-vous commencer par me dire la date de votre observation, s'il vous plaît ?

— Je pense que c'était le premier septembre 1979.

— Très bien. Laissez-moi vous dresser la situation. Il est une heure du matin et vous venez de quitter Darlington après avoir joué dans le club dont vous avez parlé plus tôt. Pourriez-vous reprendre l'histoire à partir d'ici sans que je vous interrompe ?

— Un voyage normal depuis Darlington, à seulement quelques kilomètres de la ville, après avoir joué dans un club social, comme je l'ai dit. Euh, rien d'inhabituel sur le trajet, sauf que c'était une nuit claire et fraîche, des étoiles, ce genre de choses.

— Aviez-vous la fenêtre de la voiture ouverte ?

— Non, pas à ce moment-là. Plus tard. J'ai l'habitude de les ouvrir.

— Pourriez-vous décrire le volume du trafic sur la route à ce moment-là ?

— Calme, peu de circulation, jusqu'à l'incident.

— Est-ce une route que vous connaissez bien, une route que vous empruntiez régulièrement à l'époque ?

— Oui. Elle a été modifiée et est devenue un tronçon d'autoroute, l'A1M, je crois.

— Oui, je pense que c'est exact.

— La route est donc probablement différente aujourd'hui ?

— Oui. Bien. J'aimerais que vous continuiez votre route jusqu'à ce que vous trouviez quelque chose d'intéressant.

— Il n'y a rien de particulier entre le départ de Darlington et ce qui s'est passé. C'est un peu vague à cause du temps qui s'est écoulé depuis, mais rien d'inhabituel, rien de spectaculaire ne s'est produit. Rien qui puisse me faire penser que quelque chose d'étrange allait se produire. Pas d'idées préconçues ou quoi que ce soit d'autre. Je n'avais rien à l'esprit à ce moment-là. Habituellement, après avoir joué, je me détends. J'essaie de me calmer parce que lorsque vous êtes musicien, vous avez tendance à être un peu anxieux. Il vous faut un certain temps pour redescendre et dans ce cas, rien ne vous traverse l'esprit, certainement pas des engins volants.

— Comment était votre santé cette nuit-là ?

— Euh, bien, plutôt bonne. Bien sûr, j'étais beaucoup plus en forme

↑ Richard Sykes

à l'époque que je ne le suis maintenant, vous savez, avec le transport de mon équipement dans les escaliers de secours.

— Alors, étiez-vous exceptionnellement fatigué ?

— Pas particulièrement. Je venais juste de partir. C'est généralement en fin de parcours que je commence à faiblir et à m'endormir. Ce n'était que le début du voyage et j'étais encore sous tension après avoir joué et porté mon équipement. J'étais toujours frais.

— D'accord, très bien. Donc, ce que j'aimerais faire maintenant que vous êtes arrivé à l'observation elle-même, c'est de l'étudier en détail. J'aimerais que vous essayiez de vous souvenir de tout ce que vous pouvez. Commençons par le moment où vous remarquez que les deux véhicules qui vous précèdent ralentissent et que les conducteurs regardent vers la droite.

— Voulez-vous que je continue à partir de là ?

— Si vous le voulez bien.

— D'accord. Donc, vous vous dites évidemment *« que font-ils ? Ils ralentissent et regardent à droite ? »* J'ai donc moi-même regardé. Je ne sais pas à quelle vitesse je roulais, mais j'ai dû ralentir très fortement. J'ai regardé vers la droite et c'est là que j'ai vu l'objet. Voulez-vous que je décrive l'objet ?

— Oui, s'il vous plaît.

— Il était très grand. Il était au-dessus d'une maison mitoyenne, manifestement dans l'obscurité. Je ne me souviens pas de la position exacte de la lune, mais l'habitation était comme une masse sombre, au-dessus de laquelle se trouvait ce grand objet argenté de type fusée. Il paraissait irréel, comme tout droit sorti d'un film de Flash Gordon ou d'une scène imaginaire. Il s'agissait d'une longue fusée avec des flammes sortant de l'arrière. De vraies flammes de fusée, puissantes, comme on en voit à Cap Canaveral[8]. Elle se déplaçait manifestement très lentement, elle était en quelque sorte statique. Elle survolait très lentement la maison. Mon regard était captivé par elle, mais je conduisais toujours. Je observé cet objet pendant seulement quelques secondes. J'étais stupéfait. J'ai immédiatement reconnu qu'il s'agissait d'une fusée et je me suis dit qu'elle devait venir de l'espace, puis quelque chose m'a fait me tourner vers l'avant. Je ne sais pas ce qui s'est passé. J'ai juste tourné ma tête comme un robot et, au même moment, j'ai vu les deux personnes dans les voitures devant moi faire exactement la même chose. Ils étaient... Nous étions tous, comme synchronisés. Nous étions très proches les uns des autres, il n'y avait que quelques mètres entre chaque voiture et puis c'est le *vide* (ce mot est appuyé), rien, le vide absolu. Je ne me souviens même pas avoir conduit jusqu'à la maison. J'ai dû rentrer chez moi en pilotage automatique. J'ai sorti tout le matériel de la voiture (le matériel dont Richard parle est son équipement de musicien constitué d'amplificateurs, d'instruments, etc.) J'ai l'habitude de boire un verre avant d'aller me coucher, mais je ne me souviens de rien jusqu'au lendemain.

— Quand vous êtes descendu le lendemain, est-ce que tout était en ordre ? Votre voiture était-elle garée et votre équipement stocké comme il aurait dû l'être ?

— Oui, tout était normal. Comme d'habitude.

— Aviez-vous bu un verre ?

— Oui. Ah, au fait, je ne bois pas d'alcool et je ne prenais aucun médicament susceptible de provoquer des hallucinations. Il n'y a pas eu d'illusion d'optique sous quelque forme que ce soit. Ce n'est que lorsque je l'ai lu dans le journal du dimanche – probablement les *News of the World*, mais je n'en suis pas sûr – un petit article sur l'observation d'un ovni dans la région de Darlington que je me suis souvenu instantanément de ce que j'avais vu ; mais *pas* du voyage (Sykes évoque le trajet de retour

8 Site de lancement d'engins spatiaux (Nasa, États-Unis).

après l'observation). L'article était très succinct, vous savez, *Observation d'ovni signalée au-dessus de Darlington*, sans préciser qui l'avait signalée. Je doute que ce soit les deux personnes dans les autres voitures, tous deux des hommes, car ils ont probablement vécu exactement la même expérience que moi. De plus, ils n'ont pas pu le faire parce que c'était déjà publié. Le journal est imprimé le samedi soir ou tôt le dimanche matin, n'est-ce pas ? Je veux dire qu'ils n'auraient pas pu le signaler si on considère qu'on l'a aperçu vers une heure du matin, le dimanche. Cela signifie que l'article devait être déjà imprimé, à moins qu'il s'agisse d'une impression de dernière minute.

— D'accord. Ce que j'aimerais faire maintenant, c'est examiner en détail le laps de temps dont vous ne vous souvenez plus. Pour commencer, avez-vous une idée de l'heure à laquelle vous avez quitté Darlington ?

— Oui, probablement vers minuit et demi, une heure peut-être.

— Très bien. Maintenant, vous déclarez ici (sur le formulaire de rapport d'observation) que vous avez vu l'objet lorsque vous étiez à plusieurs kilomètres au sud de Darlington, alors quelle heure cela aurait-il pu être ?

— Je ne suis pas tout à fait sûr, qu'est-ce qui est écrit (sur le formulaire de rapport d'observation) ?

— Dites-moi ce que vous pensez et je vous le dirai.

— hum, probablement vers 1 h du matin.

— Oui, c'est ce que j'ai ici. Pouvons-nous donc déterminer la durée du *missing time* ? Pour commencer. À quelle heure avez-vous repris conscience de ce qui se passait autour de vous le lendemain ?

— Cela devait être vers 8 h 30.

— Pourrions-nous donc dire qu'il s'est écoulé entre 7 h et 7 h 30 entre le moment où vous vous êtes retourné vers la route et celui où vous avez repris conscience du monde qui vous entourait ?

— Oui, en gros.

— D'accord, c'est très bien. Pouvons-nous aller plus loin dans les sentiments que vous avez décrits autour du mouvement physique lorsque vous vous êtes retourné vers la route ?

— Oui, quelque chose m'a poussé à regarder la route et continuer à rouler. Comme une force me contraignant physiquement à tourner la tête. À faire face à la route et à suivre mon chemin. Je ne comprends pas pourquoi j'ai réagi ainsi, car l'instinct naturel aurait été de stopper la voiture et d'observer cette scène incroyable, du style *« mon Dieu, regarde ça ! »*. Il n'y a rien eu de tout cela. Je me suis tourné mécaniquement vers la route pour continuer mon chemin. Après cela, c'est le trou noir.

Immédiatement après avoir tourné la tête, tout s'est effacé.

— Vous ne savez donc pas ce qui est arrivé à l'objet ?

— Pas du tout. Durant le laps de temps où j'ai pu l'observer, qui n'a duré que quelques secondes, il n'a fait que survoler la maison, sans aller au-delà, sans la dépasser. C'était comme s'il se posait légèrement au-dessus d'elle, juste pendant le temps où je le regardais. La moitié était sur la maison quand j'ai commencé à observer, et, disons, l'arrière était encore au-dessus de la maison quand j'ai fini de regarder. Une affaire de secondes. Je ne peux pas imaginer à quelle vitesse il se déplaçait, mais cela n'a duré que quelques secondes. Une vitesse très lente, presque comme une allure de marche. D'une certaine manière, c'était comme s'il flottait, ce qui semble inapproprié pour ce type d'aéronef. Je m'attendais à un autre type d'engin, comment est-ce qu'il s'appelle ?

— Continuez.

— Euh, la soucoupe, la « soucoupe volante », je m'attendais à ce qu'elle plane, comme un aéroglisseur. Une fusée, on ne peut pas imaginer qu'elle évolue si lentement avec autant de puissance derrière elle. En y repensant, cela n'a pas beaucoup de sens quand on imagine le carburant qu'ils devaient utiliser.

— D'accord, maintenant, pourrions-nous passer à votre souvenir de l'objet lui-même ? Je suis particulièrement intéressé par les marques extérieures, les fenêtres, les ailerons ou autres.

— Il y avait des sortes d'ailerons à l'extrémité inférieure, mais c'est à peu près tout ce dont je me souviens, tellement l'observation a été rapide. Je n'ai pas eu l'occasion de noter des détails. Dès que je l'ai vu, on m'a aussitôt contraint à me détourner.

— À ce moment précis, avez-vous eu peur ?

— Je n'ai pas ressenti de peur, ni aucun autre sentiment d'aucune sorte. Je l'ai juste fait.

— L'action était-elle donc inexplicable ?

— En effet. Lorsque vous voyez un ovni, vous avez généralement envie de regarder, mais quelque chose m'a poussé à détourner aussitôt le regard. Je conduisais encore à ce moment-là. Très lentement. Je ne sais pas à quelle vitesse, mais cela devait être très lent. Ce n'était pas un mouvement brusque de la tête. Je l'ai juste fait.

— Très bien. Pouvons-nous maintenant nous pencher plus largement sur les événements avant et après ce moment compris entre la vision de l'objet et votre réveil ? Y a-t-il eu quelque chose d'étrange qui vous revient à l'esprit ?

— Non, il ne s'est rien passé d'étrange avant, c'était un samedi soir typique. C'était bien un samedi, n'est-ce pas ?

— C'est exact.

— Après, il n'y a rien eu d'inhabituel. Tout à fait normal ?

— Maintenant, je vais changer un peu d'axe et vous demander votre propre opinion sur ce que vous avez vu et sur le *missing time* et les événements qui en ont résulté. Attention, je ne veux pas que vous m'en inventiez une. Si vous n'en avez pas, dites-le-moi et nous pourrons continuer.

— Je suis convaincu qu'il existe quelque chose de bien supérieur à nous. Avant de voir ce que j'ai vu, j'étais très sceptique. Certaines photos peuvent être expliquées par des illusions d'optique, des avions, des ballons ou des vols d'oiseaux. La plupart des images que j'avais vues étaient très floues, elles auraient pu être plusieurs choses autres que ce qu'elles prétendaient être, la photographie étant ce qu'elle est. Mais en voyant cette chose comme ça de si près, c'est à dire, la chose la plus proche que je n'avais jamais réellement vue, il ne devait y avoir que quelques mètres entre la voiture et la maison qui se situait au bord de la route, donc cet engin n'était vraiment pas très loin. Ce qui m'a surpris, c'était qu'il ne dégageait aucune chaleur et ne causait aucun dommage, que je sache, à la maison. Vous savez, quand vous voyez des objets décoller de Cape Canaveral, ils se déplacent, initialement, très lentement lors du décollage…

— Oui, continuez.

— Eh bien, c'était le genre de vitesse à laquelle il se déplaçait, la vitesse de décollage, sauf qu'il ne décollait pas, il survolait apparemment les alentours. Pourquoi était-il si bas ? Je ne sais pas. Je crois fermement ce que j'ai vu même si je n'ai jamais rien vu de tel depuis.

— Pour en revenir au *missing time*, quelle est votre opinion à ce sujet, si vous en avez une ?

— Mon avis est que j'ai manifestement vu quelque chose qu'ils ne voulaient pas que je vois. Comme je l'ai dit, cela a été rapporté dans les journaux le lendemain, donc je présume que celui qui a témoigné a dû l'apercevoir d'une plus grande distance alors que moi, je devais probablement me situer, disons, dans un champ de force qui a balayé de mon esprit ce que je venais de voir. Sans affecter toutefois ma conduite. J'étais donc comme en pilote automatique, pour ainsi dire. Une moitié de moi est, disons, restée alerte et m'a ramené à la maison, c'était comme accomplir des tâches routinières. Routinière parce que j'avais fait cela des milliers de fois, pas cette route en particulier, mais la route en général. J'ai des habitudes bien ancrées. J'aurais presque pu faire cela les yeux

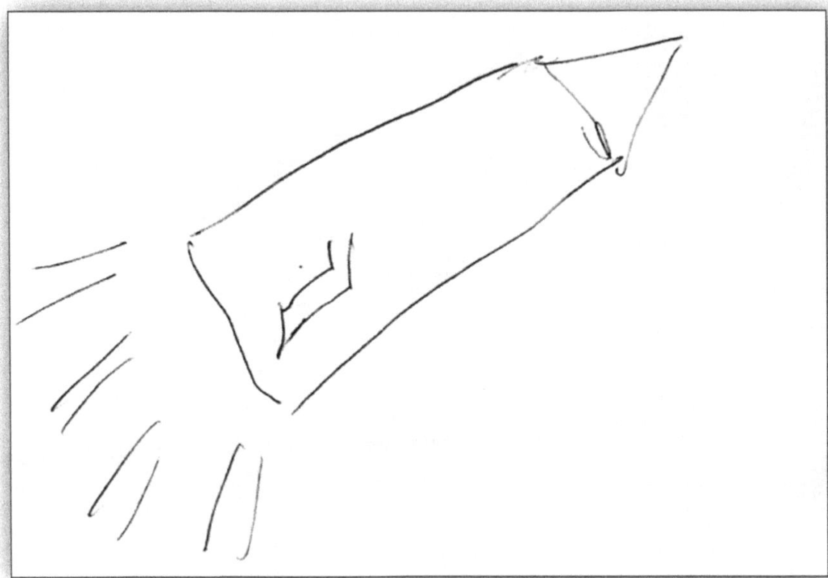

↑ Dessin de la fusée réalisé par Richard Sykes

bandés. Je suppose donc que c'est ce que c'était, pour effacer en quelque sorte mon esprit : *« je ne suis pas censé avoir vu cela donc oublie-le »*.

Une observation intéressante et bizarre, vous en conviendrez. La voiture de Richard Sykes n'a pas été endommagée et, malgré tous ses efforts, il n'a pu se remémorer son trajet du retour. Bien que le témoin ait rapporté l'observation dix ans après les faits – ce qui n'est pas inhabituel – elle est restée gravée dans son esprit. Et elle le restera probablement pour toujours. C'est pourquoi nous devons ajouter ce témoignage au dossier des enlèvements probables.

Margaret Bryant (pseudonyme)
Automne 1977
Isfield, près de Lewis, Sussex

Ce cas de l'*UFO Investigators Network* (UFOIN), a été enquêté par Patricia Grant. Le témoin est décrit comme une femme très intelligente d'une vingtaine d'années. À l'époque, elle était infirmière et avait récemment servi dans l'armée britannique et était parfaitement formée à la reconnaissance des avions.

Automne 1977, Margaret Bryant se trouve à un arrêt de bus à la périphérie d'un petit village du sud-est de l'Angleterre. Il est environ 17 h 20 et son bus doit arriver à 17 h 40. Elle est arrivée en avance, car l'heure d'arrivée du bus a été quelque peu irrégulière par le passé.

Margaret vient tout juste d'allumer une cigarette lorsqu'elle remarque un objet ovale noir, aux contours nettement définis au-dessus du toit d'une maison située à environ 65 m de distance.

Avec le recul, elle supposera que l'objet s'est élevé depuis le terrain d'un camping abandonné derrière la maison, mais cette idée ne lui viendra que des mois plus tard, en étudiant une carte avec l'enquêtrice, Patricia Grant.

Alors qu'elle observe l'objet et tente de déterminer de quel type d'aéronef il s'agit, elle réalise avec étonnement qu'il n'y a absolument aucun bruit de moteur. La vitesse de l'engin est tout aussi stupéfiante. *« Il était à une élévation d'environ 50 degrés et est monté à 55 degrés en 5 min... La vitesse était anormalement lente pour un véhicule de cette taille. Un "Harrier" (un avion à décollage vertical de la RAF) pourrait effectuer ces manœuvres, mais le bruit du moteur aurait été insupportable. »* L'engin est très grand. Son altitude de 90 m tout au plus. *« Bien que l'objet fût de couleur noire, la partie avant de la forme oblongue m'a semblé rouge. J'ai pensé que c'était peut-être un reflet du soleil. »* Margaret réalise qu'il ne correspond à aucun aéronef connu. Sur un coup de tête, elle fait un signe dans sa direction. *« J'espère que vous ne penserez pas que je suis folle, mais j'ai mentalement formulé* "descends ici et laisse-moi bien te regarder." *»*

Elle n'est pas effrayée et ne ressent aucune hostilité ni aucun danger. Immédiatement, l'objet change de cap et commence à se déplacer dans sa direction. *« Il s'est déplacé alors très lentement vers une élévation de 90 degrés. Cette manœuvre a duré dix minutes en tout. Toujours sans aucun bruit. »* Margaret a encore du mal à déterminer la taille de l'objet, mais elle déclarera qu'il était *« très proche »*.

À ce moment-là, Margaret prend conscience de l'heure et se demande quand le bus arrivera. Il est très en retard. *« La forme oblongue noire semblait se rétrécir et les reflets du soleil laissaient entrevoir une sorte de dôme sur le dessus et une forme ovale en dessous. »* Elle peut le voir clairement maintenant. Il semble fait d'un métal vert-grisâtre légèrement réfléchissant. Il y a une lumière vert-bleu au sommet du dôme. Le dessous en forme de soucoupe est légèrement incliné vers elle. L'ensemble de l'objet tourne lentement dans le sens des aiguilles d'une montre et il flotte au-dessus d'un abri 15 m devant elle. *« Je sais que cela semble idiot, mais j'ai eu l'impression d'avoir été observée par celui-ci et d'avoir été entourée par un "rayon invisible" qui provenait du dessous de l'engin.»*

Soudain, elle voit le bus devant elle, le moteur au ralenti, et réalise qu'elle ne l'a pas entendu arriver, ce qui est très étrange. On pouvait toujours l'entendre clairement approcher une minute ou deux avant qu'il n'apparaisse. Elle découvre qu'elle tient toujours sa cigarette, qui s'est consumée jusqu'au filtre. Tandis qu'elle cherche de l'argent pour payer le chauffeur de bus, Margaret ressent un engourdissement, une raideur et un manque de coordination dans ses doigts. Ses nerfs semblent avoir été affectés et elle trébuche en montant les marches pour accéder au pont supérieur du bus. Elle espère voir l'engin de plus près depuis ce point de vue, mais il a complètement disparu.

Il n'y a qu'un seul passager dans le bus, une dame âgée qui est assise sur le siège avant à côté du chauffeur et qui regarde fixement ses genoux. L'enquêtrice fera remarquer à Margaret que le chauffeur avait pu voir quelque chose, mais Margaret rétorquera que celui-ci était un habitué de cette ligne et qu'il n'était pas très bavard. Si cela avait été un autre chauffeur, elle le lui aurait demandé.

Presque immédiatement après s'être assise, Margaret est prise d'un violent mal de tête, qui persistera jusqu'au lendemain matin. «*Le trajet en bus m'a semblé très rapide, même si le bus roulait probablement à sa vitesse habituelle. J'étais très nerveuse et en colère parce qu'il n'y avait personne avec qui discuter de ce que je venais de voir. Je voulais prouver à la société que les ovnis étaient manifestement réels, même si, à 16 heures ce même jour, je ne savais pas vraiment encore quoi en penser.*»

Margaret ne se souvient pas avoir marché de la gare routière jusqu'à son lieu de travail. Elle arrive avec dix à quinze minutes de retard. Durant son service, elle se montre nerveuse, tremblante et inexplicablement maladroite dans ses mouvements. Elle se sent «en danger» et aspire à retrouver la «sécurité» de son foyer, mais, une fois chez elle, elle continue de ressentir cette même insécurité. Margaret développe également une conjonctivite. Ses yeux brûlent et larmoient pendant la semaine suivant l'observation. Par moments, sa vision devient très mauvaise. Elle persiste à être maladroite dans ses mouvements, éprouve des difficultés à dormir et perd son énergie habituelle. Elle ne signale pas l'observation et mène ses propres enquêtes discrètes localement pour voir si d'autres ont vu l'objet comme elle, mais elle ne trouve personne.

Margaret fait un rêve récurrent après l'événement qu'elle décrira ainsi plus tard en détail à l'enquêtrice : «*Le rêve n'a jamais varié et est très difficile*

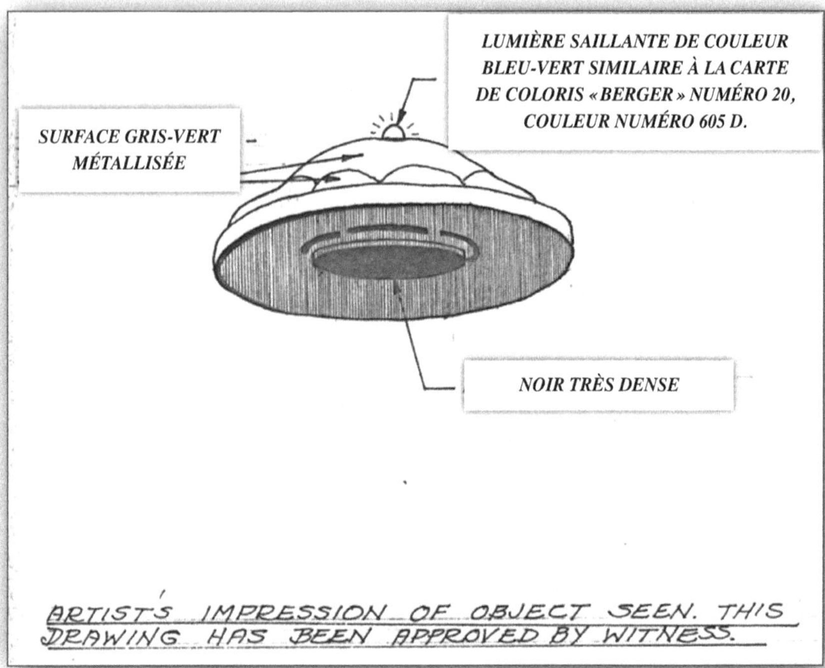

↑ Ovni vu par Margaret Bryant à l'arrêt de bus. Dessin réalisé par un artiste approuvé par le témoin (extrait du dossier original d'UFOIN.)

à décrire. Je rêve fréquemment de l'événement exactement tel qu'il s'est produit. Je vois l'ovni très clairement. Il traverse le ciel puis se tourne vers moi, exactement comme cela s'est produit, jusqu'aux détails des vêtements que je portais et du temps qu'il faisait ce jour-là, etc. Puis, cela devient irréel. J'ai une conversation télépathique avec les occupants. Ils sont curieux à mon sujet et veulent me parler. Ils sont contents que je ne réagisse pas comme les sujets habituellement observés. Je n'ai pas peur du tout et suis très contente de leur présence. Ils disent qu'ils me connaissent et qu'ils veulent m'emmener avec eux. L'idée me rend très heureuse, mais je me souviens de ma famille et de mon mari. Je leur réponds que ma famille me manquerait et que je souhaiterais qu'ils viennent avec moi pour voir ce que je verrais dans mes voyages avec eux, vers leur planète. Ils négocient, arguant qu'ils ne veulent que moi. Nous arrivons à une impasse et ils annoncent qu'ils reviendront me voir, si je change d'avis. Ils me disent tristement au revoir, je leur réponds en ressentant une très grande peine de les voir partir».

À plusieurs reprises Patricia Grant a interrogé Margaret qui lui a expliqué qu'elle voulait éviter tout « sensationnalisme ». Elle se sentait mal à l'aise de raconter toute cette histoire. Margaret et son mari ont informé Patricia qu'ils avaient également été témoins de deux ou trois autres apparitions d'ovni dans le passé, mais rien de comparable à celle de 1977.

En résumé, l'enquêtrice Patricia Grant a déclaré ce qui suit : *« À l'analyse, je pense qu'il est raisonnable de supposer que le témoin a rapporté, avec une grande précision, les détails de l'objet observé. Compte tenu de sa formation en reconnaissance d'aéronefs, il est extrêmement improbable que l'objet ait pu être un aéronef expérimental ou un ballon. Son récit n'a comporté aucune contradiction au cours des mois où je l'ai interrogée, à l'exception d'une certaine imprécision quant au temps précis écoulé entre son arrivée à l'arrêt de bus, l'observation de l'engin et son arrivée sur son lieu de travail. Nous pouvons être raisonnablement certains qu'elle a observé l'ovni pendant quinze bonnes minutes, période durant laquelle elle était complètement seule. Ce qui est plus difficile à analyser, c'est de savoir s'il y a eu ou non un* missing time *entre le moment où elle s'est sentie enveloppée par "un rayon invisible" et l'arrivée du bus. Nous savons qu'elle est arrivée au travail entre 18 h 10 et 18 h 15 et que le trajet n'aurait pas dû prendre plus de 20 min dans des circonstances normales. (Il s'agit là d'une estimation large. En fait, elle se souvient que le trajet en bus a été "très rapide"). En établissant un calendrier des événements, il semble possible qu'elle se soit trouvée à proximité de l'ovni pendant près de 35 min, incluant un laps de temps d'un minimum de 5 min jusqu'à 20 min dont elle ne garde aucun souvenir. »*

Un autre cas intrigant et fascinant de *missing time*. Margaret Bryant ne pouvant rendre compte d'une période de temps estimée entre 5 et 20 min, ce cas s'inscrit parfaitement dans notre dossier des enlèvements probables.

Bobbi et Vickie
26 novembre 1987
Autoroute M5, de Redditch à Birmingham

L'incident a lieu durant un trajet en voiture que les deux femmes effectuent le jeudi 26 novembre 1987 en compagnie du bébé de Vickie, installé confortablement à l'arrière du véhicule.

Elles partent de Redditch près de Birmingham à 11 h 30 et atteignent Kingsnorth sur l'autoroute M5 vers 11 h 45 où elles s'arrêtent brièvement pour déjeuner. Elles continuent ensuite leur route vers le sud en direction de Gloucester puis de Cheltenham. Les deux amies traversent la périphérie de ces agglomérations avec le sentiment étrange de les avoir

↑ Composition réalisée par un artiste représentant la rencontre entre Bobbi et Vickie et l'ovni au-dessus de la colline de Silbury dans le Wiltshire.

déjà franchies, se rappelant avoir vu le panneau routier une première fois. À peu près à ce moment, alors que le soleil commence à baisser sur l'horizon, Vickie aperçoit un objet à droite de la voiture, bas dans le ciel, près de quelques collines. Il semble sphérique et reflète la lumière du soleil de telle sorte qu'un arc lumineux brillant est visible du côté éclairé, tandis que l'autre reste dans l'ombre. Vickie attire l'attention de son amie sur l'objet, mais il disparaît derrière les collines avant que Bobbi n'ait pu voir quoi que ce soit.

Elles arrivent chez elles à Portland à 17 h 30 précises, heure à laquelle le magasin Co-op ferme ses portes. Elles sont toutes deux très surprises par la durée du voyage, qui est d'une heure plus longue que prévu et qui a nécessité une quantité de carburant beaucoup plus importante qu'à l'aller. Vickie a emporté un manteau blanc qui a été nettoyé juste avant ce voyage vers le nord, manteau qui est resté à l'arrière de la voiture tout au long du voyage. En le sortant de la voiture une fois rendue chez elle, il s'avère être maculé de boue. Elle constate que ses bottes le sont également, bien qu'elle n'ait pas marché dans un sol boueux. Les deux témoins croient avoir perdu environ une heure sur leur trajet. Elles estiment également avoir parcouru plus de kilomètres que prévu sans toutefois pouvoir le confirmer, car elles ne pensent pas sur le moment à noter le relevé du kilométrage de la voiture.

Peu de temps après ce voyage, une éruption cutanée apparaît sur les bras des deux témoins. Elles développent également toutes les deux de l'asthme. Par contre, un mélanome qui l'avait empêchée de porter un soutien-gorge pendant longtemps a disparu de l'omoplate de Bobbi. Elle commence à avoir des visions alors qu'elle est chez elle. Ces visions surviennent sans crier gare et elle en a plusieurs avant de parler aux enquêteurs. Ces visions suggèrent que la voiture a été détournée vers un endroit proche d'une colline escarpée. Elles sont très détaillées : la voiture est arrêtée sur une route, les deux femmes descendent du véhicule et grimpent sur un talus abrupt constitué de boue rougeâtre. Elles lèvent les yeux et voient un disque surmonté d'un dôme métallique au-dessus de leur tête. Il y a un mât sur le flanc de la colline et l'horizon est constitué d'un ensemble de collines surréalistes aux formes très irrégulières (cette description figure sur le croquis fourni par Bobbi). Pendant ce temps, le bébé est endormi à l'arrière de la voiture.

Quelque temps plus tard, en regardant une photographie de Silbury Hill, dans le Wiltshire, Bobbi affirme qu'il s'agit de la même colline que celle qu'elle a vue dans ses visions, mais sous un angle différent.

↑ Dessin réalisé par Bobbi décrivant les événements de ses visions.

Dans une autre de ces visions, elle se voit avec son amie Vickie dans une pièce métallique d'environ 6 m de diamètre, aux murs lisses sans ouvertures ni autres reliefs. Deux disques lumineux sont posés sur le sol. Ils sont éclairés par le haut, mais elle n'en voit pas la source. Elle a le sentiment qu'elle et Vickie sont censés se tenir chacune sur un disque, mais son amie est terrifiée et s'accroche à elle de sorte qu'elles se retrouvent toutes les deux sur le même disque. Tout au long de ses visions, Bobbi ne voit ni être vivant ni mouvement, mais elle a la forte impression qu'un message lui est transmis, à savoir qu'elle *« se souviendra de tout cela le moment venu »*.

Vickie, de son côté, fait des rêves basés sur le même thème dans lesquels la mer est remplie de sous-marins. L'un d'eux essaie de monter et de passer au-dessus de Chesil Bank[9], à Portland.

Les deux femmes sont déconcertées, notamment par l'incident du *missing time* qui les a particulièrement troublées.

Bobbi avait fait ce voyage à plusieurs reprises pour rendre visite à sa grand-mère et savait combien de temps cela prenait. Elle avait fait nettoyer son manteau blanc pour être belle. Pour ceux qui ne connaissent pas la région de Portland, il y a une très grande base de la Royal Navy. Le mari de Bobbi travaille pour ce corps d'armée. Aucun des deux témoins n'a voulu faire de publicité, c'est pourquoi nous n'avons pas utilisé leurs vrais noms. Une affaire intrigante... Les deux témoins se souviennent d'avoir vu deux fois le même panneau de signalisation. Le voyage de retour a duré au moins une heure de plus que prévu. Il ne semble pas y avoir d'explication évidente ou logique à la boue sur le manteau et les chaussures de Bobbi et elle ont eu toutes les deux d'étranges visions. On peut se demander ce qui aurait pu remonter à la surface si elles avaient été soumises à une hypnose régressive. Il ne fait aucun doute que ce cas devrait être classé dans le dossier des enlèvements probables.

Alan Marsh
27 janvier 1983
Walsall, West Midlands

Le 27 janvier 1983, Alan Marsh quitte sa maison à Short Heath pour se rendre à pied chez un vieil ami qu'il n'a pas vu depuis longtemps.

9 Chesil Bank ou Chesil Beach est une longue et étroite plage de galets reliant l'île de Portland au comté du Dorset, sur la côte sud de l'Angleterre.

Pour arriver chez lui, l'itinéraire le plus rapide longe la route et passe sous un pont de chemin de fer pour rejoindre un chemin de halage du canal. Alan étant un bon marcheur, les 3 km qui le séparent de sa destination ne lui posent aucun problème.

C'est une belle soirée fraîche, sans pluie ni neige. La visibilité est bonne et il peut apercevoir quelques étoiles parmi les nuages épars. Sa promenade est agréable lorsque soudain, quelque chose le fait lever les yeux vers le ciel. À un angle de près de 90 degrés par rapport à sa position, il aperçoit un objet long et mince, de taille considérable, qui ressemble à un miroir. À cet instant, il est immédiatement convaincu qu'il observe quelque chose *«qui n'est pas de ce monde»*. Alan a vu de nombreux avions, car ils sont sur la trajectoire de vol vers l'aéroport de Birmingham, et cet ovni n'y ressemble en rien. Il l'observe pendant 4 à 5 s avant qu'il ne *«disparaisse subitement»*. Cette «chose» devait mesurer entre 60 et 75 m de long.

Alan poursuit sa marche. Il ne regarde plus vers le ciel, mais reste très intrigué par ce qu'il vient de voir. Continuant le long du chemin de halage, il est stupéfait de tomber sur… des êtres humanoïdes qui semblent flotter juste au-dessus de l'herbe et se contentent de le regarder.

Ces êtres tentent de parler au témoin sur un ton «éduqué», bien au-delà de son niveau de langage, mais avec un son «mécanique». Pourtant, les mots sortent bien de leur bouche, ce qui, selon lui, exclut toute possibilité qu'ils soient des robots. Ils parlent anglais (la langue du témoin) et utilisent leurs bras comme pour renforcer ce qu'ils essaient de dire. Alan est alors certain qu'ils ne sont pas de notre monde. Ils lui demandent s'il souhaite partir en voyage avec eux, mais il décline en expliquant qu'il a une famille et souhaite rester avec elle. Les êtres l'informent qu'en partant avec eux, il pourrait toujours voir sa famille et qu'il serait également récompensé. Mais il refuse à nouveau.

Les êtres se retournent et commencent à glisser au-dessus de l'herbe pour disparaître subitement après avoir parcouru environ 5 m. Dans un état de confusion, le témoin fait demi-tour, rentre chez lui et raconte à sa femme son étrange rencontre. Alan les décrit comme beaux, avec des cheveux bouclés foncés, un type moyen-oriental et mesurant environ 1,65 m. Ils se ressemblaient et portaient tous deux une tenue moulante. Que se serait-il passé s'il avait accepté l'invitation et était parti avec ces créatures étranges? Son récit figure dans ce chapitre, mais il aurait pu se retrouver ailleurs dans ce livre s'il avait accepté cette invitation…

Ryan Phillips (pseudonyme)
1er mai 1991
« The Mermaid Tarn », frontière entre le Staffordshire et le Derbyshire

Vers la fin de l'année 2007, la directrice des enquêtes de la BUFORA, Gloria Dixon, a reçu un rapport de Ryan Phillips (pseudonyme). Elle l'a ensuite contacté et s'est longuement entretenue avec lui par téléphone.

Le 1er mai 1991, Ryan participait à un exercice militaire d'une semaine de contrôle des foules dans une zone du Peak District près de « The Mermaid Tarn », à proximité de la frontière entre le Staffordshire et le Derbyshire (ville de Leek). Voici le récit de son étrange expérience retranscrite avec ses propres mots :

« À l'époque, j'étais soldat dans une unité d'ambulance de campagne du corps médical de l'Armée Royale. Lors d'un exercice dans le Peak District, je me suis retrouvé à monter la garde à un endroit appelé "Mermaid Tarn". J'étais posté assez loin de la zone du port, sur une piste cahoteuse, caché dans un fossé. Aux alentours de 3 h du matin, j'ai vu une lueur violette un peu plus loin sur la piste. Au début, j'ai pensé que cela faisait partie de l'exercice, je me préparais donc à intervenir… Cependant, à mesure qu'elle se rapprochait, j'ai remarqué qu'elle était à au moins 10 m dans les airs, peut-être plus. Je me suis alors mis en position et j'ai essayé de comprendre ce que je voyais, lorsqu'une lumière tout en longueur est descendue, éclairant la lande, et s'est dirigée vers ma position. À ce moment-là, je craignais d'être vu si je criais ou courais. J'espérais donc qu'elle s'éloigne. J'ai cependant réalisé qu'elle allait passer au-dessus de moi. Elle était maintenant très proche. J'avais vraiment très peur et j'ai essayé de me faire encore plus petit dans le fossé. Puis je n'ai plus aucun souvenir jusqu'à ce que j'aperçoive la lumière du jour à environ 6 h du matin, et que j'entende le soldat qui remontait la piste pour me relever. Je n'ai pas eu la sensation d'avoir dormi ou d'avoir fait quoi que ce soit après que la lumière a atteint ma position, jusqu'à ce que je prenne soudainement conscience de la lumière du jour et du bruit quelques heures plus tard. Je ne peux pas expliquer ce qui s'est passé ni ce trou de mémoire, mais j'étais trop embarrassé pour en parler à l'époque, de peur que les autres gars pensent que j'étais fou ou que je rêvais. Je vous assure que ce n'était pas le cas ! »

L'attention de Ryan a d'abord été attirée par l'objet parce qu'il a dit qu'il est entré dans l'axe de tir de sa position de garde. Il décrit cette lueur comme étant de couleur pourpre/violette et très brillante.

Dans son croquis, il dépeint une sphère pulsante et changeant de position avec une rapidité déconcertante. Le faisceau lumineux qu'elle émet s'étend sur une largeur de 6 à 10 m pour une profondeur de 15 cm seulement. Il décrit la lande comme étant illuminée par un faisceau lumineux vertical de couleur violette qui se déplaçait lentement sur le sol. Il décrit les conditions météorologiques de cette nuit-là comme claires, froides et sèches avec un vent fort. Il a confié son observation à un caporal du camp, qui l'a encouragé à la signaler, ayant lui-même vécu une expérience similaire dans les années 1970 au cours d'un exercice dans la plaine de Salisbury, où il a vu un objet cylindrique jaillir d'un repli du sol.

Lors d'un entretien téléphonique en décembre 2007, Gloria Dixon demande au témoin ce qui l'a poussé, au bout de seize ans, à contacter la BUFORA. Ryan d'expliquer que c'est sa rencontre récente avec un officier de la RAF, témoin d'un phénomène similaire, qui l'a incité à faire son rapport.

Il décrit la lumière comme un arc traversant les landes, sans pouvoir discerner d'objet, mais seulement une intense lueur pourpre, plus claire sur les bords, comme un orbe lumineux, mais semblant posséder une certaine profondeur. L'expérience lui a procuré une peur indéfinissable. La lumière qui semblait se trouver à une centaine de mètres de distance et à une altitude d'une dizaine de mètres est descendue au-dessus de lui et a illuminé certaines parties de son uniforme. Il ne se souvient de rien d'autre jusqu'à l'arrivée de son remplaçant.

Lorsque nous lui avons demandé pourquoi il était convaincu de ne pas s'être endormi, il a répondu : *« Oui, je suis totalement convaincu qu'au moment où la lumière m'a atteint, j'ai eu une perte de mémoire. Je suis absolument certain de ne pas m'être endormi, car jamais auparavant ni depuis je n'ai vécu pareille expérience. C'était comme si on m'avait éteint. »*

Le Peak District a été le théâtre de nombreux incidents mystérieux, en particulier dans la vallée de Longdendale et, plus au sud, dans les environs d'Ashbourne et de Leek. Ces observations étranges et sinistres vont de mystérieux éclairages, d'avions fantômes, de brumes étranges, d'anciennes pierres maudites jusqu'aux phénomènes démoniaques. Le livre de David Clarke, *The Supernatural Peak District*, donne un excellent aperçu des nombreux événements extraordinaires rapportés dans la région.

L'expérience de Ryan à Mermaid Tarn, dans le Peak District, a-t-elle une explication rationnelle et logique ?

Au cours de mes conversations téléphoniques avec Ryan, il est catégorique sur le fait qu'il ne s'est pas endormi pendant ces heures manquantes. Il se souvient de cette « lumière » qui illuminait son uniforme et puis... plus rien jusqu'à ce qu'il prenne conscience du soldat de relève qui s'approchait de lui sur le sentier.

Selon Gloria, qui a longuement discuté avec Ryan, son cerveau a été « brouillé » d'une manière ou d'une autre, créant un épisode de *missing time* dont l'élément déclencheur semble être la lueur violette et pulsante. Il est rare qu'un militaire fasse état d'un tel incident. Ce cas est à classer dans le dossier des enlèvements probables.

Douglas Tams
5 juin 1974
Stoke-on-Trent, Staffordshire

En cette chaude nuit d'été, Douglas Tams conduit le dernier bus de Kidsgrove au dépôt de Burslem, près de Stoke-on-Trent. Après une journée de travail bien remplie, il apprécie de ne pas avoir à se soucier des passagers en traversant Goldenhill, où les rangées de maisons sur sa droite sont plongées dans l'obscurité totale, ce qui n'est pas inhabituel à une heure moins le quart du matin.

La circulation est très faible à cette heure, et Douglas profite de la vue étoilée de la vallée qui s'étend sur sa gauche, tandis que le courant d'air provenant de la fenêtre ouverte compense la chaleur d'une journée mouvementée.

Soudain, le moteur et toutes les lumières du véhicule s'éteignent. Alors que le bus s'arrête progressivement, Douglas examine le tableau de bord, espérant qu'un voyant d'alerte clignote pour indiquer une défaillance, mais tout est plongé dans l'obscurité. C'est bien sa chance de tomber en panne à la fin d'une journée de travail, pense-t-il. L'équipe de dépannage mettrait une éternité à venir ici et Dieu sait à quelle heure il rentrerait chez lui. Prendre un bus n'est clairement pas une option.

Fatigué, il se lève, prêt à sortir de la cabine pour inspecter le bus, quand il est contraint de se baisser. Coincé entre son siège et le tableau de bord, Douglas n'en croit pas ses yeux. Un énorme objet semble tomber du ciel et se diriger droit vers son bus. Il compte les secondes pour s'assurer que l'objet l'a bien manqué, sinon il aurait déjà ressenti l'impact. Se redressant lentement, il s'aperçoit que l'objet est toujours là et réalise qu'il n'était pas vraiment sur une trajectoire de collision. L'engin passe juste au-dessus…

« C'est énorme », se dit-il en suivant du regard la forme ovale de 90 m de large se déplacer lentement. La gigantesque et mystérieuse machine, car c'est manifestement une machine, suit une trajectoire de vol est-ouest. Difficile d'estimer son altitude, mais Douglas pense qu'elle n'est pas très

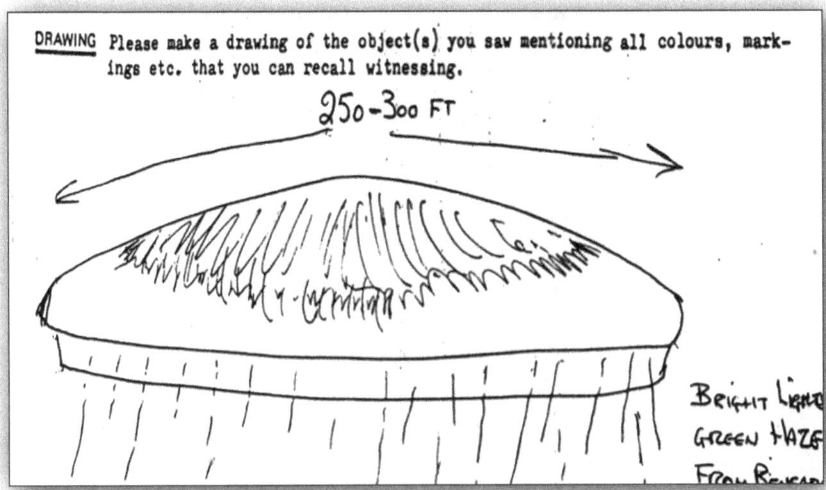

↑ Ovni dessiné par Douglas Tams et tiré directement du dossier original.

élevée. Le dessous de l'objet est illuminé par une brume verte, moins distincte que l'anneau lumineux qui définit sa forme ovoïde. Il ne faut que 2 ou 3 min à l'ovni pour passer d'un côté de l'horizon à l'autre, disparaissant finalement derrière une rangée de maisons.

« C'est alors que le moteur a redémarré et les lumières se sont rallumées, comme s'ils étaient contrôlés à distance », dira plus tard Douglas. Il s'installe de nouveau sur le siège du conducteur, enclenche la première et reprend la route vers son dépôt, repassant dans son esprit les événements des dernières minutes. *« Quand je suis arrivé à destination, j'avais une heure de retard »*, confiera-t-il à une équipe de la BUFORA. *« Je n'ai rien dit à mes collègues de peur qu'ils se moquent de moi. »* Bien qu'il soit intrigué par l'incident, surtout par cette heure manquante, Douglas décline l'opportunité de s'impliquer dans une enquête approfondie incluant une possible hypnose. Ce témoin terre à terre, issu de la classe ouvrière, ne souhaite pas *« s'aventurer dans l'inconnu »*, comme il le dit lui-même. Les enquêteurs de la BUFORA sont déçus par sa réticence à approfondir l'affaire. Ils pensent qu'une hypnose pourrait au moins éclaircir ce qui s'est passé pendant ce *missing time*. Ils espèrent qu'avec le temps, ils pourront convaincre Douglas de reconsidérer sa position et de participer à une nouvelle enquête. Malheureusement, ils n'en auront pas l'occasion, car quelques années plus tard, Douglas décède, emportant avec lui de précieuses informations.

Un enlèvement ? Cette affaire possède tous les éléments d'un tel scénario puisqu'elle inclut l'observation d'un ovni, une panne du moteur et des systèmes électriques avec une heure entière manquante. Douglas n'avait aucune raison d'inventer cette histoire. Cette heure de retard lui avait causé des problèmes au travail. Ses supérieurs voulaient savoir pourquoi il était arrivé si tard au dépôt. Les problèmes avec le moteur et les lumières étaient les seuls aspects qu'il avait osé rapporter à ses supérieurs. En fait, il n'a révélé son récit complet aux enquêteurs de la BUFORA que quatorze ans plus tard, faisant de celui-ci un autre cas éventuel d'enlèvement probable.

James Millen
6 septembre 1990
Fleet, Dorset

James Millen, jardinier paysagiste à la retraite, et sa femme Pamela, sont devenus des candidats pour le dossier qui constitue ce chapitre à la suite de leurs vacances au camping de West Farm, près de Fleet, dans le Dorset.

James et Pamela quittent leur domicile de Putney, un district de Londres, pour passer quelques jours dans ce camping populaire qui surplombe la pittoresque plage de Chesil. L'endroit est moins fréquenté que d'habitude, car la haute saison vient de s'achever et le temps un peu venteux des derniers jours n'est guère engageant. Après une longue journée de marche, le couple se réfugie dans sa grande tente peu après la tombée de la nuit.

James raconte : «*À mon âge, j'ai tendance à me réveiller au milieu de la nuit pour aller aux toilettes et cette nuit-là n'a pas fait exception. Je me suis rendu au bloc sanitaire, qui se trouve dans le même champ, et remarqué qu'il n'y avait que quelques tentes, probablement à cause du temps. Sur le chemin du retour, j'ai levé les yeux vers les étoiles. La nuit était claire et je pouvais parfaitement distinguer les magnifiques constellations. Dans le champ, situé sur ma gauche, j'ai vu une lueur orange dorée, comme une lampe au sodium. J'ai pensé qu'un fermier devait être en train de travailler, de rassembler ses vaches pour la traite ou quelque chose comme ça. Puis je me suis dit :* "C'est drôle. Je n'ai pas remarqué de poteaux dans le champ, alors à quoi le fermier a-t-il accroché une lampe ?" *Je me suis retourné et j'ai regardé à nouveau : il y avait maintenant plusieurs de ces boules de lumière dorée et orangée qui montaient et descendaient dans le ciel. C'était comme si quelqu'un jonglait avec elles. Je me suis arrêté et j'ai essayé de comprendre ce qu'elles étaient. J'étais alors très proche de notre tente, j'ai donc appelé Pamela qui est sortie et qui les a observées avec moi. Je lui ai demandé ce qu'elle en pensait. Elle m'a répondu :* "Je ne sais pas. Quoiqu'il en soit, elles font quelque chose qu'elles ne devraient pas faire." *Je me souviens lui avoir dit que nous étions probablement les seules personnes dans le sud de l'Angleterre à rester dehors à regarder un tel spectacle à cette heure de la nuit. J'ai regardé ma montre : il était 2 h 55 du matin. Pam m'a annoncé qu'elle rentrait dans la tente pour se préparer une tasse de thé. J'ai rétorqué que j'allais rester encore un peu pour regarder ces lumières. Je me suis alors souvenu de mon appareil photo, un Praktica, qui se trouvait dans le coffre de ma voiture et j'ai pensé aller le chercher pour prendre une photo de ces choses.»*

À ce stade, les souvenirs de James deviennent flous et décousus.

« La chose suivante dont je me souviens, c'est d'être de retour dans la tente avec Pam, et de lui dire : "Ils sont partis maintenant. Si on ne va pas se coucher, on ne dormira pas de la nuit." *Puis Pam m'a demandé si je voulais une tasse de thé. J'ai accepté et nous nous sommes assises en nous regardant sans rien dire. Comme figés dans le temps. Puis elle m'a demandé :* "Quelle est cette lumière qu'on aperçoit au travers de la tente ?" *J'ai regardé dehors :*

↑ James Millen, témoin d'une rencontre rapprochée

“C’est l’aube”. *Le soleil venait de se lever.* “C’est trop tôt, non?” *m’a-t-elle répondu, puis nous avons vérifié l’heure : 5 h 35.»* Plus de deux heures de leur vie s’étaient envolées! *«Nous nous sommes regardés, stupéfaits»*, dira James. *«Puis j’ai remarqué des mégots de cigarettes à nos pieds. Il y en avait environ huit. Pourtant, ce n’était pas dans notre habitude de jeter des mégots de cigarette sur le sol. Pam a alors eu l’impression distincte d’avoir été assise là à m’attendre, pendant un long moment. Elle n’aurait su expliquer comment, elle savait juste qu’elle avait été assise, à attendre et à fumer jusqu’à ce que j’entre dans la tente.»*

Fatigué et intrigué par cette nuit étrange, le couple décide de rentrer à Londres le lendemain. Après avoir plié la tente et chargé la voiture, ils se mettent d’accord pour faire un détour afin de s’arrêter au monument mégalithique de Stonehenge, dans le Wiltshire, où James souhaite prendre les fameuses pierres anciennes en photo. Sur le site touristique populaire, il sort sa caméra et découvre que l’objectif est recouvert de ce qu’il décrit comme un «étrange mélange de chaux et de mortier».

«C’était une matière horrible et difficile à enlever», déclarera-t-il. *«Je n’arrivais pas à comprendre d’où cela pouvait provenir ni si cela avait un lien avec l’événement de la nuit précédente. Je l’ai simplement considéré comme un autre événement bizarre».*

Bien qu’il n’ait jamais été soumis à une régression hypnotique, James a eu d’étranges flashbacks concernant cette nuit-là dans le Dorset.

«J’ai eu des visions de moi dans une pièce étrange avec des lumières sur les murs, des lumières brillantes. J’ai eu l’impression d’être entouré de personnes, certaines grandes, d’autres petites. Je ne sais pas si ces rêves sont significatifs, mais ils sont très étranges. Je ne peux pas expliquer tout cela. Je ne suis normalement pas sujet aux visions ou aux hallucinations. Mais quoi qu’il se soit passé, cela mérite des recherches approfondies.»

Où James Millen se trouvait-il tandis que sa femme fumait nerveusement dans leur tente pendant plus de deux heures? Les flashbacks d’une pièce étrange et de personnes étranges sont-ils le signe d’un enlèvement? Sa femme a également été témoin des lumières, nous savons donc qu’elles n’étaient pas imaginaires. Malheureusement, le *missing time* restera toujours un mystère. Les enquêteurs ont compris que James ne se prêterait pas à l’hypnose. Ils espèrent cependant qu’avec le temps, d’autres pièces du puzzle se mettront en place, que d’autres souvenirs remonteront à la surface pour éclaircir le mystère de sa rencontre au bord de la mer. Malheureusement, pour l’instant, il s’agit encore d’un autre candidat pour le dossier des enlèvements probables.

Maxine Watkins
28 novembre 1988
Holbury, Hampshire

Maxine Watkins a seulement 20 ans lorsqu'elle va faire l'expérience de quelque chose qui ressemble davantage à une scène de la série télévisée *La Maison de tous les cauchemars* qu'à une rencontre avec un ovni.

La jeune femme vient de passer une soirée au club des travailleurs de son quartier et rentre seule chez elle dans la fraîcheur de la nuit de novembre. Il est environ 23 h 20 et Maxine n'est probablement pas à plus de 200 m de la sécurité de son foyer, quand des événements étranges commencent à se produire. Alors qu'elle s'engage dans l'avenue qui mène à son domicile, elle remarque que les branches des arbres bordant la route s'agitent furieusement, comme sous l'effet d'un coup de vent. Mais il n'y a pas de vent, pas même une légère brise... Effrayée, elle accélère le pas, impatiente de s'éloigner de cet endroit. Soudain, une lumière apparaît, une lumière pulsante. Maxine s'arrête et observe alors un objet qu'elle entraperçoit à travers les branches agitées. Il est rond, ou ovale, animé de vives lumières pulsantes. *« L'objet est alors passé au-dessus de moi »*, dira-t-elle plus tard. *« Cette lumière a jailli et je me suis retrouvée dans cet endroit... »*

Elle se trouve alors dans une pièce étrange, face à un individu au crâne chauve, vêtu d'une cape noire fluide à col montant, *« une cape de Dracula »*, selon sa description. Le personnage tient dans ses deux mains tendues une sphère avec une croix attachée dessus. *« J'ai été paralysée par la peur »*, raconte Maxine. *« Il y avait deux autres êtres de part et d'autre de cet homme. »*

Elle a ensuite l'impression de bouger d'une étrange façon, ce qu'elle peine à expliquer. *« Je me déplaçais, mais sans marcher ; je planais, j'avançais. On m'a ainsi emmenée jusqu'à une table, sur laquelle on m'a placée puis immobilisée au niveau des jambes. Les attaches étaient si serrées qu'elles ont laissé des marques encore visibles le lendemain. On m'a dit quelque chose ; c'était comme si j'avais quelque chose dans la tête. Je leur criais de me laisser partir, mais ils ne voulaient pas. Ils essayaient de me rassurer, en vain. »*

Maxine décrit la pièce dans laquelle elle se trouve comme étant ovale, semblable à une salle de conférence. Alors qu'elle est allongée sur ce qu'elle suppose être une table d'examen, elle voit ses ravisseurs sortir un appareil compliqué et le placer sur sa tête. *« L'instant d'après, je me suis retrouvée sur la route sans aucune idée de comment j'y avais atterri. »*

Maxine se retrouve avachie sur la chaussée, à une centaine de mètres plus bas de l'endroit où elle avait vu l'ovni pour la première fois. *« Lorsque je me suis retrouvée au sol, j'ai levé les yeux et l'objet a fait Shisssh. Il s'est élevé et a disparu dans le ciel. »* Souffrant d'un violent mal de tête et d'une irritation des yeux, la jeune femme réalise que toute la séquence des événements s'est déroulée dans un silence absolu. Le bruit de l'objet disparaissant dans le ciel a été le premier qu'elle a perçu depuis qu'elle s'était retrouvée dans cette étrange pièce ovale. Troublée par son expérience, Maxine écrit à la BUFORA qui organisera un entretien.

Les circonstances de son expérience, les lumières et le transfert dans un lieu étrange ont des liens avec les phénomènes d'enlèvement, mais les descriptions données par Maxine ressemblent davantage au décor d'un film de vampires de série B. Le premier personnage qu'elle a vu était habillé comme Dracula et tenait une sorte de croix. Peut-être était-ce la seule manière pour elle de décrire une scène si éloignée de son quotidien ordinaire. Maxine n'a pas subi d'hypnose, et sa rencontre rejoint donc celles du dossier des enlèvements probables.

Kate Walker (pseudonyme)
Septembre 1977
Windwhistle Hill, Chard, Somerset

Pour illustrer ce cas, nous commencerons par citer le célèbre astronome franco-américain Jacques Vallée : *« C'est le destin de l'homme d'être toujours pris entre ses convictions scientifiques et l'évidence contrariante qu'elles ne tiennent pas compte de tout ce qui existe. D'autres forces se manifestent. Nous sommes prompts à leur donner des noms commodes et des rôles familiers. Nous les appelons fantômes, esprits, extraterrestres. Lorsque tout le reste échoue, nous les transformons misérablement en dieux, pour mieux adorer ce que nous ne parvenons pas à comprendre, pour mieux idolâtrer ce que nous sommes trop paresseux pour analyser… La seule chose qui compte dans cette vie, c'est d'en interroger le mystère, avec tous les moyens dont nous disposons, à chaque instant de lucidité, à chaque respiration »*.

Un résumé de l'affaire qui va suivre a été publié dans un numéro d'*UFO Times* par Gloria Dixon, directrice des enquêtes de la BUFORA. Cependant, les recherches ont continué durant toutes ces années et c'est pourquoi une étude complète est présentée ici. Comme c'est souvent le cas lors d'enquêtes sur ce genre d'expériences, il peut être extrêmement difficile de fournir des explications définitives aux victimes. Les enquêteurs sont amenés à suivre de nombreuses pistes, qui parfois aboutissent à plusieurs hypothèses (voire aucune).

Kate Walker et sa famille ont vécu deux événements extraordinaires en septembre 1977, durant leur voyage de Yeovil à Chard, dans le Somerset. Examinons leurs expériences remarquables et ce qu'elles peuvent nous révéler sur la conscience humaine, ainsi que nos perceptions et notre compréhension d'événements inexplicables.

Mais pour avoir une vue d'ensemble de ces événements, vous devez d'abord connaître l'histoire de cette région qui a donné naissance à la mythologie et au folklore qui l'entourent, en particulier Windwhistle Hill. Toutefois, avant de commencer, nous souhaiterions remercier plusieurs anciens enquêteurs de la BUFORA qui ont participé à cette affaire. Il s'agit de Robert Moore, qui vit dans le Somerset et qui a effectué des recherches dans la région à partir d'archives et de livres et John Heptonstall, qui a mené des enquêtes et des recherches et a interrogé Kate et son fils aîné dans le nord de l'Angleterre, où ils vivent actuellement.

Enfin, nous tenons également à remercier Jason Eastwood, qui nous a fourni des photographies et des informations sur la région de Windwhistle Hill. Dans son livre *Ten Somerset Mysteries*, l'auteur Charles Whynne-Hammond dépeint avec brio les caractéristiques de cette région. Elle se trouve à l'extrémité sud du Somerset et s'élève à plus de 210 m au-dessus du niveau de la mer. Depuis le sommet, on peut apercevoir deux bras de mer, le canal de Bristol et la Manche. Constitué de grès, de calcaire et de sable vert, il est couvert de forêts de grands hêtres. Cricket St Thomas se trouve en contrebas du bourg d'Ilminster et est entouré de campagne et de petits villages. C'est une région peu peuplée, très solitaire et isolée. Whynne-Hammond nous parle ensuite du côté plus mystérieux de Windwhistle, très justement nommé en raison des vents sifflants à travers les cimes des arbres. Il raconte au lecteur les lumières étranges, les sons, les figures et les formes, les phénomènes insolites et sinistres de cette région, et les automobilistes qui entendent un tapotement sur la vitre de leur voiture. Un livre publié à la fin du XVIIe siècle fait référence à un certain nombre de témoignages mystiques rapportés au cours de l'année 1662 par les habitants de Chard et Crewkerne. Ces villes sont situées aux deux extrémités de Windwhistle Hill. L'auteur souligne également que si les observations d'ovnis ont été faites par des personnes seules ou de petits groupes, d'autres phénomènes étranges ont été observés par l'ensemble des habitants du sud du Somerset. Les rapports d'observation et d'incidents étranges se sont poursuivis jusqu'à aujourd'hui et, selon la littérature, Windwhistle a connu une histoire de bandits de grand chemin et de contrebandiers au cours des XVIIe et XVIIIe siècles. L'A30 était autrefois une route de diligence, de Londres vers l'ouest du pays, et les brigands pouvaient se cacher dans les hêtres pour attendre les carrosses et leurs cargaisons d'objets de valeur. On a suggéré que l'auberge Windwhistle, située près du sommet, était le point central pour ces malfaisants, qui utilisaient les puits et les grottes de toute la région pour cacher leur butin ainsi que les corps de ceux qu'ils avaient dévalisés. L'histoire raconte que des squelettes ont été découverts dans ces caches naturelles.

Alan Holt, dans son livre sur l'*East Somerset*, explique que Windwhistle Hill serait hanté par une sorcière qui aurait été renversée par une diligence il y a plusieurs décennies. On dit également que le diable est enterré dans cette région et il semble que de nombreux voyageurs aient vécu d'étranges incidents nocturnes.

Dans *The Folklore of Somerset*, Kingsley Palmer mentionne les chroniques de contrebandiers sur Windwhistle Hill et la façon dont ces récits ont marqué les esprits des riverains. L'un d'eux relate un incident impliquant des douaniers et des contrebandiers qui s'est terminé dans un bain de sang. Ces histoires décrivent des rencontres fantomatiques avec les esprits de ces hommes tombés lors de cette course-poursuite, incluant des bruits de chevaux et de cavaliers. Avec ce bref historique, nous espérons vous avoir donné un aperçu du décor et de l'atmosphère de cet endroit, ainsi que du folklore qui y est solidement attaché.

En septembre 1977, Kate Walker, son mari et leurs deux jeunes fils âgés de sept et six ans rentrent chez eux à Chard après avoir rendu visite à des proches. Ils partent à 21 h 30 et roulent sur l'A30 à l'approche de Windwhistle Hill, dans une région très isolée, à quelques kilomètres de Chard. Lorsqu'ils atteignent le sommet d'une colline, Kate et sa famille observent sur leur gauche une énorme lumière orange diffusée par les nuages. La source semble se situer juste à côté de la route. Elle est partiellement masquée. Ils ne s'inquiètent pas outre mesure étant donné qu'une centrale électrique se trouve un peu plus loin.

Cependant, à mesure qu'ils se rapprochent, la lumière devient plus facile à observer. Kate affirme qu'elle est massive, totalement statique, très basse et brillante. Elle la décrit comme ayant une forme de cigare d'une envergure d'environ 100 m, et estime son altitude comprise entre 250 et 300 m. En se rapprochant, elle remarque que le pub situé à droite de la route, *The Windwhistle Inn*, est quasiment plongé dans l'obscurité, à l'exception d'une lumière à l'étage. Elle regarde sa montre pour vérifier l'heure, car il lui semble étrange que l'établissement, extrêmement populaire, soit déjà fermé (il n'est que 22 h 10). Kate lève de nouveau les yeux vers la lumière qui se trouve maintenant presque au-dessus du véhicule, juste à côté de la route. Elle se sent très mal à l'aise et demande à son mari d'accélérer. La seule chose dont elle se souvient clairement ensuite, c'est d'avoir aperçu sur la voie opposée un phare de vélo semblant venir de nulle part et continuer sur la route vers Crewkerne.

En arrivant chez eux, Kate découvre qu'il est 22 h 50. Normalement, le trajet depuis Windwhistle Hill n'aurait dû prendre que 10 à 15 min... Une demi-heure manque. Comme son mari ne remarque pas cette possible discordance temporelle, elle finit par l'oublier. Quelques jours après l'incident, ils retournent voir des proches et effectuent à nouveau le même trajet de retour. Alors qu'ils passent le sommet de la colline, à environ 200-300 m du premier incident, ils voient devant eux, sur le bas-côté gauche, deux personnes. L'une est étendue, l'autre debout.

Ils pensent tout d'abord que quelqu'un a été blessé et ils ralentissent. La personne debout fait alors un pas en avant. Elle est « *anormalement grande avec des jambes horriblement longues et minces* ». Le conducteur fait un écart pour l'éviter, et ils continuent leur route sans un regard en arrière. Ils sont tous d'accord pour dire que personne ne peut avoir des jambes aussi longues. Kate s'attend à entendre parler de l'incident dans le journal local, d'un éventuel blessé ou malade, mais rien de tel n'arrive.

Elle nous fera remarquer que rétrospectivement, il leur semblera très étrange d'avoir pris cet épisode hors du commun si calmement et d'avoir simplement continué leur vie, sans jamais en discuter.

Cette histoire prend une tournure significative dix-huit ans plus tard, lorsque Kate (désormais remariée) et ses fils, âgés de vingt-cinq et vingt-six ans, abordent enfin le sujet. Ils parlent tous les trois des vacances en famille et des endroits où ils avaient l'habitude d'aller ensemble, lorsque Kate leur demande s'ils se souviennent de la lumière orange qu'ils ont aperçue à côté de Windwhistle Hill. La question déclenche une discussion sur les souvenirs que chacun a gardé de cette nuit-là. Son fils aîné, Jeff, réfute le fait qu'ils aient roulé sous l'objet. Il se rappelle que sa mère a bien dit à son père d'accélérer, mais qu'en faisant cela, « *le moteur s'est arrêté et les phares se sont éteints»*. Son père a commencé à paniquer et a essayé de redémarrer la voiture, sans succès.

Il enchaîne en racontant qu'à ce moment-là, les choses sont devenues bizarres et que tout s'est déroulé au ralenti. Il se souvient que son père a bondi vers le siège passager et qu'au même moment, il a entendu un bourdonnement très profond, lent et rythmé. La porte du côté passager était ouverte, mais il ne comprenait pas pourquoi son père avait réagi de la sorte, car dans son souvenir, sa mère ne s'y trouvait pas. Il se souvient ensuite que son père a donné plusieurs coups de poing sur le tableau de bord, mais au ralenti et sans qu'aucun son ne soit audible. Il a eu peur et s'est retourné pour s'assurer que son jeune frère allait bien. Tony regardait par la fenêtre latérale et semblait excité, sans qu'il ne sache pourquoi. Son père s'était retourné et criait, mais Jeff n'entendait aucun son. Il s'est alors rendu compte que son père regardait la lunette arrière et qu'il était terrifié. Tony, agenouillé sur le siège arrière, pointait quelque chose du doigt en disant : *« Regarde Jeff, regarde Jeff »*, et bien qu'il puisse à nouveau l'entendre parler, l'action se déroulait toujours au ralenti.

Jeff comprenant qu'il y avait quelque chose derrière la voiture s'est senti paralysé par la peur et a aussitôt baissé la tête et couvert son visage. Allez savoir pourquoi, le souvenir de son frère Tony a alors disparu de la même manière que celui de sa mère. Il a ainsi eu l'impression d'être seul avec son père dans la voiture. Une forte lumière blanche a traversé les doigts qui cachaient son visage l'incitant à lever les yeux. La lumière était partout, à l'intérieur et à l'extérieur de la voiture. Elle était blanche et très brillante, comme celle d'un éclair, mais ne blessait pas ses yeux. Son dernier souvenir a été de voir une forme sombre à l'extérieur de la voiture.

Il la décrit comme étant très grande et se penchant vers la fenêtre pour regarder à l'intérieur. Elle semblait humaine, bien qu'il sache que ce n'était pas le cas, raison pour laquelle il était effrayé. Dans son souvenir suivant, il regarde la lumière orange à nouveau et aperçoit « le phare de vélo » venir vers eux à quelques mètres seulement. Il se rappelle avoir dit *« D'où vient-il ? »*, puis d'avoir regardé en arrière pour constater que la lumière orange avait disparu. Il explique qu'initialement, il ne se souvenait que de la lumière orange, la forme du cigare, et d'avoir entendu et ressenti le bourdonnement et les vibrations. Au fil des ans, des souvenirs fragmentaires de cette nuit lui étaient revenus, mais comme personne n'en parlait, il avait estimé ne pas devoir en faire état. Il se souvient également que, juste après l'incident, les garçons de son école avaient parlé d'observations étranges à Windwhistle Hill.

En résumé, ses vagues souvenirs de l'incident sont :

- d'avoir fermé la portière à clé lorsque sa mère le lui a demandé,
- de n'avoir jamais regardé derrière lui,
- mais d'avoir toutefois aperçu cinq silhouettes noires.

Il se rappelle également qu'il a eu l'impression, selon ses propres termes, qu'ils ont été enlevés tous les quatre et qu'au moment où quelque chose l'a regardé par la fenêtre, son tour était venu de *«partir»*. Kate insistera sur le fait qu'il ne s'agissait pas seulement d'un sentiment, mais d'une conviction.

Les souvenirs de Jeff lui semblent désormais plus clairs maintenant qu'il en parle avec son frère et sa mère. Ils sont tous surpris de constater qu'ils ont gardé des souvenirs différents de l'affaire, à l'exception de l'observation de l'énorme lumière orange et du décalage temporel.

Kate nous a écrit dans une lettre : *« Je trouve incroyable, en y réfléchissant maintenant, toutes ces années plus tard, que nous ayons pu à ce point ignorer tout ceci à l'époque. Nous n'en avions jamais parlé et la vie a continué comme si de rien n'était. Cela a été un grand soulagement d'en parler à quelqu'un »*.

Robert Moore a mené des recherches dans cette région afin de trouver des cas similaires. Il est intéressant de noter que des lumières inhabituelles et une entité ont été observées sur une période de dix ans à Cricket Malherbie, dans le sud du Somerset, à moins de 3 km au nord-ouest de Windwhistle Hill. Un article paru dans le *Yeovil Weekly News* a également fait état d'un certain nombre de témoignages inhabituels dans cette région, dont cinq que nous aimerions mentionner ici :

Une première personne témoigne d'un incident vécu en 1991 par son mari, son petit-fils et elle-même, incident au cours duquel ils ont aperçu ce qui ressemblait à une «grande silhouette» regarder par la fenêtre de la ferme, suivi quelques jours plus tard de l'apparition d'un «objet en forme de soucoupe».

La seconde fait état d'un épisode similaire à celui de la famille Walker sur Windwhistle Hill, vécu en 1975.

Le témoin suivant évoque une expérience étrange sur Windwhistle Hill alors qu'il conduisait un camion en 1976 ou 1977. Il affirme que son véhicule est devenu incontrôlable, comme sous l'effet d'une force étrange, puis qu'il a plané au-dessus de la route sur une distance d'environ 100 m avant qu'il ne puisse en reprendre le contrôle.

La quatrième personne relate qu'elle a observé en novembre 1959, avec son mari, un immense ovni de couleur argentée en forme de toupie, près de Windwhistle Hill. Les protagonistes ont été comme « hypnotisés » de 23 heures à 9 heures le lendemain matin et, pour une raison qui leur échappe, ils se sont sentis incapables d'en parler à qui que ce soit.

La cinquième était employée par Westland Helicopters à l'époque des observations de Kate Walker. Elle pense que la lumière qu'elle a vue était probablement celle d'un hélicoptère *Sea King*, équipé d'un faisceau « Nitesun ».

Alors ? Que dire de l'expérience vécue par la famille Walker à Windwhistle Hill en 1977 ? Des explications d'ordre astronomique seraient pures spéculations, sachant que Kate ne se souvient pas de la date exacte de l'observation, se contentant de dire qu'elle s'est produite à la fin de l'été, voire en septembre. Toutefois, un autre objet volant inhabituel a été observé le 12 septembre 1977, comme le rapporte le journal *Chard, Ilminster, Axminster*. Le témoin l'a décrit comme une lueur orange se déplaçant à vive allure de l'ouest vers le sud. Cela pourrait permettre d'établir une date pour l'observation de la famille Walker, mais rien ne prouve que les deux événements soient liés. Kate, pour sa part, est convaincue que c'est bien le cas, compte tenu des dires de son fils Jeff qui replace cet épisode quelques jours après sa rentrée scolaire.

La Lune aurait pu faire l'objet d'une erreur d'identification, ce qui n'est pas à exclure sachant qu'il existe des incidents où l'astre a été confondu avec un ovni. Vénus, Mars et Jupiter ne sont pas des candidates recevables, car elles n'étaient pas visibles entre juin et septembre 1977, à 22 h 10.

Il y a des lignes électriques dans la région. Les champs électromagnétiques (CEM) générés pourraient-ils être responsables des souvenirs de cette nuit en raison de leurs effets sur le cerveau humain, comme l'ont montré les recherches conduites par Albert Budden (nous reviendrons plus loin sur cet auteur et sa théorie pour le moins fascinante) ? John Heptonstall a interviewé Kate et son fils Jeff en 1997. Il écrit : *« Cette explication ne peut être exclue si les émetteurs étaient là en 1977. Elle pourrait certainement expliquer certaines expériences étranges vécues localement. Comme la prise de contrôle du camion du troisième témoin par les effets très subtils qu'un CEM pourrait avoir sur son activité cérébrale ainsi qu'un impact sur le moteur et certains types de systèmes d'allumage plus sensibles aux CEM que d'autres »*. Heptonstall poursuit : *« Néanmoins, je ne pense pas que les effets des CEM puissent expliquer la plupart des événements inhabituels rapportés par les témoins. Par exemple, le cas Walker serait plus difficile à expliquer comme une hallucination induite par les CEM, même si ce n'est pas impossible. Nous arrivons alors bien sûr à la question importante de la récupération de la mémoire et aux problèmes liés à l'obtention d'une vérité objective sur un événement étrange».* Un extrait du *British Journal of Psychiatry* sur la psychologie de la mémoire indique de son côté : *«On croit généralement que la mémoire fonctionne comme un magnétoscope, les événements étant enregistrés et stockés, en attendant d'être récupérés tels qu'ils ont été enregistrés. Or, la mémoire est un processus beaucoup plus complexe et moins efficace. Bartlett a montré que la mémoire biographique est essentiellement un processus de reconstruction dans lequel seuls certains éléments de l'expérience passée sont stockés et peuvent être récupérés. Loin d'être récupérés tels quels, les souvenirs peuvent être reconstruits et élaborés par toutes sortes d'influences ultérieures».*

Il devient manifestement de plus en plus évident que nous devons comprendre le fonctionnement de la mémoire d'une manière beaucoup plus complète afin d'estimer la faillibilité des souvenirs, en particulier au niveau de la compréhension de ces expériences inexpliquées. Il est intéressant de noter que dix-huit ans plus tard, le fils aîné de Kate, Jeff, s'est souvenu de certains aspects de l'incident de cette manière. Au moment de l'incident, Kate ne se souvenait que de choses étranges, comme le fait que le bar était plongé dans l'obscurité, à l'exception d'une lumière dans une pièce à l'étage. Jeff se souvient que cette lumière était de la même couleur que la lumière orange sur la colline. Kate se souvient également d'avoir senti que quelque chose n'allait pas et d'avoir demandé à son mari de rouler plus vite. En outre, elle estime que le temps passé en voiture de Windwhistle à leur maison de Chard avait quelque chose d'étrange. La sœur de Kate se souvient parfaitement que celle-ci a fait part à leur mère de cet incident, en évoquant la lumière orange inhabituelle et le décalage horaire. Le frère cadet, aujourd'hui âgé d'une vingtaine d'années, n'a pas souhaité participer à l'entretien avec John Heptonstall, car il ne se souvenait que d'avoir vu l'énorme lumière orange. En outre, il n'a pas éprouvé les mêmes sensations que Kate et Jeff à propos de cet incident.

Les vagues souvenirs de Kate ont été évoqués dix-huit ans plus tard, lorsque la mère et les deux fils ont finalement discuté de l'incident. Ceux-ci n'étaient pas clairs immédiatement après l'incident, mais au cours de leur conversation, Kate s'est remémoré ces quelques vagues éléments comme s'ils étaient tirés d'un rêve :

- L'arrêt du moteur
- Avoir crié aux garçons de verrouiller leur portière
- Quelque chose regardant par la vitre latérale
- Cinq silhouettes noires s'approchant de la voiture par l'arrière
- Son mari s'élançant pour l'attraper et la tirer vers l'arrière et puis… plus rien.

En ce qui concerne le deuxième incident, les quatre personnes présentes dans la voiture s'en souviennent. Nous avons reparlé à Kate récemment et nous lui avons demandé pourquoi ils ne s'étaient pas arrêtés dans un endroit aussi isolé, alors qu'il semblait que quelqu'un était blessé et que la silhouette semblait leur faire signe de s'arrêter. Kate m'a dit qu'elle ne se sentait pas du tout coupable de ne pas s'être arrêtée, parce qu'elle savait que quelque chose n'allait pas et que la silhouette ne ressemblait pas à un être humain normal. Son mari avait pris la décision de ne pas s'arrêter et avait dû contourner la silhouette et se retrouver de l'autre côté de la route, à contresens.

Deux ou trois mois après leur discussion et avec ces souvenirs en tête, Kate a contacté la BUFORA et nous a téléphoné au cours de l'été 1996. Nous posons donc à nouveau la question : que s'est-il passé cette nuit-là ? Une question à un million de dollars ! Il est intéressant de noter qu'il y a eu deux événements inhabituels perçus à quelques jours d'intervalle. Nous avons parlé avec Kate au téléphone à plusieurs reprises depuis qu'elle a témoigné de ces expériences, et nous avons également communiqué par courrier pour enregistrer ce cas. John Heptonstall s'est de son côté entretenu avec elle et son fils aîné en 1997. Entretien consigné dans un rapport adressé ultérieurement à la BUFORA.

Il est regrettable que ni Kate ni ses fils n'aient eu de contact avec le mari depuis lors, de sorte qu'il n'est certainement pas au courant qu'elle a contacté la BUFORA. De plus, il s'agit d'une affaire familiale sensible. Il paraît donc peu probable qu'un enquêteur puisse lui parler afin d'obtenir une corroboration et sa version des faits. Kate espère toutefois qu'à l'avenir, elle parviendra à discuter des événements avec son ex-mari, ce qui pourrait apporter des informations vitales et permettre de mieux comprendre ce qu'a vécu cette famille au cours de ces deux nuits. John Heptonstall note en tous les cas que « quelque chose » s'est bien passé qui leur a causé peurs et préoccupations.

Il semblerait donc que la région de Windwhistle Hill soit vraiment sujette à d'étranges phénomènes, se distinguant par son folklore riche en lumières étranges et apparitions fantomatiques.

Ces récits captivants soulèvent une question fondamentale : cachent-ils une part de vérité ? Malheureusement, rien ne permet d'établir une conclusion définitive. Kate est une femme de bon sens et une mère attentionnée au sein d'une famille aimante. Elle a également connu plus que sa part de tragédies dans les années qui ont suivi ces expériences et aspire à découvrir s'il existe des réponses aux mystères de ces deux nuits. Engagée dans ses propres recherches, elle espère s'établir de façon permanente dans le Somerset, afin de poursuivre ses investigations avec détermination.

Elle n'est pas encline à la fantaisie et ne manifeste aucun intérêt particulier pour les phénomènes inexpliqués. De manière pragmatique, elle cherche des réponses insaisissables à des questions sur ce qui a pu ou non se produire au cours de ces deux nuits, adoptant une attitude ouverte face aux diverses théories susceptibles d'expliquer ces événements. Néanmoins, il est impératif de saisir l'importance de l'enjeu tant cette femme et son fils Jeff sont intimement convaincus que quelque chose d'inexplicable s'est produit, défiant toute explication rationnelle. Cette affaire fait toujours l'objet d'une enquête, mais il est important de souligner le fait qu'il y a eu deux événements à quelques jours d'intervalle.

Les questions abondent et dépassent de loin les réponses, et ce dossier n'est pas exempt de problèmes, dont le plus notable est les vingt-trois années écoulées depuis les faits, sans oublier les difficultés liées à la fiabilité et à l'objectivité des souvenirs de cette nuit-là. Il est tout à fait possible que Kate et sa famille aient vu quelque chose qui aurait pu être expliqué si une enquête avait été menée à l'époque. Les anomalies perçues, comme la fermeture du pub, les discordances temporelles et autres, auraient pu découler de l'interprétation d'une immense lumière orange comme étant un ovni. De plus, l'isolement et l'éloignement de cette zone, la nuit, pourraient avoir contribué à créer un climat de peur et de malaise au sein de la famille.

Même le second incident, qui implique deux silhouettes au bord de la route, pourrait être le fruit d'une mauvaise interprétation due, peut-être, aux effets inconscients de l'incident précédent. Ces hypothèses sont envisageables, mais il serait difficile, après tant d'années, de prouver qu'il s'agit d'une cause possible. Qu'en est-il des souvenirs, tant d'années plus tard ? Un schéma qui s'est indéniablement manifesté à l'examen de ce type d'expériences, où les individus affirment se rappeler avec plus de précision et de clarté un incident depuis longtemps oublié. Est-ce dû à l'imagerie qui s'est enfouie dans notre inconscient, forgeant des modèles préconçus et subjectifs pour expliquer ce qui s'est passé ? Et n'oublions pas les influences des champs électromagnétiques qui peuvent avoir joué un rôle ici. Jason Eastwood apporte des informations supplémentaires sur la zone après avoir pris des photographies. Il dépeint la zone autour de l'auberge comme désertée, entourée de champs et de forêts. Le temps peut changer très rapidement dans cette région, enveloppant rapidement l'espace d'un brouillard dense. Des câbles électriques longent la route principale et passent à côté du bar. À côté de l'auberge est situé un bâtiment rempli d'équipements électroniques. De l'autre côté du champ se trouvent un émetteur et un autre bâtiment avec des équipements électroniques, portant une pancarte indiquant que le site appartient à *Vodaphone*. De l'autre côté de la route, on repère un échangeur d'eau souterrain qui ressemble à un bunker de la Seconde Guerre mondiale, et n'est pas visible depuis la route. Il est évident que certains de ces éléments n'étaient pas présents en 1977.

Ces hypothèses demeurent des possibilités. Néanmoins, il est impératif de comprendre que Kate et ses fils portent en eux le souvenir prégnant d'événements exceptionnellement insolites et perturbants de cette nuit, bien que ces souvenirs soient fragmentés. Au fil de nos échanges avec Kate, nous avons toujours perçu chez elle un désir ardent de trouver des réponses aux deux incidents qu'elle n'arrive pas à expliquer, même après toutes ces années. Il ne nous appartient pas – ni ne devrait nous appartenir – d'imposer notre propre interprétation des expériences vécues par cette famille sans saisir pleinement le contexte élargi de ces voyages déconcertants, face auxquels nous rencontrons d'énormes difficultés. En effet, un océan de théories tente d'expliquer ce qui a pu – ou non – se produire cette nuit-là. Les expériences de la famille Walker, ainsi qu'une quantité d'autres similaires, gagnent en définition et en clarté au fur et à mesure que les gens décrivent un nombre croissant d'expériences humaines extraordinaires.

Ces rencontres englobent toute une variété de récits stupéfiants, incluant des expériences extracorporelles, des expériences de mort imminente, des communications avec les morts, des rencontres avec des extraterrestres, des *missing time*, des apparitions, des distorsions temporelles, etc. Je suis convaincu que nous devrions reconnaître que ces témoignages curieux demeurent avant tout des problématiques humaines. Qu'ils soient en lien avec d'autres mondes hors de notre perception de la réalité, d'ordre psychologique, créés par des phénomènes naturels, des énergies terrestres inconnues, ou qu'ils résultent de champs électromagnétiques puissants interagissant avec le cerveau ou d'autres fonctions de la conscience, il est crucial que nous tentions de saisir une partie de l'essence de ces événements. Comme l'affirme le physicien-mathématicien Roger Penrose : *« Le mystère ultime de l'existence est la conscience humaine »*.

En effet, qu'est-ce que la conscience ? N'est-elle qu'une fonction de l'interface cerveau/esprit ? Une source externe était-elle responsable des expériences vécues par la famille Walker ? Cette source a-t-elle créé un état modifié de la conscience, conduisant à leur compréhension personnelle de ces événements particuliers ? Ou bien s'est-il passé autre chose, qui, pour une raison ou une autre, lors de ces nuits spécifiques, dans cette zone précise, a ouvert des portails vers d'autres mondes qui semblent réels et pourtant ne le sont pas au sens physique, donc ne se produisent pas dans notre perception du monde ? Cela les rend-il moins réels pour celui qui les expérimente ? Disposons-nous d'un moyen d'expliquer ces expériences avec la capacité limitée de notre langage et la force de l'imagerie et des modèles visuels culturels sur lesquelles nous nous basons pour essayer de comprendre ? Quelle est la véritable nature de ces étranges expériences humaines et ont-elles une valeur réelle pour nous en termes de voyages et de rencontres spirituelles ?

Nous tenons à exprimer nos sincères remerciements et toute notre gratitude à Kate Walker, Jeff et Tony pour avoir permis à la BUFORA de documenter leurs expériences sur Windwhistle Hill, en 1977.

Nous remercions la BUFORA de nous avoir permis d'accéder à ces informations et de les ajouter à une liste toujours croissante d'enlèvements probables.

CHAPITRE VIII
Anatomie d'un enlèvement

Tous les enlèvements sont-ils identiques ou montrent-ils de discordances ? La raison pour laquelle cette question est souvent posée est évidente. Si différentes personnes à travers le monde rapportent des événements qui suivent le même *modus operandi*, cela ajoute une véritable crédibilité à la théorie selon laquelle nous sommes effectivement les cobayes d'un « laboratoire extraterrestre ». Si les méthodes de capture, les détails de l'examen et le mode de retour sont communs, les chances que ces expériences soient vraies sont renforcées. Dans l'hypothèse où des personnes du monde entier inventeraient de telles histoires, comment se fait-il qu'elles soient si semblables ? On pourrait en effet s'attendre à ce que des individus différents, issus de milieux différents, imaginent des histoires différentes. Thomas E. Bullard, titulaire d'un doctorat en psychologie (université de l'Indiana), a effectué des recherches et rédigé une étude comparative sur les enlèvements par des extraterrestres pour le compte du *Fund for UFO Research in America*, une étude axée sur la question du lien entre le phénomène et le folklore.

L'examen scientifique du Dr Bullard, qui compte environ 300 cas d'enlèvements – pour la plupart américains – n'a pas permis de tirer de conclusions définitives sur ce lien supposé, mais il a offert un aperçu remarquable de la structure des enlèvements et leurs dénominateurs communs. Le Dr Bullard a montré qu'il existait un schéma séquentiel d'événements et bon nombre des séquences qu'il a décrites peuvent être appliquées dans les cas britanniques que nous mettons ici en lumière. Depuis la capture jusqu'au retour au domicile, il a identifié plusieurs étapes bien distinctes de l'*abduction* et a quantifié leur fréquence dans la masse des rapports étudiés.

Il ne s'agissait pas, toutefois, d'un simple exercice statistique, mais d'une tentative sérieuse de trouver une explication satisfaisante au fait que tant de personnes vivent des événements étranges et... semblables. « *La chose la plus remarquable à propos des enlèvements par des ovnis est tout simplement qu'ils se produisent* », déclare-t-il. « *La deuxième chose la plus saisissante est qu'ils se produisent très souvent. En termes de qualité et de quantité, l'expression "l'embarras du choix" convient parfaitement. Une caractéristique frappante, mais rarement remarquée dans les témoignages est la séquence identique des événements.»* Le Dr Bullard a identifié huit étapes par lesquelles les personnes enlevées peuvent passer. Il s'agit de :

- La capture ;
- La « conférence » : moment où l'*abducté* s'entretient avec ses ravisseurs ;
- L'examen ;
- La visite du vaisseau ;
- Le voyage aller ;
- La rencontre avec un être divin ou sacré ;
- Le retour ;
- La suite des événements.

« Tous les cas ne contiennent pas tous les étapes », dit Bullard. *« Certains épisodes sont très rares, mais ceux qui apparaissent suivent la séquence prescrite. Sur 193 cas comportant deux épisodes ou plus, 163 montrent l'ordre correct. »*

La capture se compose de quatre séquences distinctes :

- L'intrusion, lorsqu'un ovni apparaît et traque le témoin ;
- La zone d'étrangeté, lorsque des choses contre nature semblent se produire dans le monde physique ;
- Le *missing time*, lorsque le témoin souffre d'une forme de déficience mentale ;
- L'acquisition, moment où les êtres placent le témoin en détention.

« Lorsque deux ou plusieurs de ces séquences se produisent, elles suivent cet ordre dans 77 % des cas. »

L'acquisition peut elle-même se diviser en huit épisodes récurrents :

- Un rayon de lumière peut frapper le témoin ;
- Une force peut l'attirer ;
- Des êtres apparaissent ;
- Une conversation s'ensuit ;
- Les êtres apaisent ou contrôlent le témoin ;
- Ils l'escortent jusqu'au vaisseau ;
- Le font flotter à bord ;
- Le témoin entre dans le vaisseau avec une perte de mémoire momentanée (ou *doorway amnesia*).

« Là encore, 77 % des cas comportant au moins deux de ces événements les organisent dans l'ordre prescrit. »

Le Dr Bullard a également examiné à la loupe l'épisode de l'examen dont font état de nombreuses personnes ravies. Il le décompose en huit activités distinctes :

- Les êtres préparent le témoin en le déshabillant, en le nettoyant et en le plaçant sur une table;
- L'examen proprement dit passe ensuite du général à des préoccupations plus spécifiques;
- Les êtres soumettent d'abord le témoin à une exploration manuelle, apparemment pour évaluer ses caractéristiques externes;
- Un dispositif de balayage, comme un œil ou une lumière, passe ensuite sur le témoin;
- Investigations instrumentales visant peut-être les structures internes et les fonctions physiologiques;
- Les êtres prélèvent ensuite des échantillons de peau, de cheveux ou de fluides corporels;
- Ils procèdent à un examen des zones reproductives;
- Lors d'un examen approfondi, les êtres s'intéressent au système neurologique.

«Au total, 69 % des cas suivent ce schéma.»

La façon dont les personnes enlevées font état de leur retour dans le monde normal a également fait l'objet d'un examen minutieux dans le cadre de l'enquête:

- L'épisode du retour commence par un adieu qui marque le début de la séquence inverse de la capture;
- Le témoin sort et fait de nouveau l'expérience de la *doorway amnesia* lorsque les êtres le font flotter à l'extérieur;
- Il assiste au départ de l'engin;
- Il réintègre le monde normal, reprend ses activités antérieures et les souvenirs de l'enlèvement s'estompent.

«Les quatre parties de cette séquence restent fidèles à la forme dans les deux tiers des cas». Le Dr Bullard ajoute: *«Ce qui importe dans l'ordre de ces événements, c'est que le schéma n'est pas inévitable. Une conférence pourrait précéder l'examen, le prélèvement d'échantillons ou le scanner, sans que cela ne change quoi que ce soit à l'histoire. Cela aurait toujours un sens dans un ordre ou dans l'autre. Le fait que témoin après témoin on obtienne un ordre arbitraire suggère que l'expérience elle-même est structurée de cette manière. La séquence la plus courante de l'interrogatoire est une conférence, une période de conversation plus ou moins formelle entre le témoin et ses ravisseurs. Quatre thèmes la caractérisent: les êtres peuvent interroger le témoin sur des sujets qui les intéressent; les explications sur leur origine et la raison de leur présence sont courantes; ils demandent souvent au témoin d'oublier l'expérience, mais parfois d'apprendre à s'améliorer, ou de leur apporter des informations à une date*

ultérieure; les avertissements indiquant que certains comportements humains sont dangereux et les prophéties d'événements à venir sont également fréquents. Les prophéties prédisent généralement des catastrophes à venir, voire des changements apocalyptiques sur Terre, événements que les extraterrestres ou un témoin éclairé peuvent atténuer. Dans quelques cas, une visite du vaisseau est organisée, apparemment par courtoisie pour le témoin. Cette visite peut inclure un aperçu de la salle des machines».

Les recherches du Dr Bullard ont également révélé qu'un certain nombre de témoins font l'expérience d'un voyage vers ce que certains appellent «une autre planète». Ils rapportent souvent pour l'occasion avoir vu des villes animées et de nombreux signes de civilisation extraterrestre. L'épisode le plus rare est la théophanie, au cours de laquelle le témoin rencontre un être divin ou se voit présenter quelque chose que les êtres considèrent comme sacré d'une manière ou d'une autre. Les séquelles de l'enlèvement peuvent être des cauchemars, des irritations oculaires, des coups de soleil et des coupures ou des blessures par perforation. Les changements à long terme peuvent se traduire par de nouveaux centres d'intérêt, un désir d'apprendre et le développement de pouvoirs extra-sensoriels. Un changement de personnalité, parfois pour le meilleur, ainsi que de nouvelles rencontres avec des extraterrestres sont assez courants. Des expériences paranormales, des visites d'«hommes en noir», des apparitions et des phénomènes de type poltergeists peuvent s'ensuivre. Bullard souligne que *«les éléments récurrents dans les récits ne sont pas uniquement limités à la structure et au contenu des épisodes. L'engin a une forme discoïdale dans 136 cas sur 162. Dans certains cas, le disque est épais. Dans d'autres, il est mince; parfois, un dôme ou des projections différencient l'engin, et les tailles varient tellement que les témoins comparent le vaisseau à n'importe quoi, d'une petite voiture à un terrain de football. Les descriptions de cigares ou autres formes remettent cependant en question le modèle discoïdal général. Une fois à l'intérieur, le témoin se trouve généralement dans une pièce circulaire, en forme de dôme, sans angles vifs. L'éclairage est uniforme et diffus sans qu'une source spécifique ne soit visible, l'atmosphère est généralement froide et moite et l'air difficile à respirer en raison de sa lourdeur ou, plus rarement, de sa nocivité. Les êtres peuvent sembler humains, humanoïdes ou monstrueux. Les humanoïdes représentent les deux tiers des 203 cas où les témoins décrivent les ravisseurs, tandis que les humains apparaissent dans 52 cas. L'humanoïde standard est de petite ou moyenne taille. Il a une grosse tête arrondie avec des yeux énormes et impérieux. Le nez et les oreilles sont petits, voire inexistants, tandis que la bouche n'est rien de plus qu'un trou ou une fente.»*

La peau grise et cendrée est dépourvue de poils et les êtres sont vêtus d'uniformes moulants. «*Certains indices sur la personnalité et les préoccupations des êtres transparaissent dans les témoignages d'enlèvement*», indique le rapport du Dr Bullard. «*La plupart des ravisseurs ont un chef qui converse avec les témoins. Il utilise la télépathie pour s'adresser à eux, mais un discours verbal rapide et marmonné pour communiquer avec les autres membres de son espèce. Les êtres sont polis dans leurs paroles et leur comportement, mais leur courtoisie s'avère souvent fausse, une simple façade pour manipuler le témoin et gagner sa confiance. En fait, Ils semblent rigides et distants, indifférents à la douleur et à la peur des êtres humains, voire ne les comprennent pas.*» L'analyse par le Dr Bullard de chaque détail d'une montagne de rapports d'enlèvements a également révélé que l'intérêt pour la reproduction et la fertilité était un dénominateur commun pour beaucoup d'entre eux. «*L'intérêt des êtres pour la reproduction est mis en évidence lors de l'examen, mais d'autres indices renforcent l'impression que les questions de reproduction et de fertilité occupent une place centrale dans leurs préoccupations*», explique-t-il. «*Dans leurs conversations, les êtres peuvent dire ouvertement qu'ils ont des difficultés à se reproduire, qu'ils souhaitent revigorer leur espèce en se combinant avec des humains, ou qu'ils viennent d'une planète mourante et infertile. Les observations de leur monde confirment cet aveu. La préférence pour les sujets jeunes est frappante et ils rejettent un témoin parce qu'il était trop vieux ou un autre parce qu'il a subi une vasectomie. Ces choix sont logiques si l'intérêt pour la fertilité est ce qui les motive. Les échantillons, l'altération des organes génitaux des témoins et l'ampleur du programme d'enlèvement suggèrent que des êtres en proie à de graves problèmes biologiques exploitent des humains captifs dans le but de survivre. Un certain nombre de phénomènes étranges sont associés aux enlèvements, et ces événements peuvent être regroupés sous le terme d'"effets". Certains effets s'appliquent au monde physique et d'autres à l'esprit. Les effets physiques comprennent une immobilité semblable à celle du vide autour du lieu de l'enlèvement et des influences sur les véhicules à moteur, certains étant des effets électromagnétiques traditionnels connus dans les rapports d'ovnis, d'autres un contrôle apparemment externe sur le fonctionnement du véhicule*».

«*L'effet mental le plus connu est le* time-laps *ou* missing time, *un trou dans la mémoire du témoin pendant la période de l'enlèvement. Ce phénomène apparaît dans 164 cas, tandis que d'autres formes d'altération mentale, telles que l'inconscience ou la léthargie, augmentent ce chiffre. Le témoin peut avoir un comportement inhabituel lorsqu'il est sous l'influence de l'être, et ce dernier semble disposer d'un certain nombre de techniques de contrôle de l'esprit qui lui permettent de l'apaiser, de soulager la douleur et d'obtenir sa soumission. D'autres effets se situent dans la zone d'ombre entre le physique et le mental. Le témoin flotte jusqu'au vaisseau. Défie-t-il la gravité ou a-t-il seulement l'impression de flotter ? Les preuves vont dans les deux sens. Les cas de passage à travers un mur solide et l'effet d'isolement qui fait que l'enlèvement a lieu dans une zone habitée, à la vue de tous, sans que personne d'autre ne s'en mêle, soulèvent des questions similaires».*

Selon le Dr Bullard, l'immense quantité de données qu'il a compilées pour l'analyse n'a donné lieu qu'à très peu de réponses significatives. *«La nature ultime de l'enlèvement échappe à l'étude parce que son véritable sujet n'est pas l'expérience elle-même, mais le témoignage de l'enlèvement»*, déclare-t-il. La conclusion était que trois explications pouvaient expliquer les similitudes entre les rapports d'enlèvement :

- Les rapports peuvent se ressembler parce que différentes personnes partagent le même type d'expérience objective.
- Les récits peuvent se ressembler parce que des personnes différentes partagent le même type d'expérience subjective. Cela suppose l'existence d'un phénomène psychologique universel capable de générer des images mentales et des sentiments d'enlèvement.
- Les récits peuvent se ressembler parce que différentes personnes partagent la même tradition narrative. Les narrateurs ne font alors que répéter la forme et le contenu des histoires entendues par d'autres narrateurs, ou plus plausiblement, un témoignage rendu célèbre influence les perceptions et les descriptions des témoins ultérieurs de sorte qu'ils déforment leur propre expérience pour se conformer à leurs attentes.

Le Dr Bullard estime que chaque explication peut être défendue, mais il pense que ses recherches ont prouvé sans l'ombre d'un doute que *«les témoignages d'enlèvement dans leur ensemble présentent beaucoup plus de similitudes que ne peuvent l'expliquer les accidents, les canulars ou les simples fantasmes»*. Et il ajoute : *«La constance de la forme et du contenu jusque dans les moindres détails démontre que les* abductions *constituent un phénomène cohérent, quelle que soit sa véritable nature. Tout sceptique rejetant cet état de fait s'appuie plus ses convictions que sur des preuves pour soutenir son argumentation.»*

Le rapport du Dr Bullard a été accueilli favorablement par les enquêteurs et les ufologues qui espèrent une étude plus sérieuse et une recherche scientifique plus poussée. Cependant, la branche de l'ufologie qui soutient que les expériences d'enlèvement relèvent du folklore moderne s'appuiera sur ce travail pour étayer ses affirmations. Notre culture moderne est-elle à ce point imprégnée d'ovnis, d'extraterrestres et d'enlèvements qu'elle devient une explication pratique à invoquer lorsque les explications rationnelles nous font défaut ? Il est vrai que nous sommes entourés d'une multitude de livres, de films et d'émissions de télévision sur les ovnis et les extraterrestres.

Mais confrontés à des événements insolites et inexpliqués, allons-nous vraiment opter pour la théorie ultime de l'enlèvement par des extraterrestres, à moins qu'elle n'y corresponde parfaitement ? Comme nous l'avons vu dans les cas que nous avons étudiés jusqu'à présent, la plupart d'entre eux sont plus spécifiques et concernent des lumières dans le ciel et des *missing time*. Le folklore ne peut certainement pas expliquer l'expérience de Philip Spencer. Il a vu une créature verte et l'a photographiée. Il a vu un vaisseau et bien plus encore si l'on admet ce qu'il a raconté sous hypnose. Qu'en est-il de Robert Taylor ? Il a vu un vaisseau et deux autres objets. Il a détecté une odeur âcre ; il a entendu le bruit des sphères hérissées de pointes qui s'approchaient de lui. Il a senti ces objets tirer sur ses vêtements, puis il a trouvé les empreintes, en présence de la police, indiquant qu'un objet de plusieurs tonnes s'était posé à cet endroit. Robert Taylor n'a pas eu recours au folklore pour concilier l'inconciliable. S'il s'agissait d'une « perception » erronée, quelle pourrait être la chose qu'il a vue, entendue, sentie et ressentie ? L'étude comparative extrêmement minutieuse de tous ces cas par le Dr Bullard n'apporte pas de véritables réponses, mais il est intéressant de noter combien de séquences d'enlèvement relevées dans les cas américains se retrouvent également dans notre recueil de cas britanniques. Son travail a, à tout le moins, permis de proposer un guide précieux de l'anatomie d'un enlèvement par des extraterrestres.

CHAPITRE IX
Rencontres plus anciennes

Avec l'avènement du 21e siècle et le 50e anniversaire de l'expression « soucoupe volante » (depuis lors abandonnée), on peut dire que les ovnis et l'ufologie sont arrivés à « maturité ». Comme nous l'avons dit dans le dernier chapitre, avec nos écrans de télévision remplis d'extraterrestres, de vaisseaux spatiaux, de Star Trek et d'émissions de science-fiction, ainsi que nos cinémas remplis de spectateurs avides de rencontres rapprochées, les soucoupes volantes font autant partie de notre culture que le *fish and chips*. Demandez à n'importe quel jeune ce qu'est un extraterrestre, il n'aura que l'embarras du choix. Dark Vador, M. Spock ou E. T., l'extraterrestre le plus mignon jamais sorti des studios d'Hollywood. En tant qu'élément du folklore moderne, l'enlèvement par des extraterrestres n'est donc pas aussi « scandaleux » qu'il y paraît à première vue.

La terminologie, les descriptions des vaisseaux et des *Aliens* sont disponibles en abondance si l'on souhaite construire son propre fantasme d'enlèvement. Toutefois, le phénomène des *abductions*, comme nous l'avons souligné plus haut dans ce livre, plonge ses racines dans les temps anciens. Ces récits antiques utilisaient alors une terminologie et un vocabulaire complètement différents. Des chars ardents, et non des soucoupes volantes, étaient pilotés par des anges ou des dieux, et non par des extraterrestres. Néanmoins, les récits suivants émanent d'une époque qui n'était pas du tout familière avec les ovnis et les soucoupes volantes que nous connaissons aujourd'hui. À cette époque lointaine, avant l'avènement de la révolution technologique, le grand public s'informait via les journaux, le *BBC Home Service* et les actualités projetées dans les cinémas. Le terme « soucoupe volante » venait à peine de naître et mettrait longtemps à arriver jusqu'à nous. Le premier enlèvement présumé par des extraterrestres n'avait pas encore été consigné et le jargon ufologique était inconnu. Certes, les premiers films de science-fiction de série B avaient vu le jour. *La Guerre des mondes*, de l'écrivain H. G. Wells, adaptée en pièce radiophonique sensationnelle entre les deux guerres, avait marqué les esprits, et la science-fiction commençait à s'imposer comme genre littéraire aux États-Unis. Dan Dare et Flash Gordon captivaient déjà l'imagination des jeunes des années 1940 et 1950. Mais pour le citoyen moyen de l'après-guerre, le concept d'enlèvement par des extraterrestres demeurait totalement étranger et aurait semblé absolument ridicule. Aussi ridicule que les vols spatiaux et l'homme marchant sur la lune... Alors, comment expliquer les cas très descriptifs consignés à l'époque ? Nous ne pouvons pas les accuser d'avoir été contaminés, n'est-ce pas ? Le fait que tous les rapports qui suivent proviennent de personnes âgées dont les rencontres ont eu lieu pendant ou peu après la guerre leur confère une grande crédibilité. Comme les autres témoignages de ce livre, ils n'avaient rien à gagner en racontant ces événements et n'ont pas cherché une quelconque rétribution.

Les trois témoins dont nous allons relater les mésaventures n'avaient aucune connaissance du sujet au moment de leur expérience, mais dans les années qui ont suivi, pour des raisons évidentes, ils ont développé un vif intérêt pour les ovnis et les abductions.

En raison des nombreuses années qui se sont écoulées depuis leurs expériences, aussi en raison de leur âge, les détails manquent parfois. Les souvenirs peuvent s'estomper avec le temps, mais les enquêteurs maintiennent que le son de la vérité peut clairement résonner à travers les décennies. Il ne fait aucun doute que ces témoins ont raconté les événements tels qu'ils se les rappelaient, des événements qui leur étaient plus étrangers dans ces années tranquilles qu'ils ne le seraient dans notre société saturée de science-fiction.

Comme l'a récemment déclaré un observateur octogénaire : *« À mon époque, suggérer que l'homme pouvait voler dans l'espace et atterrir sur la lune aurait été considéré comme tout aussi scandaleux que de suggérer que des extraterrestres venus d'ailleurs allaient débarquer sur la Terre, voire plus encore. »* Les cas suivants relèvent-ils de l'histoire ou de la mythologie des ovnis ? Nous vous laissons décider...

Commandant Horatio Penrose (Royal Navy – retraité)
13 mai 1954
Burnaston, Derbyshire

Le commandant Horatio Penrose, retraité de la Royal Navy, jette un coup d'œil autour de lui dans sa berline Vauxhall *Wyvern* noire, alors qu'il se dirige vers son domicile à Birmingham, et hoche la tête avec satisfaction. Tout est en ordre, parfait, pense-t-il, heureux de ne pas avoir accepté de vendre le véhicule après tout. Il a pris le thé avec un couple près de Buxton qui s'est montré très intéressé par l'achat de sa voiture, âgée d'un an. Après avoir bavardé jusqu'à 22 h 30, il leur a annoncé qu'il souhaitait finalement la conserver et s'est préparé à rentrer chez lui. Ils étaient déçus, mais ont gracieusement accepté sa décision.

Pensrose fait ses adieux et s'aventure dans la nuit noire. Il emprunte la route principale de Derby à Burton en direction de Birmingham. Le trajet commence sans encombre, avec peu de circulation à cette heure de la nuit. Cependant, à l'approche des carrières de gravier de Hilton près de Burmanston, il aperçoit soudain une lumière vive devant lui.

« Elle semblait venir vers moi », écrira-t-il peu après dans un compte-rendu complet de son expérience.

Au début, il pense que la lumière qui s'approche est une voiture venant en sens inverse à grande vitesse et ralentit son véhicule pour éviter l'accident. Alors qu'il freine, la lumière s'immobilise au-dessus de lui, provoquant un arrêt si brutal de sa voiture qu'il est projeté de son siège en avant, heurtant sa tête contre le pare-brise. *« J'ai cru que j'avais été victime d'un accident »*. Puis la voiture semble s'élever, soulevée dans les airs par « quelque chose de magnétique ». Il peut voir le toit du véhicule se déformer sous la traction de cette force. En se tordant le cou, il regarde par la fenêtre de la voiture. Malgré ses efforts, il ne parvient pas à distinguer de dispositif de levage.

À cet instant, il perd connaissance et se réveille dans un lit d'hôpital au *Derbyshire Royal Infirmary*, où le personnel infirmier lui dit qu'on lui a fait des points de suture pour une coupure au front. Alors qu'il est allongé, heureux d'avoir survécu, il se rend compte qu'il se souvient clairement de la série d'événements étranges survenus immédiatement après l'« accident ». Des événements si étranges qu'il n'ose encore les révéler à personne : après que sa voiture se soit arrêtée brusquement et qu'elle ait été soulevée dans les airs, elle a été déposée sur le bas-côté de la route. Un homme en combinaison s'est penché par la fenêtre et a soulevé l'officier de marine de son siège, apparemment sans effort, l'a tiré dans les airs et l'a fait monter dans un grand objet circulaire qui planait juste au-dessus de sa tête. *« L'entrée qui se trouvait sous ce grand véhicule rond émettait une lumière très puissante »*, se souvient-il.

Cette lumière lui permet d'apercevoir en contrebas le lieu du « crash ». La voiture est positionnée sur le bord de la route, mais à part cela, il ne voit aucun signe visible d'accident. Penrose se trouve ensuite dans une pièce très éclairée et est allongé sur une table d'examen, vraisemblablement utilisée pour des soins médicaux. Il regarde autour de lui et voit que les murs de la pièce sont couverts de ce qu'il prend pour des mécanismes de contrôle. Les commandes sont manipulées par un groupe d'hommes et de femmes, environ cinq au total. Ils n'ont rien d'inhabituel, si ce n'est qu'ils sont légèrement plus petits que la moyenne et semblables aux Japonais (leurs yeux sont légèrement en amande et leurs cheveux foncés, courts et raides).

Tous portent des combinaisons bleues, d'une seule pièce. L'une des opératrices, séduisante et bien faite, s'approche et examine ses blessures.

Le commandant trouve à cette femme, qui doit avoir la vingtaine, un air sympathique tandis qu'elle examine son front ainsi que ses autres coupures et contusions mineures. Quand elle se penche sur lui, il remarque sa peau d'une blancheur irréprochable, mais avant qu'il ne puisse faire un commentaire, il se rend compte qu'elle lui parle de ses blessures. C'est une sorte de communication télépathique. Il semble comprendre ce qu'elle lui demande et visiblement elle entend sa réponse avant qu'il ne parle. La femme lui fait une injection. La seringue qu'elle utilise contient une sorte de liquide vert. *« J'ai posé des questions sur la mécanique de leur véhicule »*, racontera plus tard le commandant. *« On m'a expliqué que cela reposait sur l'utilisation de champs magnétiques. »* Tandis qu'il tente de donner un sens aux informations qui lui sont communiquées, la femme commence à poser des questions. *« Quel était votre rang ? »*, demande-t-elle. Le commandant répond avec prudence. Ses « bienfaiteurs » pourraient-ils venir d'une puissance étrangère ? Elle semble terriblement intéressée par son travail à la Royal Navy, s'inquiète le militaire, parfaitement conscient que la dernière guerre s'est terminée il y a moins d'une décennie. D'autres questions suivent sur ses expériences et sa compétence en matière de radar, technologie relativement nouvelle à cette époque. Il essaie de détourner l'attention qu'elle lui porte en posant à son tour des questions sur l'engin et son ingénierie. Mais la femme évite toute réponse directe.

Pour une raison obscure, elle fait une déclaration curieuse qui laisse le commandant perplexe. Les mots qu'elle met dans son esprit sont clairs : *« Nous ne naissons pas de la même manière que vous. »* À peu près à ce moment-là, il se souvient d'être somnolent. *« Cette injection devait être un sédatif »*, pense-t-il avant de sombrer dans l'inconscience. Lorsqu'il revient à lui, il est de retour dans sa voiture et se sent vaseux. La voiture a été déplacée. Elle est maintenant perchée à côté des barrières d'une carrière de gravier. Il est tout juste minuit. Un patrouilleur du RAC[10]

10 Royal Automobile Club.

FSR
vol. 23 no. 4 1977

BIZARRE 1954 CAR CRASH

Will hypnosis help to solve the mystery of alleged UFO involvement?

Margaret and Geoffrey Westwood

Our contributors are respectively Secretary and committeeman of UFOSIS (Unidentified Flying Objects Studies Information Service) which is active in and around Birmingham. Chairman of the group is Philip Rogers who was one of the founders of UFOIN, for whom this report has been prepared.

THIS is an account of an incident, the report of which has puzzled us for some time. We have met, and know the witness, Commander H.R. Penrose. We also know his story well; indeed in September 1977 he gave us a signed statement about the incident which, although it occurred in 1954, is still clear to him in most respects. A photocopy of the report has been passed to *Flying Saucer Review*.

As to the incident being clear in the witness's mind "in most respects" we must add that we have known for some time that there are obvious gaps in the commander's story. Because of this it has been our wish to arrange for him to be questioned under hypnosis. Hopefully we might then be able to fill out those gaps. Unfortunately we began to make enquiries about this before the formation (in March 1977) of UFOIN, and the subsequent discovery that FSR would be able to help us arrange for sessions of hypnotic regression. Consequently, after we had made tentative enquiries elsewhere the matter was left in the hands of an American para-psychologist, Dr. Hans Holzer, and we gather that Cdr. Penrose's interrogation may possibly become part of a film.

Here, for the record, are the details of the incidnet as we know them. They seem to begin with a newspaper account in the *Derby Evening Telegraph* of Friday May 14, 1954, of a somewhat bizarre car crash:–

"Mr. Horatio Penrose of 17 Lonsdale Road, Birmingham, escaped with concussion and minor cuts and bruises when his car crashed through the iron railings of the Hilton Gravel Works on the main Derby-Burton road, near Burmaston, just before midnight last night.

"The windscreen was shattered, one door was ripped away, and the main body of the car was also damaged.

"Mr. Penrose was found by a passing motorist trapped in the car with only minor injuries. He was taken by ambulance to Derbyshire Royal Infirmary. His wife travelled from Birmingham to see him today.

"There was no one at Hilton Gravel Works when the accident occurred, and the gates – specially widened for heavy lorries – stood open. If the car had left the road a few seconds earlier it would have gone through the open gates without encountering any obstacle."*

Cdr. Penrose put things in a somewhat different light in his statement. We read of a build-up of relevant events over the two days leading to the crash; we learn, in fact, why he was where he was when things "turned sour" for him.

Detail from a reproduction of newspaper photograph of the wrecked car

On Wednesday May 12, 1954, at approximately 8 o'clock in the evening, the Commander visited a public house in Derbyshire where he met a man with whom he got into conversation about his motorcar, a black Vauxhall *Wyvern* saloon which was about a year old. The man said he would like to buy it and made a very reasonable offer. Cdr. Penrose was undecided, however, and said he would think the thing over before meeting him in the same public house the following evening.

Meeting as arranged next evening, he told his acquaintance that he was still undecided, whereupon he was invited to the man's house for tea. When they got there they found a sit-down meal prepared for them by the man's wife. Cdr. Penrose remembers thinking they were an ordinary English couple, although a little smaller than average. After chatting awhile he told his hosts that he had decided against selling the car, and he then took his leave at about 10.30 p.m.

His journey home took him along the main Derby-Burton road, in the direction of Birmingham. Sudden-

* We are greatly indebted to the Area Librarian, Derby Central Library, for the kind assistance given in locating this news item in the archives.

23

↑ L'affaire du commandant Penrose présentée dans la *Flying Saucer Review* aperçoit l'épave et trouve le commandant, conscient, mais sonné, assis sur le siège du conducteur. Il contacte la police qui interroge l'officier sur l'incident. Mais Penrose choisit de ne pas mentionner l'engin étrange ni ses occupants.

Intrigué par l'interrogatoire incessant des policiers, il se renseigne et apprend qu'une quantité anormale de sang a été trouvée dans sa voiture. Beaucoup plus de sang que ce à quoi on aurait pu s'attendre au regard de ses blessures bénignes. Certains officiers soupçonnent la présence d'une autre personne au moment du crash. Après sa sortie de l'hôpital, il va retourner sur les lieux de l'accident dans l'espoir de trouver des témoins. Son unique découverte est un aiguilleur ferroviaire qui dit avoir vu une « voiture » avec une lumière extrêmement brillante au-dessus passer à côté de son poste de signalisation.

Le commandant va garder le silence sur sa rencontre pendant vingt-deux longues années. Puis, en 1976, il prend contact avec un groupe de recherche sur les ovnis à Birmingham et raconte toute son histoire pour la première fois.

Il déclare alors qu'il a voulu éviter toute publicité parce qu'il craignait le ridicule. En 1976, le climat autour des ovnis avait suffisamment évolué pour qu'il puisse « sortir du placard ». Le commandant Penrose était un « vieux loup de mer » au passé militaire exemplaire. Le crash, ou quoi qu'il se soit produit cette nuit-là, aurait-il pu lui faire perdre la tête ? Les enquêteurs en doutent. En outre, sa description de l'appareil et de ses occupants n'est pas très différente des nombreux autres témoignages qui ont suivi depuis. Horatio Penrose, officier et gentleman, a grandi bien avant que les ovnis et les soucoupes volantes n'entrent dans notre langage.

En 1954, les vols spatiaux relevaient de la science-fiction. Les ovnis et les extraterrestres étaient de la pure fantaisie de bande dessinée, alors pourquoi un commandant de la Royal Navy inventerait-il une telle histoire ?

Albert Lancashire
Septembre 1942
Northumberland

Albert Lancashire frissonne dans le froid glacial. L'hiver semble être arrivé tôt, pense la jeune sentinelle de 27 ans en enfonçant ses mains plus profondément dans les poches de son manteau réglementaire de l'armée. Pourtant, garder cette base radar secrète contre la *Luftwaffe* est un travail important, songe-t-il en contemplant la mer du Nord. Ce n'était pas aussi difficile que ce que ces pauvres Russes devaient endurer. *« Tout de même, c'est incroyable de penser que nous ne sommes qu'en septembre »*, se dit Albert, tapant du pied pour activer sa circulation sanguine. *« Ça doit être à cause de ce vent maudit qui vient de la mer. »* Il n'a aucune idée de l'heure, mais il fait très sombre. Il est important de se rappeler les ordres, aussi il répète à voix haute les instructions du capitaine : *« Ne tirez pas sur les avions ennemis, car vous ne feriez que révéler la position de la base. »* Tirer de nuit serait pire, pense-t-il. Les pilotes de la *Luftwaffe* les repéreraient rapidement et ce serait la fin de l'installation militaire.

Soudain, l'homme aperçoit une lumière à l'horizon, mais en quelques secondes, un nuage noir passe et l'obscurcit. Puis une autre lumière entre dans son champ de vision. Une lumière jaune cette fois, brillant depuis le bord d'un étrange objet rond. Maintenant plus proche, un faisceau de lumière jaune, d'environ 30 cm de diamètre, se tourne directement vers son visage. Instinctivement, il lève les mains en l'air.

« Je ne me souviens pas d'avoir posé mon fusil, mais j'ai dû le faire, car il était chargé et muni d'une baïonnette. Je ne l'ai pas utilisé parce que nous n'en avions pas le droit. J'ai juste levé les mains. » Une sensation de flottement l'envahit alors puis c'est le noir complet.

Albert reprend ses esprits, choqué et étourdi, allongé à seulement quelques mètres de l'endroit où il se tenait quelques minutes plus tôt. *« Je suis resté là pendant cinq ou dix minutes. Je ne savais pas ce qui s'était passé. »*

À cette époque, Albert ne qualifie pas l'objet qu'il a vu de soucoupe volante (ce terme ne sera utilisé que cinq ans plus tard). Mais il sait d'une manière ou d'une autre qu'il n'est pas de ce monde. Sa conviction se renforce avec une série de rêves qui va perturber son sommeil les années suivantes. Dans un, il regarde la mer à travers une grande fenêtre, tandis qu'un homme vêtu de blanc lui annonce qu'il doit le transporter à l'intérieur du vaisseau. Dans un autre, il se retrouve dans l'appareil et rencontre une femme rousse, en jupe mi-longue, qui lui donne des lunettes de protection.

Ce n'est qu'à la fin des années 1960 que l'histoire d'Albert est mise en lumière. Après avoir lu des témoignages sur une série d'observations d'ovnis, il écrit à la BUFORA à propos de sa propre expérience. Malheureusement, l'écart de temps entre l'événement et son témoignage rend l'enquête difficile. Il évoque pour la dernière fois cette rencontre à la soixantaine. Il raconte profiter de son temps libre de retraité pour dévorer tous les livres sur les ovnis qu'il peut trouver. Mais également de nourrir un grand intérêt pour les questions religieuses et tout ce qui concerne le psychisme. A-t-il été le premier véritable *abducté* de Grande-Bretagne ? Nous ne le saurons jamais, mais il est important de noter que selon Albert l'*abduction* est le seul phénomène qui explique ce qu'il a vécu… même après tant d'années.

June Rice
Août 1956
Filey, North Yorkshire

June Rice, grand-mère joviale, laisse tomber son journal sous le choc en écoutant l'émission de radio. Il s'agit d'une discussion sur les ovnis et les *abductions*. On y parle de personnes qui affirment avoir été enlevées par des êtres étranges qui les ont emmenées « ailleurs ». June pensait qu'elle était la seule femme au monde à avoir été à l'intérieur d'un vaisseau spatial, la seule femme à avoir rencontré des visiteurs d'un autre monde…

Elle se précipite dans la cuisine de sa maison de Wallassy, dans le Merseyside, et se prépare une tasse de thé. La tête lui tourne. Elle repense : y a-t-il vraiment d'autres personnes qui ont vu ce qu'elle a vu ? Elle avait toujours eu trop peur de parler ouvertement de ce qui lui était arrivé des années auparavant, par crainte du ridicule. Mais si d'autres personnes avaient vécu la même chose, peut-être pourrait-elle en apprendre davantage sur ces étranges visiteurs. Peut-être existait-il une organisation qui pourrait l'aider. Sans révéler ses raisons, June se renseigne sur les organismes de recherche sur les ovnis et obtient rapidement les coordonnées de la BUFORA. Elle décroche son téléphone et compose le numéro, la voix à l'autre bout du fil semble amicale, alors elle se lance : *« J'ai été enlevée par des extraterrestres en 1956… »*

Quand deux chercheurs, dont Philip Mantle, rendent visite à June quelques jours plus tard, ils sont immédiatement touchés par sa personnalité accueillante et dynamique. En tant que grand-mère dévouée, son salon déborde de photographies familiales. Avec enthousiasme, elle met un point d'honneur à présenter chaque jeune membre de sa famille dont elle est extrêmement fière. Cependant, elle semble légèrement embarrassée par les événements surréels qu'elle a vécus des années auparavant, lorsqu'elle était une jeune mère avec un fils de seulement dix-huit mois. Encouragée par une écoute bienveillante, elle finit par se détendre et accepte de narrer son témoignage aux enquêteurs.

↑ Mme June Rice

C'était au cours du chaud été 1956. June séjournait chez sa mère à Filey, dans le Yorkshire du Nord. « *Ce devait être au mois d'août* », se souvient-elle. « *Un soir, une amie et moi sommes allées au cinéma. En sortant, nous avons décidé de prendre le chemin le plus facile pour rentrer à la maison, c'est-à-dire à travers champs. Nous avons marché sans encombre jusqu'à ce que nous arrivions près de l'endroit où elle vivait. Sa maison se situait d'un côté des champs et celle de ma mère de l'autre. Nous nous sommes séparées et j'ai repris le chemin de la maison toute seule. Cette nuit-là, tout était calme, inhabituellement calme. Normalement, on voit beaucoup de chauves-souris dans ces champs, mais pas cette nuit-là. Je marchais, il faisait déjà assez sombre, et deux hommes ont semblé surgir de nulle part. Une minute, il n'y avait rien et l'instant d'après, ils étaient là ! Les êtres semblaient venir vers moi, puis ils se sont arrêtés et sont restés plantés là. Ils n'ont rien dit et je n'ai rien dit non plus. Je n'avais pas peur. Je n'étais absolument pas effrayée. Ils étaient assez grands et portaient des tenues blanchâtres ou argentées, ressemblant à une combinaison intégrale. C'était il y a longtemps, mais je me souviens avoir pensé qu'ils étaient très pâles. Je ne sais pas s'ils portaient la barbe ou quoi que ce soit d'autre, mais je me rappellerais toujours leurs cheveux blancs et leurs beaux yeux. Puis ils se sont retournés et j'ai su qu'ils voulaient que je les suive, ce que j'ai fait. Ensuite, je ne me souviens plus de rien.* » June ne peut expliquer ce trou de mémoire, mais il s'agit d'un cas classique de *doorway* ou *entry amnesia*, un état rapporté par de

↑ Dessin de l'entité vue par Mme June Rice

nombreuses personnes enlevées qui se souviennent rarement d'être entrées dans l'ovni qu'elles ont vu.

June se retrouve dans une pièce ronde, ce qui correspond à de nombreux récits ultérieurs où les témoins rapportent souvent que les pièces ont cette forme, sans joints et sans coins.

Bien que June n'ait pas vu d'ovni pendant son expérience, elle est convaincue qu'elle se trouvait à l'intérieur d'un vaisseau appartenant aux *Aliens* qu'elle a rencontrés. *« La pièce était complètement circulaire avec des sièges tout autour, occupés par des personnes. Ils m'ont fait asseoir sur l'un d'eux. Je me souviens qu'à ce moment-là, j'étais un peu agitée. J'avais un bébé à la maison et j'ai dit :* "Non, je ne reste pas, je veux rentrer chez moi". *Ils n'ont jamais répondu. J'insistais* "Non, non, non". *Puis j'ai réalisé que je n'utilisais pas ma bouche pour parler. C'était comme si nous communiquions par le biais de nos cerveaux, vous savez, et cela m'a bouleversée. L'une des personnes s'est alors approchée de moi, a posé sa main sur ma tête et j'ai eu l'impression de reculer, tandis que le siège se relevait. Tout ce dont je me souviens à ce moment-là, c'est d'une douleur au côté. J'ai crié pendant que ce je-ne-sais-quoi me faisait quelque chose. Je ne sais pas si quelque chose me transperçait la peau ou quoi, mais je me suis soudain retrouvée dans mon lit, à la maison. J'ai pris mon bébé dans mes bras et je me suis dit :* "Où étais-je, où étais-je ?" *Je ne me souvenais pas ni d'être retournée chez moi ni d'être entrée dans la maison et je n'avais aucune idée de l'heure qu'il était ».*

Le lendemain matin, la mère de June lui fait remarquer qu'elle est sortie tard la nuit précédente. June ne dit rien. Elle ne peut pas. Elle n'a pas la moindre idée de l'heure à laquelle elle est rentrée et s'est couchée. Mais elle se souvient parfaitement d'avoir quitté le cinéma à une heure raisonnable. La jeune fille reléguera l'incident au second plan et reprendra le cours de sa vie, une vie tout à fait normale.

Mais lorsque les enquêteurs de la BUFORA l'interrogent attentivement, il apparaît qu'elle a peut-être eu plusieurs apparitions après ce premier incident.

Ses souvenirs sont souvent vagues et donc difficiles à vérifier, mais il semble qu'elle a connu d'autres épisodes de disparition. June n'a pas consigné de dates ou d'heures en rapport avec ces épisodes et, bien que les enquêteurs soient convaincus de sa sincérité, ils ne disposent pas de données suffisantes pour mener une enquête sérieuse. Revenant sur cette première expérience, les ufologues lui demandent si les événements de cette nuit-là semblaient physiquement réels : *« Oh oui, oui, c'était réel »*, répond-elle. *« Ce qui m'est arrivé je n'en sais rien. Je pense qu'ils m'ont examinée, mais je ne sais pas ce qu'ils ont fait. Je sais que lorsqu'il a posé sa main sur ma tête, je me suis sentie très calme. »* En la ramenant dans la salle à l'intérieur de l'engin, les enquêteurs lui demandent si elle peut décrire les autres personnes assises sur les sièges autour de la salle : *« Je ne me souviens que d'une infirmière et d'un aviateur, mais il y avait quatre ou cinq personnes en tout »*, déclare-t-elle. *« C'étaient des êtres humains, c'est sûr. Ils étaient assis là, hébétés. Ils ne m'ont pas adressé la parole. »* Comment cet événement de l'été 1956 a-t-il affecté sa vie ? *« Je crois aux ovnis »*, déclare June. *« Je crois qu'ils viennent d'autre part, mais d'où je l'ignore. L'idée d'ovni ne m'a jamais traversé l'esprit à l'époque. Je ne pense pas qu'il y en avait, non ? »*

Dans les jours qui ont suivi sa rencontre, June est tombée malade, la léthargie et les nausées faisant de sa vie un calvaire. Elle décide alors de consulter un médecin. « *J'ai découvert que j'étais enceinte* », dit-elle. « *Toute la grossesse a été un cauchemar. Je me sentais mal tout le temps. Après l'accouchement, j'ai perdu beaucoup de poids et j'ai continué à me sentir mal pendant encore un moment. Je me disais :* "Pourquoi moi ?" *J'ignorais que quelqu'un d'autre avait été à bord d'un ovni* ». June a donné naissance à sa fille neuf mois après sa rencontre avec les *Aliens*. « *Je ne sais pas si j'étais déjà enceinte ou si c'est eux qui m'ont fécondée, quoi qu'il en soit ma fille dit qu'elle a toujours su qu'elle n'appartenait pas à cette planète.* » Pour certaines femmes, ce scénario bizarre n'est pas une plaisanterie, comme vous le lirez plus loin.

Gerry Armstrong
Juillet 1953
Home Counties

Gerry Armstrong, 12 ans, jette un coup d'œil par-dessus son épaule pour s'assurer que la voie est libre, puis plonge sa main dans la poche de son pantalon pour en sortir un nouveau paquet de cinq cigarettes Woodbine. Assis à l'ombre d'un arbre, qui lui offre une ombre bienvenue loin du soleil ardent de l'après-midi, il prend ses allumettes, extrait une cigarette et l'allume, la première de la journée.

« *Qui a envie de jouer à cache-cache avec le vieux Rice de toute façon* », se dit-il en souriant. Il se trouve assez astucieux de s'être éclipsé de cette manière, juste sous le nez de son professeur.

Gerry faisait partie d'un groupe d'écoliers londoniens en camp d'été aux abords de la capitale. Son enseignant, M. Rice, veillait à ce que lui et ses camarades soient constamment occupés, mais le jeu de cache-cache était tout simplement trop pour Gerry, qui aimait son indépendance. Quand son professeur avait regardé ailleurs, il s'était simplement éclipsé en direction d'une zone boisée.

Maintenant qu'il est assez loin pour ne plus entendre les cris de ses camarades de classe, il s'étend sur l'herbe, les yeux fixés sur le ciel bleu clair, et savoure sa cigarette. La chaleur de la journée a raison de lui et Gerry commence à se sentir somnolent. Il essaie de résister à l'envie de s'endormir, puis soudain, il se retrouve dans l'obscurité.

« *Lève-toi Armstrong, où crois-tu avoir été, mon garçon ?* » Gerry ouvre les yeux en sursaut. Un M. Rice furieux, au visage rouge, lui hurle au visage. Pourquoi est-il si en colère, il n'a été absent que quelques minutes ?

Puis il suit le regard de son enseignant. Celui-ci fixe la cigarette à moitié fumée, qui est toujours coincée entre deux doigts de sa main droite. *« Lève-toi, Armstrong ! »*, crie l'enseignant. *« Je veux savoir ce que tu as fabriqué. Nous t'avons cherché toute l'après-midi et je veux des réponses. »* Gerry est stupéfait d'apprendre qu'il est maintenant plus de 20 h. M. Rice et ses camarades d'école ont fouillé la campagne à sa recherche pendant des heures. Ils ont même fouillé peu de temps auparavant l'endroit où il est allongé, sans trouver le moindre signe de lui.

Gerry essaie de se lever, mais ses jambes flageolent. Aidé par ses amis, il parvient à claudiquer jusqu'au camp, où il est examiné par un médecin. Sa nuque est rouge et douloureuse, ses pupilles sont dilatées et il est épuisé. Le diagnostic est celui d'une possible insolation. Le jeune homme est envoyé au lit.

Gerry Armstrong va complètement oublier le remue-ménage autour de sa disparition mystérieuse pendant ce camp scolaire jusqu'à ce que, dix ans plus tard, avec sa femme, ils aperçoivent un ovni près de Londres. Cet événement réveille en lui le souvenir de son étrange disparition durant près de sept heures, sans pouvoir encore se remémorer ni l'endroit ni ce qu'il avait fait pendant cette période. Les rencontres de Gerry avec les ovnis continuent et deviennent plus fréquentes après son émigration dans la région du lac Simcoe, en Ontario (Canada). C'est un hypnothérapeute de Toronto qui lui permet de récupérer les souvenirs perdus de ce jour d'été en 1953. Le psychiatre pleinement qualifié décide de le placer sous hypnose régressive lors d'une série de séances tout au long de l'année 1978. Le récit suivant est une compilation des souvenirs qui lui sont revenus.

Assis sous l'arbre et profitant de sa cigarette, l'attention de Gerry est attirée par une lumière vive dans le ciel qui semble descendre vers un endroit au-delà d'un bosquet d'arbres à proximité. Quelques minutes plus tard, le garçon croit percevoir un mouvement à travers le feuillage. En regardant dans la direction où la lumière semble avoir atterri, il distingue deux silhouettes marchant dans sa direction. Pour une raison qu'il ne peut expliquer, il est effrayé. La peur se transforme en terreur lorsqu'il découvre qu'il ne peut pas bouger. À maintes reprises, il essaie de soulever ses jambes, de tendre son bras, mais ses membres ne répondent tout simplement pas aux messages que son cerveau leur envoie. Il commence à pleurer.

Il ne comprend pas ce qui se passe. Les silhouettes sont maintenant très proches et le jeune garçon perçoit des voix dans sa tête. Des voix qui lui disent de ne pas avoir peur, qu'aucun mal ne lui sera fait. À présent, les étrangers se positionnent de chaque côté de lui. Ils le soulèvent et commencent à l'emporter. «*C'est comme flotter dans les airs*», pense l'enfant, essayant de rire à haute voix pour montrer qu'il n'a pas peur. Alors qu'il flotte à travers les arbres, il peut voir une lumière dans une clairière devant lui, une lumière si brillante qu'elle lui fait mal aux yeux. L'objet prend une forme vaguement arrondie à mesure qu'il s'en approche, bien que l'intensité de la lumière rende difficile de distinguer ce que c'est. Pour reposer ses yeux de l'assaut de lumière, Gerry se tourne vers ses ravisseurs. Ils sont petits – l'un est plus petit que le garçon qui mesure environ 1,40 m –, ont la peau grisâtre, de petites bouches et des yeux proéminents. Finalement, ils atteignent l'objet. Gerry, qui a maintenant retrouvé l'usage de ses membres, reçoit l'instruction de grimper à l'échelle qui mène à une entrée.

Alors qu'il s'exécute, il ressent une pression sévère et momentanée sur l'arrière de sa nuque, causée, suppose-t-il, par les étrangers. Une fois à l'intérieur, il se retrouve seul dans une pièce très éclairée sans source de lumière apparente. Tandis qu'il explore la chambre, il ressent une sensation étrange accompagnée d'un bruit et semble comprendre que le vaisseau est désormais en mouvement. Au bout d'un moment, les êtres reviennent et conduisent Gerry le long d'un couloir semi-circulaire vers une autre pièce où il rencontre un être habillé en rouge. Cette personne semble plus âgée que les deux autres. Le jeune garçon est amusé par la manière dont l'être s'adresse à lui en disant *«Mon fils»*. Gerry reçoit l'instruction de regarder un écran sur le mur. Il y voit ce qu'il décrit d'abord comme une «petite boule».

À y regarder de plus près, il comprend qu'il s'agit d'une planète. *«Ceci est ton foyer»*, dit une voix dans sa tête. Cette prise de conscience soudaine qu'il regarde la Terre est trop pour le jeune Gerry. À nouveau, il est terrifié à l'idée d'être si loin de chez lui. L'être en rouge, semblant percevoir la détresse du garçon, tend la main et touche son front. Immédiatement, la peur est remplacée par une sensation de calme.

Au même moment, il réalise que le bruit qui avait commencé peu après son entrée dans l'objet s'est arrêté. Le vaisseau a-t-il atterri quelque part ? Les deux *Aliens* qui l'ont amené à bord et l'être en rouge indiquent qu'il doit les accompagner alors qu'ils commencent à descendre une rampe. Une porte automatique s'ouvre et le garçon peut observer l'intérieur d'un dôme géant. *«Il est plein d'enfants»*, dit-il en les voyant se promener çà et là devant lui.

La voix dans sa tête lui dit de rester calme et de suivre l'être en rouge qui place quelque chose dans sa main. *«C'est comme une balle»,* dit le jeune garçon. Mais c'était bien plus qu'une balle. Sur instruction de ses ravisseurs, Gerry regarde la petite sphère et voit sa vie défiler devant lui. *«Comprends, apprends»,* disent les voix dans sa tête.

Le garçon se retrouve maintenant seul. Il se met alors à explorer son nouvel environnement. Il étudie le bâtiment lui-même et remarque que le dôme est transparent et de couleur mauve. À travers, il peut voir des engins étranges voler dans le ciel obscur; des engins qu'il pense ne pas être différents de l'objet dans lequel il a voyagé pour arriver ici. Une femme s'approche de lui, interrompant sa «rêverie», et prend la croix en argent qui pend au bout d'une chaîne autour de son cou. Il l'avait prise dans la boîte à bijoux de sa mère avant de partir pour le camp d'été. La femme tend la croix à l'être en rouge et ils l'étudient tous les deux.

Leurs mots se forment dans le cerveau de Gerry : *«Il n'est pas bon de vénérer.»* Ils indiquent qu'il devrait étudier son écran, le dispositif en forme de balle, une fois de plus. L'être en rouge touche la tête du garçon et il s'endort. Gerry se réveille pour se voir transporté à travers la zone boisée où il avait vu les *Aliens* pour la première fois. Il a de nouveau peur. Pas des *Aliens*, mais de la réaction de M. Rice. Les êtres le déposent à l'endroit où ils l'ont trouvé.

Gerry est surpris de voir que sa cigarette est toujours là, allumée, alors que le ciel commence à s'assombrir. Les *Aliens* font leurs adieux, laissant Gerry seul, une fois de plus. Encore fatigué, Gerry s'endort à nouveau... jusqu'à ce qu'il entende son professeur hurler : *«Lève-toi, Armstrong!»*

CHAPITRE X
Un phénomène psychologique ?

Les explications des phénomènes d'enlèvement sont nombreuses, mais la grande majorité des théories dites « rationnelles » misent sur l'explication psychologique. Et le nombre de travaux comportant toute une gamme d'hypothèses rédigées sur le sujet par des psychologues du monde entier doit se chiffrer en centaines. Une équipe de recherche a même récemment déclaré que les *abductés* appartenaient à une catégorie de la population qu'ils ont étiquetée *fantasy-prone personalities* (PPF), c'est-à-dire des personnalités enclines à la fantaisie.

Ces individus, estiment les chercheurs, pourraient représenter jusqu'à quatre pour cent de la population, et sont catégorisés comme d'excellents sujets hypnotiques, vivant dans l'imaginaire tant dans l'enfance qu'à l'âge adulte, se considérant comme médiums ou télépathes, ayant des expériences extracorporelles et faisant des rêves très intenses. Pourtant, ces personnes normales et en bonne santé, par ailleurs socialement insérées, peuvent très bien avoir été victimes d'enlèvements par des extraterrestres... Maintenant, ce groupe de psychologues estime-t-il que le phénomène n'existe pas parce que, quoi qu'il en soit, les personnes qui le rapportent sont enclines à la fantaisie ? Ou pense-t-il que les enlèvements sont une réalité, mais qu'ils sont susceptibles de se produire chez ce groupe de personnes normales, en bonne santé, socialement impliquées et à l'imagination débordante ?

Comme pour la plupart des explications psychologiques, on y trouve ce que l'on veut. Les enlèvements sont un terrain de jeu pour les psychologues. Ils n'ont pas à s'engager dans un sens ou dans l'autre. Des individus normaux, rationnels et en bonne santé rapportent des événements anormaux et irrationnels ? Si son université finance la recherche, un psychologue peut passer de nombreuses heures à se demander si le témoin a rencontré un ovni accompagné d'extraterrestres ou s'il a simplement *perçu* une rencontre avec un ovni et des extraterrestres. Il rédigera ensuite un article énumérant les différentes options psychologiques disponibles et passera à d'autres occupations. Il n'a pas à mettre en jeu son professionnalisme. Il ne va sûrement pas dire que les êtres humains sont *enlevés* par des extraterrestres dans des ovnis… Malheureusement, cela n'aide pas le pauvre M. ou Mme X, dont la vie a été bouleversée par ce qui, pour eux, représente un véritable traumatisme. Ils ont peut-être vu un ovni, rencontré des extraterrestres ou été emmenés dans un étrange vaisseau. S'ils souffrent d'un trouble psychologique quelconque, alors il y a beaucoup de gens comme eux. Nous avons déjà dit que le nombre d'enlèvements présumés dont nous avons connaissance est important, mais qu'il pourrait être en réalité bien plus élevé.

En outre, de nouveaux rapports d'enlèvement parviennent presque chaque jour aux organismes de recherche sur les ovnis. Le lien psychologique est tentant… De nombreux « kidnappés » prétendent avoir eu d'autres rencontres avec des ovnis ou des extraterrestres après leur enlèvement initial. Une grande partie d'entre eux affirment également avoir eu des expériences psychiques et d'autres, comme Elsie Oakensen, disent avoir développé des pouvoirs spéciaux, comme le don de guérison.

Le fait que de nombreux *abductés* affirment avoir subi plusieurs enlèvements au cours d'une succession d'années implique qu'elles sont sujettes à l'expérience. Et si elles sont sujettes à de tels événements, nous devrions certainement les étudier, et non pas étudier leurs expériences. *« C'est absurde »*, affirme Budd Hopkins, artiste new-yorkais et ufologue renommé, dont la théorie sur les expériences génétiques repose en partie sur la sélection de divers humains en vue de tests réguliers. Selon lui, le fait qu'un certain nombre de témoins rapportent plusieurs enlèvements en conforte le bien-fondé.

Aussi, les nombreuses similitudes entre les victimes d'enlèvements ont conduit l'enquêteur britannique Ken Phillips à lancer le projet *Anamnesis*. Ce professeur de mathématiques londonien et chercheur à la BUFORA n'a pu s'empêcher de mettre le doigt dessus au cours des années qu'il a passées à interroger des témoins. Il a été frappé par le nombre de personnes ayant vécu des événements psychiques ou ayant manifesté des capacités de type projection extra-sensorielle. Il a été impressionné par le travail du Dr Alex Keul, psychologue et représentant autrichien du groupe de recherche international *Mutual UFO Network* (MUFON). Keul, qui s'est rendu compte que les données essentielles sur les témoins d'ovnis étaient pratiquement inexistantes, a dès lors mis au point un protocole appelé « Anamnèse » (ou « mémoire de vie »). Il consiste en un questionnaire de plus de 60 pages qui pose des questions sur la santé du témoin, ses croyances, ses rêves et ses expériences anormales antérieures afin de dresser son juste portrait.

Ce n'est qu'ainsi que l'on peut déterminer si le même type de personnes rapporte le même type d'incident. Comme Ken Phillips le dit lui-même : *« Au lieu de regarder par la fenêtre avec le témoin en direction de ce qui est apparu et reparti depuis longtemps, nous devons maintenant nous concentrer sur le témoin, celui qui a perçu et rapporté l'incident. »* Ken s'est attelé à la tâche colossale de collecter la masse d'informations nécessaires au projet.

Les rapports d'anamnèse concernaient des personnes qui avaient toutes eu une rencontre avec un ovni, sans quoi elles n'auraient pas attiré l'attention de la BUFORA.

Mais l'une des approches les plus passionnantes concernant cette énigme est sans aucun doute celle d'Albert Budden, qui est professeur de sciences. Il a rejoint un groupe de recherche sur les ovnis en tant qu'enquêteur après que des « rencontres » vécues par sa femme l'a amené à s'y intéresser. *« Ma femme n'avait pas été enlevée, mais a souffert d'un certain nombre d'hallucinations, de figures apparaissant devant elle, etc. Je voulais en savoir plus et j'ai commencé à enquêter sur d'autres cas. »* Budden a été frappé par le nombre de victimes présumées d'enlèvements qui avaient également eu des expériences psychiques, des sorties hors du corps et autres phénomènes paranormaux.

Mais contrairement à d'autres, il a élaboré une théorie fondée sur des « allergies » et s'est lancé pendant des années dans d'épuisantes recherches, parcourant des dizaines d'articles scientifiques et interrogeant des experts jusqu'à ce qu'il soit convaincu de la validité de son idée. Dans l'un des articles qu'il a publiés, *Allergies and Aliens*, il affirme que les victimes d'enlèvement sont hypersensibles et réagissent, dans certaines circonstances, par des hallucinations. Ainsi, le groupe de personnes qu'il a identifié n'est pas simplement allergique à certains aliments ou substances, mais à toute une série de conditions environnementales. *« Je pense que certaines personnes sont hypersensibles aux ondes électromagnétiques »*, a-t-il récemment déclaré depuis son domicile de Brentford. *« Il y a beaucoup de pollution électronique dans le monde, des fréquences radio aux émissions des antennes, des téléphones portables, des réseaux de communication des services d'urgence, etc. Les personnes sensibles à ces champs d'énergie électromagnétique peuvent, dans les cas extrêmes, être victimes d'hallucinations. Celles-ci peuvent être rapportées comme des enlèvements par des ovnis, des fantômes ou d'autres événements psychiques. J'ai découvert, à l'époque où j'étais enquêteur, que les individus qui signalaient des enlèvements par des ovnis étaient presque toujours sensibles d'une manière ou d'une autre.*

Un grand nombre d'entre eux souffraient d'allergies diverses et il y a de fortes chances qu'ils soient sensibles aux forces électromagnétiques».

Budden estime que c'est plus qu'une coïncidence si les rapports d'enlèvements d'ovnis n'ont commencé qu'au début des années 1960, au début de la révolution des communications. Sa théorie expliquerait également – en partie – pourquoi la grande majorité des rapports d'enlèvements proviennent de pays occidentaux sophistiqués et technologiquement avancés, où la pollution électronique est la plus importante.

«Le niveau d'activité électromagnétique dépend de nombreux facteurs, dont la géographie», explique-t-il. D'autres formes de pollution environnementale peuvent également jouer un rôle. Selon lui, l'exposition à un phénomène naturel connu sous le nom de «*earthlights*», des boules d'énergie électromagnétique qui peuvent s'élever de la croûte terrestre par le biais de failles naturelles, peut également avoir un effet majeur. *«La façon dont les gens évoluent après une expérience d'enlèvement est stupéfiante. Ils peuvent changer de régime alimentaire, devenir végétariens, arrêter de fumer... Prenez le cas d'Aveley*[II]*. Le brouillard vert qu'ils ont traversé était un brouillard électrique causé par l'électrification de l'eau sous une ligne de pylônes à proximité. Après cet incident, le mari et la femme ont changé radicalement de mode de vie et leur fils a constaté une amélioration spectaculaire de ses capacités de lecture. Je suis d'avis que l'énergie électromagnétique a eu un effet sur le cerveau. C'est là qu'interviennent les neurologues, car nous ne savons pas ce qui se passe à l'intérieur du corps pour provoquer ces changements»*. Selon Budden, jusqu'à 20 % de la population pourrait être hypersensible à son environnement.

Un autre de ses livres, *UFOs – The Electromagnetic Indictment*, a suscité une vive controverse dans les milieux universitaires et dans le monde de l'ufologie. Même si sa théorie s'avère exacte et qu'une incroyable réaction allergique à l'environnement est à l'origine des rapports d'enlèvements, pourquoi tant de gens voient-ils des choses aussi semblables? Pourquoi n'avons-nous pas d'hallucinations lorsque nous marquons le but de la victoire en finale de la Coupe du monde, ou lorsque nous sommes naufragés sur une île déserte, ou encore un million d'autres choses? L'influence des ovnis et du folklore des soucoupes volantes est-elle si grande sur notre société que notre esprit s'y accroche immédiatement pour expliquer des hallucinations bizarres? Essayez de déterminer si les cas suivants correspondent à l'hypothèse d'Albert Budden. Le premier

II Documenté p. 73 de ce livre.

cas est probablement l'un des plus connus de l'ufologie britannique et a fait l'objet d'une large diffusion dans les médias. Le cas suivant montre comment certaines personnes tentent parfois de faire correspondre les faits à leurs convictions.

Agent de police Alan Godfrey
28 novembre 1980,
Todmorden, West Yorkshire

Il est 5 h 15 du matin et l'agent de police Alan Godfrey est sur le point de terminer son service. Au cours des dernières heures, il a été appelé dans une propriété de Burnley Road à la suite d'informations selon lesquelles un troupeau de 30 vaches errait dans les environs. Comme il ne les avait pas trouvées, il revenait pour une dernière vérification avant de rentrer au poste. Alors qu'il s'apprête à quitter l'A646, la route principale reliant Burnley à Todmorden, il aperçoit une étrange lueur à environ 200 m de sa position. Intrigué, il poursuit sa route pour aller voir ce phénomène de plus près.

En s'approchant, un objet en forme de dôme posé sur la route se dessine. Garé à une trentaine de mètres de l'engin qui s'étend sur toute la largeur de la route, Godfrey sort de sa voiture et se dirige vers l'engin pour l'observer de plus près. Son dôme est plus plat que la base. Une lumière fluorescente émane du sommet avec une rangée de fenêtres sombres de forme carrée en dessous. Alors que la partie supérieure de l'ovni reste immobile, la partie inférieure tourne. L'agent peut voir les phares de sa voiture de patrouille se refléter sur la surface blanche et brillante.

L'officier estime qu'il mesure environ 6 m de diamètre et près de 4 m de hauteur. Alors qu'il l'observe non sans une certaine stupeur, il remarque que les feuilles de certains arbres proches s'agitent violemment, bien que l'air du matin soit calme, sans la moindre brise. Il saisit son bloc-notes et fait une esquisse de ce qu'il voit. Après avoir rangé son croquis, le policier retourne à sa voiture et tente de contacter le commissariat par radio. Mais les fréquences VHF et UHF sont silencieuses, dépourvues même des parasites qui perturbent habituellement les ondes. Soudain, il lève les yeux et constate que l'objet a disparu. Sa voiture est maintenant garée plusieurs centaines de mètres plus loin sur la route. Godfrey n'a aucune idée de la façon dont elle s'est déplacée. Le moteur tourne toujours. Il entend alors une voix dans sa tête qui lui dit : *« Tu ne devrais pas voir ça, ce n'est pas pour tes yeux, tu vas l'oublier »*. Il retourne en voiture à l'endroit où il a vu l'objet pour la première fois, mais celui-ci a disparu.

Il remarque une déchirure dans sa botte, comme s'il avait été traîné au sol. L'homme décide de garder pour lui son incroyable rencontre jusqu'au lendemain, lorsqu'il apprend que trois officiers ont signalé, la veille, une lumière brillante se dirigeant vers Todmorden. Encouragé par cette nouvelle, il décide de dévoiler son expérience et il ne faut pas longtemps avant qu'une équipe de la MUFORA se charge de l'enquête. L'histoire de l'agent Godfrey va faire les choux gras de la presse locale et nationale. Elle sera suivie par la publication d'un livre détaillant les résultats de la régression hypnotique de l'agent de police âgé de trente-trois ans.

Au cours de cette séance, il se souvient d'une rencontre avec un grand être humanoïde du nom de Joseph (ou Yoseph) et d'un examen médical effectué par un groupe d'êtres plus petits mesurant moins de 1,20 m. Lors d'une conversation télépathique, ses ravisseurs lui révèlent qu'ils le connaissent, indiquant qu'il y a peut-être d'autres périodes antérieures dont il ne se souvient pas.

L'officier va subir trois séances d'hypnose distinctes. Elles seront conduites par les psychiatres Robert Blair et Joseph Jaffee. Ces séances seront enregistrées sur vidéo par Harry Harris, avocat à Manchester et chercheur en matière d'ovni. Harris nous a permis de visionner l'une de ces séances d'hypnose et d'en faire une transcription.

L'hypnotiseur demande à Alan Godfrey de se détendre et de s'endormir. Il le ramène au moment et à l'endroit où il a vu l'ovni. Le patient est assis dans un fauteuil, les yeux fermés.

— Nous sommes en novembre de l'année dernière. Vous êtes dans votre voiture. Vous sortez du parking et vous vous dirigez vers le rond-point.

— Je suis au rond-point.

— Oui.

— Je tourne dans le parking.

— Oui.

— Mets mon clignotant.

— Oui.

— Je suis passée tout droit.

— Vous passez tout droit, oui ?

— Je vois le terrain de cricket.

— Voit le terrain de cricket.
— J'ai mis mon clignotant.
— clignotant à droite ?
— Je tourne à droite.
— Tourne à droite.
— En haut de Ferney Lee Road.
— En haut de Ferney Lee Road. Pouvez-vous décrire ce qui se passe ?
— Arrêté au carrefour, il y a quelque chose, plus haut sur la route (regard perplexe sur son visage.)
— Quelque chose plus haut sur la route. Qu'est-ce que c'est, décrivez-le ?
— C'est un bus.
— Oui.
— Ce n'est pas un bus.
— Qu'est-ce que c'est ?
— Je ne sais pas.
— Qu'est-ce que c'est ?
— Ce n'est pas un bus (regard perplexe.)
— Alors qu'est-ce que c'est ?
— Cela ressemble à une soucoupe volante.
— Oui, décrivez-la.
— C'est grand.
— Avez-vous peur ?
— Non, pas vraiment, non.
— De quelle couleur ?
— Argent (il bouge la tête.)
— Oui, pouvez-vous nous en parler ?
— Ça ne peut pas être une soucoupe volante.
— Décrivez-la, Alan.
— Elle tourne, le sommet ne tourne pas, il y a une lumière au sommet, c'est un dôme. Je ne m'approcherai pas plus (il élève la voix et déplace sa tête vers la droite).
— Pourquoi pas, pourquoi n'allez-vous pas plus près ?
— Je ne sais pas, je ne veux pas m'approcher.
— Décrivez maintenant ce qui se passe.
— Je suis à la radio, personne ne veut me parler.
— Maintenant, continuez à décrire ce qui se passe, Alan. Qu'entendez-vous de cet objet ?
— Rien, juste le silence (il lève les sourcils.)
— Juste le silence.

— Je n'ai jamais rien vu de tel auparavant. Ils ne répondent pas à la radio, ils sont complètement inutiles.
— Qu'est-ce qui se passe maintenant ?
— Je vais faire un dessin.
— Il est toujours là ?
— Oui, il est toujours là.
— Il y a des gens, des corps ou de l'objet ?
— Non, il est juste là.
— Est-ce qu'il brille, est-ce qu'il est chaud, est-ce qu'il est froid ?
— Je sens du chaud.
— Vous sentez du chaud ?
— Il mesure 6 m de large environ.
— Environ 6 m de large ?
— Environ 4 m de haut, le fond tourne, il y a des fenêtres dedans, des fenêtres sombres, des fenêtres sombres.
— (Indistinct), avez-vous terminé votre dessin de l'objet ?
— Presque.
— (Indistinct), presque, oui, que faites-vous avec le dessin ?
— Je sors de la voiture maintenant.
— Oui, et, et continuez par vous-même, Alan.
— Je le regarde, c'est tout (il élève la voix). Il y a une lumière qui vient d'en dessous, je retourne dans la voiture. J'y vais. Cette satanée voiture ne démarre pas (Godfrey prend une très forte inspiration et se passe les bras sur le visage en signe d'inconfort évident. Il relève la tête et se met les mains sur les yeux.)
— Que se passe-t-il maintenant ?
— Mon Dieu, il y a une lumière, une lumière brillante (il élève la voix.)
— Gardez les yeux fermés, que se passe-t-il maintenant Alan ?
— Noir (il est calme à nouveau.)
— Noir ?
— Noir.
— Qu'est-ce qui est noir ?
— Je ne vois rien, c'est noir.
— (Indistinct).
— (Indistinct). Je peux sentir quelque chose.
— Qu'est-ce que vous sentez, qu'est-ce que vous sentez, Alan ?
— Quelque chose s'est emparé de moi.
— Quelque chose s'est emparé de vous, qu'est-ce qui s'est emparé de vous ?

— (Indistinct). Je suis dans une pièce maintenant.

— Décrivez la pièce et la personne avec qui vous êtes, décrivez la pièce et ce qu'il y a dans la pièce, Alan ?

— Il y a une table, il y a lui (il grimace.)

— Il y a un *lui* ?

— Lui.

— Qui est *lui* ?

— Je ne sais pas.

— Pouvez-vous le décrire ?

— Environ 1m80.

— Homme, femme ?

— On dirait un homme.

— Comment est-il habillé ?

— Il a un, comme un blanc, comme un drap blanc sur lui.

— Un drap blanc sur lui ?

— (Il touche son menton avec sa main). Il a une barbe et une sorte de calotte.

— Ses yeux, des lunettes ?

— Non (il secoue la tête.)

— Son nez ?

— Très fin.

— Son nez présente-t-il des caractéristiques particulières ?

— (Indistinct).

— Une bouche ?

— (Indistinct).

— Une moustache ?

— Il a une barbe complète.

— Et la moustache ?

— Oui.

— Des dents ?

— On ne voit pas ses dents.

— Des bras et des jambes ?

— Il a souri.

— Il a souri, est-ce qu'il parle ? Que fait-il d'autre ?

— Oh, ils sont horribles (il baisse les sourcils et grimace.)

— Pardon ?

— Eux sont horribles.

— Qui est horrible ?

— Ils le sont.

— Qui sont-ils ?

← ↑ L'agent de police Alan Godfrey dessine l'ovni et les êtres qu'il a observés.

— Je ne veux pas parler d'eux (il élève légèrement la voix, toujours en grimaçant.)

— Pourquoi ?

— Parce qu'ils sont horribles.

— Pouvez-vous les décrire brièvement ?

— Je ne sais pas.

— À quoi ressemblent-ils ?

— Ils sont petits.

— Oui, petit comment, 90 cm, 1,20 m ?

— À peu près la taille d'un petit garçon de cinq ans.

— Et combien ?
— Environ huit.
— Huit. Que font-ils ?
— Ils me touchent.
— Ils vous touchent où ?
— Partout, ils tâtent mes vêtements.
— À quoi ressemblent ces huit « enfants » ?
— Ils sont horribles, ils ont des têtes comme des lampes (il grimace toujours.)
— Est-ce qu'ils parlent, est-ce que quelqu'un parle ?
— Il sourit.
— Le grand homme ? Qu'est-ce qui se passe maintenant ?
— Ils continuent à me toucher.
— Oui. Est-ce qu'ils te disent quelque chose ?
— Ils font des bruits.
— Quel genre de bruits, aigus, stridents ?
— (Alan Godfrey fait une série de bruits de type bip.)

↑ La botte fendue de l'agent de police Alan Godfrey

— Est-ce qu'ils s'affairent un peu partout ou restent-ils en place, quelque part ?
— Ils sont juste là.
— Bien, pouvez-vous me dire ce qui se passe maintenant ?
— Joseph (Alan est calme à nouveau).
— Qui est Joseph ?
— Cet homme ici.
— Oui, comment savez-vous qu'il s'appelle Joseph ?
— Je ne sais pas, ça m'est venu à l'esprit.
— Continuez.
— Il me dit de ne pas avoir peur. Ce sont des robots, ils ne sont pas humains, ce sont des robots. Ce sont les siens, ceux de Joseph (il bouge la tête).
— Comment le savez-vous ?
— Je ne sais pas, ça m'est venu à l'esprit. Il y a un satané chien en bas.
— Un chien, décrivez le chien.
— Je pense que c'est un chien, c'est horrible. Il ressemble à un chien.
— Grand, petit, la taille d'un terrier, celle d'un labrador ?
— Eh bien oui, c'est la taille d'un berger allemand.
— C'est un chien de bonne taille. Quelle est sa couleur ?
— Noir.
— Poils longs, courts ou lisses ?
— Court.
— Qu'est-ce qu'il fait ?
— Il est juste assis là.
— Est-ce qu'il fait du bruit ?
— Non.
— Il est juste assis. Que font les gens maintenant ? Ceux qui sont présents. Que fait Joseph ?
— Il me conduit à cette table.
— Et les autres petits personnages ?
— Ils font juste... (Godfrey fait une autre série de bips avec sa bouche.)
— Bon, où est la table, qu'est-ce qu'il y a sur la table ?
— C'est un lit.
— C'est un lit, qu'est-ce qu'il y a dessus ?
— Du cuir noir, on dirait du cuir noir.
— Des objets sur le lit ?
— Non. Il veut que je monte dessus.
— Qui veut que vous montiez dessus ? Le faites-vous ?

→ ↓ L'histoire de l'agent de police Alan Godfrey dans le journal Sunday Mirror en novembre 1981

Did UFO kidnappers really snatch this British bobby? An astonishing report

The ALIEN

AMAZING video-tape evidence of a British bobby's 'close encounter' with a UFO has been examined by the Sunday Mirror.

In video-recorded hypnosis sessions supervised by top psychiatrists, Pc Alan Godfrey, 34, has described being taken aboard an alien spaceship.

There he claims he was subjected to a medical examination by a tall, humanoid figure assisted by eight small robots.

His story—which remained the same in two hypnosis sessions, although he could recall little of the encounter when conscious—has convinced many people who have questioned him that he did, indeed, undergo some otherwise inexplicable experience.

But, even more dramatically, it all took place in the same small Yorkshire town which is already involved in a UFO death mystery.

On September 27, the Sunday Mirror reported the unexplained facts hanging over the death of Polish-born miner Zygmunt Adamski, whose body was found in the Pennines mill-town of Todmorden, West Yorkshire, in June last year.

Heart failure

There were burns on the top and back of his head and neck which had been caused by a substance unknown to forensic science.

He had died of heart failure which, the pathologist admitted, could have been caused by fright or shock.

UFO investigators have been recording strange sightings in the Todmorden area for 17 years.

By savage irony, Pc Godfrey, a straight-speaking Yorkshireman with a reputation of being a tough but fair copper, was one of two constables called to the scene when Adamski's body was found.

He did not know that five months later he was to have his own "close encounter of the third kind."

An encounter which leads to speculation that Zygmunt Adamski might have been subjected to a similar examination by aliens—and was not strong enough to bear the terror.

Night shift

But the Adamski affair was far from Alan Godfrey's mind when he left Todmorden police station early on the morning of November 28 last year.

His night shift was due to finish at 6 a.m. and he had decided to drive to a local council estate where people had been reporting cows straying into their gardens.

As he turned his Ford Escort Panda car into Burnley Road at about 5.15 he saw what he thought was a bus.

by JOHN SHEARD

Later, in an interview recorded on tape when he was not under hypnosis, he was to report: "Then I realised it wasn't a bus. It was about 20ft. wide and 14ft. high, hovering about 5ft. above the ground.

"The bottom half was spinning, there was a row of darkened windows and a dome on the top."

He tried to report to his headquarters, but neither of his radios—the one fixed in the car, or his pocket walkie-talkie—would work.

So he decided to draw the object, which looked like a spinning top.

As he was finishing his rather crude sketch on one of his accident report forms, the UFO disappeared.

When he got back to the station, Alan was undecided whether to make an official report about the incident. He was afraid it would cause him to become an object of ridicule.

But later he discovered that four police officers at nearby Halifax had reported a UFO at much the same time—a very bright, steel blue light which moved first north-south then east-west.

So Alan made out an official report, and the story eventually found its way into the local paper.

That brought the mat…

Alan's horror under hypnosis

VIDEO RECORDINGS of Pc Alan Godfrey's hypnosis sessions, made under scientific supervision, show a man re-living what was clearly a deeply disturbing experience. The top picture shows the fear on Alan's face as he describes the inside of the "space-ship." In the left-hand picture he raises an arm in terror.

ALAN'S rough sketches show (top left) the "space-ship" he saw, (bottom left) one of the "lump-headed robots" and (right) the alien called "Joseph."

…frey at the scene of his "alien encounter." Picture: BRIAN TAYLOR

P.c. GODFREY'S AMAZING UFO CLOSE ENCOUNTER

…HE sat at the …el of his Panda … Alan Godfrey … a new chapter … of the most …g UFO mys-…he world has …

… weeks after …ting the mysteri-… of a local man …mstances linked …ightings at Tod-… West Yorkshire, …ifrey was con-…by what looked …ing saucer.

…rst he was reluc-… to report the … for fear of … But later, under … and the scrutiny …op psychiatrists … senior police …c. Godfrey's fan-…y emerged.

… video-recording …y viewed by the …

facing "a tall humanoid and eight small robots."

■ Moaning with terror, his face distorted with fear, he told how he was made to lie on a couch …

born miner Zygmunt Adamski on September 27. Now P.c. Godfrey's "close encounter" has set the UFO world alight again.

TERROR OF P.C. GODFREY

'I wish to hell this had never happened to me'

A scream

'They're horrible . . small . . there are eight of them . . they're robots . . they keep touching me'

— Sûrement pas !
— Qu'est-ce qui se passe maintenant Alan ?
— Je monte dessus.
— Vous montez sur le lit. Pourquoi le faites-vous maintenant ?
— J'ai juste pensé à le faire.
— Êtes-vous sur le lit maintenant ? Êtes-vous allongée ? Que se passe-t-il ?
— Il y a une lumière.
— Oui.
— Et il y a Joseph.
— Qu'est-ce qu'il fait ?
— Juste… (Indistinct.)
— Est-ce que quelqu'un te parle ?
— Comment diable savez-vous cela ? (Un air perplexe s'affiche sur le visage d'Alan Godfrey. Il bouge la tête.)
— Qu'est-ce qui se passe ?
— Il m'informe que je *pense* ce qu'il dit.
— Oh, je vois. Vous ne comprenez pas ce qu'il dit ?
— Je peux le comprendre, mais je ne peux pas, il ne bouge pas les lèvres.
— Pouvez-vous faire ce son qui semble venir de Joseph ?
— C'est dans ma tête.
— Est-ce que ça peut sortir, est-ce que vous pouvez l'exprimer ?
— (D'une voix grave.) Oui.
— Faites-le alors. Faites le son que Joseph vient de vous faire.
— (De nouveau d'une voix grave.) Monte sur le lit.
— Et que fait-il maintenant ?
— Il touche mon front.
— Avec quoi, avec quoi touche-t-il votre front, Alan ?
— Avec une de ses mains.
— Oui, et ?
— Noir.
— Noir. Qu'est-ce qui se passe, vous vous sentez fatigué ? Oui ?

La bande vidéo se termine à ce moment-là (il s'agit d'une copie éditée, protégée par les droits d'auteur de Harry Harris et utilisée ici avec son aimable autorisation).

Ceci n'est pas la première expérience étrange que le policier Godfrey a vécue. Au cours de l'été de la même année, il a été impliqué dans un autre mystère lors de la découverte d'un corps gisant sur un tas de charbon de 6 m de haut dans une gare de marchandises à Todmorden.

↑ L'agent de police Alan Godfrey à la télévision

Le corps a été identifié comme celui d'un ancien mineur polonais de 56 ans, Zygmund Adamski, qui avait disparu de chez lui cinq jours plus tôt. L'autopsie a révélé qu'il était mort d'une crise cardiaque, mais n'a pu expliquer les marques de brûlures sur sa tête et son dos, apparemment causées par un liquide corrosif. Le mystère a donné lieu à des théories farfelues, certains observateurs d'ovnis enthousiastes prétendant que le corps d'Adamski n'aurait pu être déposé sur le tas de charbon que d'en haut. Probablement d'une soucoupe volante...

Les ufologues sérieux n'ont jamais attribué d'importance à la mort d'Adamski et ont été embarrassés par les affirmations infondées de certains milieux. L'agent Godfrey est passé au travers du tumulte de cette enquête. Mais la publicité faite autour de sa propre expérience a été de trop pour ses employeurs, qui ont mis en doute son aptitude à exercer ses fonctions. Finalement, l'agent a été contraint de prendre sa retraite (avec les honneurs). L'histoire aurait pu s'arrêter là, si un témoin ne s'était présenté et avait affirmé avoir vu l'officier de police se faire escorter dans un vaisseau extraterrestre onze mois avant l'enlèvement présumé...

William Barrett
14 janvier 1980
Heald Moor, Lancashire

Le chauffeur routier William Barrett a une grosse journée devant lui. Il doit récupérer une grande cargaison de fil à la filature Courtauld à Hollingworth, près d'Oldham. Il part donc de son domicile à Burnley bien avant 6 heures du matin pour avoir suffisamment de temps pour négocier les routes glacées et périlleuses à la frontière du Yorkshire et du Lancashire. William doit déposer un colis à Todmorden en cours de route, il emprunte donc la route A646 de Burnley à Todmorden, qui suit la rivière Calder serpentant à travers les contreforts balayés par le vent des Pennines.

Il fait un froid glacial. Le ciel est obscur, sans lune ni étoiles pour l'éclairer quelque peu. Seule une masse de nuages sombres au-dessus de sa tête menace de déverser une pluie de neige.

L'ancien Royal Marine, âgé de 55 ans, roule depuis seulement vingt minutes lorsqu'il traverse le pont ferroviaire à Heald Moor, qui se trouve à peu près à mi-chemin entre Burnley et Pendle. C'est à ce moment qu'il entend pour la première fois le bourdonnement. Un bourdonnement profond, très net, semblable au son produit par un générateur électrique. William peut facilement le distinguer du bruit, pourtant conséquent, émis par son moteur, même si les fenêtres de la cabine sont complètement fermées. Mais il n'a pas le temps de s'inquiéter sur la nature de ce bruit étrange.

Quelques secondes après, le faisceau des phares de son véhicule illumine une forme étrange dans l'aire de repos devant lui. *«Qu'est-ce qui se passe ici?»*, se demande-t-il en voyant ce qui lui rappelle d'abord un «porte-toast géant». C'est sombre, métallique et doté de trois «rayons» rouges se projetant du sommet jusqu'au sol. Le tout repose sur le sol, immobile. *«J'étais plutôt détendu»*, se souviendra-t-il plus tard. *«Il y avait des gens qui bougeaient et je les ai pris pour des ouvriers commençant tôt leur journée. Je pensais qu'ils préparaient sans doute une machine pour goudronner la route.»*

À mesure que la distance entre l'objet et son camion diminue, la vision de William s'améliore. La machine, si c'en est une, ressemble à une carapace de tortue et les trois faisceaux, désormais moins rouges, sont projetés par des trous situés aux deux tiers de la hauteur de l'objet. Sur son sommet se trouve un «tube» courbé, ce qui l'amène à se demander s'il est en face d'une arme secrète. Il scrute les personnes aperçues précédemment. Les deux silhouettes, qu'il ne distingue qu'en ombre

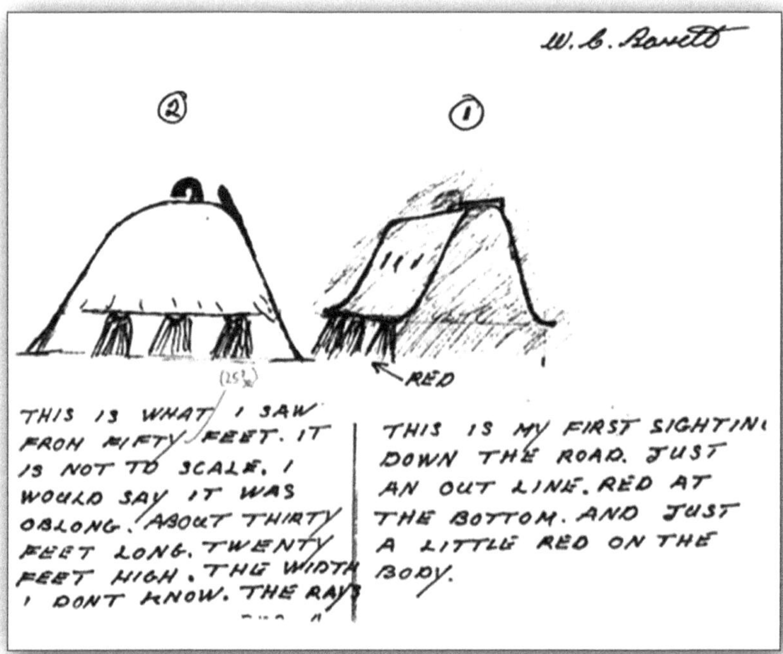

↑ Dessins réalisés par William Barrett et extrait du dossier d'origine. Il écrit : *« Voici ce que j'ai vu à 15 m. Ce n'est pas à l'échelle. Il était oblong, d'environ 9 m de long et 6 m de haut. J'ignore de quelle largeur. (À droite) Voici ce que j'ai aperçu au premier abord, juste un contour. Rouge au-dessous et légèrement rouge en surface. »*

chinoise, se déplacent de gauche à droite et semblent examiner ou inspecter les faisceaux. Réduisant sa vitesse au minimum, il peut voir, malgré l'obscurité que l'une porte une casquette à visière et un uniforme deux pièces de couleur sombre. Ses bras sont le long du corps. La seconde silhouette semble porter une combinaison intégrale, grise ou argentée. Elle se penche en fléchissant les genoux pour regarder l'objet « comme s'il était en panne ».

À ce moment-là, au plus proche de la scène, Barrett peut voir que les faisceaux sont lumineux. Ils clignotent ou tournent, provoquant une fragmentation des mouvements des deux silhouettes. Cela rappelle au conducteur l'effet stroboscopique qu'il a déjà observé lors de spectacles laser. Les faisceaux projettent un reflet faible sur la surface de l'objet et font également briller d'un rouge écarlate les fougères qui parsèment le flanc de la colline juste à côté. Alors que le camion s'éloigne de l'aire de repos, il continue de jeter des coups d'œil derrière lui pour voir s'il peut percevoir d'autres indices sur ce qui se passe. Soudain, il est plongé dans le noir...

Les phares de son véhicule s'éteignent sur la route non éclairée et il est forcé de freiner brusquement pour éviter de sortir de la route. Le camion de dix tonnes s'arrête et l'homme perd connaissance. Une sensation de secousse soudaine lui fait reprendre conscience. Toujours dans sa cabine avec le moteur en marche, il constate que ses lumières fonctionnent à nouveau. En examinant son environnement, il comprend immédiatement qu'il a bougé. En regardant par-dessus son épaule, il ne voit aucun signe de l'aire de repos ni de l'objet.

Il ne réalisera que plus tard qu'il se trouve plus loin sur la A646. *« Je ne savais tout simplement pas ce qui s'était passé »*, dira-t-il. *« Je ne savais pas où j'étais ni si j'avais dormi. Tout ce qui me venait à l'esprit, c'était de fuir. »*

Tremblant et étourdi, il enclenche la vitesse et poursuit sa route vers Todmorden, où il remarque que le jour se lève. Il passe devant le poste de police, mais décide de ne pas signaler l'événement. Il dépose son colis et poursuivi sa route vers Oldham sans s'arrêter. En arrivant à destination, William est surpris de voir qu'un autre véhicule de livraison, qui aurait dû arriver plus tard, est déjà là.

Il demande l'heure à un des ouvriers et apprend qu'il est 9 h 10. Il est stupéfait. Un trajet qui aurait dû lui prendre une heure et quart lui a pris trois heures et vingt-cinq minutes. Où a-t-il été pendant les deux heures manquantes ?

William rentre chez lui, tiraillé par une douleur à la jambe gauche. Il trouve une marque d'ecchymose à l'arrière du genou gauche, légèrement au-dessus, sans savoir comment il a pu se faire ça. Extrêmement fatigué, il va se coucher et tente d'oublier cette étrange journée.

Cette rencontre reviendra le hanter près de deux ans plus tard, lorsqu'il lira un article sur l'incident du policier Alan Godfrey dans un journal national. William est intrigué par une photographie dans le journal qui montre l'officier avec en arrière-plan le moulin de Mons, un élément du paysage de Todmorden. Il était passé devant ce même moulin après « s'être réveillé » suite à son étrange expérience. Désormais désireux de raconter sa propre histoire, il écrit à diverses organisations, y compris à un journal national, mais ne reçoit aucune réponse. Puis, en 1984, son cas arrive sur le bureau d'un enquêteur de la BUFORA. L'enquêteur sera surpris que William soit convaincu d'avoir assisté à l'enlèvement du policier Alan Godfrey. C'était visiblement impossible, car son épisode s'est

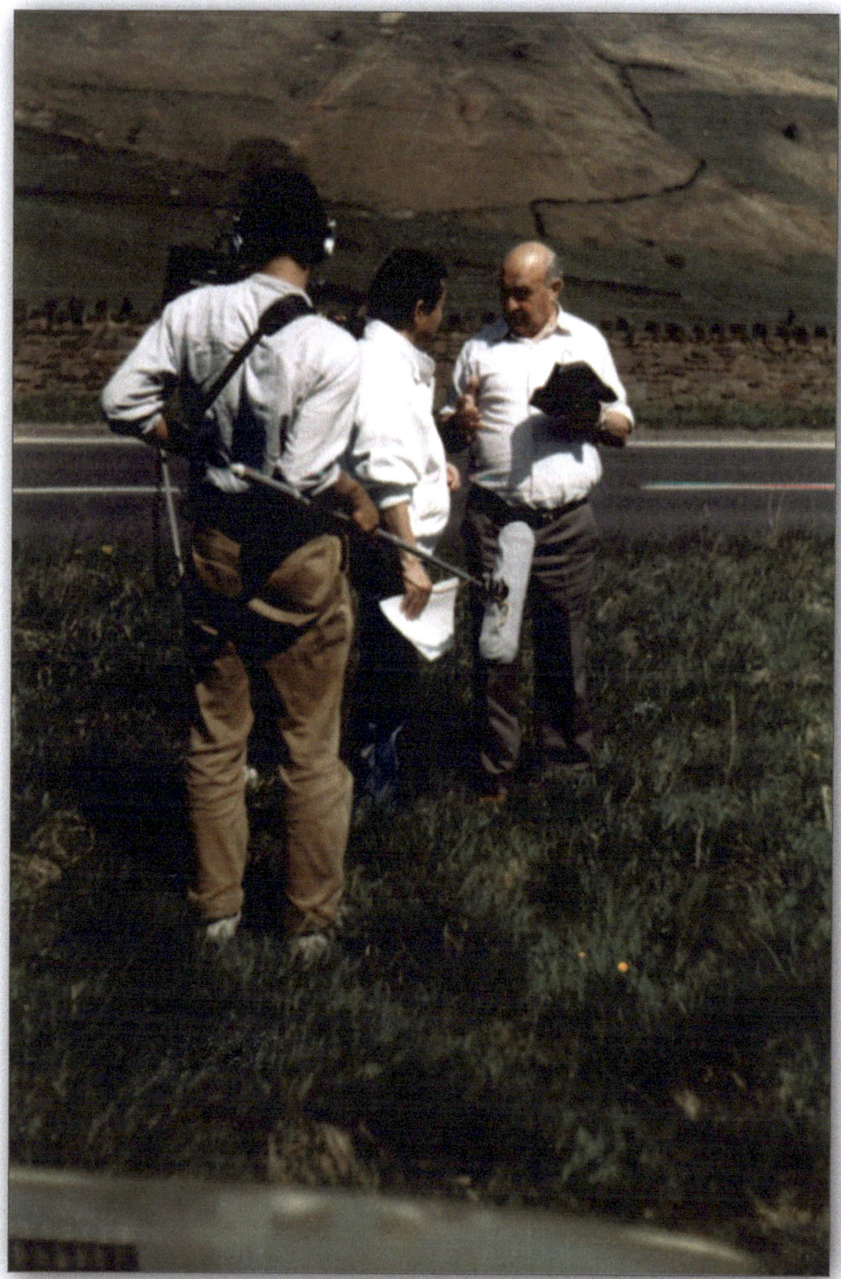

↑ William Barrett interviewé par une équipe de télévision japonaise

déroulé près d'un an *avant* l'expérience de l'officier de police. L'intérêt de William pour le sujet avait été éveillé par des articles de presse sur l'affaire Godfrey et il avait remarqué de vagues similitudes dans la géographie des lieux.

Les deux affaires s'étaient produites sur l'A646, mais à plusieurs kilomètres et onze mois d'intervalle. Néanmoins, l'épisode a fait l'objet d'une enquête approfondie. Bien qu'aucune autre observation n'ait été signalée dans la région ce jour-là, un objet similaire a été vu à Bradley, de l'autre côté de la frontière, dans le Yorkshire du Nord, le soir suivant. Deux femmes ont rapporté avoir observé un *« objet rotatif avec deux fentes sur le côté qui émettait une lueur rouge »*.

Il est difficile de tirer des conclusions définitives sur l'affaire Barrett. La lecture de l'enlèvement d'Alan Godfrey a manifestement influencé son témoignage au point qu'il a cru que la silhouette en uniforme qu'il avait décrite était celle d'un policier, un cas classique d'adaptation forcée d'un détail erroné. L'affaire Godfrey mise à part, William Barrett a vu un objet étrange, a vu apparemment son véhicule dysfonctionner et signale deux heures de *missing time*. Une *abduction* possible ?

Rae Fountain
11 juillet 1957
Leighton Buzzard, Bedfordshire

Tant qu'il rentre pour le match de football à 17 heures, il se dit que tout ira bien, qu'il peut faire l'école buissonnière, qu'on ne remarquera pas son absence. Mais il enfreint la règle fondamentale de son pensionnat : « Ne jamais quitter l'enceinte sans autorisation préalable ». Si son absence est découverte, ce sera la catastrophe. Tant pis ! Rae se retrouve donc sur un petit chemin boueux bordé d'aubépines et d'autres buissons. Raclant le sol de ses bottes et jetant un œil à sa toute nouvelle montre brillante qu'il porte au poignet – cadeau pour son neuvième anniversaire, deux jours plus tôt – il aperçoit des empreintes de pas sur le sol. Comme le ferait typiquement un jeune, il essaie de les suivre en mettant ses propres pieds dans les marques au sol. Après avoir suivi ces empreintes étrangement rapprochées sur quelques mètres, il regarde à nouveau sa montre. Il est 15 h 30. Soudain, en levant les yeux, il aperçoit deux hommes devant lui, possiblement les auteurs des empreintes. L'enfant les trouve bizarres, peut-être à cause des combinaisons intégrales grises qu'ils portent, ou de leur démarche, avec des pas

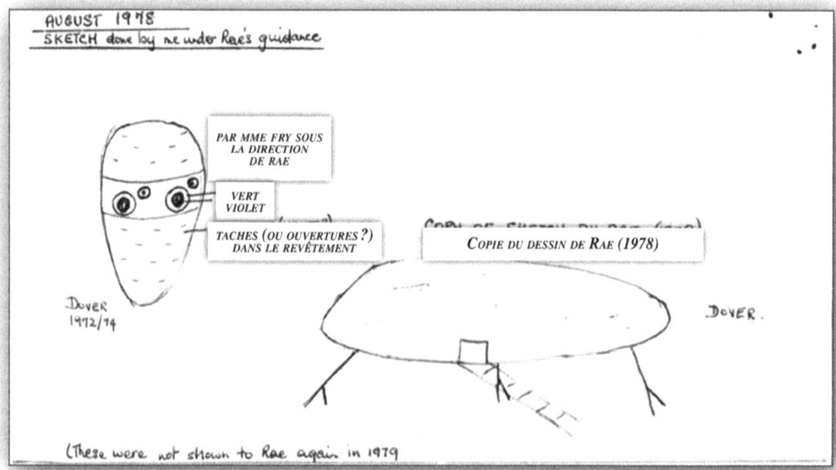

↑ Dessins réalisés par l'enquêtrice sous la direction de Rae et extraits du dossier d'origine

anormalement courts. Excité par le mystère, Rae se faufile sur le côté du chemin et essaie de se cacher dans les buissons. En observant ces êtres, il constate que l'un mesure environ 1,70 m et l'autre – qu'il suppose être une femme – environ 30 cm de moins. Ils semblent totalement ignorer le garçon tandis qu'ils choisissent méticuleusement des morceaux de brindilles et des baies dans les buissons pour les placer dans une sorte de conteneur. Rae ne comprend pas pourquoi ils ramassent également des morceaux de boue, des cailloux et des mauvaises herbes. En les suivant à la trace, il se faufile de buisson en buisson, mais ne parvient pas à voir leurs visages. Tout ce qu'il peut voir, c'est leurs cheveux bruns coupés très courts.

Il est troublé à la vue de petits tubes étroits qui descendent d'un côté de leur tête et entrent dans leur col. Un liquide vert semble en monter et en descendre pendant qu'ils avancent maladroitement. Rae a presque rattrapé les deux étrangers lorsqu'un objet bleuté apparaît soudainement devant eux. *« Il a juste surgi dans mon champ de vision à travers le chemin »*, se souviendra-t-il bien plus tard. *« Il était métallique et à peu près en forme de cloche, mesurant entre 9 et 10 m de large, et il flottait à quelques mètres du sol. »*

Une porte arrondie s'ouvre et une échelle se déploie jusqu'au sol. Rae pense apercevoir une autre silhouette à travers l'ouverture. Les deux visiteurs montent l'échelle, entrent dans l'objet et la porte se referme.

L'objet s'élève alors verticalement sur plusieurs centaines de mètres avant de s'élancer à toute allure dans le ciel.

Le souvenir suivant du garçon est celui d'un directeur d'école furieux qui le réveille alors qu'il gît affalé sur le bord de la route. *« Où étais-tu, garçon ? Tu réalises qu'il est 22 h 30 et que toute l'école t'a cherché ? »* Rae regarde sa montre. Elle indique toujours 15 h 30… Après sa réprimande par le directeur, ses camarades le supplient de leur donner des détails sur ce qu'il a fait. Mais le garçon calme et introverti garde le silence. Pourtant, ils sont convaincus qu'il est allé dans un endroit passionnant, au regard de son teint « brûlé par le soleil ».

Rae a gardé pour lui son expérience jusqu'en 1978, lorsqu'il s'est confié à une enquêtrice de *Contact UK*, moment auquel il a relaté deux autres rencontres. L'une était l'observation de trois engins en Écosse et l'autre, l'observation d'ovnis et de leurs occupants dans le Kent. Il ne semble pas avoir vécu de *missing time* comme la première fois, bien que sa montre se soit arrêtée mystérieusement à nouveau lors de la rencontre dans le Kent. Le garçon a-t-il vécu une *abduction* ? *« Il semblait très sincère et heureux de pouvoir parler de cette rencontre »*, a déclaré l'enquêteur. Et les observations ultérieures correspondent à de nombreux témoignages de personnes enlevées. Qu'en pensez-vous ?

Rosalind Reynolds
Septembre 1983
Sudbury, Suffolk

À la fin de l'été 1983, Rosalind Reynolds, fan de la radio *Citizen's Band*, va faire une rencontre avec un ovni lors d'un trajet à travers l'East Anglia en compagnie de son petit ami de l'époque, Philip, qui bouleversera sa vie.

Le couple part de Clacton, Essex, pour Corby dans le Northamptonshire où ils doivent rencontrer des proches. Ils se donnent deux heures et demie pour atteindre leur destination afin de pouvoir profiter du voyage. Peu après avoir quitté Clacton, ils s'arrêtent pour manger un hamburger, puis continuent vers Sudbury profitant d'une soirée chaude et lumineuse, les vitres de la voiture baissées et la radio réglée sur leur station préférée. À l'approche de la périphérie de Sudbury, ils se retrouvent à conduire sous des câbles à haute tension tendus entre des pylônes électriques qui grimpent sur la colline adjacente. Soudain, ils sont confrontés à une étrange configuration de lumières alors qu'ils émergent de sous les lignes électriques. Un ensemble de lumières en forme de fer à cheval s'approche d'eux à grande vitesse. L'objet multicolore, principalement orange et rouge, semble passer en rase-mottes au-dessus de leur voiture. C'est à ce moment-là que Rosalind remarque l'atmosphère silencieuse et étrangement immobile qui règne subitement.

Alors que l'ovni se déplace dans le ciel, un flash bleu électrique illumine le paysage. *« Tout ressemblait à un négatif photo »,* se souviendra Rosalind, qui n'oubliera jamais la façon dont d'immenses arcs électriques se frayaient un chemin jusqu'aux squelettes métalliques des pylônes dans ce moment à couper le souffle. Une étrange odeur nauséabonde, presque comme des œufs pourris, semble provenir de l'objet. L'odeur devient plus forte à mesure qu'ils se rapprochent.

Intrigué par l'incroyable spectacle lumineux, le couple continue sa route à travers Sudbury et, arrivant à Long Milford, emprunte l'A604 en direction de Haverhill. Tandis que Philip se concentre sur la conduite, Rosalind observe les paysages alentour. Soudain, quelque chose au loin attire son regard. *« Regarde, encore un »,* crie-t-elle, pointant du doigt un objet de forme ovale qui se dirige vers la voiture. *« Il vient vers nous. » « C'est probablement juste un avion, ou un hélicoptère »*, grogne Philip, les yeux fixés sur la route. *« Pourquoi un avion se mettrait-il à notre niveau ? »* demande-t-elle en observant la boule opalescente qui, maintenant, suit manifestement la voiture. Philip ne veut rien entendre et il continue simplement à conduire dans l'obscurité grandissante de cette fin de soirée. Rosalind essaie d'ignorer l'objet qui les suit, mais peine perdue, elle sait qu'il est là. Philip refuse d'admettre son existence. Plus tard, Rosalind dira : *« Je ne sais pas combien de temps nous avons continué ainsi, cela aurait pu être vingt minutes ou deux heures. »* Soudain, ils sont plongés dans l'obscurité. Le moteur et les circuits électriques de la voiture s'éteignent simultanément, et le véhicule s'immobilise. *« Philip était collé au volant, regardant droit devant lui comme s'il avait des œillères »*, se souviendra la jeune femme. Elle suppose que, comme elle, il est choqué et effrayé par la présence de l'ovni.

L'objet est maintenant si proche qu'ils ne peuvent que le regarder. Grand, lumineux et rond, il se trouve à moins de 20 m de leur voiture désormais en panne. *« C'était comme une grosse boule avec plein de petites lumières autour »*, précisera plus tard Rosalind à un enquêteur. À contrecœur, le couple sort de la voiture et soulève le capot pour voir s'ils peuvent trouver l'origine du problème. La manière dont la voiture s'est arrêtée donne l'impression que la batterie a été soudainement « vidée ». Alors qu'ils examinent le compartiment moteur, les phares du véhicule s'allument. Le couple se regarde et Phil saute sur le siège du conducteur

↑ L'abductée Rosalind Reynolds (à gauche) avec Philip Mantle

et essaie de mettre le contact. La voiture démarre du premier coup. Rosalind monte et ils repartent avec l'ovni qui clignote toujours à proximité. À mesure qu'ils prennent de la distance, le couple se détend. Puis, quelques kilomètres plus loin, Rosalind voit ce qu'elle croit être le même objet se propulser droit dans le ciel, traçant derrière lui un fin trait bleu lumineux. Soulagés de reprendre leur route, ils semblent progresser rapidement, mais une fois à Corby, leurs hôtes ne répondent pas aux coups de sonnette répétés. Soudain, une fenêtre s'ouvre à l'étage et une tête se penche pour dire : *« Vous appelez ça comment, venir à cette heure ? Il est une heure et demie du matin. »* Leur voyage de deux heures et demie avait pris… cinq heures et demie !

Le couple restera abasourdi par les événements de cette nuit-là et par ces heures manquantes. Mais les séquelles de cette rencontre seront tout aussi curieuses. Quelques mois plus tard, le couple se sépare après six ans de vie commune. *« Il était devenu une personne différente, ce n'était plus le Philip que je connaissais »*, dit Rosalind. Elle aussi a changé. Elle perd dramatiquement du poids, malgré une appétence pour les sucreries, et pèse dorénavant 38 kg. Elle arrête de boire et de fumer et devient soudainement créative, rédigeant rapidement des articles scientifiques

↓ → Image d'artiste de la rencontre (en bas) d'après le dessin des êtres rencontrés par Rosalind Reynolds (à droite).

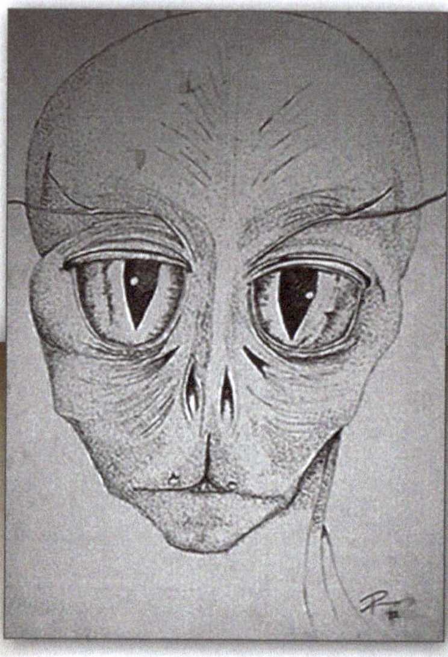

complexes sur des sujets tels que *Comment l'Univers s'est formé* ou *Ce qu'est réellement la religion*. Mais elle cherche toujours désespérément à comprendre pourquoi trois heures ont disparu de sa vie.

Qu'a-t-il pu se passer ce soir d'été ? Elle voit la chance de comprendre son *missing time* lorsqu'elle repère un article dans un journal local sur un groupe de chercheurs sur les ovnis de l'East Anglia. Elle prend contact avec eux et ils organisent rapidement une séance d'hypnose chez elle. Mais la séance tourne au désastre. *« Un faisceau lumineux est entré dans la pièce, l'enregistrement vidéo a été effacé et toutes les horloges se sont arrêtées »*, raconte Rosalind. Après ce fiasco, on lui conseille de consulter un médium et on lui présente l'homme (qu'elle allait bientôt épouser), Mark Reynolds-Parnham, qui prétend être médium depuis sa naissance.

Mark organise une seconde séance d'hypnose durant laquelle Rosalind revit sa rencontre de 1983. Elle se souvient avoir été approchée par quatre ou cinq petites créatures après que leur voiture est tombée en panne. Les *Aliens*, car c'est ce qu'elle suppose qu'ils étaient, la forcent à entrer dans leur engin. Ils l'emmènent dans une salle d'examen où elle est déshabillée et allongée sur une table transparente semblable au plexiglas pour être examinée. Elle devient agitée, gênée et effrayée pendant la séance d'hypnose et décrit comment les *Aliens* l'ont déshabillée et allongée sur la table. Un moment silencieuse, elle se redresse brusquement sur sa chaise et crie : *« Non, je ne veux pas de bébé ! »*

Rosalind est convaincue d'avoir subi une intervention gynécologique, mais elle ne désire pas parler de sa séance d'hypnose. Depuis lors, elle souffre de menstruations irrégulières qui, selon elle, lui ôtent toute possibilité d'avoir des enfants. Les examens médicaux n'ont pas permis de déterminer la cause de ce problème. Elle signale également une cicatrice inexpliquée dans la région vaginale, qu'elle suppose liée à son enlèvement présumé. En outre, elle a développé un « bourdonnement dans la tête » qui la perturbe encore aujourd'hui. Les séquelles de cette rencontre ont été véritablement dévastatrices.

La perte de poids initiale a fait craindre à ses amis et à sa famille qu'elle ne soit anorexique et elle s'est inquiétée de l'absence de ses règles. *« Je ne pouvais parler à personne de ces choses parce que je pensais qu'ils me prendraient pour un monstre »*, avoue-t-elle. *« J'ai tout refoulé. Je suis devenue une recluse pendant un certain temps, angoissée par ce qui s'était passé »*. Son mari, Mark, l'a aidée à accepter son expérience, mais elle pense maintenant qu'elle a peut-être vécu d'autres rencontres avec des ovnis par le passé, de courtes périodes de *missing time* qu'elle avait simplement ignorées.

Rowan Hinton
Été 1988
Delaware, USA

Rowan Hinton, âgée de vingt-trois ans, en avait seulement dix-sept lorsqu'elle vécut sa première expérience d'enlèvement. Elle passait des vacances avec sa mère, son oncle et sa tante à la baie de Chesapeake, sur la côte est des États-Unis. Rowan est familière avec le phénomène ovni, car son oncle et sa mère ont connu certaines expériences étranges. Mais elle n'était pas préparée à ce qui allait lui arriver dans sa chambre de motel cet été-là. *« Nous étions à la plage pour quelques jours »*, se souvient-elle. *« Ma mère, ma tante et moi avons réservé une chambre d'hôtel avec deux grands lits. Ma tante et moi étions dans un lit et ma mère dans l'autre. Je n'arrivais pas à dormir parce que j'étais stressée. C'était à cause d'une chose qui m'avait perturbée lors de mes vacances d'été précédentes aux États-Unis. J'avais vu un ovni et pour une raison quelconque, cela m'avait stressée, contrariée. Cette nuit-là, j'étais allongée et je regardais le plafond de la chambre du motel, quand j'ai entendu la voix. Elle m'a dit :* "Ne t'inquiète pas, tu vas bien, nous n'allons pas t'ennuyer parce que tu ne peux pas y faire face". *C'était une voix dans ma tête, plus masculine que féminine, qui me disait :* "Nous allons te laisser tranquille, tu n'es pas assez forte". *Je me suis sentie instantanément calme et je me suis endormie. »*

« Lorsque je me suis réveillée trois heures plus tard, il faisait nuit, mais je pouvais voir grâce au clair de lune qui passait par la fenêtre. Je me suis rendu compte que je flottais. » Rowan est suspendue au-dessus du lit et distingue les formes endormies de sa mère et de sa tante. Elle a l'impression que quelqu'un, une « force », la maintient en l'air. *« L'instant d'après, je me suis retrouvée dans une pièce très lumineuse et j'ai dit :* "Qui a allumé ?" *Ils se tenaient là, autour de moi, et j'étais allongée sur ce qui semblait être une feuille de métal. Ils me regardaient avec indulgence, sans hostilité, comme s'ils regardaient un enfant »*. Elle décrit ses ravisseurs comme étant de couleur gris clair avec d'immenses yeux sombres. *« C'était comme regarder une photo en noir et blanc à cause de leurs yeux et de la couleur de leur peau. Ils étaient vraiment humanoïdes, sans poils et avec des têtes effilées. »* Soudain, Rowan se retrouve dans la chambre du motel, flottant toujours, puis s'effondre. *« J'ai heurté le lit et je me suis redressée en criant "Ils ont menti, ils ont menti". Ils avaient promis de me laisser tranquille, mais ils ne l'ont pas fait. Ils m'ont piégée. »*

Rowan est convaincue que son expérience est réelle, et non un rêve. Les épisodes étranges continuent depuis. Devenue assistante personnelle

↑ Rowan Hinton

d'un directeur général, Rowan vit maintenant dans un appartement à Dulwich, dans l'est de Londres, qui est le théâtre d'autres événements bizarres. En 1992, elle partage son logement avec un petit ami, Andy, qui a l'habitude de partir travailler à cinq heures du matin.

« C'était vers décembre ou janvier. Je me suis réveillée vers six heures du matin. Quelqu'un se déplaçait dans le couloir et j'ai pensé que c'était peut-être Andy qui était revenu chercher quelque chose qu'il avait oublié. Le couloir était allumé. J'ai levé la tête pour regarder, puis cette chose est juste entrée en traînant des pieds dans la chambre. Elle était mince avec un visage fin et de très grands yeux et elle s'est juste traînée vers le futon sur lequel je gisais et m'a touchée avec ce doigt incroyablement long. J'ai eu l'impression de tomber en arrière, juste comme si je m'évanouissais ». Rowan se réveille et constate que son mystérieux visiteur a disparu. *« Je me souviens avoir pensé au moment où il m'a touchée :* "Oh ! mon Dieu, c'est vraiment en train d'arriver." *Il n'y avait aucun doute sur le fait que c'était réel. »*

Rowan a connu diverses expériences anormales depuis sa plus tendre enfance, lorsqu'elle racontait à ses parents qu'elle avait vu une mystérieuse « dame grise ». D'autres nuits perturbées dans son appartement, suivies de journées d'épuisement total, l'amènent à se demander si à chaque fois, elle n'a pas été emmenée quelque part pendant la nuit. *« Je sais d'une manière ou d'une autre que j'ai vécu une expérience la nuit précédente grâce à la façon dont je me sens le lendemain. »*

La jeune femme a maintenant accepté ses expériences d'ovni et d'*abduction* et a transformé ce que certains contactés considèrent comme une malédiction en un « tour de passe-passe ». Elle explique : *« L'autre semaine, j'étais avec mon petit ami et une autre fille et nous étions sur le toit de la maison, en train de boire un verre et de regarder les étoiles, et j'ai dit que je pouvais amener un ovni ici. Ils m'ont rétorqué : "vas-y, alors !" J'ai donc envoyé comme une pensée dans le ciel et quelques minutes plus tard, l'ovni était là. Il clignotait et se déplaçait lentement dans le ciel. »*

Rowan Hinton présente-t-elle un intérêt particulier pour les extraterrestres ? Ou s'agit-il d'une observatrice du ciel trop enthousiaste, à l'imagination débordante? Des théoriciens comme Albert Budden pourraient supposer que la richesse de ses expériences pourrait faire d'elle une hypersensible aux champs électromagnétiques. Les psychologues pourraient dire que son tour de passe-passe avec les ovnis est une indication qu'elle cherche à attirer l'attention. Un autre cas à débattre.

Ernest Jones (pseudonyme)
Décembre 1972
Marlow, Buckinghamshire

Ernest Jones, publicitaire et ancien membre de l'armée de l'Air, rentre chez lui par la route A4155 reliant Henley-on-Thames à Marlow, dans le Buckinghamshire, un peu après minuit, lorsqu'il est confronté à un événement dont il se souviendra toute sa vie.

Le trajet se déroule sans encombre, le trafic est faible, la nuit glaciale. Alors qu'il roule sur une portion rectiligne sur un peu moins d'un kilomètre près de Mill End, il remarque une lumière brillante devant lui.

Elle provient d'un objet situé à une dizaine de mètres du bord de la route. De forme hexagonale ou octogonale, il a la même taille qu'une cabine téléphonique, avec un sommet conique et des bandes d'éclairage fluorescentes verticales. Jones s'arrête à côté de l'objet pour mieux le voir et pense qu'il est en train d'atterrir dans un sifflement aigu. Il se souvient ensuite d'avoir traversé Marlow, environ 6 km plus loin sur la route, et vérifié sa montre qui affichait… une heure et demie de trop.

Dix ans auparavant, alors qu'il servait dans les forces armées, il avait fait une autre rencontre alors qu'il était garé sur une lande surplombant l'aérodrome de Holton, dans le Berkshire. Assis dans sa voiture avec sa petite amie, ils avaient observé avec étonnement un grand objet blanc tournant tomber au sol et disparaître derrière un bois. L'apparition soudaine de l'ovni avait rendu sa compagne hystérique et l'homme avait accepté de repartir. En voulant mettre le contact, il avait constaté que le système électrique semblait mort. Finalement, il avait réussi à pousser le véhicule sur une pente de 400 m jusqu'à la route, au bas de laquelle les lumières et le moteur s'étaient rallumés.

Typique d'un grand nombre de témoignages moins dramatique, Ernest Jones ne fait pas grand cas sur ce qui lui est arrivé. Mais les ufologues estiment que ces récits sont trop nombreux pour être ignorés.

Mick Burley
Juin 1978
Middlesbrough, Cleveland

Mick Burley est le gardien de but de l'équipe de football de son école en cette chaude et humide journée d'été. Dans l'action, les joueurs frappent fort et vite, déterminés à marquer pour cette rencontre qui se veut très importante. L'un des attaquants de l'équipe adverse franchit le terrain et tape dans le vieux ballon de cuir. Burley, qui ne voit rien arriver, le reçoit de plein fouet sur le côté du visage et bascule sur le côté. *« La balle m'a secoué le cerveau et m'a donné des vertiges »*, dira-t-il. Il est immédiatement sorti puis allongé sur le côté du terrain afin de récupérer du choc. *« J'ai posé ma tête sur mon bras, j'ai regardé vers le bas et j'ai perdu connaissance. Il y a d'abord eu un flash lumineux et je me suis évanoui »*.

En se réveillant, Mick suppose qu'il est à l'hôpital. Une silhouette portant une « cagoule de moine » se tient à sa droite et, à travers une vision floue, il aperçoit deux ou trois autres personnages à ses pieds. La silhouette la plus proche semble occupée, se tournant dans tous les sens, se saisissant de choses, peut-être des instruments. *« Je me sentais nu à ce moment-là. Je n'avais pas froid, mais je sentais un courant d'air sur tout mon corps. Ma tête et mes bras étaient attachés, je ne pouvais donc pas bouger. Mon corps était engourdi. Je crois me souvenir qu'ils m'ont coupé, gratté et creusé, mais je n'ai ressenti aucune douleur. »* Encore groggy, Mick écarquille les

↑ Mick Burley

yeux pour essayer de mieux distinguer les couleurs clignotantes qui s'allument et s'éteignent devant lui. Il compte quatre rangées de lumières sur ce qui pourrait être une console.

Puis une lumière brillante jaillit directement au-dessus de lui. *« C'était comme chez le dentiste quand il regarde dans votre bouche »*. Il se réveille soudain, face contre terre, allongé sur le côté du terrain de football avec un mal de tête intense qui le martèle sans relâche. Il se hisse sur ses pieds et se dirige vers ses camarades de classe qui veulent savoir ce que le professeur de gymnastique lui a dit. *« Je ne suis pas encore allé à l'école »*, dit Mick. Ses camarades ne le croient pas. Cela faisait un quart d'heure qu'ils le cherchaient. Il avait disparu de l'endroit où ils l'avaient laissé sur le bord du terrain. Il se rend au vestiaire pour enlever son maillot de football et remarque immédiatement une marque rouge sur son flanc. Elle n'existait pas auparavant… Cette cicatrice restera visible pour le reste de sa vie.

Aujourd'hui âgé d'une trentaine d'années, Mick, chauffeur-routier, raconte d'autres expériences étranges. À l'âge de quatre ans, il disait à ses parents qu'une étrange petite fille aux cheveux roux venait lui rendre visite dans sa chambre. La vision se manifestait derrière le convecteur, dans un coin de sa chambre. Le garçon se réveillait au milieu de la nuit en hurlant.

« Je me souviens que je n'avais pas peur de la petite fille », se souvient Mick. *« J'étais effrayé par ce qui semblait l'effrayer. On pouvait voir qu'elle était effrayée à l'expression de son visage »*. Une voisine âgée a résolu l'énigme de la visiteuse de minuit. Elle a déclaré que la description était celle d'une petite fille qui avait vécu et était morte dans la maison quelques années auparavant. Selon l'histoire, l'enfant était épileptique et était souvent enfermée dans sa chambre par une marâtre cruelle. Elle était morte étouffée à la suite d'une crise.

Plus tard dans sa vie, Mick a eu une autre vision lugubre. Mais cette fois, il s'agissait d'un cas étrange de précognition. Il semblait savoir que son mariage avec sa première femme se terminerait par un divorce, ce qui fut le cas. Mick s'est également plaint d'avoir la tête pleine de souvenirs qui n'auraient pas dû – ou pas – pu, avoir. *« Je me demande si je n'ai pas été réincarné depuis la dernière guerre. J'ai le souvenir d'avoir été dans un avion, un chasseur, et d'avoir participé à des combats aériens. Je sens que quatre balles touchent mon avion et que quatre douleurs fulgurantes, comme des tisonniers brûlants, me poignardent dans le dos, du rein gauche à l'épaule droite. Tout devient mou et je commence à piquer du nez, mais je me dis qu'au moins, je ne suis pas en feu. »* À une autre occasion, Mick a fait ce qu'il appelle un rêve qui semblait réel et qui impliquait son grand-père décédé. *« Nous avions été très proches »*, dit-il. *« Je me trouvais dans une clairière dans un bois; il y avait une zone d'herbe bien coupée et une clôture avec un portail. J'ai vu mon grand-père faire le tour. Il s'est dirigé vers moi, a franchi le portail et m'a parlé. Il m'a dit* "ne franchit pas le portail, je viendrai à toi". *Je me souviens d'avoir mis mes bras autour de lui. Il était exactement comme dans mon souvenir. J'ai vraiment établi un contact physique »*.

Son expérience de précognition la plus effrayante concerne un terrible accident dans lequel il a été impliqué et qui a failli lui coûter la vie. Deux ans et demi avant l'accident, il avait eu des visions déroutantes. *« J'avais l'impression d'être au fond d'une église, faiblement éclairée, avec des lumières à l'avant. Il y avait quelque chose de haut à ma droite et une rangée de lumières clignotantes. Je voyais une faible lueur devant moi et j'ai marché dans cette direction. J'ai alors vu quelqu'un d'affalé, j'ai regardé et il s'est tourné vers moi. Le côté droit de son visage avait disparu et le reste du visage c'était moi ! »* C'est d'ailleurs ce qu'a vu un agent de la circulation lorsqu'il est arrivé sur les lieux d'une collision entre un camion conduit par Mick et une énorme grue. Mick explique : *« Le policier s'est garé derrière ma remorque et a marché le long de l'accotement. Il devait faire nuit et les phares de mon camion se reflétaient devant, comme dans ma vision. La remorque était surélevée d'un côté. Le policier s'est approché et m'a vu sortir de l'avant de ma cabine. Je me suis retourné pour le regarder et le côté droit de mon visage pendait. C'est la seule façon dont je peux le décrire. J'ai vu ce qu'il a vu, mais je l'ai vu deux ans avant que cela n'arrive.* » Le cas de Mick n'est pas atypique.

Un témoin d'ovni et un possible abducté ? Avec une riche histoire d'expériences psychiques et de précognition, ce nordiste terre à terre ne cherche jamais à embellir ses récits et les enquêteurs qui ont passé pas mal de temps avec lui sont convaincus qu'il dit la vérité. Ce cas soutient-il l'école de pensée selon laquelle les individus sensibles aux événements psychiques sont souvent sensibles à l'activité des ovnis ? Cette théorie suggère-t-elle que seul un certain type de personne peut faire l'expérience du phénomène d'enlèvement ? Cela signifie-t-il que les *abductions* ne seraient rien d'autre qu'un phénomène psychologique ?

CHAPITRE XI

Rencontres rapprochées de type sexuel

L'association du sexe et du phénomène d'*abduction* dans un livre tel que celui-ci peut surprendre, mais c'est un aspect du mystère qui mérite d'être examiné de près. Vous souvenez-vous que nous avons souligné le fait que d'étranges enlèvements semblent s'être produits tout au long de l'histoire et que les récits abondent dans la mythologie ancienne et les contes populaires ? En fait, le sexe a joué un rôle majeur dans beaucoup de ces histoires anciennes, et dans certains cas, il semble être la seule raison de l'enlèvement. La mythologie grecque raconte comment des dieux séduisants s'unissaient avec des jeunes filles mortelles, les inséminant parfois de leur semence céleste. À travers le monde, des histoires similaires se trouvent en abondance. Jeune vierge ravissante, volée au plus profond de la nuit pour être cruellement maltraitée et souillée par une variété de vilains allant des goules aux gobelins... Même la naissance de Jésus-Christ fut le résultat d'une conception immaculée. Cette histoire est littéralement aussi vieille que le christianisme lui-même.

La sexualité et la reproduction sont naturellement au cœur de toutes les cultures. C'est la raison pour laquelle l'humanité existe et continue d'exister. La reproduction est une directive primordiale de la nature. L'ordre « Allez et multipliez » a été donné à la race humaine, et peut-être à d'autres. Ceci étant dit, on pourrait dire qu'il est tout aussi naturel que le « folklore » moderne des enlèvements par des extraterrestres ait emprunté l'un des ingrédients les plus convaincants de la religion et de la mythologie, à savoir le sexe. Après tout, les personnes enlevées et celles qui enquêtent sur le sujet sont des êtres humains et le sexe est l'une des pulsions humaines les plus puissantes. Alors, où le sexe intervient-il exactement dans l'équation de l'enlèvement ? Dès le début ! Le cas de Betty et Barney Hill, peut-être le premier enlèvement enregistré (1961), présentait déjà de fortes indications d'un intérêt extraterrestre pour le sexe et la reproduction.

Betty a subi ce qui ne peut être décrit que comme un examen gynécologique et a été testée pour une grossesse, tandis que Barney a subi un prélèvement de sperme. En effet, dans la majorité des cas qui ont suivi, les visiteurs semblent s'intéresser de près au système reproducteur humain.

Les femmes enlevées décrivent souvent l'intérêt démesuré qu'ils portent à leurs organes sexuels et reproducteurs lorsqu'ils les examinent. Les hommes témoignent également du fait que leurs organes génitaux sont souvent examinés avec soin par leurs ravisseurs. Un homme enlevé en Amérique du Sud a décrit comment il avait été excité sexuellement pour que ses ravisseurs extraterrestres puissent prélever des échantillons de son sperme. De nombreuses femmes victimes d'enlèvement font état de problèmes gynécologiques à la suite de leur rencontre, le plus fréquent étant une interruption de leurs règles. Certaines font état de viols ou même de rapports sexuels « consentis » avec leurs ravisseurs. Également, des hommes abductés ont déclaré avoir eu des rapports sexuels avec des extraterrestres de sexe féminin.

Mais, une fois de plus, comme dans la plupart des cas d'enlèvement, la majorité de ces événements particuliers se produisent dans d'autres parties du monde, principalement aux États-Unis et en Amérique du Sud.

Comme ce livre se concentre sur le phénomène des *abductions* en Grande-Bretagne, nous examinerons quatre récits provenant de ce pays, trois femmes et un homme. Il ne s'agit pas des seuls cas britanniques connus impliquant des allégations d'activité sexuelle entre de prétendus extraterrestres et des humains, mais ils sont tous acceptés comme des *abductés* possibles par la BUFORA. Ces récits ont un thème sexe/reproduction très marqué et surtout les personnes impliquées ont été prêtes à parler de ce sujet des plus sensibles. L'une des femmes croit avoir eu des relations sexuelles avec un extraterrestre, une autre est convaincue d'avoir été violée et la troisième a eu des problèmes gynécologiques, ce qui suggère que son système reproductif a été altéré.

L'homme enlevé se souvient clairement de l'acte sexuel avec une femme d'un autre monde. Les deux femmes qui affirment que des extraterrestres ont eu des relations sexuelles avec elles sont incapables de donner des descriptions détaillées de ces événements en raison de l'effet traumatisant de leurs expériences. Mais des témoignages comme les leurs ont conduit les chercheurs à se demander si les *abductions* sont le fait de différentes races d'extraterrestres. L'une des raisons à cela est que les prétendus rapports de pathologie sur les êtres connus sous le nom de Gris – ces entités à la peau légèrement grise avec de grands yeux, une bouche fine et un nez presque inexistant – n'ont montré aucune trace d'organes génitaux externes : *« Pas d'organes reproducteurs apparents. Peut-être atrophiés par la dégénérescence évolutive. Pas d'organes génitaux. À mon avis, cette absence suggère que certains des extraterrestres, et peut-être tous, ne se reproduisent pas comme les homo sapiens, ou que certains des corps évoqués sont produits peut-être par un système de clonage».*

Donc, si les Gris ne sont pas responsables de nos victimes féminines d'attouchements extraterrestres, qui l'est? Avant d'examiner ces cas en détail, considérons d'abord quelques-unes des nombreuses théories qui pourraient fournir une explication à ces rencontres rapprochées de type sexuel. *«La préoccupation pour la reproduction est un thème commun aux premières abductions, et quelques récits décrivent des viols, des activités sexuelles et des événements qui pourraient être décrits comme des inséminations artificielles»*, a déclaré Thomas E. Bullard après avoir examiné les preuves disponibles.

Une théorie veut que les extraterrestres se livrent à des activités sexuelles avec des êtres humains depuis des milliers d'années. Il pourrait s'agir d'un moyen d'introduire de nouveaux gènes et de nouvelles caractéristiques dans notre espèce, une sorte de contrôle génétique. Ce courant d'opinion affirme qu'une culture extraterrestre avancée et bienveillante pourrait utiliser une forme de «super-génétique» pour nous maintenir dans le droit chemin et lui assurer un taux de développement constant. Revers de la médaille, un «Big Brother» extraterrestre tient fermement les rênes de notre patrimoine génétique et veille à ce que nous nous développions au rythme et au niveau qui lui convient.

Une autre théorie, populaire en Amérique, veut que les extraterrestres soient impliqués dans la collecte de matériel génétique pour la perpétuation de leur propre espèce. Si une civilisation avancée s'est retrouvée dans un «cul-de-sac génétique», n'est-il pas possible qu'elle ait besoin de revigorer son stock de gènes? Des recherches récentes ont suggéré que l'absence apparente d'organes génitaux externes ou d'autres organes reproducteurs dans les nombreuses descriptions incite à penser que certains extraterrestres, sinon tous, ne se reproduisent pas de la même manière que les homo sapiens. D'autres moyens, peut-être le clonage, peuvent être impliqués. S'ils rencontrent une race dont la constitution physique n'est pas si différente de la leur, pourraient-ils profiter de l'occasion pour «emprunter» du nouveau matériel génétique?

L'école de pensée des «étranges récoltes» se réfère à la mutilation controversée du bétail aux États-Unis et affirme que l'ablation des organes sexuels de ces animaux – avec une précision chirurgicale – pourrait être un autre signe d'une recherche extraterrestre de réponses à un cauchemar génétique que nous ne pouvons imaginer. Mais pourquoi s'embarrasser d'expérimentations génétiques alors que la Terre regorge de femmes capables d'être utilisées comme mères porteuses pour la procréation ? Depuis plusieurs années, de nombreuses femmes enlevées se plaignent de prétendues « grossesses manquantes », définies comme le syndrome de l'embryon/fœtus manquant. Les femmes sont enceintes, puis, après six à douze semaines, leur grossesse s'arrête tout simplement. Elles ne présentent aucun signe de fausse couche et n'ont certainement pas subi d'avortement. Un nombre croissant d'ufologues américains pensent que ces grossesses manquantes sont dues à une intervention extraterrestre. Ils estiment que les femmes qui s'y prêtent sont fécondées au cours d'un enlèvement, puis relâchées pour être à nouveau enlevées lorsque le fœtus en développement peut être retiré.

L'ufologue new-yorkais Budd Hopkins n'en fait pas mystère. Selon lui, certaines femmes sont fécondées puis le fœtus qui en résulte est prélevé pour être mené à terme « ailleurs ». Il est convaincu que de nombreuses femmes sont exploitées pour la reproduction. Il attire également l'attention sur le nombre de femmes qui font état de *Wise Baby Dreams* (« rêves de bébés sages »). Elles ont peut-être connu le syndrome de la grossesse manquante et font ensuite des rêves dans lesquels elles voient leur bébé intelligent… et extraterrestre. Les enlèvements sont-ils utilisés pour pallier l'incapacité d'une race extérieure à procréer ? *« C'est très peu probable »*, répondent de nombreux scientifiques. Mais comment pourraient-ils connaître les valeurs et les capacités d'une race avancée qui a conquis le voyage stellaire ?

La docteure Jean Mundy, psychothérapeute américaine, est très claire sur les expérimentations génétiques extraterrestres. Environ 9 % des femmes ayant eu un contact font état de grossesses médicalement confirmées qui disparaissent, généralement au cours du quatrième mois. Il n'y a aucune preuve de fausse couche, elles ne sont tout simplement plus enceintes. *« Certaines de ces femmes se demandent si les extraterrestres ne les utilisent pas comme mères porteuses. »*

Le sperme des hommes enlevés pourrait-il être utilisé pour fertiliser les ovules des extraterrestres afin de fournir une réserve supplémentaire de croisements ? Les possibilités sont infinies. Le pilote américain John Lear a alimenté le débat en affirmant qu'un organisme secret du gouvernement américain avait conclu un accord avec une espèce d'extraterrestres connus sous le nom d'EBEs (*Extraterrestrial Biological Entities*), selon lequel ils ignoreraient les enlèvements d'êtres humains et les mutilations d'animaux en échange de données de haute technologie. Les ufologues américains disposent d'une masse de prétendues preuves, dont certaines sous la forme de prétendus documents gouvernementaux top secret destinés à l'information du président. Ces documents, qui sont très controversés, suggèrent des contacts entre des entités extraterrestres et des organismes gouvernementaux sur une longue période et contiennent des pages d'informations sur les visiteurs. Il est intéressant de noter que l'un de ces documents traite de la manipulation par des extraterrestres de l'ADN – les composants génétiques de la vie – chez des primates terrestres sur une période de 25 000 ans. Sommes-nous des rats de laboratoire dans une étrange expérience extraterrestre ? La planète Terre offre-t-elle une batterie de mères porteuses pour aider une race infertile à se doter d'une nouvelle réserve de croisements ? Ou bien l'aspect sexuel du phénomène des *abductions* n'est-il qu'une question de théorie freudienne faisant surface dans une expérience psychotique ?

Les cas suivants nous donnent matière à réflexion.

Lynda Jones
19 août 1979
Didsbury, Greater Manchester

Pour Lynda Jones, trente-six ans, femme au foyer et mère de deux enfants, ce n'aurait dû être qu'une journée d'été comme les autres. Mais c'est une journée qui va changer sa vie.

La matinée a bien commencé. Un vieil ami l'a appelé pour passer voir la famille dans la confortable maison mitoyenne qu'elle partage avec son mari, Trevor, et leurs deux enfants, Andrew, cinq ans, et Dawn, quinze ans. Au cours d'un long déjeuner, ils discutent du bon vieux temps et de connaissances perdues, jusqu'à ce que Trevor doive partir travailler dans une usine voisine. Trevor, qui travaille de 14 heures à 22 heures, laisse sa femme et leur ami commun profiter de l'après-midi dans le jardin baigné de soleil, tout en regardant les enfants jouer. Ils se prélassent dans la chaleur cuisante de la journée, se remémorant les jours passés. Les heures s'écoulent. *« Soudain, on a réalisé que la soirée débutait et notre ami m'a rappelé qu'il devait partir bien avant la tombée de la nuit »*, se souviendra Lynda. *« Il était venu nous voir sur son vieux vélo qui n'avait pas d'éclairage. Je lui ai dit que nous allions lui montrer un raccourci à travers les champs. Ce serait bien de se promener avec les enfants et je pourrais m'adonner à ma passion pour les fleurs sauvages »*. Il est environ 19 h 30 lorsque Lynda, son ami, poussant son vélo, et les enfants s'élancent à travers les champs qui bordent la rivière Mersey serpentant à travers cette partie sud de l'agglomération

↑ Linda Jones (à gauche) avec Philip Mantle

du Grand Manchester. Ils l'accompagnent jusqu'à Simon's Bridge, une marche de quinze minutes à travers les hautes herbes, puis retournent chez eux. Lynda, serrant son exemplaire du dictionnaire Oxford des fleurs sauvages, commence à chercher les plantes colorées qui constituent désormais son hobby. Tous trois se promènent dans les hautes herbes. Lynda et Dawn s'arrêtent souvent pour examiner une fleur ou une plante intéressante, tandis que le jeune Andrew court de-ci de-là, savourant la liberté qu'offre la campagne.

Ils ne sont pas pressés. Trevor ne rentrera pas avant plusieurs heures. Ils peuvent donc revenir en zigzaguant à travers champs à leur guise. Soudain, Dawn appelle : *«Maman, la lune vient vers nous!»* Lynda lève les yeux pour voir un objet étrange traverser le ciel et qui, apparemment, file droit sur eux. «*C'était comme un frisbee, mais en beaucoup plus gros*», racontera Lynda. «*Il est apparu derrière des arbres sur le terrain de golf de l'autre côté de la rivière et je pouvais voir quelques golfeurs sur le green alors qu'il se dirigeait vers nous. Ce n'était pas une illusion d'optique. L'objet avait un effet de rotation et semblait venir vers nous en biais.*» «*Baissez-vous*», ordonne Lynda. «*Allez! Couchez-vous dans l'herbe.*» C'était instinctif de se cacher dans les hautes herbes. Pendant un instant fugace, elle pense que l'objet peut être un avion de l'aéroport voisin de Manchester, qu'il a peut-être des problèmes ou qu'il est en feu. Elle craint qu'il ne s'écrase. Accroupie dans les broussailles, un bras autour de chacun de ses enfants, Lynda se prépare à une explosion, au son d'un avion qui se pulvérise à proximité. Mais il n'y a rien, seulement le silence.

En levant lentement la tête au-dessus de l'herbe, Lynda voit l'objet passer au-dessus d'elle, puis descendre verticalement et silencieusement derrière un talus, qui fait partie des défenses contre les inondations de la rivière. C'est alors que le silence total qui l'entoure la surprend. «*C'était plus qu'un simple silence, c'était une immobilité totale. Il n'y avait pas de bruit provenant de l'objet et j'ai alors réalisé qu'il n'y avait pas d'autres bruits non plus. Pas de chants d'oiseaux ni de bruits de circulation provenant de l'autoroute toute proche. Normalement, le trafic constitue un bruit de fond constant, jour et nuit, car l'autoroute est très fréquentée. Mais à ce moment précis, il avait complètement disparu*». Tirant ses enfants de l'herbe, Lynda fait quelques pas vers le talus derrière lequel l'objet a atterri. Peut-être s'était-il écrasé? Peut-être était-il en feu?

Quoi qu'il en soit, Lynda a une envie irrésistible de se rapprocher et commence à marcher, puis à courir jusqu'au sommet du talus, déterminée à voir ce qu'il cache. En atteignant le bord, elle retient son souffle, choquée par l'étrangeté absolue de la vision qui s'offre à elle. À une trentaine de mètres de là, sur la rive du fleuve, se trouve un objet qu'elle ne peut qualifier que de «biblique». «*C'est le premier mot qui m'est venu à l'esprit lorsque je l'ai regardé*», dira-t-elle. «*C'était tellement bizarre. Je ne savais rien des ovnis, je ne m'intéressais pas à ce genre de choses, mais avec le recul, ce que j'ai vu ne correspondait pas à la description standard d'une soucoupe volante ou d'un ovni. L'objet avait la forme d'un croissant de lune et était de couleur gris foncé, mais pas métallique. Il était fait d'une sorte de treillis, d'un dessin complexe de treillis, mais je pouvais toujours voir le champ à travers. Il avait l'air tellement, tellement démodé. On aurait vraiment dit quelque chose qui sort de la Bible*».

Avec ses enfants à ses côtés, Lynda fixe l'objet, presque incapable de détacher ses yeux, pour en saisir les moindres détails. *« Je dirais qu'il mesurait environ 20 m de diamètre et qu'il planait à 60 cm du sol »*, dira-t-elle plus tard. *« D'une certaine manière, pendant que nous l'observions, il semblait disparaître, puis réapparaître et puis disparaître à nouveau. Il y avait une lumière au sommet, une lumière blanche brillante qui était séparée de la structure en dessous, mais qui en faisait toujours partie. Je me suis sentie très attirée par cette lumière. Plus j'avançais, plus la lumière devenait brillante, plus je m'approchais »*.

Alors qu'elle s'approche prudemment de la forme déroutante, Lynda voit une boule de lumière orange apparaître du côté éloigné de l'objet et commencer à se diriger vers elle, en tournant lentement. *« En avançant, je me suis dit que dans quelques minutes, j'allais les observer et voir ce qu'ils faisaient. Je ne sais pas pourquoi j'ai pensé cela, mais maintenant j'en ai des frissons.* Soudain, Dawn crie : *« Maman, reviens. Reviens... »* La peur dans la voix de sa fille la ramène à une réalité terrifiante.

« J'ai eu un sentiment de déjà-vu, très fort. Puis j'ai pris conscience de tout ce qui m'entourait et je me suis dit "Oh mon Dieu. C'est le jour du jugement dernier. Je ne suis pas prête. Je n'ai pas mis de maquillage" ». Lynda se retourne et s'enfuit. Attrapant ses enfants par la main, elle redescend le talus, saisie par la peur, le cœur battant et les yeux rivés sur son échappatoire. Ils dévalent la pente et prennent rapidement de la vitesse.

Seul le petit Andrew trébuche et peine à suivre le rythme effréné de sa mère et de sa sœur aînée, prises de panique. *« Il est encore là, la chose est de retour à côté de nous »*, hurle Dawn. Le sang de Lynda se glace dans ses veines. Trop terrifiée pour regarder en arrière, elle ramasse le jeune Andrew avant que ses jambes fatiguées de cinq ans ne cèdent sous lui, resserre sa prise sur la main de sa fille et, puisant dans chaque once de force de son corps, elle s'élance à travers les hautes herbes comme si le diable lui-même était à ses trousses.

Tenant l'allure effrénée que sa fille, plus jeune et plus en forme, impose, Lynda se voit, comme au ralenti, avancer une jambe épuisée après l'autre en de longues enjambées qui la portent, elle et son fils, à travers le terrain touffu. *« Maman, regarde. Ils sont deux maintenant »*, appelle Dawn. À bout de souffle, en sueur et au bord de l'épuisement, Lynda réprime l'envie de se retourner pour regarder ses poursuivants et, avec une force qui semble surhumaine, accélère le rythme de ses jambes. *« Ne te retourne pas Dawn, cours ! »*, crie-t-elle en sautant sur le sentier qui longe la

Vue d'artiste de la rencontre avec Linda Jones

rivière, heureuse de retrouver une surface plus lisse sur laquelle elle va pouvoir augmenter la distance qui la sépare de l'objet inquiétant.

Le petit Andrew, trop effrayé pour parler, s'accroche précairement à sa mère qui court côte à côte avec sa fille dans la dernière étape de leur fuite cauchemardesque. Elle serre le petit plus fort que jamais, car cette étrange présence a un effet bizarre sur leur environnement. *« C'était si étrange. L'herbe se repliait sur elle-même, comme si elle était pressée d'en haut. Cela s'est produit lorsque nous avons atteint le chemin de la rivière. L'herbe s'est couchée tout le long du chemin. C'est le spectacle le plus étrange que j'aie jamais vu »*. Lynda et sa fille maintiennent leur rythme effréné même lorsqu'elles atteignent la limite du lotissement où elles vivent. *« Nous n'avons pas cessé de courir jusqu'à ce que nous soyons entrés dans la maison. Nous avons alors croisé Trevor qui m'a regardée et m'a demandé :* "Qu'est-ce que tu as aux yeux ?" »

Je me suis regardée dans le miroir et j'ai vu que ma peau était rouge et squameuse sous les deux yeux. Dawn et Andrew allaient bien. *« J'ai raconté à Trevor ce que nous avions vu du début à la fin. Quand je lui ai demandé s'il voulait aller le voir, il répondu non, mais il voulait que tous nous dessinions ce que nous avions vu. »* La fille de Lynda avait été si terrifiée par l'expérience qu'elle s'était faite dessus et avait dû se changer. Plus tard, lorsque Trevor compare les dessins de sa femme et de sa fille, il doit admettre qu'ils sont similaires. Soudain, Lynda réalise que Trevor est à la maison, alors qu'il est censé travailler de 14 heures à 22 heures et ne rentre habituellement qu'à 22 h 30. *« Quelle heure est-il ? »*, lui demande-t-elle. *« Il est dix heures et demie passées »*, répond-il. Lynda a « perdu » au moins une heure de sa vie. Ses enfants et elle avaient quitté la maison pour une promenade de dix minutes à 19 h 30. Ils avaient vu l'objet étrange vers 21 h et parcouru la distance d'une marche de dix minutes à une vitesse vertigineuse. Pourtant, ils n'étaient rentrés qu'à 22 h 30.

Lynda devra attendre encore dix-huit mois pour en savoir davantage sur l'expérience qu'elle a vécue en acceptant de se soumettre à l'hypnose. Entre-temps, elle et Trevor ne racontent leur rencontre qu'à très peu de personnes. Un ami, à qui ils se sont confiés, contacte le contrôle aérien de l'aéroport de Manchester pour tenter de percer le mystère. La seule réponse obtenue est qu'aucun trafic aérien ne correspond à la description de l'objet. En 1980, Lynda subit une série de séances de régression hypnotique. Chaque séance est enregistrée sur bande vidéo ce qui représente un total de dix heures d'enregistrements. Elle déclarera : *« C'était très perturbant de me voir sous hypnose. Par moments, j'étais extrêmement bouleversée par ce que je pensais vivre. C'était tout simplement trop. »*

↓ Linda Jones

Cependant, au fil des ans, Lynda reconstitue un récit, vague, mais captivant, de ce qui a pu lui arriver pendant son *missing time*, en se fondant en partie sur des souvenirs ravivés par la régression hypnotique et sur d'autres bribes d'informations qui ont refait surface. « *Je crois qu'au moment où les enfants et moi sommes retournés pour nous enfuir, j'ai vu une personne qui se tenait près de l'objet. Je suis restée figée, incapable de bouger, comme dans un rêve. Puis j'ai eu l'impression de flotter, comme si je me déplaçais involontairement. Ensuite, je me suis retrouvé dans une pièce et six êtres sont entrés. Ils étaient humanoïdes et portaient des habits sombres, comme des combinaisons de moto avec un col montant. Ils semblaient presque orientaux. Ils avaient des yeux bridés, des cheveux très foncés et une peau jaune/olive. J'ai eu le sentiment de connaître l'un d'entre eux, comme si je l'avais déjà vu.* »

« *Ensuite, j'ai eu l'impression d'être examinée. Il m'a semblé que j'étais allongée sur une table dans cette pièce étrange. Je me souviens distinctement qu'ils ont mis quelque chose sur mes jambes, comme des morceaux de glace. Chaque fois que je tournais la tête pour regarder ce qu'ils faisaient, ils braquaient des lumières vives sur mes yeux* ». Lynda trouve les souvenirs de ces événements étranges effrayants et refuse de spéculer sur ce qui lui est arrivé sur cette table d'examen. Mais les effets secondaires réels qu'elle subit depuis sa rencontre la terrifient. Comme beaucoup d'autres femmes victimes d'enlèvements, elle a découvert que son cycle menstruel a été affecté. Quelques jours après sa rencontre, elle a consulté son médecin généraliste pour lui confier que ses règles s'étaient arrêtées. Il l'a rassuré en lui expliquant que cela pouvait arriver. « *Je savais que j'étais trop jeune pour être en ménopause* », dira-t-elle. « *Mais je ne me suis pas trop inquiétée.* »

Lynda essaie de reprendre le cours de sa vie, mais découvre qu'elle est sujette à l'apparition et à la disparition étrange de marques sur son corps. « *J'avais une marque, Trevor la voyait, mais elle disparaissait le temps que j'aille chez le médecin, c'était vraiment étrange* ». Mais l'effet secondaire le plus mystérieux survient quelques semaines après sa rencontre. Elle se sent fatiguée et sans énergie. Puis, un jour, elle a ce qu'elle décrit comme une « perte ». « *C'est gênant de parler de quelque chose d'aussi personnel* », avouera-t-elle. « *Une matière cireuse s'est détachée. J'étais très inquiète et je l'ai apportée à mon médecin généraliste. Il l'a regardé et m'a dit :* "Vous avez fait une fausse couche". *Mais je n'étais pas enceinte ! J'étais abasourdie.* » Les menstruations de Lynda ne reviennent pas à la normale et elle est orientée vers un gynécologue qui entreprend une longue série de tests et d'examens pour découvrir le fond du problème.

↑ Linda Jones avec son mari Trevor Jones

Au bout d'un certain temps, elle est convoquée à l'hôpital pour voir des spécialistes. *« Ils ont examiné mes trompes de Fallope et y ont trouvé du tissu cicatriciel. Ils ont dit que ce type de cicatrice ne pouvait être causé que par une grossesse extra-utérine, où l'ovule est fécondé et se développe en dehors de l'utérus. Mais à ma connaissance, je n'avais jamais eu de grossesse extra-utérine. Je l'aurais su, car une grossesse extra-utérine peut être fatale »*.

Alors ? Lynda a-t-elle subi des tests génétiques d'outre-espace ? Budd Hopkins considérerait certainement ce cas comme pouvant étayer ses théories inquiétantes. Comme il l'a récemment déclaré : *« Ce que nous voyons, c'est une focalisation des extraterrestres sur la prise d'échantillons et la manipulation de la zone reproductive sans le consentement des abductés. »* Mais Lynda ne se sent pas qualifiée pour spéculer. Elle dit : *« Je ne sais pas ce qui m'est arrivé, mais quelque chose est arrivé. Pour être honnête, cela me fait peur. Cela m'a fait repenser à d'autres événements de ma vie »*.

Immédiatement après son expérience, elle avait constaté une marque étrange sur le jean qu'elle portait ce jour-là. Étonnamment, cette marque avait la forme de l'objet qu'elle avait vu et correspondait même aux dessins qu'elle et sa fille avaient faits de l'objet. *« Le jean a été testé dans un institut universitaire. Ils ont dit que l'image pouvait avoir été créée avec de l'encre d'imprimante. Mais pourquoi cette forme ?»*, interroge-t-elle. Sept ans plus tard, elle travaille comme conseillère en beauté et on lui demande de porter un badge en plastique. Son nom disparaît du badge en quelques heures. Le même phénomène se reproduit avec les deux badges suivants. *« Les badges ont de nouveau été testés par un scientifique, qui a déclaré que cela pouvait avoir un rapport avec les ondes radio »*, explique Lynda, perplexe.

Mais surtout, cette rencontre et les étranges séquelles ont amené Lynda à *reconsidérer* d'autres faits étranges qu'elle avait enfouis. *« Trevor et moi avons vécu un épisode de* missing time *en 1972. Nous sommes allés faire un tour dans sa Jaguar. Nous avons pris les routes de campagne à travers le Cheshire. C'était en début de soirée et nous avions prévu d'aller boire un verre »*. Trevor s'est arrêté à un feu rouge. Il a proposé à Lynda d'aller au pub situé au coin de la rue. Il était 21 h environ. Et soudainement, la voiture a commencé à tourner. *« La minute d'avant, nous étions assis là, l'instant d'après, la voiture tournait en rond. Trevor avait serré le frein à main et son pied était coincé sur le frein, mais la voiture tournait comme sur de la glace. Trevor m'a demandé si je voyais les lumières brillantes derrière nous. Puis la voiture s'est arrêtée. Nous ne sommes pas sortis de la voiture parce que nous avons vu que le pub était fermé. Nous sommes donc retournés à la maison. Mais quand nous sommes arrivés, il était 3 heures du matin ! »*

Certains observateurs diraient que l'expérience de Lynda est similaire à celle de personnes prétendument enlevées, en particulier en Amérique, qui, dit-on, sont choisies pour des expériences génétiques par des visiteurs extraterrestres. Certains ufologues soutiennent que ces individus sont enlevés et testés, puis enlevés encore et encore pour glaner davantage d'informations, comme des zoologistes ou des biologistes qui capturent et marquent des animaux sauvages pour les relâcher et les suivre afin de surveiller leur progression et leur développement. Le point de vue de Lynda ? *« Je ne comprends pas ce qui m'est arrivé. Tout cela est très bizarre. J'aimerais que quelqu'un puisse me l'expliquer. »*

Gabriella Versacci (pseudonyme)
16 octobre 1973
Langford Budville, Somerset

Gabriella Versacci prépare des spaghettis pour son mari Alberto et leur fille de quatorze ans, Maria, lorsqu'un coup sec à la porte d'entrée la fait sursauter. La ménagère de trente-trois ans baisse le feu sous la casserole et va ouvrir la porte. La fille de son amie attend sur le seuil.

« Bonjour, Gabriela ! ma mère m'a envoyée te demander si tu pouvais aller la voir à Wellington, elle n'est pas très bien en ce moment », dit la jeune femme. *« Bien sûr, sans problème »*, rassure Gabriella.

Depuis dix ans que son mari et elle ont quitté leur Turin natal pour s'installer en Grande-Bretagne, elle s'est fait de nombreux amis. *« Dans un nouveau pays, il faut se faire de nouveaux amis »*, dit toujours son mari Alberto, et la nature chaleureuse et serviable de Gabriella fait qu'elle est toujours très demandée. *« Je suis en train de préparer le repas du soir »*, dit-elle à sa jeune visiteuse. *« Donne-moi une demi-heure et je viendrai en voiture. »* Cette promesse était un peu optimiste. Quelques minutes après le départ de la jeune femme, quelqu'un d'autre se présente à la porte. Un flot de visiteurs semble se rendre à la maison des Versacci à Taunton cette nuit-là et Gabriella n'a pas le cœur de refuser qui que ce soit, si bien qu'il est bien après 22 h 30 lorsqu'elle monte dans sa Mini de 1967 pour aller à Wellington. Déterminée à rattraper le temps perdu, elle décide d'éviter le centre-ville de Taunton et emprunte l'A361 jusqu'à Milverton, où elle prend la B3187 jusqu'à Wellington. Malgré le peu de circulation, il est environ 23 h 30 lorsqu'elle tourne sur la petite route sinueuse qui traverse la campagne jusqu'à sa destination. En passant le panneau Langford Budville, à environ 5 km de Wellington, Gabriella constate que la route est complètement déserte à l'exception de la lueur d'un seul phare qu'elle croit apercevoir au loin. Alors que sa voiture avance sur la route dégagée, elle se rend compte que la lumière est trop brillante pour être un phare et qu'elle semble immobile. *« C'est étrange »*, se dit-elle. *« Il n'y a aucun bâtiment à cet endroit. »*

Concentrée sur sa conduite, elle poursuivit sa route en espérant que son amie ne s'opposera pas à une visite aussi tardive. Elle avait promis à sa fille de rendre visite à son amie malade et une promesse est une promesse. Soudain, la voiture semble perdre de la puissance. Les phares clignotent, faiblissent puis s'éteignent. Ensuite, le moteur ralentit, tousse puis s'arrête. Lorsque la Mini s'immobilise sur le bord de la route, Gabriella serre le frein à main, met le levier de vitesse au point mort et tourne la clé de contact. Rien… Nerveusement, elle jette un coup d'œil vers la lumière qu'elle a aperçue sur la route un peu plus tôt. A-t-elle un rapport avec sa panne ? Étrangement, elle en est persuadée. Reprenant son courage à deux mains, elle tente à nouveau de mettre le contact. Mais il n'y a plus de courant. Assise dans une voiture silencieuse sur une route de campagne déserte dans une obscurité totale, Gabriella est gagnée par la peur. Elle décide qu'elle ne peut simplement pas rester là à ne rien faire. Même si elle n'y connaît rien, elle devrait jeter un œil sous le capot. Cela pourrait être quelque chose de simple, comme un fil desserré, se dit-elle en sortant de l'espace confiné de sa petite voiture. Au moins, elle serait en train d'agir. Dehors, elle actionne le loquet du capot et le soulève. Dans la pénombre, elle examine ce qui pour elle n'est qu'un enchevêtrement de pièces inconnues. Alors qu'elle se tient là, seule et impuissante, elle remarque un bourdonnement, d'abord faible, puis de plus en plus fort.

Levant la tête, elle jette un coup d'œil à l'étrange lumière vive, mais se rend compte que le bruit ne vient pas d'une direction particulière. Le bourdonnement régulier, comme celui d'un générateur électrique, semble envelopper toute la zone. Refermant le capot, Gabriella décide d'essayer à nouveau de mettre le contact. Quelle que soit la cause de la panne, peut-être qu'elle est résolue maintenant, pense-t-elle. En ouvrant la portière. Une main se pose sur son épaule gauche ; une main lourde qui la pousse au sol. Se tournant lentement, essayant de contenir le sentiment de panique, elle fait face à son agresseur. Il est grand. Métallique ! « Robot », le mot résonne dans son cerveau. Elle est attaquée par un homme en métal. À en juger par la façon dont l'objet lumineux dans le champ se reflète sur lui, il s'agit certainement plus d'une machine que d'un homme. Puis d'autres lumières clignotantes et colorées s'animent. Gabriella perd connaissance.

Lorsqu'elle reprend ses esprits, elle se trouve dans un champ. Le « robot » est à côté d'elle et devant eux se trouve l'objet. En forme de demi-lune, il est arrondi en haut et plat en bas. Aussi brillant qu'un arc électrique, c'est une sorte de machine. Cette impression se renforce à mesure que la luminosité émise par celui-ci diminue. Il est de couleur gris argent, non sans rappeler l'aluminium. Il repose sur d'imposants pieds, Gabriella en voit deux, mais il y en a peut-être plus. Clouée sur place, ses yeux explorèrent l'objet à la recherche d'indices sur sa fonction. Il mesure environ 6 m de haut et 12 m de large. De grandes fenêtres oblongues sont visibles d'où jaillit une lumière jaune.

Elle réalise maintenant que c'est l'objet qui émet le bourdonnement. Accablée, la femme au foyer s'évanouit pour la deuxième fois. Elle se réveille dans une pièce étrange, circulaire, qu'elle suppose être à l'intérieur de l'appareil. Elle est attachée à une table, complètement nue. Elle se demande qui l'a déshabillée. Heureusement, une grande couverture bleu clair ménage sa pudeur. Gabriella tente en vain de se relever pour mieux voir sa « prison ».

Ses poignets sont attachés par ce qu'elle décrit comme de « gros élastiques ». Ses jambes sont maintenues écartées par des bandes identiques qui fixent ses chevilles. Elle frissonne. La couverture bleue est froide et l'intérieur du vaisseau glacial. Elle jette un coup d'œil au loin. Le « robot » se tient là, inactif, devant un mur couvert d'équipements.

À sa droite se trouve une console munie de boutons et de cadrans. Gabriella regarde ensuite vers le bas et constate que le sol est recouvert de ce qui semble être un tapis en caoutchouc de couleur noire. Bien qu'elle ne puisse pas voir directement derrière elle, elle imagine que c'est à cet endroit que se trouve l'entrée de la pièce. Quelques instants plus tard, trois hommes apparaissent. Deux d'entre eux se placent à gauche de la table, tandis que le troisième saisit des « boîtes ». Il place trois de ces objets sur un rail tubulaire qui court le long de cette table, un près de la tête de la jeune femme, un à ses pieds et un au milieu. Une fois en place, ils se mettent à briller. Gabriella étudie les trois hommes, qui font à peu près la même taille, entre 1,65 m et 1,70 m. De teint clair et de corpulence mince, ils arborent tous le même vêtement. Chacun est coiffé d'une capuche, nouée à l'arrière, s'arrêtant juste au-dessus des yeux. Leur visage est en partie dissimulé par un masque qui couvre le nez et la bouche et ne laisse apparaître que leurs yeux et les zones adjacentes. Bien que leurs cheveux restent invisibles, elle discerne des bosses sous les capuches, trahissant leur présence. Leurs yeux, plus ronds que ceux des humains, ne dégagent aucune émotion. Ils portent une tunique bordée d'un liseré gris, des gants longs jusqu'aux coudes et de très longs tabliers tombant jusqu'aux chevilles. Des bottes à semelles épaisses complètent leur tenue. Les vêtements sont de la même couleur : bleu clair. Pendant toute la scène, aucun de ses ravisseurs ne parle ni n'émet aucun son. Gabriella ne perçoit aucune respiration. Durant l'examen, ils se regardent fréquemment et hochent parfois la tête, mais aucun des trois êtres ne la touche. L'examinateur, l'homme au pied du lit, prend plusieurs instruments de couleur grise, qu'il utilise l'un après l'autre. Un petit instrument semblable à un couteau sert à prélever une parcelle d'ongle de l'index de sa main droite. Un échantillon de sang est également prélevé à l'aide d'un petit flacon en plastique relié à des tubes et des fils. Un dispositif étrange, qu'il tient dans la paume de sa main, est passé sur son corps et brille avec des degrés de luminosité variables selon sa position sur ses formes.

Ensuite, l'examinateur retire la couverture bleue, la laissant grelotter de froid et gênée. Un objet mince, semblable à un crayon, est utilisé pour la sonder et un gros aspirateur en caoutchouc noir est appliqué entre le haut de sa cuisse et son bas-ventre. Pressé fermement contre la peau puis soulevé, cela lui cause un certain inconfort, bien que le reste du processus soit totalement indolore. Un énorme frisson la secoue. L'examinateur replace alors sur elle la couverture qui lui procure un peu de chaleur tant espérée. Gabriella suppose l'examen terminé lorsque l'homme étend une nouvelle couverture noire sur l'ensemble de son corps. Remarquant ses regards fréquents vers le robot désormais inactif, l'examinateur s'adresse enfin à elle dans un anglais parfait. Le robot est un dispositif de récupération entraîné, dit-il. Il effectue le « travail manuel » à l'extérieur du vaisseau. Il apporte les spécimens à examiner et à étudier. C'est simplement une intelligence artificielle programmée pour effectuer certaines tâches. L'examinateur parle d'une voix masculine profonde, bien que Gabriella ne puisse pas voir sa bouche bouger sous son masque.

Il retire ensuite les trois tubes lumineux du rail. Pendant ce temps, Gabriella remarque qu'il a cinq doigts à chaque main, chaque mouvement semble réfléchi, délibéré et précis. Ses yeux ne clignent jamais. Lorsqu'il a terminé sa tâche, les trois hommes quittent la pièce ensemble. La jeune femme reste allongée plusieurs minutes. De nouvelles tentatives de mouvement sont entravées par les bandes de caoutchouc à ses poignets et chevilles. Lorsqu'elle essaie de crier, elle trouve sa gorge trop douloureuse et enflammée, et lorsqu'elle essaie de vomir, elle ne le peut pas. Elle aperçoit de nouveau le robot, une lumière colorée et diffuse clignote dessus. Il ne bouge pas, mais reste près du mur. Son attention est attirée par un mouvement derrière elle. L'un des trois hommes apparaît et marche jusqu'à l'extrémité de la table. Il soulève le bas de la couverture et observe son corps. Ses yeux ne trahissent toujours aucune émotion. L'être tient le bout de la couverture d'une main et fixe Gabriella avec intensité. Effrayée, elle pressent que quelque chose d'horrible est sur le point de se produire. Elle lutte frénétiquement pour se défaire de ses liens, sans succès. Les solides bandes la maintiennent fermement à la table. L'être pose une petite épingle sur sa cuisse et elle cesse immédiatement de lutter. Le dispositif provoque une paralysie, engourdissant l'ensemble de son corps sauf sa tête qu'elle balance de gauche à droite en essayant de crier, mais sa gorge est trop sèche et douloureuse. Elle voudrait pleurer, mais même ce soulagement lui est interdit.

L'être grimpe lentement sur la table. Il y a une intention dans ces yeux froids et sans émotion, et elle sent qu'il y a du mauvais dans son cœur. *« Mon Dieu ! »* pense-t-elle. *« Il est en train de me violer. »* Elle ne regarde pas et ne peut pas bouger pendant cet acte de dépravation froid et calculateur. Mais elle ressent chaque mouvement de l'être. Priant Dieu pour être libérée, elle se sent malade au toucher froid et étranger de celui-ci. Mais elle ne peut rien faire. La paralysie l'empêche de se défendre. Ressentant un grand inconfort, mais aucune douleur, son esprit se reporte à son amie malade à Wellington, à son mari et à sa fille. Que penseraient-ils s'ils savaient cela, se demande-t-elle ? Quand l'homme a fini, il descend lentement de la table, tire la couverture noire pour la

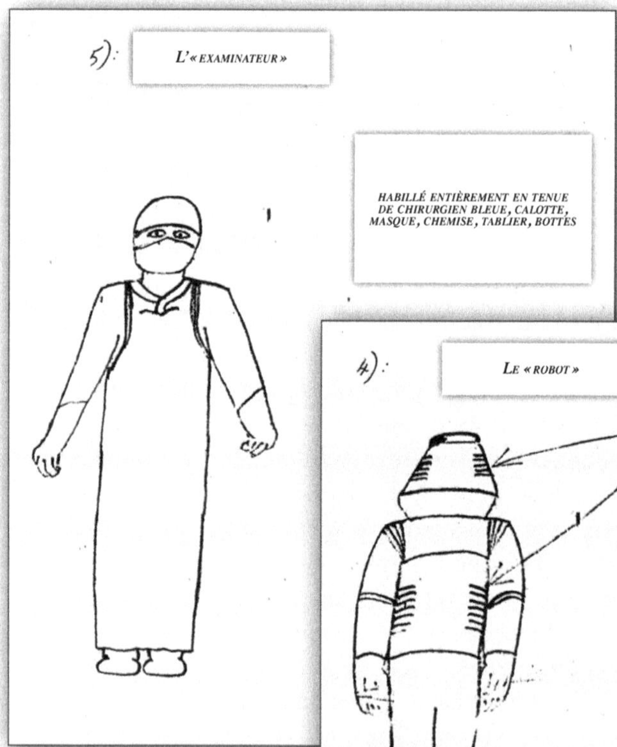

← ↓ L'« examinateur » (à gauche) et le « robot » (en bas) tels que décrits par Gabriella Versacci. Extrait du dossier original.

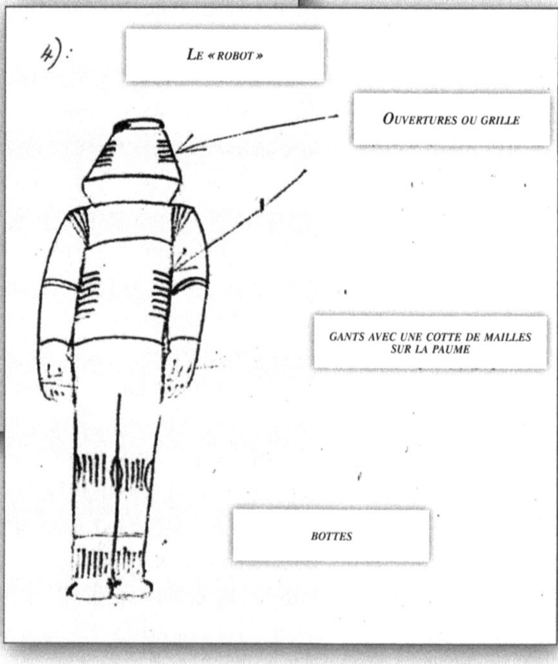

couvrir entièrement et quitte la pièce. Seule à nouveau, Gabriella devient presque hystérique face aux implications de ce qui vient de se passer. Tombera-t-elle enceinte ? L'enfant sera-t-il un monstre ? Comment le dira-t-elle à son mari ?

Les trois hommes reviennent dans la pièce ; l'un retire le dispositif à épingles de sa cuisse, tandis que les deux autres soulèvent la couverture, la plient et la placent soigneusement sur le sol à côté de la console. Gabriella regarde ses vêtements sur le sol près du robot avant de s'évanouir pour la troisième fois de la nuit. Lorsqu'elle reprend conscience, elle se tient debout, entièrement habillée, à côté de sa voiture sur la route de campagne déserte. Étourdie et choquée, elle monte dans le véhicule, tourne la clé de contact et, à sa grande surprise, le moteur démarre du premier coup.

Elle ne se souvient pas du trajet de retour. Dans un état de choc sévère, ébouriffée et extrêmement bouleversée, elle rentre chez elle à 2 h 30 du matin. Alberto, anxieux, la prend dans ses bras alors qu'elle lui raconte sa terrible histoire. Cette nuit-là, les Versacci feront le serment de ne jamais raconter leur histoire à quiconque. Ils essaieront simplement de recoller les morceaux et de continuer leur vie. Quatre ans plus tard, ayant réussi à garder la rencontre hors de l'attention du public, Gabriella, qui veut en savoir plus, décide de contacter un ufologue qui va entreprendre des recherches. Voici son verdict : elle n'avait rien à gagner et beaucoup à perdre en cherchant de l'aide au sujet de sa rencontre. Elle a été jugée honnête et digne de confiance, et son récit est cohérent avec de nombreux cas similaires. En fait, elle était tellement préoccupée par les éventuelles séquelles du viol qu'elle a fait un test de grossesse peu de temps après. Celui-ci s'est révélé négatif. Les enquêteurs ont remarqué une série de similitudes étonnantes entre cette affaire et celle du chef de police Jeff Greenhaw, aux États-Unis.

Sa rencontre a eu lieu juste une journée après celle de Gabriella et les similitudes entre le « robot » qu'il décrit et celui qui a enlevé la femme britannique semblent trop importantes pour être une coïncidence. Vers 22 heures, le soir du 17 octobre 1973, l'officier Greenhaw, âgé de 26 ans et seul policier à temps plein de la ville de Falkville, en Alabama, n'était pas en service et se trouvait chez lui lorsqu'une femme l'a appelé pour dire qu'elle venait de voir un ovni avec des lumières clignotantes atterrir dans un champ à l'ouest de la ville. Greenhaw a alors saisi son appareil photo et s'est précipité vers le lieu signalé.

Une fois sur place, il l'a immédiatement repéré. Debout au milieu de la route, l'entité portait une combinaison argentée, semblable à du papier d'aluminium. L'officier d'ajouter que la silhouette semblait grande et qu'elle avait une sorte d'antenne sur la tête. Après lui avoir fait face pendant quelques instants, il a commencé à s'approcher, moment auquel Greenhaw a pris quatre photographies. Bien que floues, les images montrent une silhouette se dirigeant vers lui. Effrayé, il a couru vers sa voiture de patrouille et a activé le gyrophare sur le toit. Les flashs de lumières et le bruit de la sirène ont fait fuir l'intrus. Greenhaw affirme s'être lancé à sa poursuite, mais précise que l'être s'est échappé à grande vitesse sur la route caillouteuse et accidentée. *« Il courait plus vite que n'importe quel être humain »*, a-t-il déclaré.

Le cas très médiatisé de Greenhaw lui a peut-être procuré une renommée instantanée, mais cela lui a coûté cher : son mariage (sa femme détestait la notoriété), sa maison, qui a mystérieusement brûlé, et son emploi. Ses supérieurs hiérarchiques ont estimé que son implication dans une histoire d'ovni avait fortement nui à sa crédibilité en tant qu'officier de police. La suspicion selon laquelle Greenhaw aurait participé à un canular a également jeté une ombre sur l'affaire.

Cependant, il aurait été impossible pour Gabriella Versacci de baser sa description du robot sur l'affaire Greenhaw. Elle n'avait aucun lien avec l'ufologie et ce cas américain était pratiquement inconnu en Grande-Bretagne. De plus, elle a donné une description du robot qui l'a « capturée » à son mari avant que le cas de Greenhaw ne se produise. Les enquêteurs s'accordent également à dire que Gabriella, femme discrète et mère de famille respectable, n'aurait eu aucune raison d'inventer une telle *abduction*, en particulier une histoire dans laquelle elle a été victime d'une agression sexuelle des plus graves. Croyante, elle a été profondément affectée par toute cette lugubre affaire et a refusé jusqu'à ce jour que son vrai nom soit associé au rapport.

Jane Murphy
Mars 1981,
Birstall, West Yorkshire

Pour Jane Murphy, femme au foyer de 22 ans, mère d'une petite fille, la journée a été une fois de plus éreintante. Son mari Mick se glisse dans le lit pendant qu'elle installe confortablement la petite Sharon dans son berceau. Elle a tout juste la force de se déshabiller et d'enfiler sa chemise de nuit avant de se faufiler sous les draps. Elle s'endort dès que sa tête touche l'oreiller. Mais son sommeil prend fin aussi rapidement qu'il est

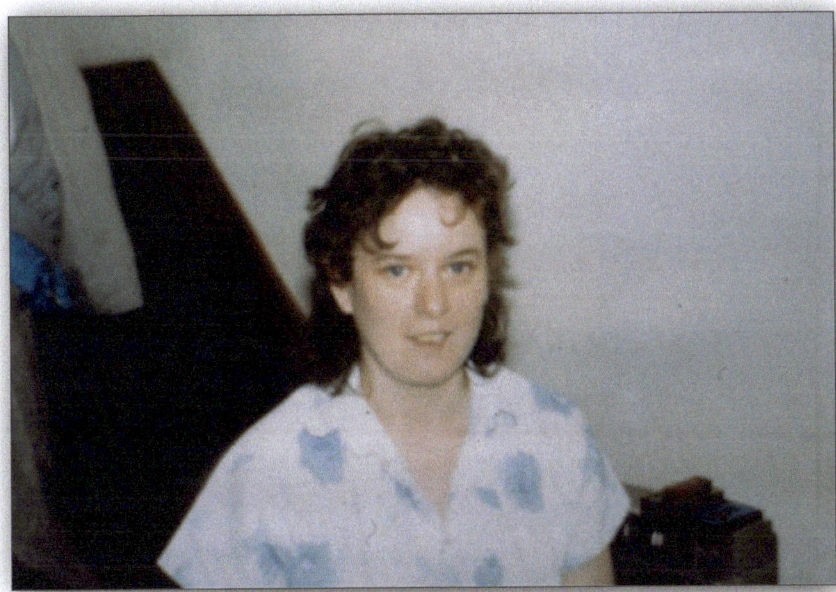

↑ Jane Murphy

venu. Jane est éveillée, mais garde les yeux fermés, remarquant l'absence des ronflements de Mick et une atmosphère inhabituelle dans la pièce.

Lorsqu'elle ouvre les yeux, elle se trouve dans un champ. Elle sent l'herbe sous ses pieds et lève les yeux vers un ciel nocturne chargé de nuages. Il fait froid, mais ce n'est pas désagréable. *« Je savais où j'étais »*, racontera Jane. *« Mais je n'étais pas sûre de savoir comment j'étais arrivée là. J'avais l'impression qu'on m'avait conduite dans ce champ, près de l'endroit où vit ma mère. Il y avait une ferme que je reconnaissais, mais à côté, se trouvait une chose que je n'avais jamais vue auparavant. »* Un objet flotte au-dessus du champ, immense et métallique, mais Jane n'a pas le temps de mieux l'observer. Son attention est attirée par le mouvement d'un groupe de silhouettes, peut-être une dizaine. Ces personnes sont vaguement humanoïdes, mais Jane n'arrive pas à se concentrer sur elles. *« Ces êtres s'approchaient de moi. L'un d'eux tenait un masque ou un tissu dans sa main et l'a posé sur mon nez et ma bouche. J'ai senti qu'ils voulaient m'endormir, alors j'ai fait semblant d'être inconsciente, mais ça n'a pas marché. Visiblement, ils ont compris que j'étais éveillé, car deux d'entre eux m'ont maintenu pendant qu'un autre m'a fait une injection. J'ai supposé que c'en était une parce que j'ai senti la piqûre. »* La jeune femme s'évanouit.

↑ Lieu du premier enlèvement de Jane Murphy à Birstall, West Yorkshire

Lorsqu'elle reprend ses esprits, elle pense qu'elle a été conduite à l'intérieur de l'objet étrange par les « hommes » qui l'ont capturée. « *Lorsque je me suis réveillée, j'étais à quatre pattes sur une table dans une pièce inconnue et j'ai eu très peur. J'ai enfoui ma tête dans mes mains parce que je ne voulais pas regarder* », se souviendra Jane. « *Je savais que les personnages étaient là, mais je ne voulais pas les voir. Puis ils m'ont demandé instamment de les regarder. Ils ne parlaient pas, les mots me venaient simplement à l'esprit* ». Luttant contre la peur, elle se force à regarder ses ravisseurs.

L'entité à laquelle elle fait face est très grande, près de 2 m, et a une apparence humaine excepté ses yeux. « *Ils étaient noirs, totalement noirs* », dira-t-elle. « *À part cela, j'aurais dit qu'il était humain. Il n'avait rien d'un monstre* ». On lui ordonne ensuite de se baigner en lui indiquant un objet en plastique qui ne ressemble en rien à une baignoire.

Obéissante, Jane enlève sa chemise de nuit et s'assoit dans le « bain ». « *L'objet s'est ajusté à moi, il a pris la même forme que mon corps, comme s'il avait été fait pour moi* ». On l'aide à remonter sur la table au centre de la pièce puis tous les êtres humanoïdes disparaissent, à l'exception d'un seul : l'homme de grande taille qu'elle a vu en premier. Lentement, l'être s'approche d'elle, amenant son visage près du sien. « *J'ai regardé ses grands yeux noirs et j'ai su ce qui allait arriver. Soudain, il s'est allongé sur la table et je me suis retrouvée au-dessus de lui. Nous étions en quelque sorte enlacés, mais nous restions immobiles. Je me souviens avoir remarqué son odeur. Elle n'était pas agréable, pas une odeur humaine du tout. Puis nous avons fait l'amour. C'était la sensation la plus étrange qui soit. Nous étions allongés l'un contre l'autre, sans bouger, mais toutes les sensations du sexe humain étaient là. Je l'ai regardé dans les yeux et je lui ai demandé : "Pourquoi moi ?" La réponse était étrange. Elle m'est venue à l'esprit et disait : « Parce que nous t'aimons », mais d'un ton si froid. »*

« Il n'y avait aucune émotion. Je ne pourrais même pas vous dire s'il était habillé ou non, car je l'ai simplement regardé dans les yeux. Tout ce dont je me souviens visuellement, c'est de ces gigantesques yeux noirs. Je ne saurais dire s'il s'agissait d'un acte physique à proprement parler. Je ne pourrais affirmer avoir senti son pénis réellement, parce que ce n'a pas été le cas, mais à l'intérieur, en moi, tout se passait. Je crois que j'ai atteint l'orgasme, car à ce moment-là, j'ai eu l'impression que cela avait été le meilleur rapport sexuel que j'avais jamais eu. Cela m'a semblé tellement étrange d'être allongée sur cet inconnu, sans bouger, de faire l'amour et d'en prendre du plaisir ». Au bout de cinq minutes, elle se rend compte que d'autres personnes sont entrées dans la pièce. Parmi les nouveaux venus se trouvent des humanoïdes féminins. Son partenaire sexuel descend de la table et quitte la pièce, tandis que les autres préparent Jane à un examen. Certains semblent utiliser de longs instruments pour réaliser manifestement un examen gynécologique de la jeune humaine. Elle ne ressent aucune douleur ou gêne majeure et, après l'examen, on lui fait visiter l'étrange vaisseau. On lui montre une table couverte d'un certain nombre de pilules aux couleurs vives et aux formes géométriques et on l'invite à y goûter, ce qu'elle fait. Mais lorsqu'elle se saisit d'une tasse posée sur la table pour boire, un extraterrestre l'arrête en utilisant un puissant message télépathique.

« Je ne me souviens pas beaucoup de ma visite du vaisseau, mais je me souviens d'avoir vu d'autres humains », racontera-t-elle par la suite. Sa visite se termine aussi brusquement qu'elle a commencé. Sans transition, elle se retrouve dans son lit. Le réveil affiche 6 h 28, presque l'heure à laquelle son mari part au travail.

« Tout cela n'était-il qu'un rêve ? », se demande-t-elle. Puis elle se souvient de l'injection et observe son bras. La peau est encore légèrement meurtrie autour de la petite marque de piqûre faite par l'aiguille. *« J'ai eu très envie de me baigner. Je me souviens avoir pensé que je devais me laver, sinon cette mauvaise odeur s'accrocherait à moi, cette odeur d'extraterrestre. »* En entrant dans la baignoire, Jane ressent une lourdeur dans l'estomac, le genre de lourdeur qu'elle a ressenti lors de sa grossesse. Cette impression

va marquer le début d'une série d'événements étranges. Tout d'abord, son cycle menstruel s'arrête complètement, un phénomène que son médecin ne parvient pas à expliquer. Puis, suite à ses plaintes répétées concernant la lourdeur de son estomac, elle est envoyée à l'hôpital pour des examens. On ne lui détecte rien. Finalement, elle souffre pendant trois mois d'une affection vaginale que les médecins diagnostiquent comme « une infection ». Craignant que cela puisse être lié à l'*Alien* avec lequel elle a eu un rapport sexuel, Jane prend divers antibiotiques, sans succès. Une fois de plus, son généraliste la renvoie à l'hôpital. Le traitement puissant qu'on lui administre fonctionne enfin. Mais bien que les séquelles de sa rencontre disparaissent peu à peu, sa vie change du tout au tout.

Quelques mois plus tard, ses ravisseurs extraterrestres reviennent...

« Ils étaient ici, dans la maison », expliquera-t-elle. *« Je ne sais pas comment ils sont entrés, mais il y avait un homme et une femme. Ils ressemblaient aux personnes que j'avais vues dans le vaisseau. »* Ils commencent par demander à la jeune femme des informations. Elle est priée de leur dire tout ce qu'elle sait. *« Ils voulaient savoir comment naissaient les bébés. C'était ridicule. Je le leur ai dit. J'ai ajouté que tout le monde savait comment naissaient les bébés. Mais ils ont répondu que leur peuple l'ignorait. »*

Ce n'est que le début d'une série de visites qui va la conduire au bord de la dépression nerveuse. Elle se réveille la nuit pour découvrir un ou plusieurs visiteurs extraterrestres près de son lit, ou se lève le matin en sachant qu'elle a été ailleurs pendant la nuit. Puis les rêves commencent. D'étranges rêves de grossesse et d'accouchement. Tous les rêves impliquent les *Aliens*. Dans un en particulier, elle donne naissance à un hybride extraterrestre blond aux yeux noirs. *« Je ne sais pas si j'étais dans le vaisseau spatial »*, dira-t-elle. *« Mais j'ai accouché. Le bébé était blond et avait les yeux fermés. Puis j'ai pu voir lorsqu'il les a ouverts qu'ils étaient noirs, comme ceux des extraterrestres »*. L'enlèvement de Jane et le stress de nombreuses autres visites mettent à rude épreuve sa relation avec son mari. Il ne croit pas tout ce qu'elle raconte avoir subi. *« À un moment, j'ai cru devenir folle. Je n'ai jamais voulu que ces choses m'arrivent, mais elles me sont arrivées. Je voulais juste être normale »*.

Dans son désespoir, elle cherche de l'aide auprès de son médecin de famille. *« Consommez-vous du LSD ? »*, lui demande-t-il. Dépitée, Jane abandonne. Elle est convaincue que tout cela est bien réel, pourtant la seule explication que lui fournit son généraliste est une série d'hallucinations induite par de la drogue. En juillet 1987, le journal local publie le

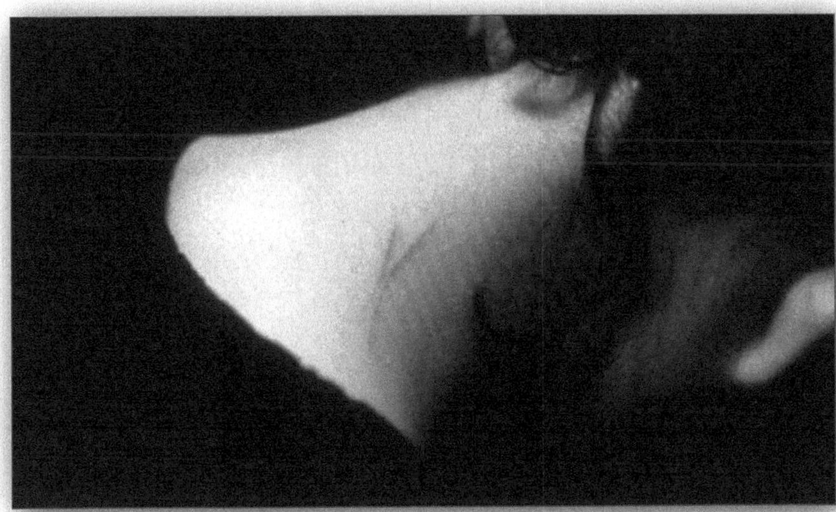

↑ Griffure en forme d'Y sur la nuque de Jane Murphy après l'une de ses rencontres

numéro de la ligne téléphonique de la BUFORA, disponible 24 heures sur 24, destinée aux témoins qui souhaitent signaler leurs observations. C'est sa dernière chance, pense Jane, en composant le numéro et en laissant son message sur le répondeur.

Quelques jours plus tard, le directeur des enquêtes de l'association, Philip Mantle, s'implique dans l'affaire. La série d'entretiens qui s'ensuit le persuade que Jane n'est pas une mystificatrice. Il existe toutefois un élément de contamination étant donné qu'elle a lu un certain nombre de livres sur les enlèvements après son expérience, mais pas assez pour lui permettre de fabriquer toute l'histoire. Ce qui stupéfie les enquêteurs, c'est le nombre incroyable de visites d'*Aliens* présumées que Jane a eu au cours de sa vie, qu'il estime à une centaine. Il découvre en effet que la jeune femme a vécu sa première expérience alors qu'elle n'avait que seize ans. À l'époque, elle vivait avec sa mère près de Leeds. Une nuit, alors qu'elle était couchée, elle avait entendu un fort ronronnement et avait vu sa chambre inondée d'une lumière rouge vif. Le lendemain, elle avait entendu à la radio des reportages au sujet d'une vague d'observations d'ovnis dans la région et avait fait le lien avec l'étrange expérience vécue dans sa chambre, expérience qui ne serait que le prélude à son *abduction* et aux nombreuses visites qu'elle subira par la suite. « *Les extraterrestres m'ont emmenée tant de fois* », dit-elle. « *Dans les champs ou parfois*

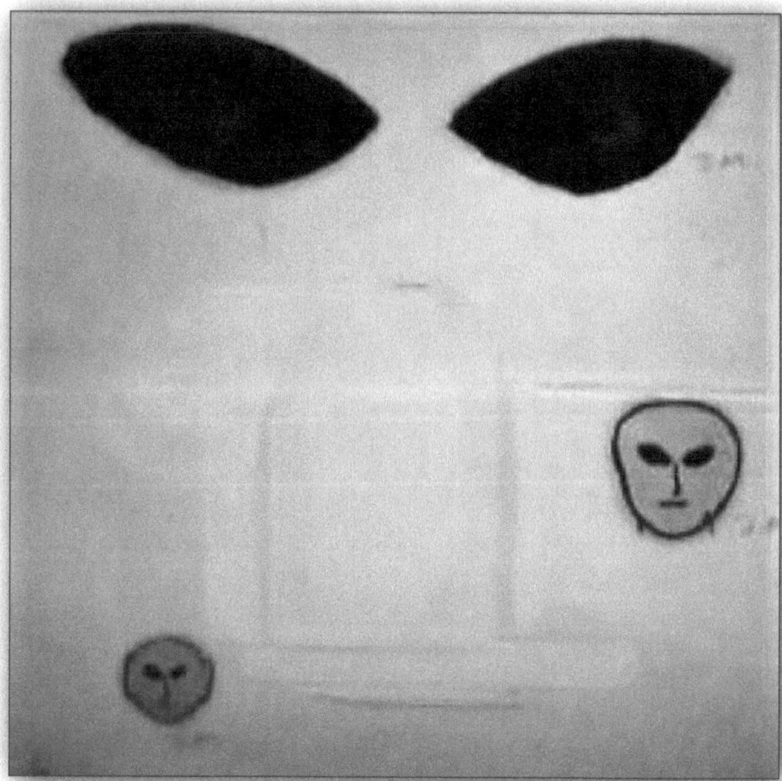

↑ Dessins de Jane Murphy représentant les extraterrestres qu'elle a rencontrés

pour des examens. Puis, d'autres fois, j'ai fait des rêves d'être enceinte et une fois d'accoucher de ce bébé aux cheveux blonds et aux yeux d'Alien.» Les récits de Jane sont si proches de ceux de l'un des témoins du livre *Intruders*, de Budd Hopkins, que les enquêteurs britanniques prennent contact avec le chercheur américain qui souhaite recueillir le plus de détails possible. Le rêve de Jane concernant l'accouchement rappelle également les *Wise Baby Dreams* auxquels Hopkins fait référence dans ses ouvrages.

Le psychologue John Shaw va étudier le cas de Jane Murphy et faire l'observation suivante : *«L'effet le plus important semble être un fort sentiment d'incompréhension. Comme elle le dit dans la transcription,* "J'aimerais savoir ce qu'ils me veulent et pourquoi cela se produit depuis toutes ces années". *La volonté humaine de donner un sens à ses expériences est fortement contrariée dans le cas de Jane.»*

« Cela n'est pas facilité du fait qu'elle est une personne peu réfléchie, peu encline à examiner de près, semble-t-il, ses réactions émotionnelles et cognitives. Il n'est pas rare que l'on essaie de donner un sens à des événements étranges. Cependant, il n'est généralement pas possible de le faire sans l'aide d'une personne qualifiée. Ce cas souligne la nécessité d'un système spécial d'aide aux victimes, qu'il s'agisse de groupes d'entraide ou de conseils ou thérapies individuelles. Les personnes comme Jane ont désespérément besoin de se libérer de leurs peurs et d'être aidées à développer un cadre cognitif qui leur permet de comprendre ce qui leur est arrivé. Les victimes ne doivent pas rester des victimes. Elles peuvent devenir sages à la suite de leurs traumatismes ». Aujourd'hui, les visites de Jane sont moins fréquentes et elle est moins disposée à en parler. *« Je ne peux pas comprendre, alors j'essaie d'oublier »*, dit-elle.

Ted Johnson
27 septembre 1985
Terling, Essex

Ted Johnson, qui est en partie Rom, a une vie remplie d'expériences étranges, de précognition, d'observations d'ovnis et d'événements parapsychologiques. Mais un épisode insolite survenu dans la campagne près du village de Terling, dans l'Essex, attire particulièrement les enquêteurs, curieux d'entendre son histoire. Ted a déjà rapporté de nombreuses observations d'ovnis dans et autour de sa maison de Witham, mais rien d'aussi extraordinaire que cette rencontre sur une tranquille route de campagne. Il affirme qu'elle s'est soldée par des relations sexuelles avec une entité extraterrestre de sexe féminin. Aussi improbable que cela puisse paraître, les experts sortent rapidement leurs dossiers pour voir s'il y a des comparaisons avec la célèbre affaire ufologique d'Antonio Villas Boas, dans laquelle un fermier brésilien affirmait lui aussi avoir eu des relations sexuelles avec une extraterrestre. Bien que le lieu ne soit pas aussi exotique que celui de l'Amérique du Sud, les déclarations de Ted n'en sont pas moins explicites.

« J'ai vu une lumière au loin et j'ai entendu un faible sifflement », raconte Ted, qui marchait le long d'une route de campagne déserte vers onze heures du matin. *« La lumière est devenue si brillante qu'elle m'a fait mal aux yeux et m'a donné mal à la tête. L'instant d'après, une lumière verte m'a frappé à la poitrine, m'a fait tomber à terre et m'a partiellement aveuglé. »*

Il raconte qu'il se relève en se traînant, puis remarque une femme étrangement vêtue qui s'approche de lui. *« Elle semblait me faire signe de ne pas bouger et s'est approchée de moi. Elle portait un vêtement de maille verte et j'aurais pu jurer qu'elle brillait.»* La femme a de grands yeux sans paupières apparentes, un petit nez et une fente à la place de la bouche. Derrière elle, il peut voir un objet étrange planer dans le champ où d'autres silhouettes se déplacent. *«Elles semblaient humanoïdes, mais pas humaines. Elles portaient ce qui ressemblait à des boîtes sur l'estomac.»* La femme s'approche de lui et lui demande de la suivre. Ted s'exécute et se retrouve bientôt à l'intérieur de l'étrange engin qu'il a vu planer au-dessus du champ. Il affirme ensuite avoir eu des relations sexuelles avec la femme. *«Elle était nue et nous avons eu des rapports sexuels. Ce n'était pas différent d'un rapport humain.»*, Ted affirme que deux jours plus tard, il se trouve à nouveau dans la même zone et voit ce qui ressemble à un ovni atterrir dans un champ. Attiré par l'objet, il est amené à entrer et a rencontré l'extraterrestre avec laquelle il a eu une relation intime. *«Le vaisseau spatial a décollé et la femme extraterrestre m'a dit :* "Tu as retrouvé le chemin qui te ramène à moi". *Nous avons de nouveau eu des rapports sexuels, puis on m'a laissé rentrer chez moi.»*

L'histoire de Ted a été reprise par le célèbre enquêteur britannique Ken Phillips, qui a conclu : *«Cette affaire est compliquée et déconcertante. Nous avons ici un témoin qui a vécu toute une vie de phénomènes, dont les incidents liés aux ovnis ne sont qu'une partie. Il serait facile de rejeter toute l'affaire comme n'étant que le produit d'une imagination hyperactive. Mais il y a le fait que certaines de ses expériences d'ovnis ont été partagées par des tiers, dont certains étaient indépendants de son environnement domestique».* Considérant toutes ces informations, Ken Phillips estime que le phénomène *«mérite d'être étudié».* Mais le récit de Ted est-il vraiment celui d'un enlèvement ? La première fois, il a volontairement accompagné l'extraterrestre jusqu'à son vaisseau qui n'a pas bougé, selon ses dires. Cependant, la deuxième fois, il affirme clairement que l'ovni a décollé.

Qu'en est-il du cas de Villas Boas ? En 1957, le jeune homme de vingt-trois ans travaille tard dans la nuit à labourer son champ près de Sao Francisco de Sales. Après avoir repéré une lumière mystérieuse dans le ciel, son tracteur tombe en panne. La «lumière» qu'il a vue descend lentement et atterrit sous la forme d'un ovni. Un groupe de petits hommes débarque et force Antonio à monter à bord de leur engin. Une fois à l'intérieur, il est présenté à une femme rousse aux pommettes hautes et aux yeux orientaux. La femme lui fait comprendre ses intentions et Antonio a des relations sexuelles avec elle. Avant de se séparer, la femme extraterrestre le regarde, se frotte le ventre et pointe le ciel.

En 1957, l'affaire Antonio Villas Boas a été jugée si scandaleuse qu'elle a été gardée secrète pendant plusieurs années. Ted Johnson et Antonio Villas Boas ont-ils bénéficié des faveurs de femmes venues des étoiles ? Ou bien leurs histoires ne sont-elles que pure fantaisie concoctée pour divertir les hommes au bar ? S'agit-il d'un cas de sexisme en ufologie ? Si une femme avoue avoir passé une nuit de passion avec un visiteur extraterrestre, elle risque d'être taxée d'« aguicheuse intergalactique ». Alors qu'un homme qui se vante de ses conquêtes extraterrestres sera considéré comme un homme parmi d'autres. Mais pourquoi quelqu'un s'exposerait-il au ridicule que ces histoires attireraient ? Une chose est sûre : les personnes qui revendiquent de tels événements devraient au moins faire l'objet d'une enquête approfondie.

CHAPITRE XII
Et plus étrange encore...

Quelle que soit la cause, quelle que soit la victime, c'est l'étrangeté des phénomènes d'enlèvement par des extraterrestres qui les distingue de presque toutes les autres expériences humaines. En fait, les enquêteurs attribuent à ces rapports une valeur d'étrangeté allant de faible à élevée – plus la valeur d'étrangeté est élevée, plus il est difficile d'expliquer les événements en cause. Comme l'a dit un enquêteur, *« si un individu déclare avoir vu une lumière étrange dans le ciel, il est probable que ce soit un satellite, une planète ou peut-être même un avion. Il est peu probable que cette lumière soit un vaisseau spatial pour les personnes qui connaissent bien le ciel. En revanche, si quelqu'un affirme avoir vu un ovni qui le téléporte à l'intérieur de l'engin où il engage une conversation télépathique avec un groupe d'extraterrestres, la valeur de l'étrangeté monte en flèche. Si la personne enlevée est saine d'esprit et crédible, ou s'il y a plus d'un témoin, l'événement n'est pas facile à expliquer... sauf à invoquer une hallucination collective, une explication commode pour le sceptique pur et dur à défaut d'être convaincante. »*

Pour les néophytes en ufologie et en phénomènes d'enlèvement, les récits compilés dans cet ouvrage paraîtront déjà suffisamment extraordinaires. Pourtant, pour Eric Morris du *British UFO Studies Center* à Winsford, dans le Cheshire, les enlèvements à « Haute Étrangeté » sont de plus en plus courants grâce à une armée croissante d'enquêteurs amateurs désireux d'offrir une oreille compatissante aux victimes d'enlèvements extraterrestres.

« Les témoignages d'abduction nous parviennent régulièrement et, de nos jours, les gens sont plus enclins à parler de leurs expériences qu'à mes débuts, il y a plus de 20 ans, lorsque les gens étaient davantage susceptibles d'être victimes de moqueries », déclare Eric. *« Grâce à l'ouverture d'esprit de la société dans son ensemble, les personnes enlevées peuvent désormais être enclines à raconter les détails de leur expérience. Cependant, un enquêteur doit posséder un niveau considérable de compétences sociales pour mettre le témoin à l'aise et gagner sa confiance. Une fois cette confiance établie, vous pouvez alors analyser ensemble les détails des événements et enrichir le domaine de l'ufologie tout en aidant l'abducté à intégrer son vécu »*. Eric et sa femme, Linda, ont l'habitude de s'occuper des personnes qui se trouvent dans des situations de crise,

grâce à leur carrière d'infirmier. C'est peut-être pour cette raison qu'ils ont répertorié des centaines de cas, dont un grand nombre d'*abductions*.

Les personnes enlevées qui se rendent au *British UFO Studies Center* pour obtenir des conseils apprennent rapidement à faire confiance à Eric et Linda. Elles sont assurées que leurs entretiens sont totalement confidentiels et constatent que la grande expérience d'Eric en matière d'abductions les aide à replacer leur expérience particulière dans un certain contexte. Eric nous a confié le dossier de Suzanne Brown, l'une de ses enquêtes les plus marquantes, destinée à être examinée dans ce dernier chapitre. Comme les autres cas relatés ici, celui-ci est classé comme un enlèvement à Haute Étrangeté, donnant du poids aux théories de la *moisson génétique* de Budd Hopkins. D'autres cas « hautement étranges », cependant, défient toute classification. Nous les publions ici pour vous permettre de vous faire votre propre opinion.

Linda s'est fortement impliquée dans l'enquête sur Suzanne Brown en raison de la nature intime de l'affaire. Elle a déclaré : *« Les expériences vécues par Suzanne étaient vraiment traumatisantes et nous avons estimé qu'il était important qu'une femme soit impliquée dans ce type d'enquête. Il s'agit d'un sujet délicat à aborder pour toute femme, il était donc logique que j'y participe. Suzanne savait qu'une autre femme comprendrait l'impact émotionnel que les événements ont eu sur elle »*.

Eric ajoute : *« Heureusement, les visites extraterrestres de Suzanne ont cessé, et le fait qu'elles se soient arrêtées à l'approche de la ménopause est plus qu'une coïncidence. Serait-il possible que son intérêt aux yeux des visiteurs extraterrestres ait décliné avec la fin de ses années de fertilité ? »* Haute Étrangeté, Moisson génétique, et enlèvement extraterrestre ! Poursuivez votre lecture et forgez-vous une opinion sur les expériences de trois femmes remarquables. Malheureusement, Eric Morris et Budd Hopkins ne sont plus parmi nous, mais leur héritage perdure.

Suzanne Brown
1965 – 1989
Cheshire

Suzanne Brown ressent la présence de Myriko même avant d'ouvrir ses yeux fatigués et lourds pour distinguer à travers la pénombre sa silhouette menue, de 1,50 m, debout à côté de son lit. Même après toutes ces années, sa beauté pure la stupéfie. Myriko sourit et plonge son regard dans celui de Suzanne. Comme toujours, il est parfaitement soigné. Ses longs cheveux blonds fluides encadrent sa tête légèrement trop grande et tombent sur ses épaules. Il porte toujours le même costume gris, moulant, semblable à une membrane, lisse et impeccable. Les nombreuses visites nocturnes de Myriko ont commencé lorsqu'elle n'était qu'une enfant de 12 ans, si bien que son effet sur elle est presque prévisible à présent.

Elle se sent calme et détendue, sans aucune trace de peur... juste de l'amour. Ces sentiments n'ont jamais changé malgré les années écoulées depuis qu'il est apparu pour la première fois dans la chambre de ses parents, dans le nord rural du Cheshire, près de la frontière galloise.

Aujourd'hui, Suzanne est une femme d'une trentaine d'années, avec une carrière réussie dans un grand magasin et sa propre maison confortable, mais elle ressent toujours un frisson d'anticipation. Avant même que ses mots télépathiques ne se forment dans son esprit, elle sait que Myriko va de nouveau l'emmener. Ces expéditions nocturnes suivent maintenant un schéma, une routine qui a commencé il y a des années quand elle a suivi son étrange compagnon dans le froid et l'obscurité de la campagne du Cheshire.

La première fois, elle était adolescente et s'était enthousiasmée en découvrant qu'elle flottait à quelques centimètres du sol en suivant Myriko à travers les champs près de chez elle. Elle n'oubliera jamais sa première vision de l'engin qu'elle a vu flotter à 60 cm au-dessus du champ. Myriko l'avait guidée à travers l'entrée, le long d'un couloir sombre apparemment sans fin, jusqu'à une porte brillamment éclairée. Il l'avait encouragée à avancer pour voir ce qui se trouvait à l'intérieur. Mais la porte avait semblé infranchissable. Pas de poignées, pas de charnières. Suzanne s'était sentie confuse, flottant toujours à quelques centimètres du sol, face à une implacable feuille de métal à travers laquelle son compagnon insistait maintenant pour qu'elle passe.

Elle s'était soudain sentie propulsée vers l'avant et avait traversé le portail pour entrer dans une pièce massive, dans laquelle se trouvait un groupe d'entités grises mesurant un peu moins d'un mètre. Elles semblaient l'avoir attendue. L'un des êtres lui avait fait signe et l'avait conduite vers un groupe d'entités plus petites qu'elle avait supposé être des enfants de la même race. Les petites entités grises s'étaient rassemblées autour d'elle, ce qui lui avait donné l'occasion de constater qu'elles n'étaient que des versions miniatures des êtres qui l'avaient accueillie précédemment. Suzanne avait tendu sa main droite pour toucher les enfants et lorsque ses doigts étaient entrés en contact avec la « peau extraterrestre », elle avait été envahie par un sentiment intense de satisfaction. Les êtres l'avaient encouragée. Myriko était revenu la chercher pour la ramener jusqu'à sa chambre.

Cela n'avait été que la première d'une longue série d'expéditions avec Myriko. Au cours des vingt années qui avaient suivi, il était revenu deux fois, parfois trois fois par an, pour l'emmener au vaisseau. Chaque fois, il l'avait conduite à un portail et l'avait mise au défi de le franchir. Plusieurs fois, elle s'était retrouvée avec les curieux petits enfants gris qui semblaient ne jamais changer ou grandir. D'autres fois, elle avait été confrontée à des scènes qui l'avaient perturbée, particulièrement lorsqu'elle était entrée dans une pièce remplie d'écrans de télévision montrant des images d'animaux mutilés.

Les incursions dans l'obscurité s'étaient poursuivies même pendant les années où Suzanne était mariée et vivait avec son mari. Myriko arrivait comme toujours et l'invitait à le suivre pendant que son mari continuait de dormir. Ce soir, cependant, Suzanne est seule suite à l'échec de son mariage. Alors qu'elle suit Myriko hors de chez elle, elle réfléchit aux facteurs qui ont contribué à leur séparation et à leur divorce. Bien sûr, leurs tentatives infructueuses pour concevoir un enfant ont joué un rôle, mais qu'en est-il de son obsession pour Myriko ? Elle admet au moins à elle-même qu'elle a ressenti un amour plus fort pour son visiteur mystérieux que pour l'homme qu'elle a épousé. À tel point qu'elle avait même fantasmé sur lui tout en faisant l'amour avec son mari dans le lit conjugal.

En fait, Myriko avait commencé à lui rendre visite lorsque Suzanne était en pleine puberté et elle devait admettre que, même à cette époque, l'excitation qu'elle éprouvait à le voir comportait un élément sexuel. Et maintenant, elle était de nouveau avec lui. *« Qu'est-ce qu'il va me montrer cette fois-ci ? »*, se dit-elle en chuchotant, alors que le vaisseau est en vue. Comme toujours, le couple flotte à travers l'entrée et le long du couloir sombre sans fin jusqu'à ce que Myriko s'arrête devant l'un des portails illuminés. Il plonge son regard dans le sien, lançant le défi non verbal habituel, et cette fois, Suzanne n'hésite pas à passer à travers.

La scène qui l'accueille est, en fait, différente. À l'extrémité d'une immense salle, séparée d'elle par ce qui ressemble à une piscine remplie d'un liquide de couleur verte, se trouvent deux personnes, un homme et une femme. Ils sont définitivement humains. En fait, la seule chose étrangère chez eux est leur mode de vie apparent. L'homme ressemble à un vagabond : sale, non rasé et portant des vêtements crasseux. La femme a l'allure d'une prostituée. Cheveux blonds décolorés, maquillée de façon excessive avec un rouge à lèvres rouge criard et portant une tenue bon marché et légère qui laisse peu de place à l'imagination. *« Ils avaient l'air choqués de me voir »*, déclarera Suzanne à l'enquêteur Eric Morris, plusieurs mois après l'incident. *« Mais ils ont commencé à s'embrasser et à se caresser, j'étais horrifiée et dégoûtée »*.

Malgré son dégoût, Suzanne s'est sentie obligée de regarder la scène. De longues minutes s'écoulent et, peu à peu, son dégoût se transforme en curiosité, ses yeux et son esprit se concentrant sur ce spectacle ouvertement sexuel. Figée, Suzanne perd la notion du temps. Plus elle observe le couple, plus elle s'intéresse à leurs activités, jusqu'à ce qu'elle s'engouffre dans une atmosphère de luxure. Excitée, elle réagit immédiatement lorsque le couple lui fait signe de les rejoindre. Réalisant soudain qu'elle est nue, la robe de nuit qu'elle portait en quittant la maison a disparu, elle entre dans la piscine et se met à patauger dans le liquide qui lui arrive aux cuisses.

À mi-chemin, elle s'immerge complètement dans l'étrange solution, obéissant à une instruction télépathique qui lui intime de le faire. Lorsqu'elle atteint le couple, toutes les réserves qu'elle avait émises à l'idée de se joindre à eux dans leur débauche se sont muées en un enthousiasme qui ne lui ressemblait guerre. Suzanne est consciente d'avoir des rapports sexuels avec l'homme et, qui plus est, d'y prendre du plaisir.

« C'était moi qui faisais l'amour avec un inconnu, mais ce n'était pas réellement moi. J'étais physiquement là, à me compromettre avec ces deux personnes horribles; mon corps, mais pas mon esprit. Appeler cela un cauchemar serait une manière commode de me défiler, mais le fait est que c'était réel, ce n'était pas un rêve », reconnaîtra Suzanne plus tard. Lorsque Myriko lui fait signe de le rejoindre de l'autre côté de la piscine, elle réalise à peine l'énormité de son acte. Tandis qu'elle patauge dans le liquide vert, son esprit s'attarde sur les faits choquants qui se sont déroulés en seulement quelques instants, mais qui resteraient gravés dans sa mémoire jusqu'à la fin de sa vie.

Ces événements sont particulièrement traumatisants pour une femme qui a été élevée dans une tradition de moralité bourgeoise et pour qui la promiscuité n'est qu'un mot dans le dictionnaire. Lorsqu'elle rejoint Myriko, celui-ci semble tout à fait normal, nullement contrarié par le comportement dont il a dû être témoin. Suzanne le suit le long du couloir et hors du vaisseau. Ils n'échangent aucun mot jusqu'à ce qu'elle soit en sécurité dans sa chambre. Enfin, Myriko se tourne vers elle et lui sourit. *« Tu as bien fait »*, dit-il. *« Tu as réalisé mes souhaits. »* Suzanne est trop abasourdie par sa réaction pour répondre quoi que ce soit et regarde en silence son visiteur prendre congé. Elle dort peu cette nuit-là, tourmentée par ce qu'elle a fait.

Tout au long de sa vie, elle n'a eu qu'un seul partenaire sexuel, son mari. C'est une femme normale et honnête qui vit selon un code moral auquel elle croit. Pourtant, en l'espace de quelques minutes, elle avait renoncé à ses principes et s'était comportée comme une... salope. Elle allait devoir apprendre à vivre avec cette honte. Lorsqu'elle se réveille le lendemain matin, elle se remémore les événements de la nuit précédente avec un même dégoût. Soudain, elle se rend compte que ni elle ni l'homme avec qui elle a eu des rapports sexuels n'ont pris de précautions en matière de contraception. Prise d'une envie irrépressible de se purifier, elle fait couler un bain, entre dans l'eau fumante et commence à se frotter le corps de la tête aux pieds. Dans les jours qui suivent, la honte de Suzanne est remplacée par la peur d'avoir contracté une maladie sexuellement transmissible, ou pire, d'avoir été mise enceinte. Elle passe des heures dans la baignoire à s'examiner, à guetter les premiers signes de grossesse.

Lorsque ses règles arrivent quelques jours plus tôt que prévu, elle pousse un énorme soupir de soulagement. Une grossesse aurait été le pire scénario possible. Peu à peu, sa vie reprend son cours. Elle retourne travailler au grand magasin et s'occupe des tâches habituelles, en essayant de ne pas penser à sa nuit de honte.

Mais le cauchemar revient en force le mois suivant. Suzanne n'a pas ses règles. «*Je suis juste en retard*», se dit-elle avec espoir. Mais chaque jour qui passe amenuise les chances d'un retard de cycle.

La perspective d'être mère après quelques instants de luxure avec un vagabond dégoûtant lui donne la nausée. Et celle-ci s'accentue avec les premiers signes évidents de grossesse. Suzanne tente de reprendre le cours de sa vie. Elle se rend au travail, en espérant qu'aucun de ses collègues ne remarque les légers changements de son corps, puis rentre chez elle dans l'intimité de sa maison, où son esprit se débat avec les événements de cette nuit et ses terribles répercussions.

Ce qui aggrave la situation, c'est son sentiment d'isolement. La nature bizarre de ses expéditions nocturnes avec Myriko signifie qu'elle ne peut en discuter avec personne, pas même avec ses parents. Alors, comment expliquera-t-elle sa grossesse quand il deviendra évident qu'elle est enceinte? La solitude de ce cauchemar est insupportable. Où est Myriko quand elle a besoin de lui? Des semaines plus tard, en essayant un soir de se détendre sur le canapé de son salon avec un bon livre, elle commence à se sentir somnolente. La pièce semble s'assombrir tandis qu'une forte pression s'exerce sur son bas-ventre.

«La pression était écrasante et devenait très douloureuse», déclarera Suzanne plus tard. *«J'ai ouvert les yeux et j'ai vu Myriko.»* Les paroles télépathiques de Myriko la calment et l'apaisent, tant et si bien que la douleur à laquelle elle résiste semble s'estomper. Il lui dit qu'elle a accompli le travail pour lequel elle a été choisie et que ses collègues allaient mener à bien la dernière tâche. Ils ne feraient que prendre ce qui leur appartenait, dit-il.

Suzanne perd alors connaissance et, lorsqu'elle reprend ses esprits quelques heures plus tard, elle se retrouve toujours allongée sur son canapé. Elle se tient l'estomac en réaction à la douleur qui l'étreint. Lentement, elle se lève et parvient, de manière instable, à se rendre à sa salle de bain où elle commence à se déshabiller. Ses vêtements sont trempés de sang et Suzanne voit qu'elle a des saignements vaginaux abondants, qui pourraient s'apparenter à une fausse couche. Des crampes vicieuses lui tiraillent l'estomac, mais elle résiste à la tentation d'appeler son médecin.

Au lieu de cela, elle se lave, avale des analgésiques et va se coucher. Suzanne passe les trois jours suivants à somnoler et à se réveiller jusqu'à ce que la douleur finisse par s'atténuer. Le quatrième jour, elle remarque des ecchymoses sur son bas-ventre. Lorsqu'elle retourne au travail, elle sait que les premiers signes de grossesse qu'elle avait ont cessé attestant une interruption de grossesse. Mais elle ne veut pas spéculer sur ce qui s'est réellement passé la nuit de la dernière visite de Myriko. Elle se replonge dans sa routine de travail et sa vie reprend son cours.

Des mois plus tard, Myriko revient et l'invite pour un autre voyage. Docile, elle le suit à l'extérieur dans les champs voisins, où le vaisseau les attend. Mais la similitude avec les aventures précédentes se termine là. Ils sont accueillis par un petit groupe d'entités grises excitées, qui semblent déterminées à la féliciter. Puis Myriko mène la marche le long du couloir jusqu'à un portail à travers lequel elle passe sans hésiter. Une fois à l'intérieur, elle se retrouve dans ce qu'elle décrira plus tard comme une «pouponnière». Elle peut voir des entités infantiles de différentes tailles, et possiblement d'âges différents, prises en charge par un groupe d'êtres adultes.

Elle s'arrête soudain lorsqu'elle aperçoit un minuscule nourrisson apathique allongé dans un lit d'enfant à proximité et se fige. *«D'une façon ou d'une autre, je savais que cette chose venait de mon corps»*, expliquera plus tard Suzanne. *«Je savais aussi qu'elle avait été retirée de mon corps la nuit de la dernière visite de Myriko, provoquant ces saignements vaginaux abondants.»* La petite créature, grise et silencieuse, semble malade. Elle résiste à l'impulsion de prendre l'enfant et de le bercer dans ses bras, craignant de lui faire mal. Mais un être adulte à proximité, reconnaissant le lien mère-enfant, l'encourage à le faire. Lorsqu'elle prend délicatement le petit corps froid et rigide, elle sent qu'il réagit à sa chaleur et, en regardant dans les yeux de son bébé *Alien*, les larmes commencent à couler sur ses joues.

L'entité adulte s'approche et prend le nourrisson des mains de Suzanne en expliquant qu'il n'est pas du tout malade, qu'elle le reverra et qu'il vivra jusqu'à un âge très avancé. Myriko revient pour l'escorter jusqu'à chez elle. Avant de disparaître, il la félicite, confirmant que l'enfant est bien le sien. Cette nuit-là, Suzanne dort plus paisiblement qu'elle ne l'a fait depuis des années. Elle rêve de bébés et d'enfants et, le lendemain, le traumatisme de sa relation sexuelle avec le vagabond et la douleur endurée par la suite lui paraissent maintenant d'une certaine manière justifiés.

Suzanne Brown verra son enfant pour la dernière fois lors d'une dernière visite de Myriko, alors qu'elle a trente-neuf ans. Depuis qu'elle est ménopausée, son visiteur nocturne brille par son absence. L'enquêteur Eric Morris estime que la série de rencontres vécues de la puberté à la ménopause corrobore le point de vue de théoriciens tels que Budd Hopkins, qui sont convaincus de l'existence d'un prélèvement génétique. Mais Suzanne n'est pas intéressée par les arguments ufologiques. Elle a subi un traumatisme très personnel, et les souvenirs de ces événements resteront gravés dans sa mémoire pour le reste de sa vie. Aujourd'hui, elle poursuit sa carrière et vit avec son nouveau compagnon, heureuse de goûter à une vie enfin normale.

Sarah Ward
Mars 1993 – octobre 1995
Bracknell, Berkshire

Sarah Ward lit jusqu'à environ 2 heures du matin en cette nuitée de mars 1993. Le sommeil ne lui vient jamais facilement, donc quand elle pose son livre et s'allonge dans le lit de son appartement au premier étage, elle laisse son regard s'attarder sur le reflet des lumières orange des lampadaires sur le mur de sa chambre. Soudain, elle prend conscience d'un bruit étrange. Il semble provenir de la rue derrière la fenêtre de sa chambre. Le bourdonnement profond et constant lui rappelle le son produit par un transformateur d'une station électrique.

« C'était le genre de bourdonnement à basse fréquence que l'on ressent dans son corps et que l'on entend avec ses oreilles. Je me sentais mal, j'avais la nausée », racontera Sarah. *« Tout semblait vibrer, la structure même du bâtiment. Les vibrations ont affecté mon ventre, jusqu'aux entrailles »*. Sarah pense d'abord que quelqu'un a laissé tourner le moteur d'un véhicule sur la route, à l'extérieur. Elle ne sait pas depuis combien de temps il raisonne, mais elle espère qu'il va disparaître rapidement. *« On aurait dit un gros camion »*, se souviendra-t-elle. *« Je me suis sentie très énervée. »*

Les vibrations et le bruit l'empêchent de dormir. Le bruit sourd de ce qui ressemble à un gros moteur résonne dans sa tête. Elle doit faire quelque chose ! Exaspérée, elle sort du lit et se glisse jusqu'à la fenêtre, soudain consciente du froid qui règne dans la pièce. *« Je pense que c'est le froid qui m'a fait hésiter à sortir du lit, mais le bruit était si terrible que j'ai voulu savoir qui en était responsable. »* Sarah est nue et ne souhaite pas s'exposer. Elle se tient donc, au début, à distance de la fenêtre, guettant pour voir si elle peut repérer le coupable. La route est déserte. *« Je me suis approchée de la fenêtre »*, racontera Sarah. *« Il n'y avait rien, rien qui bougeait. J'ai eu une sensation d'un autre monde. Ce sentiment étrange que tout ce qui était autour de moi semblait différent. Comme si j'étais à l'intérieur d'un champ de haute énergie. C'était irréel, mais je ne dormais pas. J'étais tout à fait éveillée. »*

Avec prudence, elle s'approche de la vitre. En regardant la route éclairée par les lampadaires, elle voit qu'elle est déserte. Pas de camion, pas de véhicule d'aucune sorte, pas une âme en vue. *« Soudain, quelque chose a attiré mon attention. C'était juste au-dessus de moi. Cet objet massif et structuré, en forme de disque, se trouvait juste au-dessus de mon appartement. Seule une moitié était visible, le reste étant caché par le bâtiment. Il n'y a pas de mots pour décrire à quel point cette vision était choquante, totalement inattendue. »*

À environ 25 m au-dessus de l'immeuble de quatre étages, l'objet reste immobile. Sa masse obscurcit une grande partie du ciel nuageux et dépourvu d'étoiles. Pilote qualifiée, Sarah évalue rapidement les dimensions de l'ovni. Ses yeux expérimentés saisissent la forme et la géométrie de l'énorme engin qui, selon elle, doit avoir une taille similaire à celle d'un Boeing 747, qui mesure 70 m du nez à la queue. *« Je ne pouvais voir que le dessous de l'objet depuis mon point d'observation, mais il y avait un dôme central, convexe, à partir duquel des nervures ou des poutres rayonnaient jusqu'au bord. C'était une véritable œuvre d'art. Je ne pouvais pas détourner le regard. C'était époustouflant. La plus belle chose que j'aie jamais vue. J'avais envie de m'enfuir, mais je me sentais étrangement attirée, obligée d'admirer sa beauté. La structure et les détails étaient fantastiques. J'ai ressenti un sentiment d'admiration, fortement teinté de peur, à l'idée que les occupants de l'objet puissent me voir. J'ai eu soudain une conscience aiguë de ma vulnérabilité ainsi postée à la fenêtre. Mais je n'ai pas pu m'empêcher de la regarder. Je n'ai pas douté un seul instant que je voyais un énorme vaisseau extraterrestre. Il semblait irradier de la lumière, principalement blanche et argentée. J'ai également vu une sorte de teinte bleue électrique entourer le bord extérieur du disque, d'aspect métallique. Je me souviens de petites zones de lumière colorée le long du bord. Les lumières n'étaient pas fixes. Elles étaient bleues et rouges, diffuses. Elles semblaient pulser autour, comme des morceaux de brume colorés. L'effet argenté étincelant de la surface lui donnait l'air de ne pas être tout à fait solide, de ressembler davantage à la surface du mercure. Elle ne ressemblait pas du tout à l'aluminium d'un avion. Ses surfaces brillantes ne reflétaient pas les lumières de la rue. Si je n'avais pas levé les yeux vers lui, je n'aurais pas su qu'il était là. Le bourdonnement à basse fréquence était maintenant très fort et me donnait encore des nausées. Je ne comprenais pas pourquoi personne d'autre ne s'en rendait compte. Je semblais être la seule personne éveillée dans la rue et je me sentais démunie face à cette chose. »*

« Il y avait une atmosphère de mort surnaturelle dans la rue devant moi, comme si celle-ci était soumise à une sorte de champ énergétique. J'ai dû regarder cette scène pendant environ dix secondes, mais c'était les dix secondes les plus longues que l'on puisse imaginer. Je me souviens m'être dit : “Oh, merde. Je n'arrive pas à y croire”. *J'étais effrayée. Me tenir là, à regarder en l'air de manière maladroite, me faisait mal au cou. »*

Sarah est saisie par la tentation de fuir, de s'éloigner de la fenêtre et de se cacher sous la table de la cuisine. Terrifiée, elle recule, sachant qu'ils peuvent la voir. Soudain, un rayon de lumière jaillit du dessous de l'engin et la frappe de plein fouet. *« J'ai été paralysée instantanément »*, dira-t-elle. *« Le faisceau de lumière, ou peut-être d'énergie, mesurait entre 50 cm et 1 m de diamètre. Il a jailli de l'engin et m'a frappé le corps. Après cela, je ne pouvais plus bouger que les yeux »*. La froideur de la pièce dans laquelle elle se trouve disparaît soudainement et sa terreur s'estompe peu à peu.

« C'était comme si quelqu'un avait touché une partie de mon cerveau. Tout d'un coup, mon corps n'a plus réagi. J'étais physiquement retenue et émotionnellement bâillonnée ». Sarah se sent soulevée lentement et inexorablement du sol avant d'être propulsée vers l'énorme objet. *« Je suis passée à travers*

les fenêtres comme si elles n'étaient pas là, comme si elles n'étaient qu'un mirage. Ma tête était fixée de telle sorte que mes yeux ne pouvaient regarder que vers l'avant, vers ma destination, le vaisseau. Je suis monté, de plus en plus près. J'ai pu voir la source du faisceau et je me souviens avoir pensé que, contrairement à un projecteur, il avait un diamètre constant du dessous du vaisseau jusqu'à ma chambre».

« Rapidement, j'ai traversé le dessous de l'objet et j'ai senti mes pieds entrer en contact avec le sol, que j'imaginais se situer de l'autre côté de la source du faisceau.» Toujours immobilisée physiquement, Sarah se retrouve debout sur le sol métallique d'une grande pièce. *« J'étais encore nue et j'ai pensé que j'aurais dû sentir le froid, ou du moins le froid du sol sous mes pieds »*, dira-t-elle. *« Mais je n'avais pas du tout froid, et ce depuis que j'avais été touchée par le faisceau. J'étais à l'intérieur de ce que je pensais être la salle de contrôle de l'appareil. Elle était très éclairée, mais pas de manière éblouissante. Il n'y avait pas de source de lumière visible et pas d'ombres non plus. En raison de mon immobilité, mon champ de vision était limité. Mais devant moi, il y avait ce qui ressemblait à des consoles de contrôle technologique le long des deux murs visibles. Derrière la console située directement devant moi se trouvait un grand mur incurvé dont les courbes étaient convexes par rapport à ma position. Les murs et les consoles étaient blancs ou grisâtres. »*

« À ma gauche et à la limite de mon champ de vision, j'apercevais une autre console, légèrement différente de celle qui se trouvait devant moi. J'ai pensé que le mur incurvé pouvait être la partie intérieure du dôme que j'avais vu dans la zone centrale inférieure du disque.» Quatre êtres en face de Sarah complètent ce tableau exotique. *« J'ai vu plusieurs humanoïdes. Deux d'entre eux se trouvaient près de la console, à gauche, et m'observaient. Je me sentais mal à l'aise. Un autre était devant cette console et ne semblait pas prendre part à l'expérience. Le quatrième se tenait à moins d'un mètre de moi. Il me regardait et semblait attendre quelque chose.»* Sarah décrira les entités comme étant petites, d'une taille similaire à celle d'un enfant de dix ans. Elles sont chétives, avec de grosses têtes similaires à des ballons. Le visage ne présente aucune particularité, hormis de grands yeux noirs et une minuscule bouche en forme de fente. *« Je n'ai pas vu d'oreilles ni de cheveux »*, se souviendra-t-elle. *« Je n'ai vu aucune trace de nez et leurs minuscules bouches, si c'est ce qu'elles étaient, n'ont jamais bougé ou ne se sont jamais ouvertes. Leur tête semblait trop grande pour leur torse. Elles étaient en forme de ballon ou de poire. Les bras étaient trop longs et très minces, et il n'y avait pas de mains à proprement parler, mais seulement trois doigts. Les jambes étaient identiques, avec des pieds minuscules ou*

inexistants. Ils étaient tous vêtus de ce qui semblait être des combinaisons d'une seule pièce sans couture intégrant les pieds. Elles étaient faites d'un matériau argenté qui ressemblait à du plastique fin ou à du papier d'aluminium. On aurait dit qu'elles avaient été pulvérisées à même le corps».

Sarah décrira les créatures de 1,20 m comme ayant une peau de couleur gris clair. Les grands yeux noirs de ces étranges bipèdes dominent leur visage lisse et sans traits et ont un effet presque hypnotique sur elle. *«J'étais fascinée par les yeux de l'entité la plus proche de moi»*, dira-t-elle. *«Il ne m'a pas quittée des yeux un seul instant. Je dis "il", mais les entités n'avaient pas de sexe.»* Aucun signe d'organes génitaux n'est apparent. *«La scène, avec ses murs grisâtres, ses lumières sans source, aurait pu être paradisiaque si les entités ne ressemblaient pas à des créatures tout droit sorties de l'enfer. Je me sentais désorientée, pas effrayée, mais nerveuse... comme un cheval sauvage».*

«Je me disais: "Je dois faire quelque chose... mais il est trop tard". *Je n'arrêtais pas de me demander ce qui était en train de m'arriver. J'étais à l'intérieur d'une sorte de véhicule discoïdal et je savais que je n'avais aucun contrôle sur la situation.»* Sarah sort de sa brève rêverie et se concentre sur l'entité la plus proche. *«Cet être était à une longueur de bras de moi»*, racontera-t-elle. *«Il était trop près, il envahissait mon espace, mais il n'y avait pas d'agressivité. Je ne pense pas que cela fasse partie de leur constitution. La menace était dans mon esprit... mais elle semblait aussi être dans les yeux de la créature. Ce n'était pas juste une autre forme de vie qui essayait de me surprendre. On aurait dit qu'elle était omnisciente.»*

«Le malaise que j'ai ressenti n'était pas dû aux yeux eux-mêmes, mais au savoir inconscient que cette créature était vraiment dans ma tête et qu'elle savait tout de moi. Elle envahissait ma personnalité. C'était comme un viol. Vous ne pouviez pas l'arrêter. Votre vie privée n'existait plus.» Plongée dans les profondeurs noires des yeux immenses de l'étrange créature, Sarah comprend qu'elle a ouvert une ligne de communication. *«Elle me parlait, non pas avec sa bouche, mais avec son esprit»*, expliquera-t-elle. *«Je ne comprenais pas un mot, mais je savais qu'elle disait des choses, des choses condescendantes, comme si elle parlait à un enfant. J'ai fini par comprendre qu'elle me disait* "ne t'inquiète pas". *J'étais encore hébétée, étonnée par tout ce qui s'était passé. Je suppose que je ne saisissais pas vraiment où elle voulait en venir.»*

«Puis le ton a changé. L'être m'a fait comprendre ce qu'il attendait de moi. D'une certaine manière, je le comprenais en anglais alors que ce qu'il me disait n'avait rien à voir avec cette langue. J'avais l'impression d'être un enfant à qui s'adresse un instituteur. Il me disait d'être attentive comme s'il allait me parler

de choses sérieuses maintenant. C'était véritablement plus un ordre qu'autre chose!» À ce moment-là, les deux entités à l'arrière-plan, situées près de la console, commencent à bouger leurs bras au-dessus du panneau. L'un d'eux passe son bras sur la façade qui est dépourvue de boutons, cadrans et autres protubérances généralement associés à un tableau de commande.

«Je me souviens avoir vu ce bras très, très fin bouger. L'être était si mince que j'ai pensé qu'il avait l'air anorexique. Le soudain regain d'activité semblait confirmer mon sentiment qu'il s'agissait d'une salle de contrôle, mais je ne sais pas ce qu'elle contrôlait...» Soudain, la partie supérieure de la longue console s'anime. Sarah pense d'abord que des écrans de télévision ont été allumés. Mais il ne s'agit pas littéralement d'écrans de télévision. Ils affichent chacun une vue, de manière séquentielle, une image en trois dimensions et en couleurs. *«Un brouillard s'est formé à quelques centimètres devant l'écran et des images se sont formées à l'intérieur»*, expliquera Sarah. *«Je ne sais pas si l'on peut parler d'hologramme, mais les images en couleurs étaient en trois dimensions et avaient du corps et de la profondeur. Un écran montrait une série d'images de mon passé, puis s'éteignait, pour ainsi dire, et un autre écran prenait le relais. Les scènes que je voyais étaient un agrégat d'images de ma vie. La première montrait des images de moi lorsque j'étais enfant et que je traversais une période de cauchemars éveillés particulièrement violents.»*

«À l'époque, je me réveillais et je voyais de petites personnes entrer dans ma chambre et m'emmener. Elles m'effrayaient au plus haut point. J'en parlais à ma mère et elle me réconfortait en me disant que ce n'étaient que des rêves. Je me sentais blessée qu'elle ne croit pas à la réalité de ce que j'avais vu.»

«Les images que je voyais sur ce premier écran dataient de cette période et je sentais que l'entité la plus proche de moi me disait que ce que j'allais voir était important pour mon développement. L'être était comme un chef, orchestrant toute la procédure. Les entités devant la console faisaient simplement ce qu'on leur avait dit de faire. À un moment donné, j'ai eu le sentiment très fort que cet être, le meneur, me connaissait. Je lui étais familière, comme si j'avais déjà été là auparavant.»

«Le premier écran s'est éteint et l'écran suivant a enchaîné, affichant toujours des images de mon passé. Le chef semblait les commenter, soulignant ce qu'elles avaient toutes en commun. C'était comme s'il me faisait la leçon, ses commentaires télépathiques se superposant aux images visuelles.»

«Je me souviens qu'en voyant cela, j'ai compris que le refus de ma mère d'accepter la réalité de ces mauvais rêves que je faisais à l'âge de trois, quatre et

cinq ans avait détruit ma confiance dans les institutions. Il était évident que les "responsables" n'avaient pas toutes les réponses. Cette expérience m'a permis de devenir une personne plus autonome. Les images qui m'ont été montrées dans les écrans 2 à 4 étaient tout aussi subtiles, mais je me souviens avoir pensé que je ne voulais pas regarder des scènes de ma vie passée. Cela ne m'intéressait tout simplement pas. Je pense que j'ai également été assez effrayée de me voir, enfant, terrifiée par ces visiteurs nocturnes. Des petits hommes flottants avec de grosses têtes qui ressemblaient étrangement aux êtres qui venaient de m'extraire de ma chambre».

Sarah veut se détourner des écrans, mais n'y parvient pas. Ses ravisseurs insistent pour qu'elle les regarde. *«Tu vas écouter ça, fais attention, concentre-toi»,* comprend-elle dans leur attitude. Lorsque le quatrième écran s'éteint, Sarah entend de nouveau l'être lui «parler». Il lui dit : *«La prochaine image que nous allons te montrer n'est pas du passé, mais du futur».*

«Il était complètement impassible à tel point que j'ai eu l'impression d'être traitée brutalement. Il passait outre mes sentiments, comme si je n'en avais pas. Comme si ma réaction n'avait aucune importance.»

Sarah regarde alors les images se matérialiser sur le cinquième et dernier écran, au-dessus de la console. Elle se voit marchant sur un chemin, qu'elle reconnaît, situé non loin de son appartement. C'est visiblement un jour d'été. Elle se voit très semblable à son apparence actuelle. S'il s'agit d'une scène du futur, il est indéniablement très proche. *«Pour la première fois, j'ai complètement quitté l'extraterrestre des yeux. J'ai été happée par l'image. Je ne me contentais pas de l'observer, j'en faisais partie. Je marchais sur le chemin et je voyais un homme grand et mince devant moi, avec deux enfants. Je me souviens avoir pensé :* "Je suis libre, qu'est-ce qui se passe ?" *Je pouvais sentir le soleil sur mon corps alors que je me trouvais à l'intérieur d'une soucoupe volante qui planait au-dessus de mon appartement. C'était vraiment bizarre. J'étais à l'intérieur d'une image en trois dimensions, mais je savais que j'étais à l'intérieur d'un ovni. Accepter la réalité d'un ovni et non celle d'une image en 3D est d'une ironie saisissante. Pourtant, je faisais vraiment partie intégrante de cette image.»*

«Je marchais sur ce chemin, me rapprochant de cet homme mal rasé d'une trentaine d'années portant un vieux manteau. Je voyais qu'il tirait un jeune garçon par le bras. L'enfant avait environ trois ans. Une jeune fille, plus âgée que le garçon, tirait l'autre bras de l'enfant. J'ai réalisé qu'elle essayait d'éloigner le garçon de l'homme et qu'elle semblait en détresse. Je me suis soudain sentie irritée. Je me suis dit : "Cet enfant est en train d'être enlevé". *Je me suis rapproché, j'ai mis mes ongles dans les yeux de l'homme et j'ai commencé à lui tirer la tête*

en arrière. Ce garçon avait besoin d'aide. Il devait s'enfuir et c'est la seule chose à laquelle j'ai pensé. L'instant d'après, l'homme a lâché le garçon, s'est retourné et m'a attrapé par les cheveux. Il m'a tiré la tête en arrière avec une certaine force et m'a fait passer devant lui ».

« C'était tellement réaliste. Je sentais mes ongles s'enfoncer dans le corps et je ressentais la douleur d'avoir les cheveux tirés si brutalement. Puis, de sa main libre, l'homme a fouillé dans son manteau, a sorti un grand couteau et m'a poignardé dans l'estomac. Il a plongé le couteau profondément dans mon estomac et a en quelque sorte tordu la lame vers le haut ».

« Ça a été comme un électrochoc. Soudain, je n'ai plus senti mon corps et je me suis écroulé sur le sol. Ensuite, je me suis regardée. Ma robe était déchirée et j'étais couverte de sang. Puis j'ai vu le type s'approcher de mon corps inanimé. Il a déchiré mes vêtements et m'a violée. Ensuite, il s'est levé et s'est enfui. La seule chose qui m'est venue à l'esprit est : "quelle bêtise d'avoir donné ma vie pour rien !" ». Les images se dissolvent et Sarah se retrouve à côté de l'entité dans la salle de contrôle. *« Le chef semblait se tenir beaucoup plus près de moi. J'étais très mal à l'aise. Il me fixait dans les yeux, dans mon esprit. J'ai ressenti une grande froideur ».* En le dévisageant à son tour, Sarah se rend compte qu'elle ne voit que ses immenses yeux noirs. Puis, lentement, elle sent son corps tomber en arrière. Ses pieds quittent le sol et elle pivote d'environ 80 degrés. *« J'avais l'impression d'être allongée sur quelque chose. Quelque chose me maintenait au-dessus du sol, mais j'ignore ce que c'était. Une sorte de table peut-être. L'entité se trouvait à ma gauche. Puis j'ai pris conscience de la présence de quelqu'un d'autre derrière mon épaule droite ».*

« Je ne saurais dire s'il s'agissait de la même entité que celle qui se trouvait à ma gauche. Cette nouvelle entité était plus ombragée, plus sombre, plus mince. Les deux êtres me regardaient. » Sarah remarque alors un mouvement derrière sa tête. Quelque chose, comme une machine, a été placée au-dessus de sa tête. *« Cela avait la forme d'un sèche-cheveux et était métallique. J'ai supposé qu'on l'avait fait rouler pour le mettre en place ou qu'il était sorti du sol. J'imagine que la partie qui se trouvait au-dessus de ma tête mesurait environ 20 cm de long et qu'elle était dirigée vers le bas, sur ma tête et ma poitrine. »* L'entité qui se tient à sa gauche continue à regarder son corps. Sarah a le sentiment que l'entité ne lui veut aucun mal. En fait, elle a la nette impression qu'il est amical.

La machine « sèche-cheveux » est retirée et un autre équipement apparaît sous la forme d'une plaque métallique incurvée, placée au-dessus de son abdomen. Ce qui ressemble à un panneau de commande se trouve en haut à gauche de l'étrange machine. *« L'extraterrestre regardait le panneau»*, racontera-t-elle. *«Pour une raison inconnue, je me suis sentie exclue. Il ne me regardait plus. Sans ces yeux profonds sur moi, capturant mon esprit, mon instinct de survie a refait surface. Pendant un moment, j'ai eu l'impression que je pouvais me lever et m'enfuir, mais en même temps, je savais que je ne le pouvais pas.»*

«L'idée que les petits extraterrestres puissent courir après moi et m'attraper était trop forte. J'ai alors ressenti une sensation de chaleur au milieu de mon corps, comme si la machine au-dessus de moi m'examinait. *Je l'ai sentie sur les côtés, puis dans tout l'abdomen.»*

L'entité derrière son épaule droite se déplace vers l'avant et une autre apparaît derrière son épaule gauche. Bien que ressemblant à celle qui regardait le panneau, ils étaient différents, plus petits. *«Ils semblaient se déplacer, comme des insectes. Puis, soudain, ils m'ont touchée. Ils ont commencé par toucher ma mâchoire et ont regardé dans ma bouche. Ils utilisaient leurs doigts pour l'ouvrir, la fermer. C'était comme si un dentiste inspectait ma bouche. Puis ils ont commencé à toucher mon visage. Ils ont tiré mes yeux vers le bas et vers le haut et les ont regardés. Ils ne me faisaient pas mal, mais j'avais peur de ce qu'ils pouvaient faire. Ils ont ensuite porté leur attention sur mes bras, en les palpant et en pinçant les muscles. Leurs minuscules petits doigts me poussaient et me piquaient. J'ai pensé qu'ils étaient comme des enfants. Leurs actions semblaient inutiles et stupides. Puis j'ai pensé qu'ils agissaient comme des aveugles qui parcouraient mes bras à la recherche de quelque chose.»*

«Celui de droite était plus rapide que celui de gauche. Il est arrivé à ma main et a commencé à tirer sur chacun de mes doigts pour les sentir. Même si la sensation était agréable, je me disais que je ne voulais pas qu'ils me touchent parce qu'ils faisaient de mauvaises choses.» Les entités se dirigent ensuite vers les jambes de Sarah et tracent avec leurs petits doigts la ligne de ses muscles, les palpant, les pinçant et les pressant en descendant jusqu'à ses pieds. Là, elles séparent et tirent chacun de ses orteils avant de s'éloigner de son corps. *«Je me suis sentie soulagée»*, se souviendra Sarah. *«Je pensais qu'ils avaient fait ce qu'ils avaient à faire et que le pire était passé. Puis j'ai senti la première entité, celle qui était amicale, se tenir à mes côtés et me regarder, comme un adulte regarde un enfant. Il me souriait. Pas avec la bouche, mais avec son esprit. Il était satisfait de ma conduite.»*

«Il me disait "Tu as bien travaillé", *mais en mettant les mots dans mon esprit. Il m'a dit que j'avais très bien agi, que j'avais été très bonne avec lui et que je ne leur avais pas fait de difficultés. Je me suis sentie bien. Je me sentais aussi étrangement excitée, sexuellement excitée. Je voulais qu'il me touche. J'avais fait ce qu'il voulait et je me sentais vraiment bien. Dans le passé, je n'avais pas*

été sage. J'avais posé des questions, trop de questions. Mais maintenant, il était content de moi et je sentais que je l'aimais et je voulais lui faire plaisir. Je voulais qu'il me touche, qu'il me fasse l'amour. J'avais tous les sentiments, toutes les sensations de l'excitation. Je savais qu'il n'était pas humain, qu'il n'était pas capable de ce genre d'amour. J'étais comme une enfant, heureuse.»

« Mais j'avais les désirs d'une adulte et je voulais qu'il me touche. Pendant que cette excitation sexuelle se produisait, la petite entité à ma droite semblait faire quelque chose dans la région de mon aine, me touchant ou effectuant un test physique ou une opération invasive, je ne sais pas exactement. Puis il m'a dit qu'il était temps pour moi de partir. Je ne voulais pas partir. Je voulais rester. D'une certaine manière, j'avais l'impression qu'il me rejetait. J'ai ressenti une profonde frustration.»

« Les deux petites entités m'ont fait sortir par le dessous du vaisseau, non loin de l'endroit où l'examen avait eu lieu. En quittant l'engin, j'ai vu qu'il s'était déplacé. Il était maintenant dans une position complètement différente. C'était évident, car, contrairement à la trajectoire de départ presque verticale au début de l'expérience, l'arrivée se faisait en pente douce vers l'appartement. Nous sommes entrés tous les trois dans la chambre à coucher par les fenêtres fermées et nous nous sommes arrêtés debout sur le sol. L'une des entités m'a demandé par télépathie de me mettre au lit, ce que j'ai fait. Elles sont parties, l'une derrière l'autre, par la fenêtre. J'ai alors retrouvé ma pleine conscience et mon contrôle mental. J'étais assise dans le lit et je me suis immédiatement dirigée vers la fenêtre pour vérifier qu'ils étaient vraiment partis. Le ciel était vide. Pas d'ovni, rien. Les sentiments qui m'habitaient étaient effrayants. Le sentiment qu'il s'était passé bien plus que ce dont je me souvenais consciemment m'a submergée. Les événements de cette nuit m'ont convaincue qu'il ne s'agissait pas d'une expérience unique. Il y avait plus, beaucoup plus, enfouies profondément. Et cela m'a effrayé au plus haut point. C'est encore le cas aujourd'hui.» En consultant l'horloge, elle s'aperçoit avec stupeur qu'il est presque 4 heures du matin.

L'expérience de Sarah a été saisissante. Elle sait qu'elle ne l'a pas rêvée. C'était réel. Pourtant, son esprit logique de pilote n'arrive pas à la rationaliser. *« Je savais que ce qui s'était passé était vraiment arrivé, mais comme je ne pouvais pas l'expliquer, je n'arrivais pas à l'accepter. C'était troublant, parfois effrayant, et j'ai eu l'impression de ne plus contrôler ma vie. Je n'étais pas passionnée par les ovnis et j'avais peu lu sur le sujet, mais maintenant je voulais en savoir le plus possible pour essayer de comprendre ce qui m'était arrivé. Ce qui était vraiment perturbant dans cette histoire, c'est la façon dont elle a changé mon point de vue et ma perception de mon histoire personnelle. Les mauvais rêves dont j'avais souffert dans mon enfance étaient-ils vraiment des mauvais rêves ou des visites d'entités extraterrestres ? J'ai également repensé à une période de ma vie où j'avais expérimenté, et même pratiqué des OBE – Out of Body Experiences (Expériences de sortie du corps). J'avais lu que l'on pouvait se mettre dans un état de conscience différent qui permettait à l'esprit de quitter le corps et j'avais pensé que certaines expériences étranges vécues dans ma jeunesse étaient des OBE. Je me demandais maintenant si ces OBE n'étaient pas en fait des rencontres antérieures avec ces étranges entités. Il y avait beaucoup de similitudes ».*

Sarah hésite à révéler son « aventure » à qui que ce soit, de peur de passer pour une folle. Qui la croirait d'ailleurs ? Les ovnis et les petits êtres étranges venus de l'espace relèvent de la science-fiction. Les extraterrestres n'atterrissent pas à Bracknell, dans le Berkshire, pour entrer dans la chambre d'une femme d'une trentaine d'années. Et toute femme qui affirme que c'est le cas est vouée au divan du psychiatre. Pourtant, Sarah sait parfaitement ce qui lui est arrivé. Ses souvenirs sont clairs comme de l'eau de roche. Dans les semaines et les mois qui suivront, sa crainte d'une nouvelle visite sera renforcée par une série de rêves aussi étranges que la rencontre qu'elle a vécue.

Lorsqu'elle trouve finalement le courage de le dire à son petit ami, un universitaire, il écoute son récit avec un esprit ouvert. Il sait que Sarah est une femme intelligente, talentueuse et parfaitement saine d'esprit, et il est prêt à accepter qu'elle ait vécu quelque chose de très inhabituel. Il souhaite même s'impliquer dans l'étude du phénomène. Cependant, la jeune femme sait que la réaction des autres ne sera pas aussi positive, surtout de la part de ceux qui ne la connaissent pas autant que son compagnon. Dans les mois qui suivent, la terreur de Sarah diminue. Mais un pressentiment ne la quitte jamais, celui de leur retour. Et lorsque ce moment arrive, l'effet est plus terrifiant que jamais.

« C'était une nuit de juillet 1994, plus d'un an après », se souviendra Sarah. *« Il faisait sombre dans ma chambre et j'ai soudain senti qu'il y avait quelque chose au pied de mon lit. Cette chose se déplaçait en faisant beaucoup de bruit. Puis elle s'est tenue près de moi. C'était l'une des entités, comme celles plus petites qui avaient participé à mon examen. Un peu plus sombre, elle se déplaçait comme une grande araignée. Mais c'était un bipède. Elle a grimpé sur mon lit et m'a fait basculer sur mon épaule. J'étais paralysé. Je ne pouvais pas bouger et j'étais dans une position inconfortable. »*

« J'étais terrifiée. Du coin de l'œil, je pouvais voir qu'elle tenait une baguette ou une sonde. C'était comme une antenne de voiture, de la taille d'une aiguille à

tricoter moyenne, d'une longueur d'environ 20 cm. Je n'arrivais pas à savoir si elle était en métal ou non. Elle scintillait comme le matériau dont était fait l'engin.» Les lampadaires de la rue en dessous de son appartement éclairent suffisamment la chambre pour que Sarah puisse voir que l'entité s'apprête à lui enfoncer la baguette dans l'oreille. *«J'étais paniquée. Je voulais me débattre, mais je ne pouvais pas. Je crois que mes bras ont commencé à trembler. J'étais vraiment horrifiée».*

«J'ai cru qu'ils allaient me faire du mal.» Lorsque l'entité enfonce la sonde sur le côté de la tête de Sarah, celle-ci ne ressent aucune douleur, aucune sensation. *«Je me suis sentie horriblement mal, malade de peur, mais je n'ai ressenti aucune douleur et je n'ai pas eu l'impression qu'on m'enfonçait un objet dans la tête. Environ trente secondes se sont écoulées et j'ai senti que je pouvais bouger. J'ai voulu lever les mains et me couvrir la tête, mais j'étais tellement effrayée que je ne voulais pas me tourner pour faire face à l'extraterrestre, alors j'ai attendu encore une vingtaine de secondes. Lorsque j'ai regardé autour de moi, il faisait nuit. J'ai levé la main et j'ai allumé le plafonnier pour constater qu'il était parti.»* Cette deuxième rencontre consciente de Sarah avec les entités renforce sa conviction qu'elles n'ont absolument aucune considération pour le bien-être des humains dont elles envahissent la vie. *«J'avais l'impression de n'être rien de plus qu'un rat de laboratoire, quelque chose que l'on utilise ou que l'on teste avant de s'en débarrasser. Comme la façon dont ils ont modifié mon cerveau pour pouvoir mener des expériences sur moi dans le vaisseau.»*

«Ils n'étaient pas du tout intéressés par ma peur, ma terreur et ma perte de maîtrise», conclut-elle. Les sentiments d'affection, voire d'amour envers les entités qu'elle a ressentis lors de sa première rencontre, n'étaient, selon elle, que des émotions implantées dans son cerveau pour qu'elle soit plus réceptive aux examens intimes qu'ils ont réalisés. Son point de vue cynique sur les visites des entités est renforcé lors de leur troisième visite, dans la nuit du lendemain de Noël 1994. Sarah couche sur papier le récit suivant peu après son retour dans la chambre de son appartement.

«Cette nuit, je me sens plus ouverte et moins effrayée par les visiteurs, et je peux voir les étoiles à travers les fenêtres en m'endormant. Je suis fataliste et leur envoie cette pensée : "Eh bien, je suis ici et prête pour votre visite." *J'ai le sentiment que quelque chose va se passer ce soir. Je tombe dans un étrange état de conscience et ne semble pas pouvoir bouger. Après un petit effort mental, je m'aperçois que je deviens plus légère et que je m'élève au-dessus du lit. Je vois deux enfants dans la chambre, qui me regardent. Mais ce ne sont pas du tout des enfants, ce sont des extraterrestres de 1 m à 1,20 m de haut, comme j'en*

ai déjà vu. Ils essaient de m'apparaître comme des enfants, mais je les vois tels qu'ils sont réellement. Cependant, cette tentative d'illusion m'empêche de me figer de peur, ce qui est un soulagement. Les regarder dans les yeux est pour moi une expérience profondément perturbante et effrayante. Chacun me prend par la main et me fait "flotter" littéralement à travers les fenêtres. Le ciel nocturne est à couper le souffle et j'aimerais être emmenée vers un objet céleste proche. En fait, je peux voir Mars au-dessus de nous. Puis en réalisant que tout le reste dans le ciel est à des années-lumière, je décide que j'aimerais aller sur Mars si possible.»

«Les "visiteurs" pointent un objet irrégulier et flou au nord-ouest, très bas, juste au-dessus de l'horizon. D'une manière ou d'une autre, ils insufflent dans mon esprit l'idée que cet objet est ma destination désirée. Cette duplicité est évidente, car mon désir initial de voir une planète locale persiste dans mon esprit. Nous nous dirigeons vers cet objet à l'horizon, toujours non identifié.»

«Ils m'informent par télépathie qu'ils sont mes enfants, qu'ils proviennent d'une certaine manière de moi. Je ne sais pas si c'est un mensonge. De toute façon, je ne leur fais pas confiance. Étrangement, alors que nous nous approchons de l'objet, il semble ne pas grossir, ou peut-être que ses détails restent flous et difficiles à identifier. Il est d'une couleur blanc-argenté avec des contours indistincts. Puis nous sommes à l'intérieur. Les entités me font flotter dans une immense pièce métallique grisâtre jusqu'à ce que mes pieds touchent doucement le sol. Je regarde autour de moi et j'aperçois plusieurs humains de sexe masculin qui se tiennent à une vingtaine de mètres sur ma gauche. Ils ne semblent pas avoir conscience de moi bien que je me tienne devant eux complètement nue.»

«À ma droite, je vois un homme flottant dans un étrange rayon d'énergie qui monte vers un étage supérieur. Au niveau supérieur se trouve une petite passerelle devant un mur transparent de matériau clair derrière lequel je peux voir un liquide coloré, donnant l'impression d'un immense aquarium. Alors que j'observe mon environnement, les deux entités qui m'ont amenée ici reprennent mes mains et me mènent à la rampe d'énergie, et nous flottons vers le niveau supérieur. Les entités insufflent des pensées dans mon esprit, me disant que nous allons faire une plongée sous-marine dans le liquide. Nous pénétrons dans le liquide bleuâtre, qui est plus épais que l'eau et ma peur monte à mesure qu'il engloutit mon corps. Il est chaud et, paradoxalement, sec. De l'eau sèche!»

«Alors qu'ils m'enfoncent la tête sous la surface du liquide, je commence à paniquer. Je retiens instinctivement ma respiration, mais alors que mes poumons semblent sur le point d'éclater, ils me disent de respirer le liquide! Finalement, j'arrive au point de non-retour et j'ouvre la bouche pour laisser les dernières

bulles d'air sortir de mon corps. Alors que j'absorbe la première gorgée de liquide dans mes poumons, la mort semble imminente. Épais et lourd, le liquide pénètre dans mon corps lorsque j'inspire pour la deuxième et la troisième fois. Étrangement, je ne ressens aucune sensation d'étouffement ou de manque d'oxygène. Je respire réellement un liquide. L'expérience se termine aussi soudainement qu'elle a commencé. Une fois qu'elles ont constaté que je respirais le liquide, les entités me soulèvent de la cuve et me font flotter à nouveau dans la zone inférieure.»

«La transition entre la respiration du liquide et celle de l'air se fait en douceur. Le liquide semble s'écouler de mon corps comme du mercure, le laissant sec. De retour dans la zone de réception, les entités m'informent qu'il est temps de repartir. Je m'éloigne d'elles et me dirige vers les trois hommes que j'ai vus plus tôt. Je ne suis pas prête à partir. Je veux encore observer. L'une des entités me dit, en termes très clairs, que c'est elle qui commande et, au bout d'une minute environ, elle me prend par la main et me fait sortir de l'engin dans le ciel nocturne, en direction de mon appartement.»

«Ils me font entrer par la fenêtre de ma chambre et m'allongent sur le lit. L'une des entités se précipite vers le lit puis le traverse pendant que, vraisemblablement, ses compagnons se préparent à partir. Je me souviens de son visage, dirigé droit sur moi. Je ferme les yeux jusqu'à ce que les bruits de leurs déplacements dans la pièce cessent. Lorsque je les rouvre, ils ont disparu. Je regarde mon horloge. Il est 5 h 45. L'épisode a duré une heure et quarante-cinq minutes. Il me semblait pourtant que seule une demi-heure s'était écoulée.»

S'agissait-il d'un *missing time* ? Les expériences de Sarah se poursuivent en 1995 avec une série de rêves étranges d'extraterrestres et d'autres enlèvements. Au début de la nouvelle année, elle rêve qu'elle est contrôlée de force par des entités extraterrestres à des fins secrètes et antihumaines. Transportée dans l'espace pour un rendez-vous avec une station spatiale extraterrestre cachée en haute orbite terrestre, elle ressent un sentiment de frustration et d'impuissance. Plusieurs nuits plus tard, elle se réveille dans sa chambre obscure, consciente d'être observée par les extraterrestres. Terrifiée, elle se cache sous sa couette jusqu'à ce qu'elle sente qu'ils sont partis. Mais elle reste convaincue que quelque chose d'extraordinaire s'est produit cette nuit-là. Deux nuits plus tard, le 8 janvier 1995, elle se réveille entourée d'entités. Elle se trouve allongée sur une structure semblable à une table dans une grande salle similaire à celle des enlèvements précédents. Elle a la nette impression d'avoir encore subi une sorte d'examen médical et aperçoit des entités déplaçant du matériel hors de son champ de vision.

Physiquement immobile, elle est consciente qu'une des six entités la fixe intensément dans les yeux. Elle sent qu'elle lui transmet des informations, la programmant avec des données dans un monologue télépathique. Cette séance de programmation semble durer une ou deux heures. Sarah déclarera plus tard : *« Je me suis réveillée dans l'obscurité du petit matin avec le souvenir précis d'avoir été avec les entités. Je me suis demandé combien d'autres enlèvements avaient eu lieu dont je n'avais qu'un souvenir flou, voire aucun souvenir du tout. Lorsque j'ai repensé aux dernières fois où je m'étais réveillée en leur présence, je me suis demandé s'il s'agissait également d'enlèvements complets, et si je n'avais repris conscience qu'au moment où elles quittaient la chambre après m'avoir ramenée. Je ne savais pas »*.

La nuit suivante, Sarah se couche, anxieuse. Elle fixe l'obscurité, refusant de laisser le sommeil abaisser ses défenses contre les intrus. Soudain, une sensation d'immobilité envahit son corps. Elle perçoit une petite forme se déplacer depuis un coin de la chambre. Incapable d'atteindre la lampe de chevet pour sonder l'obscurité dans cette partie de la pièce, elle fixe le noir et observe ce qui semble être la matérialisation d'une entité à partir de rien ! Celle-ci se déplace ensuite vers le côté gauche du lit, puis y monte, tendant un bras long et mince.

Sarah est pétrifiée d'horreur alors que les trois longs doigts de l'*Alien* touchent doucement son bras gauche. Ils semblent humides et pourtant secs contre sa peau, comme les coussinets d'un chaton. Tout en la touchant, l'être lui communique un message : *« N'aie pas peur, ne t'inquiète pas »*. L'anxiété de Sarah s'atténue immédiatement, laissant supposer qu'elle est contrôlée sur le plan émotionnel. La communication télépathique se poursuit. *« Je t'attendais »*. Cette phrase suggère que l'être ne vient pas d'arriver dans sa chambre... Sarah lui demande donc mentalement depuis combien de temps il attend. Réponse : *« Seize heures, selon votre compréhension du temps »*.

À ce moment, l'entité s'accroupit à côté de son oreiller et prend l'apparence de la mère de Sarah. Elle lui demande : *« Comment sais-tu quand ils arrivent ? »* Sarah est parfaitement consciente que ce n'est pas vraiment sa mère qui pose la question. Cette étonnante transformation physique confirme que ce visiteur, comme les précédents, est prêt à utiliser tous les subterfuges pour s'assurer de sa coopération. Se sentant confuse et stupide, elle dit : *« J'avais le sentiment qu'ils venaient, une sorte de prémonition »*. Le regard de l'entité semble devenir plus intense et puis soudain, elle s'endort. À son réveil, le visiteur a disparu.

Les multiples expériences de visites ou *abduction* de Sarah commencent désormais à dominer sa vie. Pendant la journée, elle redoute l'approche du soir où elle pourrait à nouveau se retrouver face à face avec ces créatures indésirables. La nuit, elle dort d'un sommeil agité, à l'écoute du moindre son ou mouvement qui trahirait leur présence.

Mais à un moment donné, sa peur et son appréhension vont céder la place à une acceptation fataliste de son sort. Pour une raison quelconque, les Gris s'intéressent vivement à elle, un être humain ordinaire. Elle ne peut rien faire pour arrêter ces visites et enlèvements, alors peut-être devrait-elle essayer d'en apprendre autant que possible à leur sujet. Dans la nuit du 16 janvier 1995, elle décide de tenter une expérience. En s'endormant, elle envoie une demande mentale pour qu'ils viennent lui rendre visite. Elle a des questions auxquelles elle veut des réponses. Qui sont-ils et que sont-ils, que veulent-ils d'elle et des autres enlevés ?

Sarah se réveille plus tard dans la nuit, consciente qu'elle est visitée. Elle est marquée par l'impression forte que trois d'entre eux, debout au pied de son lit, l'observent alors qu'elle les regarde passivement en retour. Un « chef » se tient devant deux autres Gris. Elle ne ressent aucune peur et bien qu'elle ne puisse se rappeler d'autres détails, elle sait que cela marque la fin d'une rencontre plus complexe. Mais laquelle ?

Aux premières heures du 23 janvier 1996, Sarah est réveillée de son sommeil par le martèlement de la pluie battante contre les fenêtres de sa chambre. Elle regarde à travers les fenêtres embuées par la pluie et remarque immédiatement que quelque chose ne va pas. Les lourds nuages au-dessus sont illuminés par une lumière intense et brillante. Il y a clairement quelque chose là-haut qui émet une lumière extrêmement puissante. Soudain, sa curiosité se transforme en peur alors que son corps est pris par une paralysie maintenant familière qui accompagne souvent ses rencontres avec les *Aliens*. Un sens légèrement altéré de la conscience confirme sa conviction qu'elle va une fois de plus entrer dans l'« univers des Gris ».

À travers la fenêtre, elle peut maintenant voir la source de l'étrange lumière, un objet blanc en forme d'œuf. Un faisceau de lumière grise part de l'engin en forme d'œuf et se connecte avec les fenêtres de sa chambre comme pour fournir un chemin reliant les deux. Deux entités viennent à elle. Mais cette fois, ce ne sont pas des Gris, loin de là. Ils ressemblent à des dieux grecs, grands, blonds et attirants, des mâles humanoïdes avec des traits presque parfaits et des expressions sereines sur leur visage. Ils la soulèvent et commencent à se déplacer avec elle le long du faisceau d'énergie vers l'engin en forme d'œuf. Le soulagement de Sarah de ne pas voir de Gris est tempéré par la connaissance que ses ravisseurs avaient changé d'apparence par le passé, essayant de la tromper en lui faisant croire qu'ils étaient ses enfants. Alors qu'ils traversent le faisceau, elle remarque que la forte pluie s'est brusquement arrêtée, et réalise qu'ils se dirigent vers une ouverture circulaire à la base de l'ovni, droit devant.

Une fois à l'intérieur, elle remarque immédiatement que l'endroit est beaucoup plus petit que les autres « véhicules » *aliens* dans lesquels elle a été emmenée. Regardant autour d'elle, elle aperçoit les deux mâles blonds qui l'ont amenée se tenir aux côtés d'une belle femme blonde. Le long du mur de la pièce se trouve un tableau de bord rempli d'instruments et de commandes, et à proximité, l'inévitable table d'examen. Silencieusement, l'un des êtres la conduit vers elle et l'aide à monter dessus. Se sentant somnolente et l'esprit engourdi, elle réalise qu'il est inutile de refuser de coopérer.

L'examen physique qui suit se déroule sans douleur et en silence. Après environ dix minutes, Sarah tombe dans un sommeil profond malgré sa réticence à perdre à la fois conscience et le peu de contrôle qu'elle a sur la situation. Elle se réveille dans sa chambre et se dirige immédiatement vers sa fenêtre pour voir si elle peut localiser l'objet en forme d'œuf. Il a disparu. Le sol à l'extérieur est mouillé, mais l'orage a manifestement pris fin depuis un moment. Elle retourne dans son lit et sombre dans un sommeil profond. Quelques jours plus tard, après avoir mené ses propres recherches, elle découvre que les derniers visiteurs correspondent à la description d'un groupe d'extraterrestres connus sous le nom de « Nordiques ». Mais ses expériences avec les Gris lui ont appris une leçon : ne jamais prendre au pied de la lettre les événements liés aux *abductions*.

Le 5 février 1995 à 2 h 30 du matin, Sarah est une nouvelle fois tirée de son sommeil par un puissant sentiment d'être observée par quelqu'un… ou quelque chose. Malgré sa somnolence, elle aperçoit par la fenêtre un grand objet dans le ciel. Elle s'efforce de se lever, mais n'y parvient pas, comme si elle avait été droguée. Trois petites entités, à nouveau des Gris, entrent dans sa chambre. Lorsqu'elle retrouve pleinement ses esprits, elle est toujours couchée non pas dans son lit, mais sur une surface dure dans une petite pièce sombre (ou une cabine). Autour d'elle se tiennent les trois entités qu'elle a vues entrer dans sa chambre quelques instants auparavant. Elle comprend alors qu'elle a été transportée de son appartement à cet endroit tandis qu'elle était inconsciente. Pendant qu'une entité la fixe intensément dans les yeux, les deux autres effectuent un examen rapide de son corps. Elle sent leurs longs doigts d'*Alien* la sonder. Puis elle ressent une sensation étrange, comme si un long tube ou une aiguille flexible était insérée dans son vagin, puis retirée. Ils l'aident ensuite à se mettre debout et à faire face à une porte brillamment éclairée. Sarah se sent nauséeuse et faible. Ils franchissent la porte et entrent dans une immense pièce circulaire où elle s'effondre sur le sol. Les extraterrestres s'éloignent, la laissant instable et désorientée. Elle parvient à s'asseoir et voit immédiatement deux personnes – des jeunes femmes – allongées à proximité. Elles aussi sont désorientées et malades et semblent ignorer ce qui se passe autour d'elles.

Sarah étudie ses voisines. La plus proche, à environ 2,50 m, est une jeune fille vêtue d'une simple chemise de nuit. Elle est allongée immobile sur le sol brillant, mais non métallique. Derrière elle se trouve une autre femme, elle aussi en tenue de nuit. Alors qu'elle observe son environnement, Sarah perçoit un ordre télépathique lui demandant de « lever les yeux », ordre visiblement adressé aux trois femmes confinées dans une zone entourée d'un mur circulaire. Sarah lève les yeux au-dessus du mur vers une passerelle semblable à une mezzanine sur laquelle se tiennent trois hommes de sexe masculin. Ils sont entièrement habillés.

Sarah se souviendra plus tard de l'immense sentiment d'humiliation qu'elle a ressenti. Non seulement parce qu'elle est totalement nue, mais aussi parce que ses cheveux sont emmêlés et qu'elle n'est pas maquillée. Elle se souviendra de sa colère d'avoir été exposée à ses semblables d'une manière aussi misérable et dégradante. Quelques secondes plus tard, les trois hommes descendent de la passerelle et s'assoient chacun près d'une des femmes. Sarah perçoit une sorte de communication mentale entre les entités et les hommes, comme si les extraterrestres contrôlaient leurs actions. Celui qui lui a été « associé » examine maintenant son corps et Sarah craint d'être victime d'un viol. Elle évite tout contact visuel avec lui et lève les yeux vers les entités comme pour demander de l'aide. Mais ce qui se passe ensuite est encore plus choquant que ce qu'elle avait imaginé. Non pas à cause des actions des entités ou de leurs captifs masculins, mais à cause des siennes. Sarah, de nouveau à quatre pattes, se retrouve involontairement dans ce qu'elle décrira plus tard comme une « posture sexuellement provocante ». Elle racontera : *« J'étais à quatre pattes, comme un animal, les fesses relevées d'une manière grossière et sexuelle. Les entités semblaient étudier la réaction des hommes face à cette attitude. Je me suis sentie à la fois menacée et humiliée et si j'avais pu m'enfuir à ce moment-là, rien ne m'aurait arrêtée. Si je me souviens bien, l'homme n'a pas levé le petit doigt sur moi. Mais cela n'a pas atténué les sentiments d'outrage et d'humiliation* ».

L'expérience sexuelle s'achève aussi soudainement qu'elle a commencé. Sous la direction télépathique des entités, les femmes et les hommes subissent une sorte de test collectif, où ils doivent résoudre plusieurs énigmes impliquant des motifs et des objets au sol autour d'eux. On leur donne ensuite pour instruction d'essayer de trouver une solution à une catastrophe environnementale hypothétique survenant dans une forêt tropicale d'Amérique du Sud en raison de l'utilisation abusive, par les humains, des énergies qu'ils contrôlent. Les tests épuisants pèsent lourdement sur Sarah, au point qu'elle supplie d'être autorisée à rentrer chez elle. Finalement, elle se retrouve allongée sur le lit de son appartement, observant deux Gris flottant hors de ses fenêtres de chambre. Elle se rappelle avoir remarqué qu'il était 5 h 30 avant de plonger dans un sommeil profond.

Les Gris reviennent quelques nuits plus tard, le 9 février 1995. Après s'être couchée, Sarah se réveille pour se retrouver allongée sur une table d'examen dans une pièce circulaire, de 6 m de diamètre, avec trois entités debout autour d'elle. Elle ne ressent aucune terreur, juste une profonde curiosité sur ce qui se passe. Regardant l'entité la plus proche d'elle, qu'elle décrira plus tard comme le chef, elle forme une question mentale claire dans son esprit et tente de la lui projeter. « *Que me faites-vous et pourquoi ces choses arrivent-elles ?* »

À son grand étonnement, l'être répond à ses questions, non pas par des mots, mais par des impressions mentales qui affluent dans son cerveau. « *Je ne me souviens pas de la formulation exacte* », dira-t-elle plus tard. « *Mais sa réponse semblait très claire. Les extraterrestres tentaient de créer génétiquement de nouvelles formes de vie capables d'exister à la fois dans leur environnement et dans le nôtre. L'une de ces nouvelles formes de vie génétiques servait de nourriture microbiologique pour les entités hybrides qui étaient génétiquement créées à partir de nos deux formes de vie pendant les abductions. Ne s'alimentant pas comme les humains, les hybrides avaient besoin de cette substance nutritive pour exister dans l'environnement de nos deux mondes.* »

Pendant cette transmission de pensée, Sarah sent que l'être « parle » également aux deux autres entités. Celle qui se tenait à sa gauche s'avance et sort un instrument blanc-argenté ressemblant à une sonde d'environ 15 cm de long. L'extrémité de l'instrument semble émettre un mince rayon d'énergie semblable à un laser. Avec horreur, Sarah voit l'entité faire courir lentement la sonde sur son estomac dénudé, ouvrant la chair et exposant ses entrailles.

« C'était terrifiant, même si c'était indolore. Le choc de voir mes entrailles exposées de la sorte m'a rendue malade. L'entité a d'abord placé la sonde sous mon nombril à droite, puis l'a tirée vers la gauche, provoquant la séparation de la chair au fur et à mesure qu'elle se déplaçait. »

D'une manière ou d'une autre, les entités projettent des images sur le ventre de Sarah, qu'elle est contrainte de regarder. La première est une vue agrandie de ce qui ressemble à des millions de formes de vie microscopiques semblables à des plantes qui vivent apparemment dans son bas-ventre. Un commentaire télépathique lui explique qu'elle voit la reproduction des formes de vie nutritionnelles évoquées plus tôt. Puis cette image est remplacée par celle d'un minuscule fœtus qui semble grandir en elle. Elle comprend qu'il s'agit de l'un des fœtus hybrides que les êtres sont en train de créer. Une troisième image vient se superposer à son ventre ouvert. Cette fois, elle voit ce qu'elle croit être une forêt tropicale d'Amérique du Sud. Le « récit » qui l'accompagne l'informe de leurs tentatives pour l'aider à survivre aux dommages écologiques causés par la technologie humaine. Alors que Sarah essaie d'assimiler la série d'images déroutantes et le flot d'informations télépathiques qui l'accompagne, l'entité qui manipule la sonde laser ramène l'instrument le long de l'entaille qui traversait son corps, refermant ainsi la plaie. À ce moment-là, Sarah se réveille et se retrouve dans sa chambre, à présent inondée par la lumière du jour. Paniquée, elle rejette les couvertures du lit et examine son ventre. L'opération au laser, indolore, n'a laissé aucune marque ou cicatrice.

Les jours suivants se déroulent sans aucune autre intervention des visiteurs. Dans la nuit du 20 février, craignant une nouvelle incursion, elle observe par la fenêtre de sa chambre deux disques gris argent qui évoluent dans le ciel.

Au cours des deux semaines suivantes, elle fait une série de rêves étranges et effrayants qui pullulent d'ovnis. Mais il ne s'agit sans doute que de simples rêves et elle s'en félicite. Cependant, la tension engendrée par tous ces événements commence à peser sur son mental. Elle ressent un profond sentiment de désespoir face au manque de contrôle sur sa vie et admet se trouver dans un état d'esprit quasi-suicidaire. C'est à ce moment que les entités lui rendent à nouveau visite. Elle se réveille vers 2 heures du matin, la nuit du 3 mars, immédiatement consciente de la présence de deux êtres immobiles à côté de son lit. Ils la regardent attentivement. L'un d'eux bouge soudainement, soulevant partiellement la couette et posant ses bras sur son épaule en dessous. Il commence alors le rituel familier de « palpation » et de « pincement », ses doigts souples et effilés traçant les muscles sous sa peau.

Tandis que les doigts étrangers explorent son corps, Sarah regarde l'autre être qu'elle considère comme le chef et lance un appel mental : *« Ne le laisse pas me faire du mal »*. Au début, il ne réagit pas et ne détourne pas ses grands yeux de ceux de Sarah. Puis il penche sa grosse tête en forme de poire sur le côté et la réprimande en prononçant les mots télépathiques : *« Tu aurais dû apprendre à nous faire confiance depuis le temps. »* À ce moment-là, les sens de Sarah s'aiguisent, sa vision devient soudainement beaucoup plus précise. Elle fixe ce chef qui mesure entre 1,10 m et 1,20 m et remarque pour la première fois la texture de sa peau... comme celle du bois, du cuir en fait, avec des stries verticales allant du haut vers le bas. Cette entité paraît beaucoup plus âgée que l'assistant qui continue l'exploration tactile de son corps. Sarah lui demande mentalement : *« Pourquoi es-tu ici maintenant ? »* Il répond : *« Nous sommes ici à cause de ta profonde douleur. Seulement pour cela. »* Il continue à la rassurer en affirmant que « rien de mauvais » ne se produira. Sarah se détend et sombre dans un profond sommeil. Au cours des mois suivants, elle continue à vivre des expériences d'enlèvement (en plus de vagues cauchemars). Elle est consciente d'une dernière visite des Gris en octobre 1995. Mais les détails restent cachés, ne laissant que le souvenir des entités qui l'observent dans sa chambre.

Les expériences d'enlèvement par des extraterrestres de Sarah Wood sont uniques en ce sens qu'elles sont parmi les mieux documentées. La formation de pilote de Sarah, combinée à son expérience d'observatrice aguerrie, lui a permis de produire un dossier personnel d'événements bizarres sur une période de trois ans. Les heures, les dates et les conditions météorologiques sont notées en détail dans son « journal des *abductions* ». Ses descriptions des entités, des vaisseaux extraterrestres et de la chronologie des événements lors de ses nombreuses rencontres constituent l'un des comptes-rendus les plus complets d'une série d'enlèvements qui sera étudié par les ufologues dans les années à venir.

Pourquoi Sarah ? Pourquoi tant d'enlèvements pour une seule femme ? Personne ne le sait. Quoi qu'il en soit, elle a été frappée par les similitudes entre les enlèvements et les expériences de sortie de corps qu'elle a expérimentées, il y a quelques années. *« Tout semble être lié à la nature de la réalité »,* dit-elle. *« L'expérience humaine a toujours été multicolore et multidimensionnelle. Je reste ouverte d'esprit sur la manière dont ces événements bizarres – et scandaleux – pourraient finalement être perçus et intégrés dans notre compréhension commune de la réalité. »*

Paulinne Delcour-Min
16 mai 1996
West Didsbury, Manchester

Paulinne Delcour-Min se détend sur le divan thérapeutique dans la salle de consultation de sa maison victorienne de West Didsbury, dans la banlieue animée de Manchester, et avec l'aide des paroles apaisantes de son étudiante en thérapie de régression, elle se laisse dériver vers un autre niveau de conscience. Thérapeute expérimentée en matière de vies antérieures, riche d'expériences extraterrestres de première main qui ont commencé dès son plus jeune âge, Paulinne, aujourd'hui âgée d'une quarantaine d'années, est déterminée à découvrir la vérité derrière l'enchevêtrement d'émotions qu'elle ressent pour les plus connus des visiteurs extraterrestres : les Gris. Tandis que l'apprentie thérapeute tire les rideaux pour bloquer la lumière du soleil du début de l'été et plonge la petite, mais confortable salle de consultation dans l'ombre, l'esprit de Paulinne passe en revue les années au cours desquelles elle a éprouvé la peur et la fascination des nombreuses rencontres avec les formes de vie extraterrestres les plus célèbres qui nous ont rendu visite.

Elle se blottit plus profondément dans la couverture qui la recouvre, comme pour chercher du réconfort en se remémorant l'horreur brute qui l'a presque glacée en voyant pour la première fois et en croyant reconnaître instantanément les yeux noirs et froids d'un Gris la fixant du regard sur la couverture de *Communion*, de l'ufologue Whitley Streiber. C'était une image à la fois étrangère et familière. Une impression de déjà-vu. En fait, cette réaction émotionnelle a joué un rôle dans la transformation de cette professeure de lycée intelligente et mère de trois enfants en l'une des enquêtrices britanniques les plus actives dans le domaine du paranormal.

Ses années de recherche sur les phénomènes extraterrestres et les régressions dans les vies antérieures, aux côtés de son mari, l'ont rendue ouverte d'esprit et en harmonie avec l'Univers et sa grande diversité de formes de vie. L'esprit de Paulinne s'accroche aux paroles de l'étudiante : *« Visualisez-vous dans un endroit magnifique... »* Ce sont exactement

↑ Pauline Delcour-Min

les mêmes mots qu'elle a utilisés elle-même, d'innombrables fois, lorsqu'elle préparait ses clients à une régression dans les vies antérieures. La relaxation profonde sans hypnose est un moyen de permettre à la conscience du sujet de remonter dans le temps et à une existence antérieure. Impatiente de savoir, à l'aise dans son environnement et imperturbable, Paulinne Delcour-Min lâche prise avec la réalité, prête à explorer une vie antérieure. Mais elle n'est pas préparée à la révélation qui va suivre… «*Je regarde mes pieds*», dit-elle à son apprentie alors que son esprit a été ramené des millions d'années en arrière, dans un lieu étrange où les formes de vie sont encore plus étranges. «*Je suis mince, grise, avec quatre orteils un peu palmés. J'ai des jambes, un corps et des bras minces. Mes mains ont trois doigts et un petit pouce. Mes doigts sont longs et légèrement palmés. Je suis un Gris… Je suis un mâle adulte, je m'appelle Arkid.*»

Le récit détaillé de Paulinne, enregistré au cours de cette séance de régression de deux heures, jette une lumière nouvelle sur de nombreuses questions restées sans réponse concernant les abductions, l'implication des Gris et les raisons qui les poussent à prélever notre matériel génétique. Il soulève également de nombreuses nouvelles questions.

Son récit se poursuit : *« Je suis à l'intérieur d'un vaisseau et quand je regarde autour de moi, je peux voir le noir de l'espace à travers les hublots, mais à l'intérieur de notre vaisseau il y a de la lumière. Il y a beaucoup d'autres êtres comme moi ici et aussi des machines qui font un bourdonnement constant. Nos machines pensent. Elles ont une conscience et une intelligence et elles dirigent le vaisseau. Nous leur donnons des ordres, notre pouvoir mental les contrôle (si nous avons besoin de changer de direction ou de diminuer la lumière par exemple). Les pensées négatives aléatoires peuvent être très destructrices, c'est pourquoi nous n'avons plus de pensée individuelle, ce serait trop dangereux. Notre pensée collective est si puissante qu'elle efface les déviations individuelles. L'important, c'est la survie. Il existe une hiérarchie dans notre société. Les classes supérieures ne sont pas dans le vaisseau. »*

« Elles se trouvent à différents endroits de la galaxie, sur des mondes réels et des mondes artificiels que nous avons créés. En tant que race, nous risquons de disparaître de la galaxie. Nous avons de terribles problèmes avec nos corps physiques, ils ne fonctionnent pas correctement, et nous ne pouvons pas les nourrir à cause de problèmes digestifs. Nous avons tellement de douleurs et d'engourdissements que nous nous nourrissons d'une boisson de type soupe. Tout cela est dû aux dommages causés par les radiations. Nous avons détruit notre monde d'origine. Certains en ont réchappé non sans dommages. Comment cela s'est-il produit ? Trop de pensées individuelles ont laissé place à l'avidité. Les gens ont oublié qu'au niveau le plus profond, nous ne faisons qu'un, et avec cette illusion de séparation, ils ont cru qu'ils pouvaient s'en tirer à bon compte. Nous avions déjà quitté notre planète. Nous avions des bases sur nos lunes et pouvions voyager dans l'espace. »

« Tout cela s'est passé quand j'étais enfant. C'était très, très choquant. Je ne peux pas exprimer à quel point c'était profondément choquant. Nous nous trouvions à l'époque sur l'une des bases lunaires. Il ne s'agissait que de postes relais pour le ravitaillement, et nous ne pouvions donc pas rester sur place. Nous devions trouver une nouvelle maison. C'est pourquoi nous naviguons dans l'espace. Chargés de tout le carburant que nous pouvions emmener, nous avons parcouru de grandes distances au fil des ans, à la recherche de mondes propices à la vie sous notre forme. De nombreux autres vaisseaux sont partis dans des directions différentes pour accomplir la même mission désespérée. Nous devons trouver un nouveau foyer. »

« Le temps passe. Puis les scanners détectent un monde possible, la troisième planète à partir d'un soleil dans un système solaire. C'est la Terre, bien avant que l'homme n'évolue. Nous évaluons les informations. Cela ne semble pas très approprié. Elle n'est pas comme chez nous, elle est très lumineuse, trop près de

son étoile. Son atmosphère ne filtre pas suffisamment la lumière; cela nous ferait souffrir, mais nous pourrons y faire le plein et nous approvisionner. Cela nous donne à tous l'envie de rentrer chez nous où il y avait aussi de l'eau et de magnifiques nuages épais. Il y avait de la brume et de l'humidité, et de fréquentes averses douces et bruineuses. Un monde de Gris magnifique avec des paysages différents de celui-ci.»

«Nous atterrissons dans une zone équatoriale. Il y a un désert derrière nous et nous sommes dans une zone côtière avec la mer devant nous. Dans la mer, il y a des poissons et de nombreuses formes de vie, et sur la terre, il y a des insectes. Il fait si chaud et si lumineux que nous restons dans le vaisseau tant que nous le pouvons et nous envoyons des capteurs robotisés à la recherche de minéraux. La gravité est très forte et cela nous attriste. Nous sommes dévorés par le chagrin en pensant à notre monde d'origine. Cet environnement semble vraiment hostile. Nous avons détruit notre monde si parfait et nous sommes tous très déprimés. Nous convenons tous que cela ne doit plus jamais se reproduire. Nous utilisons des découpeurs laser pour extraire les minéraux dont nous avons besoin pour nos approvisionnements. Nous prenons de l'eau et de la nourriture pour préparer la soupe facile à digérer dont nous nous nourrissons : de la végétation, des minéraux provenant de la boue et des roches et un peu de matière animale. Nous préparons la soupe terrestre et la buvons. Je peux sentir l'énergie vitale dans mon corps, une force vitale brute et vibrante. Nous pleurons tous, nous regrettons notre chez-nous. La maison nous manque d'autant plus. Nous n'avions pas ressenti une énergie vitale aussi forte depuis si longtemps, plus depuis notre départ. Et nous ne pourrons plus jamais rentrer chez nous. Pour vivre ici, nous devons modifier génétiquement notre corps. Nous voyons la beauté et la force de vie ici, mais ce n'est pas notre type de beauté. C'est cependant un berceau très fertile pour la vie. Nous l'apprécions beaucoup. Nous vivons longtemps. Autrefois, nous nous reproduisions sexuellement. Notre progéniture grandissait dans le corps de sa mère. Mais depuis la destruction de notre monde, nos bébés naissent terriblement déformés et ce mode de reproduction a été abandonné.»

«Nous repartons maintenant. Nous visitons l'unique lune, sans grand intérêt, et nous nous rendons sur Mars. À cette époque, il y a de l'eau sur cette planète et de nombreux êtres, de type humanoïde, un peu simiesque, vivent à la surface de ce monde. Ils sont amicaux et serviables. Ils organisent une grande réunion pour discuter de l'aide qu'ils pourraient nous apporter. En raison de notre sensibilité à la lumière, ils nous proposent d'utiliser leurs immenses grottes souterraines. C'est très gentil, mais ce n'est pas ce que nous recherchons. Que cherchons-nous? Une maison, et nulle part ailleurs elle ne sera à la

hauteur de celle que nous avons détruite. Nous nous sentons très seuls, consumés par notre chagrin, condamnés à errer. Nous passons devant d'autres planètes au cours de notre voyage à travers le système solaire, mais nos scanners estiment qu'aucune n'est appropriée.»

«Nous sommes trop effrayés pour penser par nous-mêmes. Je travaille à la maintenance et je reçois des ordres des Gris plus grands. Ils reçoivent leurs ordres de l'intelligence artificielle, l'ordinateur central de notre vaisseau qui est relié à d'autres vaisseaux. Nous sortons de ce système solaire et continuons à chercher. Finalement, nous sommes pris dans une pluie de météorites et notre vaisseau est détruit. Nous mourons. Nous sommes sortis de notre corps, je me sens libre. Il n'y a plus de douleur. L'épave est éparpillée et nous sommes maintenant dans nos corps astraux. Notre apparence est de couleur gris-argenté et s'apparente à un curieux croisement entre un Gris et un têtard. Nous sommes désemparés. Nous avons transmis notre pouvoir aux machines, mais elles ont disparu. Nous sommes à la dérive dans l'espace. Nos machines ne sont plus que des épaves inutiles. Le temps passe, puis des anges apparaissent et nous disent : "Nous pouvons vous aider, venez avec nous".*»*

«Ils nous emmènent dans une autre dimension. C'est très lumineux, mais ce n'est pas le genre de lumière qui blesse. Nous nous fondons maintenant dans le Soleil, nous le traversons, nous traversons les dimensions et les chemins de lumière qui nous relient au Créateur, la source ultime de tout être. Quel soulagement ! Je suis conscient que je prends la décision de ne plus choisir cette incarnation. Lorsque j'émergerai de l'Esprit divin, je choisirai une autre forme de vie pour exprimer ma conscience.»

Lorsque Paulinne émerge de sa séance de régression, elle découvre rapidement que sa peur des Gris a fait place à un profond sentiment de tristesse. En effet, elle voit maintenant qu'ils sont de tristes petites créatures menacées d'extinction qui ne pourront jamais rentrer chez elles.

La découverte qu'elle a déjà faite auparavant en tant que Gris ne la choque pas. Lors de précédentes séances de régression dans les vies antérieures, elle a expérimenté d'autres incarnations extraterrestres. En fait, il s'agit simplement d'une extension des croyances en la réincarnation qui sont partagées par de nombreuses personnes, y compris par un certain nombre de religions terrestres.

Si l'âme peut connaître de nombreuses vies sur de longues périodes, pourquoi ces incarnations devraient-elles être liées à la Terre ? Au fil du temps, Paulinne s'est aperçue que sa thérapie de régression lui a permis d'accumuler de nombreuses données sur les Gris. Elle sait par exemple qu'ils ont surmonté leur problème de reproduction par le clonage.

Lorsqu'un corps s'use, la conscience est transférée dans une nouvelle enveloppe clonée. « *Cependant, plus ils clonaient, plus la force vitale de leurs cellules et de leurs corps s'affaiblissait* », ajoute-t-elle. « *C'est pourquoi ils ont trouvé la richesse de la force vitale de notre planète si attrayante. Les Gris ont généralement perdu leur connexion à la Source et ils craignent de s'abandonner à l'Esprit Divin.* »

« *Ils résistent au flux évolutif de l'Univers et, après la mort, ils restent à bord de leur vaisseau dans leur corps astral jusqu'à ce qu'ils puissent s'incarner dans un corps de Gris ou d'hybride nouvellement cloné. Ils mettent et enlèvent littéralement leur corps comme on le ferait avec un manteau. Il s'agit d'un court-circuit spirituel qui les coupe des conseils supérieurs* ». Paulinne pense que les Gris craignent que nous ne détruisions notre monde comme ils ont détruit le leur. C'est pourquoi ils montrent souvent aux personnes *abductées* des images de la Terre en train d'exploser, comme pour nous choquer et nous pousser à agir pour l'éviter. Elle explique : « *Nous sommes à un stade critique de notre relation avec la planète. Nous devons changer et cesser de l'empoisonner, sinon une catastrophe se profile à l'horizon.* »

Mais si le sort de la Terre venait à être scellé, les Gris mettraient leur plan sinistre de repeupler la planète avec des hybrides – les hybrides qu'ils ont créés en utilisant du matériel génétique prélevé sur des personnes enlevées depuis de très nombreuses années. « *Les Gris ont l'intention de disperser les hybrides sur Terre et de se réincarner en eux. C'est tout simplement leur prochaine étape évolutive, désespérée, alors qu'ils tentent de tromper le destin. Ce n'est certainement pas notre prochaine étape à nous. Cela reviendrait à se faire cloner avec des dinosaures.* »

Paulinne et son mari, Ye Min, pratiquaient la thérapie de régression dans les vies antérieures bien avant d'entrer dans le monde de l'ufologie. Ce sont les circonstances – des témoignages de patient concernant des contacts avec des extraterrestres alors qu'ils étaient dans le ventre de leur mère ou d'incidents d'enlèvement à grande échelle les affectant tous les deux – qui les ont amenés à changer l'orientation de leurs recherches.

Ils se sont tous deux plongés dans le sujet et ont découvert que toute la question des enlèvements et de l'activité extraterrestre sur Terre pouvait s'inscrire dans une philosophie plus large de la vie dans un univers multidimensionnel et spirituel. Ils ont créé l'ASSERT (Association pour le soutien des expériences par la recherche et la thérapie), qui offre aux personnes enlevées une structure de soutien permanente utilisant la thérapie de régression sans hypnose. Le flux constant de clients qui ont fait appel à leurs services pour tenter de trouver leurs propres réponses à un large éventail d'expériences étranges a rapidement constitué une base de données aux proportions encyclopédiques. Paulinne et Ye ont examiné ces cas pour les aider à reconstituer un puzzle cosmique et spirituel.

En fait, c'est cette thérapie qui les a conduits tous les deux vers l'ufologie et qui a aidé Paulinne à comprendre un événement survenu au cours de son adolescence qui l'avait toujours intriguée.

En juillet 1964, alors âgée de seize ans, elle se promène dans la campagne avec sa meilleure amie. Elle vit alors dans le village de Frodsham, dans le Cheshire, près de la campagne sans relief et luxuriante qui entoure l'estuaire de la rivière Mersey. Absorbées par leurs conversations de filles, les deux amies déambulent sur les chemins de campagne déserts, ignorant l'heure et profitant simplement de l'air particulièrement doux du soir. Soudain, elles se retrouvent dans un champ et Paulinne est à quatre pattes, comme si elle venait de tomber. Pourtant, elle n'a pas trébuché… Elle se lève et regarde son amie, tout aussi étonnée. Elles décident de rentrer chez elles et commencent à revenir sur leurs pas en silence tandis que le soleil se couche.

Sur le chemin du retour, Paulinne se souvient qu'une femme s'est précipitée derrière elle et lui a dit : *« Mon Dieu, mon enfant, qu'as-tu fait à ta jambe ? »*. Elle baisse les yeux et constate que la chaussette blanche de son pied droit est couverte de sang. Stupéfaite, elle examine sa jambe et découvre une longue coupure à l'arrière de son mollet. Du sang suinte encore de la plaie. *« J'ai été choquée et ma jambe était engourdie, glacée, mais je n'avais pas mal »*, raconte Paulinne. L'adolescente rentre chez elle et la blessure de 10 cm guérit remarquablement vite. Elle ne se souviendra jamais de la manière dont elle s'est blessée, mais la cicatrice qui en résulte, si notable que ses amis la confondent souvent avec une maille filée dans ses collants, reste un rappel constant de ce mystère. Plus d'un quart de siècle plus tard, en 1992, la question de la cicatrice revient sur le tapis alors que Ye lit le livre *Missing Time* de Budd Hopkins. Il relate à sa femme le cas de Virginia Horton. *« J'ai soudain réalisé que ma cicatrice ressemblait à la sienne »*, dit Paulinne. *« En repensant à ma vie, il y avait d'autres éléments qui me faisaient me demander si je n'avais pas été en contact avec des extraterrestres. »*

Enfant, elle avait vécu un épisode de *missing time* et faisait des rêves récurrents d'ovnis déguisés en nuages qui la « surveillaient ». *« L'insomnie, les crises de panique, ma réaction au visage du Gris sur la couverture de* Communion, *la nécessité de scruter constamment le ciel lorsque nous roulions la nuit et la façon dont mon corps réagissait chaque fois que je parlais d'extraterrestres... Mon cœur battait plus vite et la réaction de lutte ou de fuite s'activait avec des poussées d'adrénaline. Mon corps se souvenait clairement de quelque chose que j'avais oublié».*

Paulinne est devenue une thérapeute de régression reconnue. Son objectif est d'aider les gens à résoudre les problèmes de leur vie en comprenant ce que le passé peut leur dire. «*La majeure partie de mon travail consiste à aider les gens à se souvenir de leurs vies antérieures et à comprendre le lien entre leurs autres vies et leur vie actuelle*», explique-t-elle. «*Parfois, nous retrouvons des souvenirs importants de la petite enfance ou même des mois passés dans le ventre de leur mère.*»

Désormais déterminée à découvrir la vérité sur cette soirée d'été, Paulinne subit en septembre 1992 une régression qui la ramène 28 ans en arrière, au moment où elle et son amie marchent le long d'un chemin de campagne désert, en bavardant.

Paulinne raconte l'histoire : «*Nous avons été prises dans un faisceau d'énergie qui semblait nous déconnecter du champ d'énergie de la Terre et nous avons été soulevées, figées dans le mouvement. Nous avons été littéralement happées dans une autre dimension, attirées en diagonale vers le haut, en direction d'un vaisseau. Nous sommes entrés par une écoutille et j'ai ressenti un flux constant de messages télépathiques qui verrouillaient mon esprit, m'empêchant de penser.* "Vous allez vous endormir. Tu ne te souviendras de rien. Nous ne te ferons pas de mal, nous t'aimons, tout va bien", *les messages n'en finissaient pas. Nous étions dans une immense pièce avec de nombreuses tables blanches comme des planches à découper en nylon blanc. Il y avait des machines pour vérifier et scanner. Je me sentais paralysée et j'étais allongée sur l'une des tables.*»

«*J'étais consciente que ce vaisseau téléportait des gens pour des contrôles. Il y avait beaucoup, beaucoup de personnes sur les tables blanches. Les êtres qui faisaient tout cela étaient petits et gris, avec des bras et des jambes grêles et des doigts comme des pailles creuses. Ils avaient de grosses têtes et d'énormes yeux noirs. Ils semblaient porter des combinaisons grises moulantes et leurs yeux étaient recouverts d'un fin maillage noir. J'étais attaché avec des sangles et ils semblaient avoir pris la plus grande partie de ma volonté. J'ai ressenti beaucoup de résistance à me remémorer ce qu'ils m'avaient fait. Ils tripotaient leurs machines pour vérifier ma croissance et mon développement. Ils enregistraient des informations. J'ai appris que c'était l'un de mes contrôles réguliers et qu'ils avaient un gros dossier sur moi. La pensée est plus puissante dans la dimension dans laquelle ils travaillent; le fait de penser à une question amène immédiatement la réponse à l'esprit. C'est l'une des raisons pour lesquelles ils vous enferment dans l'esprit et que vous pouvez canaliser des informations lors d'une séance de régression si on vous pose les bonnes questions.»*

«L'intérêt principal des Gris est leur programme de reproduction. Ils recherchent la perfection en créant des corps physiques pour s'incarner. Je n'étais pas considéré comme un spécimen de premier choix en raison de mes proportions corporelles. Ils aiment un corps long avec beaucoup d'espace pour les organes et de longs membres. Je savais que j'étais dans leur programme de réserve plutôt que dans leur programme de reproduction actif. Un spécimen de seconde classe, mais je pouvais avoir mon utilité! Mes ovules ont été jugés trop immatures, ils avaient besoin d'une exposition hormonale plus importante, car je n'avais pas eu assez de cycles menstruels, mais ils ont prélevé des cellules pour le clonage sur mon mollet droit».

«Les cellules humaines ont beaucoup de force vitale et d'énergie éthérique, ce qui leur manque cruellement. Ils sont fascinés par la force vitale d'un corps et espèrent presque qu'en la voyant, ils l'absorberont. J'ai réalisé que leurs corps sont comme des machines qui ne fonctionnent pas bien. Ils s'accrochent à ce niveau d'existence, essayant d'obtenir des énergies d'autres êtres pour perpétuer leur propre existence. Ils luttent contre la marée galactique de l'évolution et risquent l'anéantissement en tant qu'espèce.

«Les Gris autour de ma table d'examen ont pratiqué une incision chirurgicale nette, sans saignement, car tout était gelé, et ils ont pris mes cellules pour le clonage. Malheureusement, ceux qui travaillaient sur moi n'étaient que des apprentis. Ils ont rompu maladroitement quelque chose de profond dans ma jambe. La coupure a saigné trop rapidement pour que leurs techniques de suture instantanément des plaies puissent être fonctionnelle. J'ai vu leur panique et je me suis sentie très mal. J'ai cru que j'allais mourir. Finalement, ils ont décidé de faire croire à un accident, d'allonger finement la plaie jusqu'à ma cheville et de donner une petite torsion à la partie supérieure de la coupure. Vint le moment d'être renvoyé. On m'a dit : "Vous ne vous souviendrez de rien, vous avez trébuché et êtes tombé dans du fil barbelé, vous n'irez pas chez le médecin".»

«Ils savaient qu'il n'y aurait pas d'infection et qu'un médecin se méfierait de l'incision. Nous avons été téléportés avec l'impression de descendre sur des cordes. J'ai entendu un bruit dans ma tête et lorsqu'il s'est arrêté, je me suis retrouvé à quatre pattes dans le champ près de la haie. J'étais allongé sur le sol comme si j'étais tombée, choquée et engourdie, sans aucun souvenir conscient

des événements. Ils m'avaient déconnecté des énergies de la planète et le choc de la reconnexion a dû effacer toute mémoire consciente.»

«Je ne pensais qu'à rentrer chez moi. Mais si j'étais tombée dans le champ sur des ronces et des barbelés, comme ils voulaient me le faire croire, je me serais coupé l'avant de la jambe, et non l'arrière du mollet. J'avais maintenant mes réponses et je savais exactement pourquoi je ne me souvenais pas d'être allée dans le champ ou d'être tombée. Le mystère de la cicatrice était résolu!»

La fin d'un mystère marque le début d'une nouvelle quête pour Paulinne et Ye. Cinq ans plus tard, leurs recherches et leurs expériences se poursuivent.

En août 1996, Paulinne, Ye et leurs deux plus jeunes enfants, Rose, sept ans, et Clio, cinq ans, traversent la région de Grampian, en Écosse, en direction de Forres, sur le Moray Firth, où ils ont prévu de passer de courtes vacances. Ils sont en route depuis plusieurs heures et les enfants dorment sur les sièges arrière. Ye, au volant de leur Vauxhall Astra rouge, est heureux d'entamer la dernière étape de leur voyage.

«Nous avions à peine dépassé Granton-on-Spey lorsque nous sommes entrés dans une zone boisée», se souvient Paulinne. *«C'était une journée lumineuse, mais nuageuse et je me souviens que notre environnement s'est soudain assombri. Nous avons pris conscience de la présence d'une voiture derrière nous, une grosse voiture sombre qui avait quelque chose de menaçant. Nous voulions nous éloigner, mais une voiture devant nous, conduite par un homme d'un certain âge, un de ces conducteurs prudents nous bloquait. J'étais très mal à l'aise, comme si j'enregistrais inconsciemment quelque chose, j'ignore quoi. L'instant d'après, Ye dépassait la voiture qui le précédait et nous nous dirigions vers notre destination sur une route dégagée. La voiture derrière nous avait disparu. Je me suis sentie terriblement secouée, et ce jusqu'à ce que nous arrivions à Forres où j'ai pu marcher et me calmer.»* La famille poursuit ses vacances, mais Paulinne et Ye décideront de revenir plus tard sur les événements de ce voyage par le biais de la régression.

De retour dans l'environnement familier de leur cabinet de consultation, Paulinne passe rapidement à un autre niveau de conscience pour se remémorer les détails cachés du voyage : *«Nous roulons sur la route et nous entrons dans un faisceau. Il s'agit d'un faisceau de lumière qui part de derrière nous, en diagonale. Alors que nous suivons sa trajectoire, nous sommes attirés, lentement et doucement, vers le haut»*, raconte-t-elle, décrivant les événements comme s'ils étaient en train de se produire. *«C'est comme un rayon tracteur et lorsque nous y pénétrons, nous changeons. Nous sommes figés et le temps s'est arrêté pour nous. La voiture est maintenant au-dessus des arbres et nous sommes attirés vers un vaisseau sphérique extrêmement réfléchissant. Un faisceau rotatif, comme dans un phare, émet des impulsions à partir du sommet. La voiture passe par une entrée rectangulaire et se pose sur le côté. Les portes restent grandes ouvertes. Quatre ou cinq êtres nous sortent de la voiture. Ce sont de grands bipèdes félins recouverts d'une fourrure beige, plus grands que moi, dotés de queues bouclées et d'oreilles dressées de chat. Je suis en transe, comme un zombie, mais je vois les enfants se réveiller. Ils ne sont pas effrayés du tout et semblent même reconnaître ces êtres qui dégagent un sentiment très affectueux.»*

«Nous entrons dans une grande pièce où les enfants sont conduits dans une aire de jeu par un être féminin qu'ils appellent «Tante Chat». Ils jouent et gambadent. Nous sommes quant à nous conduits vers deux tables d'examen transparentes sur lesquelles on nous installe. Des messages télépathiques s'affichent dans nos esprits : “Ne vous inquiétez pas, nous sommes vos amis”. *Nous sommes encore en transe. Nous ne pouvons pas les empêcher de faire ce qu'ils veulent. Nous sommes allongés sur les tables et une lumière blanche passe par le dessous. La lumière est tout autour de nos corps, comme si nous étions enfermés dans un cercueil de lumière, comme dans un bain de lumière.»*

«C'est un bain de lumière, mais pas une lumière solaire. Il n'y a pas de sensation. Maintenant, c'est fini et on nous ramène à la voiture. Les enfants sont déjà à bord, endormis, et tandis que le véhicule redescend le long du faisceau lumineux jusqu'à la route, nous remarquons des symboles sur les portes de l'engin. Un triangle contenant trois cercles et un autre triangle en dessous. La voiture continue sa descente puis s'arrête et nous nous retrouvons hors du véhicule pour être baignés par la lumière du soleil, comme pour stabiliser nos énergies. Le premier traitement lumineux était curatif et nous a également programmés avec des informations, le second était pour nous préparer à notre retour». Quelques secondes plus tard, ils sont tous de retour dans la voiture, Ye a dépassé le véhicule qui avance lentement, Paulinne est silencieuse, son malaise est évident, les enfants dorment.

Ye se souvient : *«Nous savions presque instinctivement que quelque chose s'était passé, mais nous n'avions aucun souvenir conscient des événements.»* Tous deux pensent avoir été victimes de nombreux enlèvements par des extraterrestres. Et s'ils ont utilisé leurs compétences en matière de thérapie régressive pour approfondir certains cas, il y en a eu tellement qu'ils n'ont pas essayé de tous les passer en revue.

En réalité, ils consacrent la majeure partie de leur temps de consultation à enquêter sur les enlèvements subis par un nombre croissant de clients qui s'adressent à l'ASSERT. Selon Paulinne et Ye, le phénomène d'enlèvement par des extraterrestres n'a rien d'anormal et fait partie intégrante de la diversité de la vie dans l'Univers. « *Je pense que la plupart des gens, si ce n'est tous, ont déjà eu une rencontre avec un extraterrestre* », déclare Ye. « *Les premières rencontres ont souvent lieu dans le ventre de la mère et se poursuivent tout au long de la vie. De plus en plus de gens viennent nous voir pour nous aider à enquêter sur leurs propres expériences. Aujourd'hui, ils sont plus ouverts d'esprit que jamais et veulent savoir ce qui se passe vraiment.* » Paulinne partage cet avis et ajoute : « *Je ne voudrais pas que les gens pensent que notre seule interaction est avec les Gris qui visitent la Terre dans le cadre de leur programme de reproduction. Ils ne sont qu'un type de visiteurs sur notre planète. La régression dans les vies antérieures a révélé que j'ai vécu des incarnations dans au moins cinq formes extraterrestres différentes. Mais ces expériences ne sont qu'une partie d'un cadre cosmologique plus large dans lequel tout est conscience et énergie. La découverte de ce cadre m'a montré que les lois de la physique sont différentes selon les dimensions* ». Paulinne et Ye pensent que John Mack, professeur de psychiatrie à Harvard, a résumé leur point de vue commun dans son livre de 1994 intitulé *Abduction* : « *Les expériences de vies antérieures offrent aux personnes enlevées (et à l'enquêteur) une perspective différente sur le temps et la nature de l'identité humaine. Les cycles de naissance et de mort sur de longues périodes peuvent ainsi être revécus, ce qui donne un sens différent, moins lié à l'ego, de la continuité de la vie et de l'insignifiance d'une vie individuelle dans une perspective cosmique* ».

Carl et Karen
15 juillet 1995
Sowerby Bridge, West Yorkshire

Bien que ce cas puisse être classé dans la catégorie des enlèvements probables, il est suffisamment déroutant pour être présenté ici. Dans le numéro de juillet/août 1998 du *BUFORA Bulletin*, Paul Ascough a présenté le résumé de l'enquête qu'il a conduite à son propos en 1995. Comme ce cas est très important dans les annales de ceux que l'on qualifie de Haute Étrangeté, qui impliquent un *missing time*, nous avons estimé qu'il serait important de revenir sur les événements plus en détail et d'attirer l'attention des nouveaux membres de la BUFORA sur cet épisode fascinant. Nous avons gardé le contact avec deux des témoins au fil des années, depuis qu'ils ont vécu ces événements, et nous nous sommes entretenus avec eux récemment. Nos commentaires et réflexions se trouvent à la fin du résumé de l'affaire.

Les événements tels qu'ils se sont déroulés

Par une douce et chaude soirée de juillet 1995, un couple, Carl et Karen, leur nièce et son petit ami profitent d'un barbecue dans le jardin de la maison de cette dernière lorsqu'ils sont témoins d'événements étranges et inexplicables. Le jardin arrière est entouré de haies de troènes de 2 m de haut et les voisins des deux côtés de la maison sont sortis pour la soirée. Ils mangent des hamburgers et regardent le tirage de la loterie à la télévision, puis retournent dans le jardin, où de la musique est diffusée sur la chaîne stéréo.

Carl et Karen sont assis sur un petit banc devant la porte arrière et ils « déconnent », selon les propos de Carl. Soudain, il regarde à sa droite par-dessus la haie et, à une distance estimée à 400 m, il aperçoit des lumières clignotantes pendant quelques secondes. C'est sa première observation. La seconde consiste en une « chose » qui se trouve maintenant au-dessus de lui avec une porte noire. Elle s'ouvre d'un coup et un objet en sort. Carl l'observe juste au-dessus des arbres et décrit des lumières de forme triangulaire sur le dessus et quatre lumières sur le dessous. Celles du haut se déplacent dans la direction opposée de celles du bas.

Sa femme, sa nièce et lui-même vont jusqu'à la haie de troènes, où il a vu l'objet descendre derrière les arbres, entre les maisons voisines. L'objet réapparaît ensuite et projette un faisceau lumineux en direction d'une maison, puis remonte et disparaît pour réapparaître plus bas dans la vallée. Carl pense que l'objet n'a pas bougé, mais que soudain il était « pas là, mais là ». Il regarde ensuite l'objet descendre la vallée et traverser le pont hors de vue. Pour vous donner une idée de ce qui s'est passé ensuite, voici ses commentaires :

« Puis il y a eu l'histoire avec la Lune. Elle était basse dans le ciel. C'était une drôle de lune, cependant. Je ne m'en suis vraiment souvenu que plus tard, quand ils ont dit qu'il n'aurait pas dû y avoir de pleine lune cette nuit-là. (Les informations astronomiques indiquent que la Lune n'aurait pas été visible avant 23 h) J'ai toujours pensé que j'étais assis sur le banc tout le temps que cela se passait, mais j'étais sur le banc et ma femme n'était pas à côté de moi, elle se tenait debout. L'objet descendait vers les arbres et tout se passait au ralenti, on ne pouvait entendre aucun bruit. Je pouvais voir le côté de son visage et elle parlait ou criait à pleins poumons – mais je ne pouvais pas entendre sa voix. Il n'y avait aucun son et c'est à ce moment que j'ai pensé que c'était important et que je devais me lever parce qu'il s'agissait de ma femme, alors je

Below Carl has drawn in the UFO as it appeared to him.
He could mainly see "Just the lights" at this time.

PHOTOGRAPH No.6.
This shows approach path of UFO from the incident site.

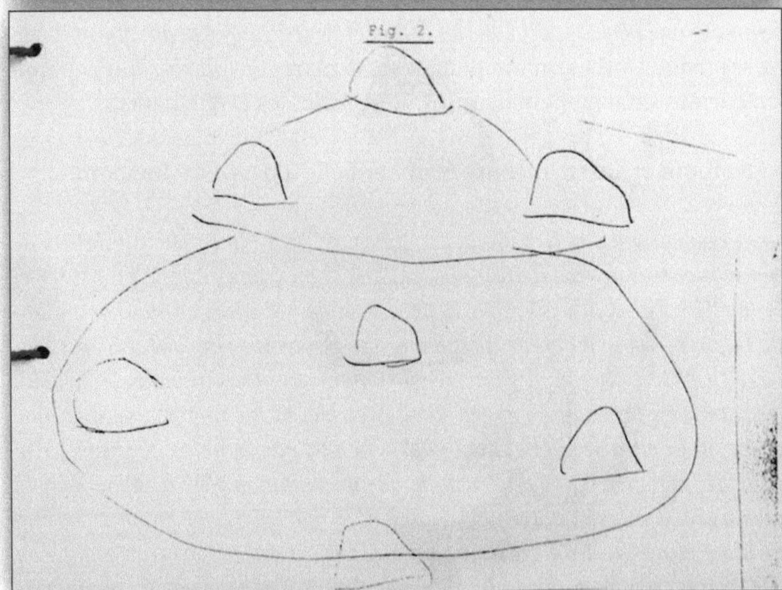

↑ En haut, photo prise du lieu de la rencontre de Carl et Karen à Sowerby Bridge montrant la zone d'approche de l'ovni.
En dessous, le dessin de l'ovni réalisé par Carl.
(Photo et dessin sont extraits du dossier d'origine)

me suis levé, juste pour me lever. Il y avait autre chose de notable pendant que tout cela arrivait : le silence. Ce n'était pas un silence normal, c'était comme un cran en dessous du silence, comme si vous étiez vraiment ailleurs, comme dans l'espace. C'est ce que je veux dire par silence. Ensuite, il y a eu une sensation de chaleur. Je me souviens qu'à un moment donné, alors que j'étais assis sur le banc, j'ai regardé par-dessus mon épaule droite vers ce que je pensais être le mur de la maison, il n'y avait que de la lumière».

« En y réfléchissant maintenant, les maisons sont en briques rouges et cela ressemblait à du grès blanc. C'est alors que j'ai entendu un bruit. Je suis le seul à l'avoir entendu, mais je l'ai signalé aux autres. Quand tout a été terminé, les choses me sont revenues, mais tout était mélangé. C'était comme un avant et un après, il manquait du temps. Cela a commencé à 21 h 40, nous sommes tous d'accord sur ce point. J'avais dit à ma femme qu'il était 21 h 40, puis quelques secondes plus tard, il était 22 h 50. Quand j'ai vu ma nièce courir au ralenti vers le barbecue, c'était dans mon esprit et ma femme semblait la poursuivre, puis ma nièce revenait vers elle et disparaissait. Il y a eu d'autres choses aussi, comme lorsque le petit ami de ma nièce est allé dans l'autre jardin et qu'il est sorti de la maison. Tout était mélangé et n'avait aucune continuité. Ma femme et moi pensions déjà que les choses étaient étranges avant que tout cela ne se produise. » (Les quatre personnes déclarent avoir ressenti et perçu un curieux changement d'atmosphère avant les événements.)

Sa femme, Karen, raconte comment elle a perçu cet incident

« J'étais assise sur le banc avec mon mari et il était juste au-dessus de ma tête et très grand. Il était bas, tant et si bien que j'aurais pu sauter et le toucher. J'ai couru chercher le petit ami de ma nièce en lui demandant de regarder cet objet et lorsque je me suis retournée pour l'observer à nouveau, il n'était plus là, il s'était déplacé plus loin dans la vallée. Il y avait des lumières tournantes vertes, rouges et bleues au sommet, comme une arche, mais elles ne clignotaient pas. Je ne sais pas combien de temps je l'ai regardé, mais il s'est déplacé vers le bas du vallon et c'est à ce moment-là que la grosse lune est apparue. J'ai dit à mon mari que ce ne pouvait pas être la Lune parce qu'elle était trop grosse. C'était irréel parce qu'on avait l'impression qu'il faisait jour tout autour de l'objet. En se dirigeant vers la lune, l'objet s'est comme brisé, puis a disparu. Ensuite, nous sommes restés assis dehors à en parler. Je ne me souviens pas vraiment de ce qui s'est passé, mais j'étais sur le banc et ma nièce était au milieu, mais mon mari se souvient qu'elle était près de la porte de derrière. La chaîne stéréo a semblé s'éteindre,

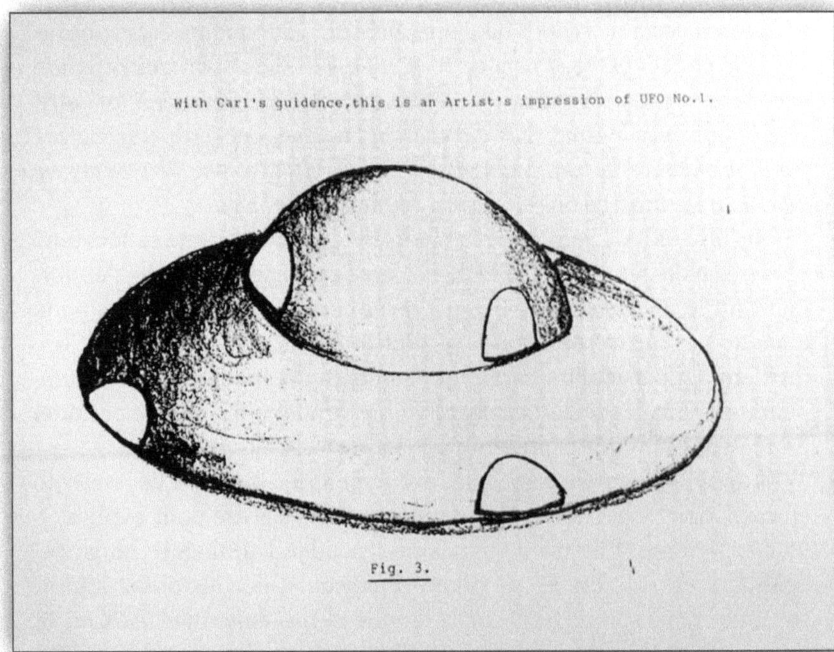

Dessin d'artiste de l'ovni dont Carl et Karen ont été témoins

à moins qu'elle ne soit restée allumée sans que nous puissions l'entendre. Nous n'entendions rien du tout de toute façon.»

«Mon mari m'a dit que je criais et que j'avais une voix forte. Je ne comprenais pas pourquoi personne d'autre n'était sorti, car il y a beaucoup de maisons dans les environs, mais personne d'autre n'a vu cela. C'était comme si nous n'étions que tous les quatre à l'extérieur. Personne d'autre n'existait, il n'y avait que nous, c'était vraiment bizarre.»

«Cet objet aurait pu être là tout le temps, sans être éclairé, parce que quand je l'ai vu, ce qui m'a attiré en premier lieu, ce sont les lumières et sa forme, une partie inférieure avec cette chose sur le dessus. Donc, si c'était au-dessus de nous, les gens pouvaient le voir. Lorsque le petit ami de ma nièce l'a aperçu, il l'a vu comme étant simplement noir. C'était l'été, les gens faisaient des barbecues et il était 21 h 40. La nuit tombait avec un coucher de soleil, parce qu'il faisait assez clair quand c'est arrivé, puis soudain tout était noir et l'objet était parti. Pourquoi personne d'autre ne l'a-t-elle vue, cette lune? Nous n'avons jamais vu une lune comme ça! C'était comme si l'objet était entré directement dedans...» Karen raconte ensuite qu'ils n'avaient pas beaucoup bu

et que son verre ne cessait de disparaître. Elle commente cela comme suit. *« Je me suis assise et mon verre était là, puis il a disparu, alors je suis allée dans la cuisine chercher un nouveau verre, je m'en suis servi un autre et je l'ai mis sous le banc, puis il a disparu lui aussi. Les verres n'arrêtaient pas de disparaître. Le lendemain, ma nièce s'est retrouvée sans verres dans sa maison. Il y a aussi eu une atmosphère étrange toute la nuit ».*

Plus tard dans la soirée, vers 23 heures, tout le monde ne se souvient plus très bien des événements de la soirée et les deux femmes s'endorment sur le sol du salon au lieu d'aller se coucher. Carl est sévèrement malade. Les quatre personnes se sentiront très mal à la suite de cet incident, en particulier Karen, qui souffrira de maux de tête et aura peur de fermer les rideaux de sa chambre pendant une longue période. Cette peur est toujours présente à ce jour.

Ils appellent la police après les événements et, bien que celle-ci soit efficace, rien de pertinent n'est rapporté ou enregistré pour expliquer leur expérience. Elle n'a donc pas pu les aider. L'ufologue chargé de l'enquête en 1995 est un auxiliaire médical. Il fait les observations suivantes dans son rapport sur la famille : *« J'ai l'impression que Carl et Karen sont honnêtes et sincères. Leur histoire n'a pas changé et n'a pas été embellie de quelque manière que ce soit. Tous deux ont une attitude sincère et ne souhaitent pas tirer profit de cet incident. Bien au contraire, ils cherchent simplement à obtenir une explication honnête de ce qui leur est arrivé et les raisons qui l'ont motivé. Ils ne souhaitent pas que leur implication dans cet incident soit rendue publique, mais espèrent que la BUFORA sera en mesure de leur fournir une explication, afin qu'ils puissent poursuivre leur vie quotidienne en paix. »*

Il semble impossible de trouver une explication conventionnelle à leurs souvenirs confus. Pour autant que l'on puisse en juger, aucune drogue n'a été consommée et ils n'ont pas bu plus que d'habitude au cours de cette soirée conviviale. Le mari décrit ses propres souvenirs de cette nuit comme s'il s'agissait d'un enregistrement vidéo, fragmenté en morceaux de quelques secondes, dont certains sont supprimés puis monté dans le désordre. Une description très imagée. Nous ne croyons pas que des avions conventionnels ou des expériences hallucinatoires aient joué un rôle dans cet incident. Les témoins ne souffrent pas d'épilepsie et n'ont jamais eu d'antécédents d'expériences hors du corps ou de mort imminente. Carl et Karen estiment que ce qui leur est arrivé est réel et extrêmement effrayant. Aucun d'entre eux n'a vécu une telle expérience auparavant et, surtout, ne souhaite la revivre.

Informations générales pertinentes

L'enquêteur, Paul Ascough, a vérifié les informations de base concernant la région :

Les conditions météorologiques ce soir-là étaient les suivantes : un ciel presque clair avec une excellente visibilité et une petite quantité de cumulus, une température de dix-huit degrés.

Le lieu : petit lotissement de bungalows jumelés et de maisons à deux étages. Les maisons ont une hauteur de 10 à 11 m, les bungalows de 5 à 6 m. Herbe et espaces ouverts à l'intérieur du lotissement et champs de part et d'autre, avec des avenues bordées d'arbres dont beaucoup atteignent 25 m de haut. La zone est vallonnée.

Les journaux locaux sont le *Halifax Courier* et le *Yorkshire Evening Post*. Aucun des deux n'a publié d'article pertinent pour cette enquête.

Aérodromes civils : Aéroport de Leeds/Bradford et aéroport de Manchester. Aucun des deux n'a fait l'objet d'un rapport ou d'un enregistrement anormal, bien que l'aéroport de Manchester ait déclaré qu'il y avait eu une légère augmentation du trafic aérien au-dessus de Calderdale en raison de vents forts, ce qui a été rapporté dans le *Halifax Courier* quelques jours avant l'incident.

Militaires : RAF West Drayton et MOD. Rien n'a été signalé et aucun vol militaire n'a eu lieu dans la région.

Informations astronomiques

Avant 22 h BST[12], l'objet le plus brillant dans le ciel était Jupiter, altitude basse au sud. La Lune s'est levée entre 21 h 30 et 22 h GMT[13], ce qui fait que cet objet n'aurait pas été visible avant 23 h BST. À minuit, Saturne s'est levée à l'est, mais la luminosité de la Lune l'a occultée. Avant 22 h 30 BST, ils n'auraient certainement pas pu observer la Lune.

Développements ultérieurs et commentaires

Un détail intéressant est que le mari avait développé une forme sévère de psoriasis en février de cette année-là, en particulier sur les mains et les pieds, et son médecin généraliste avait diagnostiqué qu'il

12 British Summer Time (BST) : heure d'été au Royaume-Uni.

13 Greenwich Mean Time (GMT) : heure solaire moyenne au méridien de Greenwich.

en souffrirait pour le reste de sa vie. Ses pieds étaient si abîmés qu'il lui arrivait de ne plus pouvoir marcher. Après ces événements, vers le mois d'octobre, son psoriasis a complètement disparu pour ne jamais réapparaître. Sa femme a eu de violents maux de tête après cet incident et décrit cela comme n'étant pas un mal de tête normal, mais une douleur lancinante à l'arrière du crâne. Ces effets physiologiques pourraient, bien sûr, être totalement étrangers et indépendants de ces événements, mais ils constituent un facteur d'enregistrement de ce cas.

Cet épisode déroutant s'est produit dans une famille ordinaire de personnes actives, âgées d'une trentaine d'années, parents de deux enfants. Il a laissé une impression profonde et durable sur chacun d'entre eux, sur la façon dont ils perçoivent la réalité. Paul Ascough, l'enquêteur, a indiqué dans son rapport qu'il s'agissait d'un couple marié heureux avec deux fils, tous deux intelligents et rationnels. Il a également fait remarquer que ni l'un ni l'autre n'avait une imagination débordante ou ne souffrait d'un quelconque délire et qu'ils ne s'étaient pas intéressés aux ovnis avant cette expérience. En raison de problèmes survenus après ces événements entre les deux couples, Paul n'a pas été en mesure d'interviewer la nièce et son petit ami.

David John Rogers
Une vie d'expériences
West Midlands

J'ai été intéressé et personnellement impliqué dans le sujet des ovnis et des phénomènes psychiques pendant la majeure partie de ma vie, mais j'ai rarement écrit à ce sujet. Mon vieil ami Philip Mantle m'a récemment suggéré que le moment était peut-être venu de détailler ces événements. Philip m'a donné la possibilité de ne pas utiliser mon vrai nom, mais j'ai décidé que ce n'était pas nécessaire. Je partage ici ce qui m'est arrivé au fil des ans et j'espère que cela vous intéressera. J'ai inclus ici une expérience avec un ovni, car il semble que les rencontres psychiques et ovnis se soient croisées de nombreuses fois au cours du temps et d'une certaine manière, je pense qu'elles sont fortement liées.

Dès le début

Cette première histoire, je l'ai apprise de ma mère quelques mois avant sa mort. Je lui ai parlé de mes expériences récentes concernant ces phénomènes psychiques à peu près au moment où on lui a diagnostiqué un cancer de l'estomac, en 1982. À la suite de cela, elle m'a raconté les circonstances de ma naissance. Elle est tombée enceinte de moi tardivement, à la fin de la quarantaine, en 1953. Je suis le dernier d'une fratrie de cinq enfants. Apparemment, il y avait un problème avec ma position dans son ventre. J'avais le cordon ombilical enroulé autour du cou et j'étais en position de siège, ce qui signifie que ma tête se trouvait en position haute et que par conséquent mes jambes sortiraient en premier. Ma mère souffrait beaucoup. Le médecin a prévenu mon père qu'il risquait de nous perdre tous les deux et a recommandé un avortement. Ma mère a refusé. Elle a demandé à mon père de s'assurer que je naisse, quel qu'en soit le prix.

Pendant ce temps, leurs voisins, qui étaient au courant de ces problèmes, attendaient avec anxiété des nouvelles dans leur jardin. L'un d'eux a regardé sa montre, quand soudain un autre voisin a crié à tout le monde de lever les yeux vers le ciel.

Tous ont vu un objet en forme de disque argenté qui est descendu très rapidement pour se positionner juste au-dessus de notre maison. L'accouchement venait de commencer. L'ovni est resté en vol stationnaire pendant un certain temps et lorsque les voisins ont appris que j'étais né, l'ovni a commencé à s'élever et a rapidement pris de la vitesse pour disparaître dans le ciel. Il est apparu exactement au début de l'accouchement et est resté jusqu'à ma naissance. Je suis né tout bleu, signe d'un manque d'oxygène, et ma mère a failli mourir. Ce même ovni est réapparu un an plus tard. Maman m'a raconté qu'elle étendait le linge dans le jardin pendant que j'étais assis dans mon landau, lorsqu'elle a remarqué quelque chose qui scintillait dans le ciel. En quelques secondes, un ovni en forme de disque argenté s'est positionné au-dessus de nous, il a plané pendant une vingtaine de secondes et c'est de nouveau élevé dans le ciel avant de disparaître. Ce qui est pour le moins étrange !

Expérience d'ovni (1969)

Pendant mon séjour au pensionnat, où nous avions des cours du soir en hiver, je rencontrais des difficultés à suivre et comprendre les explications du professeur. J'avais beaucoup de mal à rester concentré (je suis dyslexique à 50 %). Je me rappelle m'être perdu dans mes pensées, fixant sans but précis la fenêtre de la classe, lorsque j'ai remarqué une lumière orange/rouge qui effectuait d'étranges manœuvres. Le professeur, remarquant mon inattention, m'a réprimandé avec une petite tape sur la tête. J'ai protesté pointant du doigt le ciel, attirant l'attention de toute la classe vers cette étrange lumière qui se déplaçait de gauche à droite et inversement. Elle a continué pendant un moment, puis s'est envolée brusquement jusqu'à disparaître de notre champ de vision.

En 1972, après trois années en pension, le moment est enfin arrivé de rentrer chez moi. Maman et son amie sont venues me chercher en voiture. Nous avons mis mes affaires dans le coffre et j'ai dit au revoir à mes amis. Nous avons ensuite pris la route vers Coventry. L'appréhension de retrouver mon environnement après une si longue absence me taraudait. Me ferais-je de nouveaux amis ? Étant de nature timide, l'idée de nouer de nouvelles relations me semblait presque impossible... Le voyage de retour d'une heure et demie s'est bien déroulé et nous sommes arrivés devant la maison. Tout semblait étrange, mais excitant. J'avais hâte d'arriver dans mon ancienne chambre. J'ai sauté et rebondi sur mon nouveau matelas et j'ai su que cette pièce serait ma cachette secrète et mon sanctuaire pour les années à venir.

Rapidement, je me suis acclimaté à la vie familiale, appréciant la chaleur du feu de cheminée et les arômes de la bonne cuisine. Ma mère avait pour habitude de regarder la télévision tandis que je trouvais refuge dans mon sanctuaire. Je restais assis pendant des heures à jouer de la musique, réfléchissant au sens de l'existence, mes pensées revenant sans cesse sur l'expérience vécue au pensionnat, me questionnant sans fin sur ce que nous avions observé, et pourquoi.

J'ai commencé à me demander si Dieu existait et comment des créatures venues d'une autre partie de l'Univers s'inscrivaient dans ce qu'on nous enseignait de la Création. Quelque chose ne me semblait pas normal dans ces enseignements... Lorsque j'ai quitté l'école, mes compétences en lecture et en écriture étaient limitées en raison de ma dyslexie partielle. J'ai alors décidé d'essayer d'apprendre par moi-même, poussé par le désir de répondre à ces questions.

J'ai rapidement trouvé un emploi dans une agence, en ville, et nous avons un peu plus profité des bonnes choses de la vie. Maman aimait bien boire un verre et allait souvent au café le soir. De mon côté, j'ai eu un nouvel ami, Prince, mon petit chien croisé labrador. La vie s'écoulait sereinement. Je partageais mon temps entre le travail, ma mère, la pratique du yoga et les promenades avec Prince dans les champs. Prince adorait gambader ! Comme c'était l'été, l'herbe était haute et il plongeait dedans. J'observais sa tête sortir puis disparaître alors qu'il courait à toute allure. Assis près d'une barrière, je méditais sur la vie, ressentant un profond lien avec la nature. Je m'inquiétais des dissensions entre les pays et de leur manque de respect pour la Terre. J'ai développé une profonde conscience écologique.

Un jour, assis sur la barrière, j'ai eu la sensation d'être observé. Je me suis rapidement retourné et j'ai été surpris de ne trouver personne. Comme je n'avais pas de montre pour vérifier l'heure, j'ai pensé qu'il était temps de rentrer. Je ne souhaitais pas en avoir une, peut-être parce que mon existence au pensionnat avait été régie par le temps. J'ai appelé mon chien, Prince, et nous avons pris le chemin de la maison. J'étais toujours troublé par cette étrange sensation d'être épié. Tout d'un coup, cela s'est reproduit. Je me suis retourné et encore une fois il n'y avait personne. J'ai accéléré le pas avec Prince à mes talons et nous sommes arrivés à la maison sans encombre. J'ai décidé de raconter à maman ce qui venait de se passer. J'ai ouvert la porte de la cuisine à l'arrière comme je le faisais habituellement et avant que je puisse ouvrir la bouche, elle a dit : *« Où étais-tu cher Dave, ton repas est gâché, qu'est-ce que tu fabriques dans ce champ, tu le creuses ? Cela fait quatre heures »*. En vérifiant l'horloge dans la pièce principale, j'ai constaté qu'en effet, quatre heures s'étaient bien écoulées depuis mon départ. Je me suis dit que ce n'était pas possible, que je n'étais pas sorti aussi longtemps. Pourtant l'horloge indiquait 14 h alors que j'étais parti à 10 h le matin. Je passais généralement une heure dans les champs avec Prince, maximum une heure et demie, mais jamais quatre heures. Nous n'avons plus parlé de ce retard et je suis passé à table. J'ai alors raconté à ma mère l'étrange impression que j'avais eue dans les champs, mais tout ce qu'elle m'a répondu, c'est : *« Tu es un drôle de Dave »*, et elle en est restée là.

Bien que ma mère n'ait jamais été fermée à mes expériences étranges, j'ai compris que je ne pourrais pas débattre sérieusement du sujet avec elle. J'étais en grande partie seul avec ces expériences. J'en ai pris mon parti. Cependant, j'ai tout de même continué à partager ce que je vivais, ne serait-ce que pour en parler à quelqu'un. En montant dans ma chambre Prince m'a regardé la tête penchée d'un côté, comme à son habitude, pour dire : est-ce que je peux venir aussi ? Où que j'aille dans la maison, Prince voulait me suivre. Je n'étais dans ma chambre que depuis quelques minutes et je me suis retrouvée à regarder par la fenêtre, me disant qu'un jour, j'entendrais la voix des anges, me demandant d'où me venaient ces pensées. Puis cette étrange sensation d'une présence derrière moi est revenue. Il n'y avait toujours personne, mais je sentais qu'« ils » se tenaient là, devant moi. J'ai demandé : *« Que voulez-vous, pourquoi me faites-vous ça ? »* Tout à coup, une voix dans mon esprit m'a rassuré : *« N'aie pas peur, nous ne te voulons aucun mal »*. Je suis resté fasciné, mais en même temps effrayé. Avec le temps, cette sensation de présence s'est intensifiée, et Prince lui-même semblait parfois percevoir quelque chose. J'ai appris par la suite que certaines personnes, on les appelle médiums ou voyants, pouvaient percevoir, sentir et entendre des esprits, communiquant avec ceux qui ont quitté notre monde pour une autre existence.

Le retour des ovnis

Les expériences psychiques devenaient mon quotidien, mais de temps à autre, les ovnis faisaient aussi leur réapparition. C'était de nouveau l'été, les champs regorgeaient de blé. Il y avait un sentier public où j'emmenais toujours Prince se promener. Ma mère m'interrogeait souvent sur la durée excessive de nos escapades dans les champs, alors que j'étais convaincu de n'y avoir passé que peu de temps. Le soir, il était courant de me trouver dans ma chambre, écoutant de la musique, pratiquant le yoga, ou contemplant depuis ma fenêtre les maisons et jardins voisins, ainsi que l'église et le presbytère situés derrière notre demeure, leurs terrains bordant notre clôture.

Je me souviens que c'est au cours d'une de ces soirées paisibles que s'est produite une chose très étrange. Mon lit étant placé à proximité de la fenêtre, je m'y agenouillais en m'appuyant sur le rebord de la fenêtre pour contempler et méditer.

Que ce soit à l'internat ou ici, j'avais l'habitude d'observer les avions dans le ciel. Ils passaient près de notre maison et décrivaient des cercles avant d'entamer leur descente vers l'aéroport de Baginton qui se trouvait à environ 8 km, leurs feux rouges clignotant pour indiquer leur position. Un soir, au crépuscule, dans cet état intermédiaire entre la lumière et l'obscurité, j'ai remarqué une lumière orange venant de ma droite. Elle se déplaçait lentement en ligne droite et s'est postée au-dessus du presbytère. Alors que j'étais assis et que je l'observais, je l'ai vu se déplacer en diagonale vers le haut, laissant une traînée rouge derrière elle, puis redescendre dans une diagonale opposée avant de retourner à son point de départ, dessinant une grande pyramide suspendue dans le ciel.

La lumière s'est à nouveau déplacée en biais à travers la pyramide, a pris de la vitesse et s'est élevée jusqu'à ce que je ne puisse plus la voir.

Puis le dessin de la pyramide s'est évaporé. Je me suis assis sur mon lit et me suis demandé ce qui venait de se passer. Il m'a fallu quelques instants pour comprendre que la lumière orange était revenue, mais cette fois-ci en exécutant un mouvement distinct, formant à nouveau une pyramide, me laissant penser que quelque chose ou quelqu'un la guidait.

Il fallait que je raconte cette expérience à ma mère. J'ai dévalé les escaliers et je lui ai dit ce qui venait de se passer. «*Que penses-tu que cela soit?*», m'a-t-elle demandé. Je lui ai répondu que c'était peut-être une sorte d'extraterrestre qui me rendait visite. «*Mais pourquoi toi?*», a-t-elle rétorqué. Je n'avais pas de réponse à cette question et nous n'en avons plus reparlé. La lumière était revenue après deux ans d'absence. Je pensais à elle la plupart du temps et tout ce que je pouvais faire était de me demander : pourquoi, pourquoi moi ? Ce n'est que des années plus tard que j'ai fait le rapprochement avec les pyramides d'Égypte. Chaque nuit, je scrutais le ciel dans l'espoir de revoir cette lumière, l'appelant même parfois. Je patientais, assis, mais en vain. Deux semaines se sont écoulées avant que je renonce. Un soir, je me suis couché après une séance de méditation. Je me souviens que mes dernières pensées avant de m'endormir ont été pour l'ovni. À quel moment de la nuit l'expérience s'est produite, je l'ignore, mais je me suis retrouvé éveillé, debout sur le rebord de la fenêtre grande ouverte, observant le presbytère. À ma grande surprise, un engin se trouvait là, en émettant une faible lumière. Sans comprendre comment, j'ai commencé à flotter doucement au-dessus des jardins dans sa direction.

Je me suis retourné vers la maison, la fenêtre était bien ouverte. Je me suis concentré sur moi-même et j'ai réalisé que je n'étais pas du tout anxieux ou effrayé, mais un peu préoccupé par ce qui m'arrivait. Je n'ai appris que des années plus tard que les personnes qui subissaient un enlèvement par un ovni étaient appelées *abductées* par les ufologues. J'ai atteint la lumière du vaisseau et l'instant d'après, j'étais à l'intérieur devant deux personnes, un homme et une femme, qui ne semblaient pas si différents de nous : ils n'avaient pas quatre bras ou des corps étranges. Ils avaient l'air très amicaux et portaient des tenues intégrales, dont la couleur semblait se situer entre le gris et l'argenté. Tous deux avaient des cheveux blonds, de même longueur, jusqu'aux épaules. Mes pieds ont touché le sol du vaisseau. Je suis resté debout et j'ai attendu de voir ce qui allait se passer. La femme a fait un pas en avant et je m'attendais à la voir parler, mais j'ai réalisé qu'elle communiquait avec moi par la pensée : « *Nous venons de là* ». Ce disant, elle a pressé une sorte de bouton et a pointé son doigt vers une zone spécifique de la paroi du vaisseau sur laquelle était apparue une myriade d'étoiles. Je me suis dit que je ne comprenais pas ce qu'elle me montrait et que je savais seulement qu'il s'agissait d'étoiles. Elle s'est ensuite tournée vers l'homme. Ils semblaient communiquer, mais je n'entendais aucun mot dans ma tête. J'en ai profité pour regarder autour dans l'engin, mais je ne pouvais distinguer aucun détail spécifique, tout était flou sauf les entités. J'ai de nouveau entendu une voix dans ma tête, cette fois c'était l'homme. Il m'a informé qu'ils avaient placé dans mon esprit des informations qui ne seraient divulguées qu'à mes trente ans et qu'ils reviendraient à ce moment-là.

Le matin est arrivé et je ne gardais aucun souvenir de mon retour à la maison ni de m'être couché, mais je me souvenais de l'expérience. Je me suis précipité à la fenêtre pour voir si l'engin était encore là. Je n'ai rien vu, mais j'ai eu le sentiment qu'ils étaient encore là d'une certaine manière. Je suis resté assis dans mon lit pendant un moment, repassant dans mon esprit ce qui était arrivé. Au début, j'ai pensé que j'avais rêvé, mais je savais que ce n'était pas le cas. J'avais déjà fait des rêves et cette expérience n'avait rien à voir. Je sais que j'étais éveillé lorsque tout s'est produit. J'en ai parlé à ma mère et je m'attendais à ce qu'elle rejette tout en bloc, mais au lieu de cela, elle m'a posé des questions sur ce qui s'était passé et a semblé accepter mes réponses. Je me suis senti soutenu, et j'en avais bien besoin. Comme promis, le vaisseau extraterrestre est revenu des années plus tard alors que j'étais en compagnie d'un ufologue, qui a également été témoin de l'événement. J'avais alors la trentaine passée. Quant aux informations qu'ils ont placées dans mon esprit, rien que je puisse relier à eux n'a encore refait surface.

Depuis, j'ai vécu seize expériences d'ovnis au fil des ans.

Anne Smith
26 ans d'événements
Pontefract, West Yorkshire

Je pense qu'il est tout à fait approprié de terminer ce livre avec l'histoire d'Anne Smith (pseudonyme). Anne vit près de chez Philip Mantle, à Pontefract, dans le West Yorkshire, et lui a raconté une série d'événements étranges. Ces événements ont commencé dans son enfance et se sont terminés lorsqu'elle avait 30 ans.

Mon enlèvement par des extraterrestres
Le début

Je m'appelle Anne, j'ai 56 ans, j'ai reçu une bonne éducation et j'ai travaillé dans la fonction publique pendant trente ans avant de la quitter pour des raisons de santé. Je n'ai jamais été mariée et je n'ai pas d'enfant. Je suis né en 1956 et les seuls proches qui me restent maintenant sont mon père et ma sœur Jane. Je n'ai jamais parlé de tout cela à papa, car il penserait que je suis stupide. Maman et Jane ont dit que la seule chose qui importe est que je crois que cela s'est produit. Mes amis m'acceptent pour ce que je suis, ils savent que je crois aux anges et aux fées, aux extraterrestres, au monstre du Loch Ness, etc. Ceci est le récit de ce qui m'est arrivé de l'âge de quatre ans jusqu'à environ 30 ans.

Je dormais dans le lit superposé du haut dans la chambre arrière de la maison de mes parents à Pontefract et ma petite sœur dormait dans le lit du bas. Je ne me souviens pas exactement ce qui m'a réveillé, mais j'ai vu les rideaux de la chambre bouger et j'ai regardé par-dessus le côté de mon lit superposé pour voir quatre petites créatures violettes qui ressemblaient à des moines, avec ce que je décrirais comme des « visages de taureaux ». De grands yeux ressemblant à ceux d'une vache et un nez ressemblant à un museau. Ils semblaient traîner les pieds plutôt que marcher. Ils portaient des robes semblables à des soutanes avec des capuches. Je ne me souviens pas les avoir entendus faire du bruit. Puis, une tête en forme de cœur argenté, très brillante, avec de grands yeux inclinés et vides, a lentement flotté jusqu'à mon lit et s'est dirigée vers moi. Ensuite, il y a eu un bruit perçant qui m'a fait mal au crâne et aux oreilles et je me suis rendormie. La nuit suivante, la « tête » argentée m'a à nouveau rendu visite, avec le même bruit perçant. Je ne me souviens pas les avoir revues par la suite, mais d'autres phénomènes étranges ont commencé à se produire.

Frances

Le premier jour où j'ai commencé l'école, à l'âge de 4 ans et 9 mois, une fille appelée Frances s'est approchée de moi et m'a dit : *« Bonjour, je suis Frances. Tu vas devenir ma meilleure amie »*. C'était une petite fille assez ronde vêtue d'une robe-salopette en velours côtelé bleue. Je me souviens de la robe, car je l'aimais beaucoup et j'avais demandé à ma mère si elle pouvait m'en faire une, puisque maman confectionnait tous mes vêtements à l'époque. Mais maman a dit *« Non »*. Je ne suis pas sûre si c'était parce que le velours côtelé était trop cher ou trop épais pour être cousu.

Frances semblait très intelligente pour son âge, elle m'a même raconté comment on faisait les bébés. Mais quand j'ai répété à ma mère ce qu'elle avait dit, à savoir *« les garçons mettent leur petite queue dans tes fesses »,* elle m'a dit que Frances était une petite fille très méchante et stupide pour avoir raconté de tels mensonges. Frances m'a appris à voler. Nous n'avons jamais volé ensemble et je ne me souviens pas l'avoir vue pendant mes vols. L'astuce consistait à quitter son corps lorsqu'on se trouvait dans un état intermédiaire entre l'éveil et le sommeil. Je me souviens d'avoir volé par la fenêtre, d'avoir levé les bras pour pouvoir monter sur le toit. Plus on levait les bras, plus on pouvait voler haut. S'il y avait quelqu'un derrière vous – ce que je sentais parfois – on pointait ses bras vers l'avant et on s'étirait pour aller plus vite. Frances m'a dit de ne pas aller trop loin, parce qu'il y avait une corde attachée à mon corps et que si je la cassais, je ne pourrais pas revenir en arrière. Je ne me souviens pas avoir vu d'autres personnes lors de mes escapades, mais je me souviens qu'il y avait parfois des centaines d'objets noirs dans le ciel, semblables à des vaisseaux spatiaux de forme et de taille différentes. Frances est décédée il y a deux ans, la même semaine que ma mère. Une amie médium m'a récemment fait une brève lecture de clairvoyance. Je lui ai demandé si elle pouvait contacter Frances. Elle m'a dit qu'elle voyait une fille, pas la plus jolie des enfants, dans une robe avec des bretelles et des poches. Elle m'a dit que Frances avait confirmé que nous pouvions voler et qu'elle m'avait dit que c'était notre secret.

Le rêve récurrent

Je ne suis pas tout à fait certain de mon âge lorsque cela a commencé, mais ma sœur et moi étions alors dans la chambre de devant, donc j'avais probablement onze ou douze ans. Je me réveillais en entendant un bruit perçant très aigu et une soudaine rafale ondulante commençait à déplacer les couvertures de mon lit. Je criais, mais aucun son ne sortait. Le vent était si violent que mes couvertures étaient emportées vers le bas du lit. Je n'étais pas suffisamment forte pour les rabattre. Je ne me souviens de rien après cela, mais je me suis toujours réveillée à la même heure, 3 h 33. Cela s'est produit jusqu'à l'âge d'environ trente ans, même si quelqu'un d'autre dormait avec moi. Cette personne ne se réveillait jamais et n'avait aucune conscience de ce qui se produisait.

Avant ma naissance

Je me souviens avoir volé dans l'appartement de quelqu'un qui avait une baie vitrée avec un siège. Je sais que j'étais minuscule et j'ai toujours pensé que j'étais une fée. Je sais qu'il y avait un couple et je les ai choisis pour être mon papa et ma maman. J'ai toujours été très ouverte à ce sujet avec ma mère, qui est malheureusement décédée aujourd'hui, et elle me croyait. L'appartement que j'ai décrit était celui de sa sœur, ma tante Kathleen, qui vivait à Ferrybridge à l'époque. Elle s'était mariée et avait déménagé à Womersley au moment de ma naissance. J'ai également une très forte terreur de l'eau et il m'est arrivé de me réveiller de mes « rêves » en suffoquant. Je n'ai jamais voulu d'enfants. Je crois en des vies antérieures, j'imagine donc que j'aurais pu mourir précédemment par noyade ou en couches. Ou bien, comme les *Aliens* ne sont venus me voir que jusqu'à l'âge de trente ans, ils ont pu faire des expériences sur mes ovaires. J'aimerais bien être hypnotisée pour découvrir la vérité. Je suis convaincue après toutes ces années que tout ce que j'ai vécu est bien réel et le film *Communion* me l'a confirmé, car jusqu'alors, je n'avais jamais vu de petits moines extraterrestres nulle part. Et ce n'est que lorsque j'ai vu le film *The Fourth Kind* que l'heure de 3 h 33 a également été mise en évidence.

Épilogue

Quel est votre verdict ? Vous avez lu quelques douzaines de témoignages d'*abductions* sur le sol britanniques qui ont été jugés dignes d'être étudiés par des associations de recherche sur les ovnis. Vous pouvez maintenant vous faire votre propre opinion et décider s'il s'agit de faits ou de fantasmes. Sommes-nous visités par des êtres hautement avancés venus des étoiles ? Gardent-ils un œil paternel sur nous, novices dans un univers immense et immensément dangereux ? Ou bien ces visiteurs jouent-ils au « Big Brother », utilisant notre population comme des rats de laboratoire dans une expérience génétique bizarre, qui condamne certaines femmes humaines à une vie d'exploitation telles des « machines à reproduire » pour une race d'extraterrestres égoïstes ?

Ces affaires ne sont peut-être que des boniments. Peut-être qu'Albert Budden a raison, et que les hallucinations provoquées par une réaction allergique aux champs électromagnétiques et que bien d'autres choses pourraient être à l'origine des nombreux nouveaux cas d'*abductions* qui affluent chaque année. Peut-être que tous ces enlevés sont une minorité significative de la population qui est sensible aux changements de l'environnement. Mais n'est-il pas plus probable que l'ensemble du phénomène trouve sa cause dans les structures complexes de l'esprit humain ?

L'explication psychologique du phénomène des *abductions* n'est plus du tout à la mode, vu les gros profits générés par l'ufologie aux États-Unis. La libre entreprise et le battage médiatique ont pratiquement fait des enlèvements extraterrestres un fait commun dans ce pays. Comme nous l'a récemment confié un enquêteur britannique de renom : *« Nous en sommes arrivés au point que si vous vous rendez aujourd'hui à une grande convention américaine sur le sujet et que vous présentez une théorie qui remet en question l'existence même du phénomène ovni et des extraterrestres, vous risquez de vous faire traiter d'hérétique »*. La vérité sur les ovnis, les soucoupes volantes et les enlèvements est l'affaire de tous. Nous ne sommes pas plus avancés dans ce domaine qu'en 1947, lorsque le terme soucoupe volante est apparu pour la première fois.

Peut-être deviendrez-vous l'*abducté* qui sera en mesure d'offrir au monde des preuves irréfutables de l'existence des ovnis, des *Aliens* et des *abductions*.

Ou peut-être pas.

Pour ceux d'entre vous qui ont pris goût à l'étude du phénomène, il existe pléthore d'ouvrages qui vous permettront d'aller encore plus loin. Et si vous avez envie de vous essayer au métier d'enquêteur, pourquoi ne pas contacter l'une des organisations mentionnées dans les pages de ce livre ? *Sans consentement* avait pour but d'aborder le phénomène du point de vue des *abductés* britanniques et des parties prenantes concernées. Nous avons voulu planter le décor pour les non-initiés, pour ceux qui n'ont jamais considéré les ovnis et l'ufologie comme des sujets dignes d'intérêt. Il existe une masse encore plus importante d'informations provenant de différentes parties du monde.

Les cas que nous avons examinés ne sont que la partie émergée d'un énorme iceberg. Et les théories que nous avons mentionnées ne représentent qu'une fraction, bien que représentative, des innombrables explications de ce phénomène énigmatique. Au début de ce livre, nous avons décrit la plupart des *abductés* comme des personnes ordinaires, sensées et rationnelles qui ont vécu un événement tout à fait extraordinaire dans leur vie. Chacun d'entre eux a été invité à fournir une explication à leur propre expérience. Il est frappant de constater que peu de nos témoins se sont sentis qualifiés pour exprimer un avis sur l'origine de leur rencontre. Elsie Oakensen pense qu'il pourrait s'agir d'un événement spirituel, Ted Johnson est convaincu d'avoir rencontré des êtres venus de l'espace. Mais la grande majorité d'entre eux préfèrent garder l'esprit ouvert. Ils recherchent toujours une explication à l'inexplicable. Si ces victimes d'*abductions* – ces personnes qui subissent la peur et le traumatisme – sont capables de garder cet état d'esprit sur le sujet, alors pourquoi pas nous tous ?

Remerciements

En écrivant un livre comme celui-ci, les auteurs ont utilisé du matériel de recherche compilé par des enquêteurs individuels sur les ovnis et divers groupes de recherche sur les ovnis à travers le Royaume-Uni et à l'étranger. C'est pourquoi nous aimerions sincèrement remercier les personnes et les groupes suivants.

Tout d'abord, nos partenaires de longue date, Helen Keymer et Susan Mantle. Sans leur patience et leur tolérance, ce livre n'aurait pas vu le jour.

Les enquêteurs et les chercheurs sur les ovnis : Ken Phillips, Albert Budden, Andy Roberts, Paul Ascough, Jenny Randles, Peter Hough, Malcolm Robinson, Steven Gamble, Michael Soper, Dr John Shaw, John Spencer, Clive Potter, David Atkins, David Kelly, Margaret Fry, Geoffrey Ambler, Andy Collins, Barry King, Tony Doss, Graham Birdsall, Harry Harris, David Taylor, Janet Bord, Kevin Flannery, Margaret Westwood, Gloria Dixon, Paul Allison, David Haisell et tous ceux que nous avons oublié de mentionner.

Groupes de recherche sur les ovnis : British UFO Research Association (BUFORA), Independent UFO Network (IUN), Contact UK, UFO Investigators Network (UFOIN), UFO Studies Information Service (UFOIS), Midlands UFO Network, Mutual UFO Network (MUFON), J.Allen Hynek Center for UFO Studies (CUFOS), Manchester UFO Research Association (MUFORA), Strange Phenomena Investigations (SPI), Project Hessdalen-UFO Norway/UFO Sweden.

Enfin, les auteurs souhaitent exprimer leur gratitude à tous les témoins individuels qui ont été interrogés pour figurer dans ce livre. Sans leur volonté de s'exprimer, il n'aurait tout simplement pas pu voir le jour. Ces victimes ont parfois fait preuve d'une grande force et d'un grand courage et, malgré la montagne de mépris et de moqueries dont elles ont fait l'objet, elles sont restées inébranlables dans leurs convictions. Nous espérons qu'elles serviront d'exemple à tous les autres témoins qui n'ont pas encore trouvé le courage de se manifester et de nous aider à trouver une réponse au mystère des *abductions*.

Annexe

Les auteurs aimeraient connaître le point de vue de toute personne ayant vécu des expériences similaires à celles décrites dans ce livre. Ils aimeraient également connaître le point de vue de toute personne ayant observé un ovni. Une confidentialité totale est garantie dans les cas où elle est demandée.

Les auteurs peuvent être contactés à l'adresse suivante : www.flying-diskpress.com

Courriel : philip.mantle@gmail.com

Chez le même éditeur
dans la collection
LES ROMANS DE *L'INEXPLIQUÉ*

Doriane a cinq ans lorsqu'elle est enlevée en pleine nuit dans des conditions plus qu'étranges. Elle réapparaît quelques jours plus tard dans les mêmes circonstances... Que s'est-il passé ? Où était-elle pendant ce laps de temps dont elle ne garde aucun souvenir ? L'enquête de gendarmerie patine tant l'événement est inexplicable. Faute de preuves tangibles, elle est classée sans suite.

Des années plus tard, Doriane est l'objet de manifestations étranges qui la conduisent à se replonger dans son passé pour tenter de comprendre ce qui lui arrive. Avec l'aide d'un ancien gendarme et d'une psychologue – sous l'étroite surveillance d'un mystérieux organisme – elle lèvera peu à peu le voile. Ce qu'elle va découvrir bouleversera son existence à jamais...

TABLE DES MATIÈRES

Achevé d'imprimer en avril 2024 par

ISIPRINT
L'IMPRESSION DANS TOUTE SA DIMENSION

139 rue Rateau
93120 La Courneuve

Numéro d'impression : 202403.0099

Imprimé en France